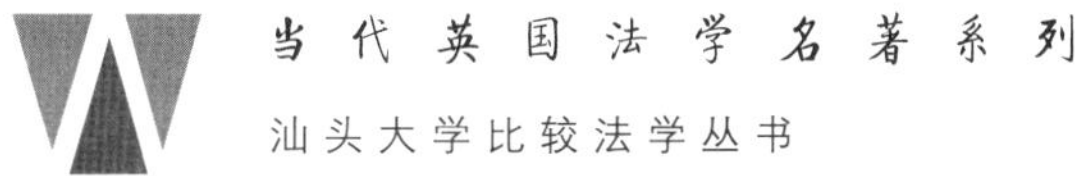

英国财产法导论

THE LAW OF PROPERTY

[英] F. H. 劳森
[英] 伯纳德·冉得 ◎著　　曹培◎译

The Law of Property, 3rd edition was originally published in English in 2002. The bilingual edition is published by arrangement with Oxford University Press.

The Law of Property, 3rd edition 原书在2002年以英文出版。本双语版由牛津大学出版社授权法律出版社出版。

著作权合同登记号
图字：01–2009–0456

比较法学丛书总序

比较法学丛书是汕头大学法学丛书的第二期著作。汕头大学法学丛书是适应国际化法学教育改革的需要诞生的。

法学教育的改革和法学研究的发展是实现法治国家目标的基础性建设。如何培养国际化法学人才是今后中国法学教育与法学研究需要特别关注的问题。汕头大学法学院过去一直致力于在全国争当国际化法学教育改革的排头兵。把培养具有国际视野的优秀法律人作为学生培养目标,需要深刻认识和理解优秀法律人的特质。我认为优秀法律人的标志性特质在于保民、刚直、中和、明法、守诚。

> 保民强调重人权。保民重人权是法性的根本要求,也是法学专业当代国际视野的主要表现。
>
> 刚直强调重责任。刚直重责任是法情的根本要求,也是法学专业当代社会责任感的主要表现。
>
> 中和强调重敬畏。中和重敬畏是法节的根本要求,也是法学专业当代健康人格的主要表现。
>
> 明法强调重审议。明法重审议是法理的根本要求,也是法学专业优秀知识与技能的主要表现。
>
> 守诚强调重规则。守诚重规则是法德的根本要求,也是法学专业良好习惯与业务能力的主要表现。

优秀法律人的这些标志性特质也是仁义礼智信的体现。保民是仁的体现;刚直是义的体现;中和是礼的体现;明法是智的体现;守诚是信的体现。

正是在追求仁义礼智信这些传统文化价值方面,许多师生有着共同的法学教育和研究志趣,形成潮汕新儒家政法学派。潮汕新儒家政法学派力图将中国传统文化要素与世界先进文化相对接,为粤港澳台紧密合作及进一步解放思想和改革开放探路,大力培养国际化政法人才。

随着汕头大学法学院的国际化程度迅速提高,出国留学的学生越来越多,如何促使国际化人才对中国传统文化有深刻认识和认同,成为国际化事业的重要内容之一。倡导潮汕新儒家学派也是完善国际化改革的重要任务。我们培养的国际法律人才首先要对中国法律和中国文化有深刻认识和认同。由于学分课程数的限制,为了使学生了解和热爱中国文化,我们通过潮汕新儒家讲座系列和专题研讨的方式促使学生学习和研究中国文化。身处潮汕地区,通过潮汕文化的接触来把握中国传统文化的精髓,是一个认识和认同中国文化的重要途径。

潮汕新儒家学派是以儒士儒生为主体的具有儒家精神的当代潮汕知识分子群体。中国需要大力发掘解放思想运动的思想资源。其中一个重要方面是要重视已有的优秀文化传统。潮汕新儒家学派要继承和创新广东的三大优秀文化传统:潮汕文化传统(古代)、岭南文化传统(近现代)、特区文化传统(当代)。广东三大文化传统的共同特征是"以民为本、敢为天下先"的儒家文化精神。从潮汕文化到岭南文化再到特区文化,历史凸现的就是以民为本、敢为天下先的精神。儒家精神不离"仁义"二字。以民为本是仁的表现;敢为天下先是义的表现。

潮汕新儒家学派提倡继承中国优秀文化传统和潮汕儒家先贤精神,倡导广大师生提高人文教育素养。潮汕新儒家学派要在推进新一轮解放思想运动方面立言,赞成广东要争当中国思想解放的排头兵。潮汕新儒家学派要为深化改革开放提出一系列的学术主张和政策法律建议。

在国际化法学教育改革方面,汕头大学法学院进行了比较成功的探索。汕头大学法学院 1983 年开始招收法学专业本科生,是广东省最早招收法学专业学生的院系之一。在大学的领导和支持下,在香港李嘉诚基金会的鼎力资助下,法学院的国际化改革探索从2003年香港著名律师胡红玉担任顾问以后加快了速度,于2005年成功申报广东省法学学科教学改革重点项目。2006年11月教育部组织的汕头大学本科教学水平评估期间,评估组专家对于法学院的国际化改革探索给予了高度评价。

汕头大学法学院在全国是第一家实现国际化模式的ISO认证的学院。汕头大学法学院在多年国际化改革过程中,提出了一个符合中国实际的国际化法学人才培养PLEASE模式。该模式包含六大过程建设:师资队伍、双语教学、教材图书、学生活动、专业方向、毕业去向的国际化建设,即Professor、Language、Edited - textbook、Activities、Streams、Employment六大领域。该模式的中文简称是"师语书生向业"。汕头大学法学院的国际化法学人才培养PLEASE模式是基于中国法学教育的实际状况,根据国际教育标准体系建立的,特别是充分采纳了《ISO/IWA2:教育品质管理系统标准解析》的有关标准。对国际化法学人才培养PLEASE模式进行ISO管理体系认证,是将国际化法学人才培养模式与ISO管理思想相结合的最佳选择。法学院的国际化改革模式在2007年7月通过ISO 9000认证。"师语书生向业(PLEASE)"改革模式通过各种ISO程序控制将师资队伍、双语教学、教材图书、学生活动、专业方向、毕业去向的国际化指标分解在各种程序文件中确保落实。

至2007年年底,汕头大学法学院法学专业的师资60%能够用双语教学;专业课程60%为双语教学;司法考试通过率为50%;2008年毕业生被海外大学录取为研究生的占毕业班学生的比例约15%;每年占毕业班10%左右的学生去香港法律机构实习;在全国法学院中是首家被香港国际仲裁中心认证ADR课程的法学院,学生每年成批取得香港调解员执业资格;作为唯一的中国队参加巴黎国际商业调解大赛连年取得好成绩,在2008年比赛中战胜了哈佛大学法学院代表队;2008年国内60多所名牌高校的法律院系参加的全国法律英语大赛中汕头大学法学院学生获奖最多,囊括一等奖的20%,二等奖的近30%;法学院成批推出联合国会议模拟、WTO上诉机构与争端解决模拟等模拟实践课程，不断开阔学生的国际视野和提升国际竞争能力；ADR方向、英美法方向和日本法方向的学科影响在国内外不断扩大；与国家法官学院合作培训西部法官的项目在顺利推出；法学院的深圳知识产权产学研基地让学生直接参与国际性企业的知识产权申报和建设项目，为学生的国际性企业就业开拓道路。法学院张月姣教授于2007年11月当选WTO大法官对法学院的国际化事业和WTO法研究起到进一步大力推进的作用。法学院与法院合作在全国首开未成年人犯罪背景的司法调查员制度先例，每年成批学生由法院颁发调查员证书（证件）进行调查，在法院的判决书中大段引用学生司法调查员的调查报告。汕头大学法学院的国际化改革还在逐步深化和巩固。

随着教学和科研改革的进一步深化，汕头大学法学院老师们的科研成果迅速增加。汕头大学法学丛书只能满足部分著作的出版需要。过去5年，汕头大学法学丛书的著作质量在不断提高，国际化选题的著作逐渐增多，在国内外学术界的影响在不断扩大。汕头大学法学丛书自2004年启动以来，已经分别在不同出版社出版了汕头大学法学院老师们的部分著作10余本。其中有《中国近百年人权思想》（杜钢建）、《知情权与信息公开法》（刘杰）、《日本信息公开法研究》（刘杰）、《当代国际法热点问题研究》（李广辉）、《民商事管辖权及外国判决公约研究》（李广辉）、《刑事法研究与适用新视野》（陈瑞林、邓剑光）、《刑事司法的新问题研究》（陈瑞林、邓剑光）、《中国城市化研究的宪政之维》（曾哲）、《法律与善治：亚太比较法研究》（刘国福）、《立法学：理论与实践》（刘国福）、《因特网时代通讯自由问题研究》（刘素华）等著作。经过5年的努力，汕头大学法学丛书第一期著作出版的任务已经完成。

根据汕头大学法学院的科研规划和预算安排，今后5年每年大约有5~6部著作需要纳入比较法学丛书系列出版。这些著作基本上都可以作为研究生的教材或必读书使用。希望比较法学丛书系列能够为中国的法学发展和学术思想的进步添砖加瓦，为法学教育的国际化和培养国际化法律人才做出贡献。

目录 Contents

译者前言

F. H. 劳森教授和博纳德·冉得教授合著的《财产法》(The Law of Property)是一本在英美法地区的"常青藤"经典教科书。原著第二版(1982 年出版)的第一作者劳森教授早已谢世,由第二作者冉得教授根据英美财产法过去 20 年的发展做了大量补充修改,形成了现在的第三版,由牛津大学出版社 2002 年出版。出于对老朋友的尊重和纪念,冉得教授仍将劳森教授列为第一作者。这本书的独特性在于将普通法中财产法这个极其博大精深、纷纭复杂的体系提纲挈领,深入浅出地展示出来,使学生在比较短的时间就可以把握财产法的基本结构、概念和原则。因此许多普通法地区的法学院都使用这本书作为本科生的入门教材,大陆法地区的法学院也用这本书做比较法的教材。

冉得教授不仅是财产法专家,也是著名的比较法专家,尤其了解大陆法系的法律。1988 年我到英国牛津大学学习时,有幸聆听了冉得教授讲授比较法课程。他对我这个来自中国的学生格外关照,非常耐心地解答我的非常幼稚的问题。当时我日夜啃读《财产法》的 1982 年第二版,有不明白的地方就去直接向冉得教授请教。这本书对我曾起过重要的启蒙作用,使我不至于一下子钻到一个小胡同里而不知英美财产法的全貌。后来我到香港教授财产法,使用的就是这本书的第二版。2003 年我到汕头大学为本科生和研究生开设英国财产法中英文双语课程,使用的是这本书的第三版。为了帮助学生理解英文原著的内容,我产生了要翻译第二版的想法,立即得到了冉得教授的全力支持。当我实际着手这项工作之后，才发现这实在是块不好啃的硬骨头。

财产法律可能是不同国家、民族之间差异最大的法律，这个差异不仅仅反映在法律上，而且也深刻地反映在历史传统、文化和语言方面。毕竟英文原著主要是写给英美学生看的，将其译成中文还要让中国学生读得懂，不仅要解决许多法律语言上的问题，还必须设法去填补文化上的沟坎与知识背景上的空白，并在阐述的逻辑上有所调整。如果仅仅按照英文原著逐字逐句地翻译是无法达到真正的信、达与雅的。所以经过一段时间的反复尝试，我最后决定在保留英文原著的篇章结构和基本内容的前提下做如下改动：第一，为了使全书的内容更加清晰明白，我在许多地方适当地调整和增补了小标题。第二，大大简化了其中的第七章“英格兰与威尔士的土地立法 1925 ~ 2001”。因这一章涉及了许多非常艰深的历史概念和立法过程，不仅令我知难而退，也感到对于我国的大多数读者参考意义不是很大。所以与冉得教授商量，请他专门另写了一个大大简化了的版本给我（当然对英国法律历史有兴趣做深入研究者还可以去读英文原著）。第三，在英文原著的基础上，我根据自己的学习、理解和教学中的体会做了适当的调整、删节、补充和归纳，特别针对中国学生最难以理解的地方增加了一些引导、解释、说明和概括，并在一些地方改变了原来的叙述方式和叙述角度，使得中文版更加适合中国学生的知识结构和思维逻辑，读起来也更加简明、清晰、流畅和容易理解。第四，在 2002 年英文原著出版之后英国政府又颁布了一些新的相关法令，据此 2002 年的版本需要做若干更新。冉得教授将书中需要修订的地方一一列出，我也在中文译文中全部采用了。但是由于本书的英文部分所采用的是 2002 年原著的影印本，无法改动其中内容。所以只能把冉得教授提供的修改意见附加在前面，供英文原著的读者参考。[1]

在翻译中我尽量采用内地的中文词汇，实在找不到的就参考香

〔1〕 见本书第 225 页“冉得教授对 2002 年英文原著的修订意见”。

港的辞典。主要参考的辞典有法律出版社出版的《牛津法律大辞典》、《元照英美法辞典》和香港律政署编辑的《英汉法律词汇》等。对于一些英文词汇与中文词汇在概念上存在的差异我做了说明，对于某些英文词实际上具有不止一种中文含义，而在不同语境中只能选择其一的情况我做了解释，对于现有英汉词典中所采用的个别中文对应词的不准确性我也做了辨析与修正，凡此我全部在脚注中做了详细说明。本书中英文原著的脚注，凡涉及相关著作和立法资料的出处的，均保留英文原文。凡书中涉及与我国物权法的比较均放在脚注里，以保持正文对于英美财产法叙述的完整性。

中文译本完全是在冉得教授的帮助和指导下完成的。若无他做后盾，我绝无翻译和改动一本经典教科书的自信。两年来冉得教授共发了上百封电子邮件为我答疑解难，我还先后两次专程到英国去向他请教，弄清楚了许多疑问，收获甚丰。凡是中文本中一些比较大的补充和说明我都与冉得教授沟通和讨论过，并经过他的同意，以尽量做到符合原作者的本意和阐释普通法的准确。经我要求，冉得教授又专门补充了一些解释、举例和相关立法资料。凡是这些对于英文原著的较大调整和补充我都在脚注中加以说明。对我来说，翻译这本书实际上是个再学习、再深造与再提高的过程，也使我进一步感觉到自己对于博大精深的英国财产法的了解仍然是十分有限的。在学术上我主要依赖冉得教授的诲人不倦，而中文版中的疏漏不当应由我负全部责任。

我在翻译过程中曾获得英中文化交流中心的经费支持、也得到汕头大学法学院的支持。在本书的出版过程中，法律出版社对外合作分社的朱宁分社长和卫蓓蓓编辑付出了辛勤劳动，汕头大学法学院的研究生王成立同学帮助校对了全书，在此一并表示衷心的谢忱。

曹 培

2008 年 7 月于汕头大学

冉得教授[*]为中文版写的序言

本书是对已故的劳森教授和笔者合著并由牛津大学出版社2002年出版的《财产法》(《The Law of Property》)的第三版的翻译，旨在向中国读者介绍英美财产法最基本的概念和技术。本书的中文译者曹培教授曾在英国牛津大学、伦敦大学学习，并获得法学博士学位，现执教于中国汕头大学法学院。我们在这个领域已经合作多年，曹教授留英期间曾师从于笔者学习财产法，毕业后又曾与笔者共同在香港城市大学教授英美财产法课程，并一直在学术上与笔者保持着密切的联系。

本书着重介绍英美财产法的整体结构、基本思想、基本概念与技术，并非致力于某个特殊细节。因为特殊细节在普通法的各个国家中可能是各自不同的。本书具有如下特点：

第一，本书主要叙述现行的私有财产权益和它们的法律保护，包括财产的生产、分配和交易，而不主要探究由此而引起的哲学、伦理学和政治学问题。这些话题已经被辩论了上千年，因为本书关注的是实际运作的普通法制度，而非抽象的理论。

第二，写一本包罗万象而又明白易懂的财产法教科书几乎是不可能的事。本书中关于普通法的一般陈述当然在各个普通法地区存在例外和细微差别，但是如果我们致力于那些例外和细节，这些重要

---

* 博纳德·冉得(Bernard Rudden)教授是英国科学院院士，曾任二十多年的牛津大学比较法讲座教授，现已退休。

的基本要素很快就会被淹没在枝节问题的汪洋大海中。所以为了将这一专业的基本要素陈述清楚,我们有意避开了许多细节。同时我们不去引用和讨论那些重要的判例,这种论述方式在普通法的课本中是很少见的。引用和讨论判例虽然可以满足部分读者的需求,但会使本书的篇幅大大增加,而使得需要获得财产法全貌的读者难以通读。

第三,本书叙述的是英美财产法的一个全貌,或曰梗概。当然关于动产的法律和不动产的法律是不同的。而且不动产法律在调整农地、住宅和厂房方面也有一定程度的区别。然而在一个保护和调整私有财产的法律制度中,有许多基本的原则在调整各种类型的财产中是共通的。而且作为财富中同等价值的实物组成部分,不同类型的财物是可以经常互换的。例如,退休基金的管理人卖掉毕加索的作品去投资某公司的股份。

必须承认对于中国读者来说首要的困难是普通法的专业技术词汇,并且其中部分术语是产生于封建时代,而现在却被应用于知识产权、股票、股份、商誉、金融衍生物等。此外,当今世界上的资本不仅是可以移动的,而且是可流通的,只要通过敲击电脑键盘,这一变动就可以漂洋过海。21 世纪的这一重要变化在本书"作为财富的财产"一章做了特别的叙述。

博纳德·冉得

于畔昂斯,考沃尔,英国

2008 年 2 月 20 日

PREFACE

This book aims to provide Chinese readers with an introduction to the fundamental concepts and techniques used in the law of property by the 'common-law' systems; that is to say the law of England and of those English-speaking countries which derive from it their basic approach to the subject. It is based on the third edition of a work published (in English) by Oxford University Press and written by Bernard Rudden, a Fellow of the British Academy and, for twenty years, holder of the Chair of Comparative Law at the University of Oxford.

The task of adapting the work has been carried out by Professor Pei, Cao. Both authors have been working together for many years: initially when Professor Pei was a doctoral student at Balliol College, Oxford and at University College, London; later when they taught a joint course at the law school of City University, Hong Kong; and, during the last few years, by correspondence and meetings.

The book sets out to explain general patterns, basic ideas and techniques, rather than the particular details which often vary from one common-law country to another. This approach gives rise to certain distinctive features. First of all, the work takes for granted the existence and legal protection of private ownership of the means of production, distribution and exchange, and does not examine the many philosophical, ethical, and political problems to which this gives rise. These issues have been debated for thousands of years, but this book sticks to the system as it operates in the common law.

Secondly, it is impossible to produce a text which covers every little detail and is at the same time easy to understand. In the various jurisdictions of the common law most of the general propositions explained here are subject to various exceptions and nuances. If, however, we were to try to include them, the important elements would swiftly sink in a sea of smaller points. So in striving to make clear the basic elements of the subject, we deliberately omit many details. This explains why we refrain from discussing, or even citing, decided cases-a practice which is very unusual in a common-law textbook, causing uneasiness to some readers and satisfaction to others.

Thirdly, this is a portrait, or at least a sketch, of the law of property as a whole. Of course there are inevitable differences in the law's treatment of immovable property on the one hand, and movables on the other. And to some extent the law treats land differently depending on whether it is farmland, a family home, or a factory. But, in a system which accepts and facilitates private ownership, there is a great deal of doctrine common to all types of property. And the things themselves are often interchangeable as component parts of the same segment of wealth when, for instance, the managers of a company pension fund sell its Picasso and buy shares.

It must be admitted that, for a Chinese reader, one initial difficulty is the technical vocabulary of the common law. Some of its terminology is still derived from feudal times, although nowadays the terms themselves may be applied to intellectual property, stocks, shares, goodwill, derivatives-in a word to capital which is not merely movable but mobile, crossing oceans at the touch of a keypad. The importance of this in the 21st century is emphasised by the concluding section on property as wealth.

Bernard Rudden

Penzance, Cornwall, UK

英文原著(2002年第三版)前言

本书第三版的目的与前两版相同，即要写一本关于财产法的概括性与解释性的著作，而非详尽的技术性著作。前两版是专为这两类读者而写的：第一次接触这一专业的法律学生、从事其他专业的，希望能够对普通法中财产法这一最困难的专业有个快捷的和扼要了解的人士。这一版的目的与前两版相同，不过加了另一批读者，即大陆法系的法律专业人士，尽管他们的专业与普通法传统有很大区别。

尽管在目的、主题和一般的表述方法上与前两版相比基本保持不变，但是本书的文字则完全是重新撰写的。这样做是出于以下两个原因：第一，原合著者劳森教授在第二版出版后不久就谢世了，所以在这一版的写作中他只能在精神上和榜样上与我同工。第二，在20世纪的最后25年中，英格兰与威尔士的法律[1]在整体上改变了，因此在一定程度上需要及时地反映出它们在财产分配，转让和使用方面的新变化。例如，1996年立法在创立和保护共有利益(concurrent interests)和继承利益(successive interests)方面就有着很大的改善。在旧式的捐赠与享用日益衰落的情况下，法律的这一修订，使得我们可以省略一些关于财产转让(settlement)、限制继承权(entail)等过时的旧概念，加入近年来财产立法不断地为财产法律制度所提供的简化有效的新内容。

---

〔1〕 英国的普通法在英格兰与威尔士施行，苏格兰隶属大陆法系。

另一方面，财产利益和交易的电脑化与股票投资者和管理者的金字塔构架关系，使得原来简单的事情变得难以捉摸。大型公共公司（PUBLIC COMPANY）和政府债券的占有相关的文件已经被电脑数据所替代。所以我们今天不再讲股票、股份和债券，而是讲在"金融资产"（financial assets）中的"没有证书的单位"（un-certificated unites）和转让这些财产的"非物质形态的指令"（dematerialized instructions）。更进一步而言，虽然这是一本关于普通法的书，投资市场却是全球性的，市场的统一使得法律概念的通用成为趋势。

在英格兰和威尔士，这种电脑化程序已经成为不动产转让的法定系统，目前的 2001 年土地登记法案（Land Registration Bill 2001）[2]为大量和强制的不动产转让的电子操作铺平了道路。在这个制度中，网上操作的不动产交易可以立即在土地登记部门的记录中显示出来。当然，与之相对应的必要功能是电子操作付款可以在不动产转让的同时立即生效，即所谓网上现金支付。

本书主要概括了财产法专业的总体结构，因此具有不同于其他著作的特色。第一，本书内容集中表述现实的私有财产和法律保护，而没有涉及许多哲学上、道德上和政治上的决定因素。这些问题已经辩论了上千年，并且现今已经有很多专门讨论这类问题的优秀著作供读者参考。[3]而本书则集中在法律专业概念、规则和技术的范围之内。

第二，在行文中，不可避免地需要注意在通俗易懂和准确性之间求得平衡。也就是说在大部分情况下，在解释基本的命题时，也会注意到与个别特例的细微差别。但是如果太过于强调特殊细节，基本

---

〔2〕 2002 年正式通过为土地登记法令（Land Registration Act 2002）。

〔3〕 例如 J. W. Harris, *Property and Justice*, (OUP 1996); Ugo Mattei, *Basic Principles of Property Law: a comparative legal and economic introduction*, Greenwood Press, Westport, Conn., London, 2000); Stephen R. Munzer, *A Theory of Property* (OUP 1990); James E. Penner, *The Idea of Property in Law* (OUP 1997); Jeremy Waldron, *The Right to Private Property* (OUP 1968)。

要点就会被淹没在细节的海洋中。所以本书省略了许多特例。不仅如此,本书还避免讨论和引用相关的判例,因为这样做可能会对一部分读者把握整体结构造成困难。

第三,本书提供了一个财产法的整体图像,避免采用那种将不动产法与所有其他财产法律的内容一分为二的传统划分法。当然这里面不可避免地要涉及不动产与动产在法律上的区别。这些区别发生时会被提示,但是这两种财产通用许多基本原理,而且作为同一资产中的一部分可以相互变换,例如,资产管理者可以卖了这个去买那个。尽管不动产与动产在法律上被看做独立的物体,它们之间的共同点要比区别多得多。

在阐述中的最大困难是由普通法的历史发展所造成的。在很大程度上普通法的词汇还是封建主义的,给人的印象是财产法主要是关于田地、农庄、庄稼和牲畜的法律。事实上这些封建术语早已被注入商业含义,并被应用于股票、股份、知识产权、商业信誉以及其他衍生物。一句话,资产不仅在位置上是可移动的,在市场上也是可流动的。正如弗瑞克·依格思(Friedrich Engels)所观察到的,在英国财产法中的法律词汇与它们的实际功能的差距犹如英语单词中的拼写与发音。另一困难是,20 世纪以来有关家庭财产的法律制度更具商业和投资的特点,而不仅是家庭内部的传统事务。

在发达国家中财产法的许多基本因素是相似的,本书所陈述的财产法的基本原则在所有普通法系国家中毫无疑问都是非常相似的。从总体上而言,可以说普通法中的财产法的领域比任何其他法系都要广泛。这个法律部门中所包含的内容远远不止有形物。专利、版权、股票和股份以及其他投资方式都包含在内,甚至连利用名声谋利的排他权利也包括在内,死亡继承亦属于财产法范围,信托法更是其中的一个重要部分。但是本书不可避免地要以阐述英格兰和威尔士的现代法律为主(苏格兰有着完全不同的历史、词汇和制度,所以本书很少涉及)。英国读者需要注意避免陷入顽固与偏见的危险中,即不要把英国的立法(如 1925 年立法,1996 年立法与最近以来的英国财产立法)看成是普遍规律与公理,它们其实只是一些技术规则,在英国的领土之外可能会完全不适用。

本书在写作过程中得到美国康奈尔大学法学院图书馆和牛津大学伯得理图书馆的馆员们在资料上和其他方面所给予的帮助与支持。感谢阿瑞那·普偌托(Arianna Pretto)帮助我了解了股票投资的现代发展,感谢大卫·维尔(David Vaver)在知识产权方面给予的协助。笔者还要特别感谢比尔·思瓦丁(Bill Swadling),他阅读了全文,提出了有益的意见和建议,极大帮助了本书草稿的完善。本书中现存的错误完全由作者本人负责。

博纳德·冉得(Bernard Rudden)
2001年8月

第一部分　导　　言

第一章

学科、背景与法源

1. 关于这个学科

本书的学科 —— 普通法中的财产法学，需要在整个法律制度的大背景下来理解。一般来说，普通法中的许多法律都涉及财产。例如，宪法限制国家权力不可侵犯公民财产，刑法保护个人财产不受盗窃、破坏等行为的侵犯，婚姻法赋予法官命令一个人拿出财产去给他的配偶的权力，侵权法确保了遭受非法侵入土地，或非法掠夺财产的受害人可以获得法律上的救济。一般来说，上述例子都属于一些非正常的、干扰了社会正常生活的特例。所以上述这些法律——宪法、刑法、婚姻法和侵权法在涉及财产方面的作用主要在于：当人们的生活被迫偏离了日常轨道的时候，为我们提供财产方面的保护和补偿。

与上述部门法律不同的是，财产法的作用主要在于帮助人们在正常的生活轨道中获得财物，保存财物和使用财物。例如：一个人可能通过自己制造获得某种物件，但是更大的可能是从别人那里通过付钱购买而得到。如何才能保证购买者可以得到他们已付出价款所购买之物，这就需要财产法中关于货物买卖的法律保护他们。购买者可能想通过分期付款的方式购买货物或房屋，在这种情况下，没有担保就不会有人同意赊欠。财产法通过抵押和分期付款的设计，使得债权人获得了债权担保。这不仅可以降低债权人的风险，而且还可以帮助债务人争取增加借贷、延长期限和降低利息。人们获取物品可能是为了自身使用，如衬衫和寓所，也可能是为了投资，如存款和股份。特别是对那些具有永久性特征的财物，如房屋或不动产的股份。他的所有者就可以出租房屋以收取租金，或者通过送礼或遗赠的方式在他的家人或朋友当中分配这些财物，这些都需要使用财产法的设计，并完成财产法的手续和程序。所有上述的交易都完全是日常的、平静的和实用的。总之财产法在私人财产方面的功能是：在日常的、正常的生活轨道中，为人们实现个人意图而提供一整套工具和规则。

第一，财产法需要确定什么是法律意义上的财产，即什么是财产法所保护的标的物。并非有价值的东西都是财产，例如，人的名声、姓氏、工作，虽然这些都属于我们，而且都是有价值的，但是它们不能被处分，不能被我们赠送、出售、租赁或遗赠给他人。所以这些东西不是财产。普通法中的财产是个非常广泛的范畴，包括了动产与不动产、有形财产与无形财产。凡此我们将在下一章详细讨论。

第二，财产法发现和确定什么是财产权益，而不仅仅是个人的、家庭的或者合同的权利。财产法与其他部门法律，特别是与合同法律一起保护下述人士的权利：所有人、共同所有人、承租人、担保权利持有人（charge-holders）〔1〕、受托人。因为这些人的权利是法律所承认的最主要的财产权益。一般来说，财产权益的所有人可以对自己的财产为所欲为，而其他人未经允许则不可动用他人的财产。

第三，财产法与其他部门法一道，解决人们在有生之年，或者身

〔1〕　Charge 通常被译为负担，这个词在这里指的是依附于某种财产之上以确保清偿债务或履行义务责任的通称。这一术语包括抵押权、质权和许多没有专门名称的担保权。所以这里译作担保权益持有人。

后的财产的转让或者各类财产权益的转让的技术问题。例如，关于一定的财产交易的程序和手续、关于财产内部的各种权益和各个组成部分的转换与合并的方法以及设立控制和享用财产的标准关系构成的方法，包括租赁、共同所有、担保权益、信托等。财产法律主要关心的内容之一就是上述这些关系构成的程序、手续。例如，一片土地被出售、或出租、或赠送、或遗赠，这片土地本身不变，而变化的是人与人之间的关系构成，人的决定被表述在适当的程序和手续上。其他财物的交易，如一座房屋、一辆汽车、一只猫、公司的股份和政府的债券也是如此。根据财产法律，它们都必须经过各自不同的法定程序并履行各自不同的法律手续。

对于学习财产法的学生来说，一开始遇到的主要困难是那些抽象的概念，而不是那些实体的标的物。财产法专家们对具体实物（如土地、船只、机器或动物）兴趣不大，他们主要关注于那些抽象的概念，如永久土地所有权（fee simple in land）、信托基金（trust funds）、股票（stocks）、股份（shares）、担保权益（security interests）、产权（title）〔2〕与产权证明（documents of title）等。以上抽象的概念是处理那些特有的实体与其他经济关系的法律手段。依靠它们，财富便具有了双重的生命，既是可以由人类直接使用的物质存在，也是可以活跃在交易市场上的非物质的抽象存在。

上述财产法中的权益概念、构成财产关系的方法与财产交易的技术手段对于一个国家的经济发展至关重要。一个现代经济学家最近论证说，某些贫穷的第三世界国家和地区（如南美地区）所缺少的不是财富和企业，而是那些法律工具。“那里的居民有财物，但是缺少代表他们的财产权益和创造资本的法律程序（process）。他们有房子但没有产权（titles），有农作物但是没有契据（deeds），有生意但是没有公司法（statutes of incorporation）。所以，尽管他们可以采用西方

---

〔2〕 Title 通常被译为所有权，实际上这个词在英语中的含义不仅指所有权，还包括占有等财产权益。这里译为产权。

的每一个技术发明——从别针到核反应堆,但由于缺少这些基本的法律概念与制度,他们仍不能够生产出足够的资本来使他们国内的资本主义市场经济有效运作。"[3]

2. 法律环境

我们已经阐述了有关私有财产的法律主要是针对人(自然人和法人)与物的,但是还没有讨论为什么法律要允许和保护私有财产,以及是否应该如此。关于这方面的辩论,读者可参考其他论著。[4]本书集中从生产、分配、交换和消费的角度讨论一般的私人财产。为此我们首先需要将私人财产置于一个更为广泛的法律的大背景之下加以了解:

(1) 国际公法

许多国际法条款都是保护私人财产的,同时法律条款承认国家在一定条件下获取私人财产和征税的权利。法律条款使用的是概括性的词汇,但是更广义来说,个人的私有财产权是国际法律所承认的基本人权之一。例如,1948 年联合国大会通过的《世界人权宣言》声称:"人人有权独立拥有财产或与别人共有财产,任何人也不应该被无理地剥夺财产"(第 17 条)。《欧洲人权公约》中有一条"保护财产"条款,规定"每一自然人和法人都有权利平安地享用他的财产。除非由于公众利益和根据法律,以及国际法的一般原则,没有人的财

---

〔3〕 Hernando De Soto, *The Mystery of Capital* (Bantam Press, London, 2000). The quotation above is from his article in *International Herald Tribune*, 5, January 2001.

这种说法不无道理。具有丰富多彩的抽象法律观念正说明了保护财产的法制健全,因而保障了交易手段的灵活多样和市场经济的发达。

〔4〕 关于保护私有财产的法理,参见 J. w. Harris, *Property and Justice*, (OUP 1996); Ugo Mattei, *Basic Principles of Property Law: a comparative legal and economic introduction*, Greenwood Press, Westport, Conn., London, 2000); Stephen R. Munzer, *A Theory of Property* (OUP 1990); James E. Penner, *The Idea of Property in Law* (OUP 1997); Jeremy Waldron, *The Right to Private Property* (OUP 1968)。

产可以被剥夺。”(协议书1)[5]

(2) 宪法条款

类似的对私有财产的保护条款也体现在许多国家的宪法中。在法国1979年《人权宣言》第17条中声明财产是“神圣不可侵犯的权利”。美国宪法第五修正案声明,除非通过正当的法律程序,任何人的财产都不能被剥夺。除非给予适当的补偿,任何私人财产都不能被征为公用。在英国,上述《欧洲人权公约》中关于“保护财产”的条款已经被吸收进宪法——1998年的《人权法令》中。[6]

在发达国家的法律中,除了国家可以征税和没收罪犯的收入,法律禁止国家剥夺私人财产。但是如果由于私人财产的生产与使用给他人造成困难,或对公众利益,如健康、安全等造成危害,法律就会干预。在动产方面,有关消费者保护的法律往往涉及合同法与侵权法的责任。而关于房地产的财产法则可以最集中地反映出为保护公众利益的立法干预:一方面为了保护公众的健康幸福,如郊外生活、环保等利益,人们不能在自己的土地上为所欲为。[7] 另一方面,许多立法是针对解决中、低收入家庭的住房问题的。具体政策是要求政府为低收入的需要者提供住房和防止私有房地产的业主任意加租和驱赶租客。

(3) 欧共体的法律

《建立欧共体条约》规定“绝不可以损坏成员国制度中的保护财产所有权的规定”(295、222条)。也就是说保护私有财产的法律完全属于其成员国的本国法律,欧共体法律不得干预。但是在一些共同领域,成员国家会不可避免地受到欧共体法律的影响。例如,欧共

---

[5] Protocal I.

[6] Sched. I, Part II, art. I.

[7] 关于这一问题的讨论,参见 Kevin Gray, *Equitable Property*, 47(2) CLP (1994) 157 at I 88 ff.。

体的法律为成员国在专利和版权保护方面提供了法源。再如,欧共体的农业政策使牛奶的配额成为了一种财富。[8] 更为明显的是欧元,标志着作为财产的最普遍形式的货币已经不仅仅是那些加入共同货币联盟的成员国自己国家内的东西了。

(4) 公法与公共财产

除了国际法和宪法保护私有财产，各国都有专门的公法保护公共财产。例如,在英国就有一大批用于公众目的,或用于市民娱乐的财物,属于由中央和地方政府所代表的国家所有。各级政府都可以从他们的前任手中继承大量的财富,并可为着公众的利益而征税、借贷、投资或支出。英国的公共财产可分为下述两种：

皇室财产(Crown Property)　在英国“皇室财产”这一短语包括了君主作为一国之君所拥有的财产和中央政府部门所拥有的财产。例如,有些财富虽然标有“属于皇室”字样,但是这意味着它是国家财产,可以由国家领导成员,例如,部长的指示来处置。[9] 如果一个有财产的人去世而无遗嘱,根据立法他的财产就转为“皇室”所有。[10] 其实这意味着该财产即归英国中央政府所有,由财政部管理和支配。绝大多数所谓的“皇室财产” 事实上已授予各种政府部门并由它们经管。例如,国防部拥有大量的土地,国防部、交通部和林业部都在国家财产登记处登记有大量的有形和无形的资产。[11]

其他公共实体的财产　除了皇室财产而外,英国还有一大批财产属于另外一类的公共实体,诸如地方政府、国家健康服务机构、邮局等。特别是英国近年实行了国有财产私有化的政策。例如,全国

---

〔8〕 牛奶配额指的是在欧共体范围内生产与出售一定数量的牛奶而不需付税的许可权利,这个权利可以转让。

〔9〕 Treasure Act 1996, ss. 4(I)(b), 6(I) - (2).

〔10〕 Administration of Estates Act 1925, s. 47(I)(vi).

〔11〕 For details go to http://www.hm-treasure.gov.uk/pub/html/docs/nar/main.html.

的铁路由公营机构“大不列颠铁路”(British Rail)转让到了私人企业“铁道有限公司”(Rail track plc)手中。简而言之,英国私有化的主要原则是:第一,所有的私有化都根据法令,服从于立法与政府部门的规章;第二,根据法令,由公共实体转变为公司法人;第三,为了使政府可以发挥特有的功能,这些法令授予政府获取、掌控和转让各种各样的财产的权力。在财产市场上政府的正式行为与私人行为一样,例如,地方议会通过协议购买土地也必须遵循合同与财产转让的程序,犹如一个普通公民。但是,公共实体管理财产的权力范围受到它的服务职责范围所限制的。例如,国家健康服务机构的下属机关就不能买土地用于修建监狱和机场。进一步说,它们与私人所有权的最大区别是它们不能随意处分它们现有的财产,原因是那些公共财产是用公款买来的,授予它们是用于公共目的的。公共财产的使用和处分往往受到非常严格的官僚化的控制和监督。因此,英国私人公司的办公设施大多是先进时兴的,而公共部门的办公设施大多是陈旧落后、将就能用。

3. 财产法的渊源

在介绍过相关的专业与背景知识之后，本书的其他部分涉及财产的内容都是属于私法的。普通法的法源来自许多方面：其中最重要的是判例、一般常识和立法，次重要的则包括地方习惯和一些条约。可以说，财产法中有数个层次。那些关于私有财产的取得和保护的原则是最基础的层面，这些在大多数西方国家的法律制度中都是差不多的。中间一层是一套法律的概念和技术，这在普通法系成员国的法律中都是一样的。在此基础上就是各国的具体立法了,例如,英格兰和威尔士在过去数百年中采用的独特制度,这是有别于其他普通法国家的。

学习财产法首先要明白的是,普通法中的一些基本法律的概念并不像大陆法系中那样在法典中给出既简明扼要又权威的定义。概念的灵活和一词多用是普通法系的财产法的基本特点，这一点很难用简单的定义说清楚,需要根据具体情形来体会。如英语中"财产"(property)一词有很多不同的意思。在英国最通常的用法是议院和广大民众用来意指人们的所有物(belongings),同时也意指人们对于所有物所具有的法律权益。这两种意思都体现在立法中。例如,在英国1890年的《合伙法案》中"partnership property" 一词指的是合伙所拥有的标的物(objects)。[12] 而在1979年的《货物买卖法令》中"property in the goods"一词指的是大陆法中所谓的货物的所有权(ownership of the goods),或英美法中所称的货物的产权(title to the goods)。[13] 在其他的英国立法中,对于"property"一词的解释,都既包含了财物的意思,也包含了对于财物的法律权利的意思。例如,英国1968年的《盗窃法案》中对于"property"一词的定义是"财产包括钱和其他的财物,动产和不动产,权利动产(things in action),[14] 以及其他无形资产";[15] 1925年的《财产法案》中给"property"一词的定义是"包括任何权利动产和任何对于动产和不动产的法律上的权益";[16] 1925年的《受托人法案》中"property"一词的定义则更为广泛"包括动产和不动产,财富的任何股份,所有财物的法律权利,全部债权(all debts),[17] 权利动产,以及任何法律上的权利与利益,不论是否现在占有。"[18] 在本书中我们所采用的是普通法中广义的财产概念,它包含了全部财物和全部财产权益。

---

〔12〕 Partnership Act 1890, s. 20.

〔13〕 Sale of Goods Act 1979, s. 16.

〔14〕 "权利动产"(Things in Action 或 Chosen in Action)一词在英语中与另一概念"占有动产"(Things in Possession 或 Chosen in Possession)相对应。前者的意思是指所有人不直接占有的,需要通过一定行为才能获得的财产,例如存在银行的钱,公司债券等。后者指的是不需任何行为,即已经直接占有并可享用的财产。

〔15〕 Theft Act 1968, s. 4(1).

〔16〕 Property Act 1925, s. 205(I)(xx).

〔17〕 关于债权(debt)属于财产范围,请参考本书第五章第3节中"权利的物化"和本书的结论部分。

〔18〕 Trustee Act 1925, s. 68(Ⅱ).

(1) 判例法

判例是普通法的基本法源。英国财产法的基本原则是在普通法的旧式法庭(由王座法庭、财政大臣和上诉法庭所组成)的判例中奠定的。绝大部分的早期诉讼是关于土地的,因为土地是财富的最重要和永久的形式,但是也有不少是关于财富的新形式,如股份和版权。旧普通法庭的两个失败之处是:第一,许多事要由陪审团决定;第二,直到1850年,诉讼当事人都不能提供证据。由于普通法庭的这样或那样的缺陷,使诉讼人转到另一司法制度衡平法庭中去寻求公道。衡平法庭的大法官采用当事人的誓言做证据,不需陪审团就可做决定。于是在英国逐渐产生出了另一司法系统——衡平法庭。它采用普通法的结构与规则,并通过一些特别判例,尽量弥补普通法庭的缺陷,所以又被称为“施行公平”。衡平法庭由小开始,逐步发展成为一个司法制度。它像普通法庭那样,采用遵循先例,不断修正和在立法中重新叙述的法律技术规范。衡平法在处理许多财产问题上(如商标、专利、股份、担保权等)采用信托的方式。虽然在1873年普通法庭和衡平法庭两大司法体系合并了,但是将这两种法源相区别的习惯是根深蒂固的。1925年的《财产法令》在一开始就区别了这两种法源。直到今日英国的法官、律师和学者在讨论某一个具体问题时,仍常常引述“在普通法中”(At Law)与“在衡平法中”(In Equity)的判决,并将二者加以对比分析。[19]

(2) 成文立法

立法同样是普通法的重要法源。例如,英国有一批旧的、重要的立法,不论它们现在是否还被实施,均已经被吸收进现代财产法总

---

〔19〕 英国法律界很强调每个法律原则的在案例中的历史性变化,如果不追溯衡平法之前的普通法就显得叙述不全面,理解不透彻,这种“历史推演式”是英国人的思维特点。这一点是我们学习英国法必须要注意理解的,因为大陆法系的思维特点是结构逻辑式的,而非历史推演式的。

的体系中了。如1290年的法令中关于土地自由保有权转让的规定至今仍然有效,以确保土地出售人不能把土地购买人变成奴仆。在都铎时代,1540年的《遗嘱法》(Statute of Wills)允许人们在辞世时处置土地,而1536年立法竭力要取消信托制度,但不成功。1623年的法令规范了专利制度,1707年的法令规范了版权制度。如今这二者都是现代国际条约和欧共体法律的主要内容。1677年的《反欺诈法》(Statute of Frauds)规定了若干种确保处置财产有效性的正式要求,该法令的许多关键条文已被重新实施。17至18世纪的立法创造了财产的新形式,即政府的股票和大型商贸与公用事业公司的股份。至19世纪中叶统一的《公司法》产生了。由此可知,英国的财产立法有着悠久的历史和一脉相承的深厚传统。

现今英国的土地立法仍然带着封建主义的印记,这与有关动产的法律非常不同。1882年的立法创造了协调传统封建特色与现代自由市场需求二者关系的机制。这个法律工具被1925年的《财产法》和1996年的《信托与委任受托人法案》大大地现代化了。为了公开信息,提供优先权和其他权利的土地登记制度始创于19世纪,现今已臻于完善。2001年的《土地登记法案》开始推行网上土地权益的交易与登记。在20世纪中有许多立法是保护住宅、商务用房与农场的承租人的权益的。这些都是土地法律制度在最近两个世纪的变化。在这当中最重要的是1925年的《财产法令》,但是这部法律不是旨在为英国的财产法律权益和关系提供一套基本原则的立法(如中国的物权法)。如果我们抱着这样的希望去读这些立法,我们一定会感到非常失望。实际上这部法律的功能只是要逐步使传统的英国财产立法现代化,包括将各种独特的历史名词概念和规范加以统一。所以如果不具备英国土地制度史、商业制度史和金融制度史以及相关的传统法律的基本原则与词汇的背景知识是无法读懂它的。

土地在英国的财产法中占有重要地位。这是因为几个世纪以来,土地都一直是财富的主要形式。另一原因是土地的有限供应。所以几千年来的土地法律制度都不是创立新的财产权益,而是就现有的权益重新包装和重新分配。关于土地之外的其他财富（这些财富的总量已大大超过了土地的价值）的法律则散播在处理各个方面事物的法令与判例中，例如有关船只、股份、货物以及商誉的法律。虽然没有一部为了实现债权而可以在执法中取得相关人财产的一般法规，但是有一系列的法令和判例处理这类事务。

(3)各类法律渊源的关系

可以这样来描述英国财产法几个主要法律渊源之间的关系：普通法院的判例确立了所有权、占有权、地役权和担保权的最基本的制度。衡平法院对这些判例加以修正和精确化，使得它们可以达到普通法院所达不到的结果，信托法律就是一个例子。在这个体系中，立法所起的作用，有时是重述，有时是扩展，有时是补充这些判例法中的规则和技术。英国的立法机构从未试图要建立一个完整严密的结构（好像大陆法系那样）。[20] 此外，尽管1922年的《财产法令》（Law of Property Act）意图使动产与不动产的法律趋向一致，但现行法律制度中动产与不动产之间仍然存在着很大的区别。

(4) 专业词汇

专业词汇是初学者面临的另外一个困难。财产法的语言很不简单，是拉丁文、诺曼—法文和盎格鲁—撒克逊文字的混合物。这些旧行话术语是英国的守旧派们所喜欢使用的。一些重要词汇在法律中的特殊含义与它们在日常英语中的意思完全不同。不仅如此，这些词汇还可能会被用于表达若干个不同的、特殊的含义。在本章中我们介绍一些财产法中最基本的词汇，其他词汇我们将在以后的相关章节中分别解释。

---

〔20〕 普通法的立法只是对判例的重述、扩展和补充，但是它从来不自成体系，而且条文抽象难懂。所以必须把立法和判例结合起来读。在解决具体问题时依靠判例，才能将具体事实与法律原则结合起来。这是普通法的立法与大陆法系的立法的主要区别。

A. 三组特殊的形容词

我们首先来看三对特殊的形容词，它们在法律的语境中已经脱离了日常英语的含义，而被专门用来形容财产权益的性质：

普通法的(legal)/ 衡平法的(equitable) 形容词“legal”在日常谈话中指的是“合法的”，但是在英国的财产法中它指的是一种普通法的权利或利益。[21] 这些权益一旦正式创立，就有了对抗所有其他人(不论他们是否知晓)的效果。这种权益在古老的普通法院中受到保护和得以实施。与之相对应的形容词是“equitable”，后者在这里的含义不是日常英语中的“公平”与“适当”的意思(尽管它含有这个意思)，而特指一种由中世纪的衡平法院所设立的法律权利或利益，例如，信托收益人的权益。这两种不同的财产权益在技术含义上是不同的。在交易中普通法的权益可以对抗买卖关系中非善意第三人，即使他已经占有了货物，权利持有人仍然拥有货物的所有权并可以据此将货物追回。而衡平法的权益则不能对抗买卖关系中的非善意第三人，尽管他们知道或者应当知道货物出卖人没有权利处分货物，却仍然购买并占有了货物。在这种情况下衡平法权益的持有人便失去了货物的所有权，只能向卖方请求赔偿货款。[22]

不动产的(real) / 动产的(personal) 另外一对经常反复出现的相对应的形容词是不动产的和动产的。Real 在这里的意思并不是日常英语中的“真实的” 而是指“不动产的”，意指除租赁之外的土地权益，如土地的自由保有权。通常与之搭配的词组是“Real Property or Realty”即不动产。Personal 在这里的意思也不是个人的，而是“动产的”，指的是对于动产的权益，如所有权。与之搭配的词组是“Personal Property or Personalty”，即动产。在历史上，假如土地保有

---

〔21〕 普通法中有些概念在不同场合有不同用意，常容易混淆。如普通法一词，既可指作为世界五大法系之一的普通法，也可指与衡平法并存的“老”普通法。

〔22〕 在货物买卖中，无论普通法权益还是衡平法权益对于不知情的善意第三人都没有约束力。但是对于非善意第三人来说，只有普通法权益对其有约束力，而衡平法权益对其没有约束力。参见第 12 章 5，“收益人权益的转让”。

人(holder)的土地被他人侵占,法律允许土地保有人取回原土地。在拉丁文中,土地一词为 res, 因此在英国法律中土地就被称为 Real Property。反之,假如被侵占的财产为动产,法律的补偿只是约束侵权者个人 (Person),他可以被法院传唤并命令赔偿该财产的价值,而不一定返还原物。因此那些不必返还原物的动产就被称为 Personalty。可见传统法律规范是决定今天的普通法的法律词汇的根源。

在土地关系中,Realty 指的是土地的自由保有者(Freeholder)的权益,他们对于土地的占有是没有期限的。如果土地是通过租赁而占有的,那么租约本身在技术上是一种针对个人的权益(Personality)。现在租赁者已经可以如同自由保有者那样,在遭到侵权后,有权取回土地租约的剩余期限内的使用权。因此租赁权就被称为"土地的动产"(Chattel real)。形成这一奇怪术语的原因早已过时,但是这习惯术语依然存在。我们在此提及这点是因为学生们将来会遇到这个问题。普通法学者通常将关于不动产(Real Property, immovables)与其他财产(Personal Property, everything else)的法律分书阐述,这些专业著述中的分工与法律规范的不同细节是值得关注的,但本书的重点不在这里。

财产权益(real ,or property rights) /合同权益(contractual rights)

"real property"一词意味着不动产,但是"real right"(在英文中又称为"property right"或"proprietary right")表示一种财产权益,这个权益的标的物可以是任何形式的财产(包括动产、不动产和无形财产)。这个权益有如下特点:(A)可以被转让;(B)如果它的标的物毁灭或消失,这个权益就消亡了;(C)具有对无数人主张的权利(即对世权);(D)在破产清偿中享有对于一般债权的优先权。如果标的物的占有人破产,财产权益的所有人受到法律保护,仍可从破产财产中取回自己的财产或权益。与财产权益相对应的是合同权益,其特点包括:未经合同的对方当事人同意不可转让,只能向对方当事人主张权利和在破产清偿中没有优先权等特点。

举一个简单的例子来说明上述四个特点:如果这本书是你的,你就拥有这本书的财产权益。你可以放弃、转卖或赠送给别人。如果这本书被烧毁,你就没有这个财产权益了。如果你把这本书借给了一位朋友,当然你可以向他将书或书的价值索要回来。如果你的朋友把这本书转借给了第三人,你可以向第三人讨还。在英国法律中,如果你的朋友把书卖给了第三人,你仍然可以向买受人把书讨回来,因为你的权利可以对抗任何人。如果借你书的朋友破产了,你可以从容地把书取走,而不需要像其他债权人那样通过破产程序来证明你的权利。这本书不在由破产受托人管理的破产清偿财产之中,你的朋友也不能用这本书来抵偿债务。

我们上面举的是一个简单的所有权的例子。实际上除了所有权,还有一些权利属于财产权范围。如你在邻居院子里面的停车的地役权(easement),就是一种法律承认的财产权。不论邻居的土地转让给谁,你都可以在那里停车。但是普通法所承认的地役权必须要满足一些无论是形式上的还是实质上的先决条件。例如,你必须对邻近的房屋拥有所有权或者租赁权;你的停车权一定不能占据你邻居院落的所有地面;在你的意图中设立这个权利是为了给你自己的房产增值,而不是只为你个人的方便。而且这个权利必须通过正式的契据来设立并完成土地登记程序,或者这个权利已经被获得并公开使用了20年以上。与财产权益相对应的概念是合同权益。如果你得到邻居允许,把汽车暂时停在隔壁的院子里,但时间不能太长。或者你通过按月付钱给你的邻居而获得可以把车停在那儿的权利。但是只能针对你的邻居个人。如果他把房子卖给别人,你的停车权就终止了。你的权益就只是一种合同权益而不是财产权益。如果你的邻居违约,你只能通过法院的命令或请求赔偿损失的诉讼来强制实施,但对于第三人没有约束力。

B. 三个特别的名词

我们再来看三个特别的名词,它们的产生和使用都与一定的历史习惯相联系。

在普通法的语境中它们不止一个含义,而没有一个中文词可以准确地表达它们的全部含义：

Estate　英语中"estate"一词包含的意思有财产、地产、地产权或遗产。在中文中很难用一个对应词汇来准确表达，必须要看它在英文的上下文中的具体含义是什么。[23]实际上它在英语中有四种不同的用法：a. 可能指一片土地（如"the Osborne estate"）；b. 可能指土地及其他动产（如"real and personal estate"）；c. 有时指的是死者遗留下来的全部财产（如"The deceased's estate"），包括有能力偿还的或无能力偿还的债务责任；d. 它还可能意指在一段时间内的对某种财物的占有使用权。如不动产租约是一种定期就结束的财产，而终身财产（life estate）则是某人一生可以享受的财产。

Equity　是英语中另一个有着许多不同含义的词。在日常英语中它的意思是公平、公正。equity 这个词进而表示大法官法庭（Chancery）的一种活动，即为了达到公平的目的而运用衡平法来纠正或补充普通法中的不足之处。因此这一词意指衡平法院对普通法的纠正或修补机制。例如，衡平法院允许不动产抵押人在抵押合同的期限过后六个月内还有赎回不动产的权利，叫做衡平法的回赎权。随后就发展出"衡平的回赎"（equity of redemption）这样一个名词短语。这个短语又可以用来代表所抵押的不动产的市价超过它所担保的债务的那部分。债务的数量是可以确定的，即主债加利息。但是"衡平的回赎"的量是不确定的，可以随着不动产市场的价值变化而变化。[24]在另外的情形中，equity 这个词又延伸为一种与债权人的权益相对应的、公司普通股东的权益。如果公司的债务相当或超过公司的资产，股东就一无所获。如果资产多于债务，剩余部分就会在股东当中分配。与债权人不同的是，股东到最后一刻才会知道他的权益的价值。当公司陷入困境无力支付债务时，还往往动员债权人把

---

〔23〕 参见《元照英美法词典》，法律出版社 2003 年版，第 490 页。

〔24〕 衡平法保护抵押人可以得到在拍卖抵押物时所获得的价格中超出担保债务与利息的那一部分，即"equity of redemption"。而抵押权人的权利仅限于得到自己的债款的本金、利息及相关费用。因此抵押物的市场价格越高，衡平回赎的数额也越高。

债权换成股份以解决公司的困难。当我们在报纸的财经版上看到公司的债权人"swap debt for equity"的字样，指的就是债权人以债券交换股份。[25]

Holder 指的是财产的保有人、持有人或占有者。英国法律中习惯用这个词来避免使用"所有人"这个用法，并回避使用该词所带来的问题。Holder 指的是一种广义的、特别权利的持有者，这个权利也许是所有权，也许只是一个租赁权或者占有权，这二者的区分在这个概念中并不清楚，因为普通法倾向于强调"当下的"占有的事实。例如，在 1086 年的《英国土地志》(Domesday Book)中反复地称，国王持有(holds)什么财产，如一个农场、一间磨坊等。现今的财产法使用这个名词既可以指法语中的承租人(tenant)，也可以指日耳曼语中的土地自由保有人(freeholder)、租赁保有人(leaseholder)、房屋占有人(householder)、股票持有人(shareholder)、债券持有人(bondholder)、固定期间占有人(holder for due course)等。

以上只是举例，在财产法中还有许多专业的法律词汇，不仅与日常英语完全不同，而且在财产法的专业语境中也往往不止一个含义，必须要根据上下文来确定它们的具体含义，所以不能仅用一个固定不变的中文词汇来理解和表述它们。这是我们学习财产法，特别是在阅读和翻译英文原著的时候需要留意的。

---

〔25〕 参见本书第九章 1(5)。

第二章

物的分类

英文中的“Thing”一词既可以指财产关系中的标的物(Objects),也可以指不属于财产的物。普通法中的财产关系的标的物与中国《物权法》中的物的概念不同,它包含了有形物(tangible objects)与无形物(intangible objects)。当然这里所说的物的分类法与自然科学家对物种的分类法不同,法律上的分类是一种更为自然的,根据物与人之间的关系来做的分类。普通法国家的议会从未试图通过成文立法建立一个严整的物的体系,因此比起德国和法国的成文立法中的概念和定义来,普通法中的物的范畴显得有些杂乱和无体系。本章描述物的总体范畴和分析物的基本类型,以帮助初学者认识财产法的整体图景。

1. 物的一般概念

首先,并非所有的物都是财产。从财产法的角度来看,凡是可被称为财产的物必定是可以被人拥有的和可以交易的。因此空气、云、公海在法律上不是财产。有些物肯定可以被人拥有,但是不能成为私有财产。例如,在英格兰和威尔士为了保障公众可以使用沙滩来

第二部分　财产的一般概念

游泳、钓鱼和航海，规定海滩不能为私人拥有。[1] 另外一个例子就是人的身体，尽管属于每个人自己所有，但是不论是活人的还是死人的，都绝对不可以被当做财产来交易。[2]

在可以被视为财产的物的范围内，物的概念往往被替换为“标的物”(Objects)或“财物”(Assets)。我们可以从许多方面来认识和对待构成财产的物。显而易见物有物质上的区别，我们对待物的方式也是很不同的。我们或出于物本身，或出于人对它所需要的程度来对待物。我们可以将物视为生活必需品(如房屋、食品、衣物)；可以把它们当做一种财富的储存(如房地产、钱、人寿保险和股份等)；还可以利用它们来增加价值(如用原料制作出产品、房地产出租、银行利息、股票分红等)。法律在上述各个方面为我们的财产管理作出了安排，不仅包括了我们可以直接接触到的物品，而且还包括所有不可以直接接触的财富。尽管在普通法的立法中没有像大陆法的立法那样很概括和有系统地将各类物加以分类，学习英美财产法也需要首先理解各类物的基本概念和区分，才能够进一步学习法律的各种技术规则。

本章描述的是各类物处于“静态”时的特征，也就是说它们既非处于转让过程中，也未受到威胁。我们将所有的物大体分为以下十种类型：(1) 不动产；(2)动物；(3)有形的动产；(4)权利证书式的无形财产(Documentary Intangibles)，如商业票据(本票、汇票、支票、提单等)；(5)书证式无形财产(Documented Intangibles)，如股份和其他投资证券；(6) 非书证式的无形财产(Undocumented Intangibles)，如应收账款；(7) 知识产权，如版权、专利、商标、商誉等；(8)货币；

---

〔1〕 财产概念有狭义与广义之分，狭义的只指私人财产。因为英美财产法是保护私人财产的，所以公共财产不是财产法意义上的财产。广义的指各类财产，如英文中有“Private property”、“Public Property”、“State Property”概念。

〔2〕 各种不同的法律控制将人类器官用于医学用途。关于这一领域中有关伦理等其他问题的有趣的讨论，可参见 J. W. Harris, *Property and Justice* (OUP, 1996), 351ff.。

(9) 基金;(10)资本与收入。尽管在上述分类之外可能存在着尚未认识的“灰色地带”,有时也存在着重叠的部分,但是我们所采用的分类标准是显而易见的,并为普通法学界的人们所普遍接受。最后请谨记没有任何一种对于物的分类是完美无缺的,经济、科技与商业的发展永远会不断地创造新的财产形式,来挑战人们对于现存财产的理解和认识。

抽象权利的具体化(Reification)[3] 这里“具体化”指的是将抽象的财产权益视为具体的财物,这个过程很难用简单的语言来解释。人们一般认为所有权即意味着所有人拥有一个有形财物。但是普通法的思维方式的独特性就是将所有权的概念最广泛地应用于无形资产。这一技术具有悠久的历史。伟大的英国法律史学家梅特兰曾说过:“任何单独的或一组的权利都可以被看做是一批财物(Things)……在中世纪的法律中抽象的无形财物比比皆是。”[4]这个思维方式一直延续到现在,因此在普通法的立法和文件中经常使用“专利权的所有人”(The owner of a patent)、“抵押权的所有人”(The Owner of a mortgage)或者“地产权的所有人”(Estate owner)的概念。当一家商行转让给一家金融公司时,商行的客户们的到期债务也一并授权由金融公司去收取。但根据普通法的标准概念,商行不是以出借人或债权人的身份转让权益,而是作为“应收账款的法定收益所有人”(The legal and beneficial owner of the receivables)转让权益。关于普通法这个独特技术在加利福尼亚1872年的一部立法[5]中讲解得很充分:“任何可以被占有和交付的非生命的财物都可以有所有权。任何家畜家禽、全部债务(Obligations)、作者的劳动与技术产品、商行的商誉、商标和商号、立法所设立和授予的权利都可以成

[3] 这一节是从英文原著第五章移动过来的,放到这里比较有助于理解普通法的物的分类。

[4] Pollock and Maitland, *History of English Law*, ii, 3－4, 124－49 (2nd ed., CUP, 1968).

[5] California Civil Code, s. 655.

为所有权的标的物。”[6]

普通法对物的认识特点有二:其一是充分反映了“物尽其用”的思维角度。普通法的法学家实际上是从人类的生产与生活(如动产、不动产)、投资与交易(如货物、商业票据、投资证券)、财产管理(如信托基金)、分配与继承(如资本与收入)几个角度来看待物。不仅将物质财富视为物,也将一些人际关系中所产生的权益标准化,由此而概括出一系列抽象的法律概念。其二是以“商业交易实务”为中心的价值取向。例如,在自由市场经济历史悠久的英国,由于抽象的法律权益早已经成为直接在市场上交易的基本标的物,所以无形的权益就成了普通法中的“物”的重要组成部分。[7] 事实上英国法律倾向使用抽象概念并非仅出于历史的惯性,法律能将无形财产视为财产关系的标的物,最根本的还是因为人们愿意购买它们。任何商务交易中的标的物都可以被视为财产,在这个意义上来说,抽象的公司股份和具体的房子与车是相同的。许多抽象概念(土地法除外)实际上是法律对经济实体的承认。实际上首先是商人发明创造了这些抽象的交易标的物的概念,经过长期实践而逐步稳定下来,然后由法学家来加以修整,归纳到一个对这些抽象权益给予承认和保护的法律制度中。现行的财产法律是判例,商务交易习惯和立法的综合产物,具有在概念、原则和技术上的统一性、历史延续性和不断推陈出新的开放性等特点。

特定财物的物质和经济的特征决定了它们在法律上的待遇,特别是当物被转让时,或者当我们对于物的权利受到挑战需要保护的时候。法律将不同的财物定义和分类的意义在于:根据每一类财产的最有意义的特征,法律规定了取得和转让这类财产的特定手续与程序,并且提供了保护这些财产的特定法律规范。例如,转让不动产

---

〔6〕 其实财物的范围还可以扩大,任何抽象的财产权益都可以被视为物化的所有权的标的物。

〔7〕 这两点是中文版补充的。

的法律手续与程序就与转让动产不同，法律保护动产中之可替代物和不可替代物的方式不同，法律保护财产权益和合同权益的方式也完全不同。根据这些法律规范，我们就可以自由地、安全地使用和处置属于我们自己的财产。

下面分别叙述各类财物的基本特征：

2. 有形财物（Tangible Objects）

（1）不动产（Land）

在普通法中，Land一词包括地表、地表上空直至太阳，地表下面直至地核这样一个巨大空间。其中包括地球表面的任何部分（如山脉、森林、水域）和地下的自然资源，如矿藏，还包括人类在土地上的建设，如楼宇，建筑物等。[8] 虽然楼宇是土地的一部分，它本身又是可以分割的。不仅可以竖着分——如一座别墅可以分为"半分离式的"两套房子；也可以横着分——如一座楼可以分成若干层和若干个单位，而每一个单位都有一份独立的地产权，如多层楼宇中的高层单位的主人有一份地产，虽然他的单位并不是直接建造在土地上。在普通法中，所有的不动产，如田野、农场、房屋、商店和工厂等都属于"土地"这一大范畴。土地权利包括对于这个空间的全部大自然的造物和人类建造物的全部权利。

土地中第一个较为困难的问题是地上的"附着物"（fixture）这一概念。它特指一种动产，但是它已变为土地的附属部分，所以必须属于土地所有者所有。如建筑材料本是动产，经合并而构成房屋，房屋建造在土地上，也就成了土地的一部分。有些动产，例如种子、秧苗当被种入土地之后，就成了土地的一部分，而不再是动产了。同样庄稼、树木等物，当它们在土地上长着的时候，就是土地的一部分；但是

---

〔8〕 当Land被用于这个含义时，中文中的准确译法应是"不动产"或"房地产"，而不是"土地"，以避免人们将其与我国法律中的土地概念混淆。

当它们与土地分开的时候,就成了个别的动产。

什么是不动产附着物?这个问题经常在人们做房地产的买卖、转让和抵押的时候被提出来。例如,房屋的大门属于房屋的附着物,但是房屋里的桌椅板凳不是。在协议中没有明确表示的时候,人们经常因为一些物品,如花园中的玫瑰树,房屋内固定的地毯等算不算附着物而发生争执。人们不可能为固定附着物开上一个完全清楚和固定不变的清单。一般地说,附着物不仅仅是被置于土地之上的,而且是为了使其在功能上成为土地之一部分而将其连接在土地上的。如花园里的花草树木、住宅的门窗、电源线路、厨房里面的橱柜等。它们在买卖和抵押中必须随着不动产一道被转移。另外一个问题是:租客可以把他们自己安装的固定附着物在房地产租约到期时拆走吗?如果法律规定不可以,那么商店的租客就不愿意在店里安装货架,饭店的租客就不愿在厨房安装烤箱。所以法律规定在对房屋没有损坏的条件下,租客可以将这些附着物拆走。这并不是说这些东西不是附着物,而是说只要租客愿意,他们可以终止这些东西对房屋的附着物性质。

基本特征 我们现在来归纳不动产的十大基本特征。这些特征既是根据土地的自然属性而概括的,也是英国的法学家在早年为发挥土地的特别效用而在法律上设计出来的。

(i)**永久性** 土地区别于其他动产的最明显的特征就是它的永久性。虽然会有自然灾害、地震、塌方等发生,但是不能因这些特殊情况而将土地定义为会自然损耗的财产。土地的永久性带来若干结果:首先,它适合于长期的和大型的投资,如排水装置、大教堂和大型超市。第二,这些投资建设项目可以被用于几代人。

(ii)**安全性** 土地并非唯一具有永久性特征的财产,钻石也有永久性特征。但是土地不可以被偷窃。在英国现代偷盗法令中,土地被定义为一种“不能被偷盗的”财产。与其他可能被人违法偷窃的动产(如钻石)相比,土地是最为安全的财产。

(iii) **有限性** 虽然人们可以在大地上建筑楼房,甚至可以建造摩天大厦,但是毕竟土地资源是有限的。如英国是人口较多而土地相对较少的。有限的土地供给带来了可用土地需求的冲突和解决这些冲突的困难。

(iv) 外部影响性　因为英国人生活在一个相对拥挤的岛国上,所以我们使用自己的土地的方式很可能影响别人。我们可能为他人提供一个免费的利益,例如,我们修造一个美丽的花园,使邻居从自己房子里就能获得赏心悦目的感受。但是(更值得注意的是)我们也许既无蓄意又无疏忽,便无偿地给他人带来不愉快。如获准许可经营一家屠宰厂。在一定范围内这类问题可以通过私下谈判,或采用限制用地合约(restrictive covenant)或通过关于妨害的法律(law of nuisance)解决。它们也是许多公法介入的范畴,最明显的是规划法与环保法对土地的规制。

(v) 可收益性　从我们的法律制度的观点来看,不动产的一个重要的特征就是在没有损耗的前提下可以产生收益。除却一些用于保养土地的再投资,这个产生收益的流程是连续不断的。如苹果树上结苹果,田地上长出庄稼,出租办公楼、工厂、商店所收获的租金。虽然对于业主自住的房屋具有收益功能这一点,在最初可能有点难以理解,因为自住房不给业主带来现金收入,但是他们不必为住在其他地方而付房租或旅馆的账单,因此他们的收益就是经济学家所谓的"准租金"。土地并非唯一带来收益之物,另外还有牲畜生幼仔。关于这一点我们将在"资本与收入"节详谈。

(vi)资本增值功能　显而易见的是土地只要经营得当,就能产生收入而不损耗其资本价值——即出售土地的价格的上扬。确实除了上述的有限供应性,土地需求的增长两个因素,土地的资本价值不仅与通货膨胀并驾齐驱,也会随着时间增长。

(vii)必需性　土地对于我们所有的人都是必需的。我们生于兹葬于兹。在有生之年,每人都需要个吃饭的地方、穿衣的地方、休息的地方和工作的地方。我们的家建立于土地之上,我们的衣食之生产、制造、储存和销售均发生于土地之上。无论富人穷人,人人都需要住所。因此有些国家和地区把“为公民提供最起码的居住条件”作为政府的一项职责。

(viii)投资目标　上述土地的各个特征使得土地在几个世纪以来成为最具吸引力的投资目标。拥有满足生存需求之外的剩余财富的自然人或法人,都会发现土地的永久性、安全性、有限供给、收益性和资本增值功能,再加上必需性的特点使得土地作为投资目标的吸引力独占鳌头——还有比把钱投在人人必需的东西上更好的选择吗?这个特点可能引发极少数富人和大多数人的冲突。一些国家为了解决这一冲突,采取简单的禁止私人投资土地的措施,例如,前苏联在二十世纪的大多数时间里便是如此。而英国采取的办法是在一些特别的领域进行干预,我们在后面会谈到公法对于私人财产的冲击。〔9〕

(ix)可遗赠性　土地可以成为任何个人、公司或者退休基金的投资组合中的一部分,同时它又有着若干在纯粹的商务核算之外的特点,使之特别适合于家庭遗赠。由于土地的永久性、安全性和收益性的特点,家庭成员中因之受益的往往延续若干代人。财产法的设计使得土地的资本与收益可以分离。在遗赠关系中,儿女辈可能获得的仅仅是土地的终身收益权,而土地的所有权则可以保留给孙辈。在发挥不动产的这个功能中,土地上各种不同的“地产权”(estate in land)的概念被证实非常有用。〔10〕

(x)权力与地位的象征　从英国历史上来看,对于土地这个最具吸引力的投资目标的私人所有权往往被赋予公共政治权力。例如,在英国诺福克郡〔11〕授予大地主贵族的荣誉与地位,英国上议院议员

---

〔9〕　如城市规划、区域规划、环境保护、福利房屋和控制租金等法律与政策。

〔10〕　当 estate 被用于地产权时,指一个人在与土地的关系中所处的地位,或他相对于土地的关系,包括他对土地享有的不同种类、不同程度的权利,如在一定时段内所享有的权利、终身享有的权利和将来可获得的权益等。参见本书第一章“专业词汇”,并参见本书第五章2“地产的概念”。

〔11〕　诺福克是英国东部北海之滨的历史地区,建于史前年代,为东安哥里尔盎格鲁—撒克逊王国的一部分。它的名字意为“北部人”,与索福克“南部人”相对。

的政治权力都只授予大地主,而且这些贵族地位和权力直至20世纪末都是可以继承的。直至20世纪初,投票选举下议院成员的资格也只被授予男性地主。

(2)活的动物

动物、鱼与禽类,无论是野生的捕获物还是家养的食肉动物和畜力动物,早已对于人类生存具有重要性。农场养殖的动物还是收益和扩大资本的源泉。如成群的羊可以生产羊羔、羊奶、皮毛、羊肉,生产和出售奶酪、羊排和毛织物。所有这些可以组成在农耕之外的创造财富的系列活动。作为财产的标的,法律主要关注的是动物的获取,如下所述。[12] 但是我们对于动物的权力越来越多地被限制。一些被保护的特别动物完全不准捕获。虽然我们拥有对家养的普通动物的所有权,但是我们却不能随心所欲地对待它们。例如,根据英国法律如果造成动物的"没有必要的痛苦"就会构成刑事犯罪,法院可能判处有这类行为者不得再占有宠物。[13]

(3)动产(Goods)

在英国《货物买卖法令》中,动产被定义为有形的动产(personal chattels),[14] 而不是权利动产和货币。为了买卖的缘故,动产的范围还包括了通过耕作者的劳动而正在生长的庄稼。它虽然属于组成土地之一部分的地上附着物,但是当它即将从土地上分离并在货物市场出售时也可属于动产范围。根据不动产法律,庄稼和地上附着物属于土地的一部分,它们只有与土地分离之后才能成为动产。根据

---

〔12〕 参见下一章:"财产权益的获取"。

〔13〕 Cruelty to Animals Act.

〔14〕 Movable, personal property, goods, chattels 这些词汇在中文中只有一个对应词:动产。但是在英文中它们的含义是各有侧重的,如 movable 是与 immovable 相对应的,personal property 是与 real property 相对应的,goods 指用于买卖的动产,又被翻译为货物。chattel 指有形动产。

货物买卖的法律,可以在不出售土地时单独预售未收割的庄稼或未被拆除的地上附着物。

上文提到的许多土地的特征不适合于动产。例如,很少动产具有永久性,而绝大多数动产或是处在生产过程中,或是周转在供货商与最终使用者之间的销售链上。动产在消费者手中或被享用(如食品和牛奶),或被磨损(如衣物、汽车)而最终变得毫无用处。总而言之,动产可以在人们当中相互转让而不需要正式的法律文件,因此比较难以追回和找到。同类的动产(如相同型号的汽油、钉子、大米等)彼此之间往往无法区分。动产可以在批发市场上大宗交易,而土地在绝大多数的情况下只能够通过一块块的零售方式买卖。

由于以上原因,关于动产的法律与关于土地的法律区别很大,其中最大的区别就是对于请求返还原物的法律保护手段。如果标的物是可替代物(Fungible goods),假如我们的动产被他人非法拿走并扣留,因而起诉到法院并且赢了官司,法庭将命令被告赔给我们钱,而不是返还原物。我们可以用钱再买同样的动产。采用这种救济手段是因为执行一个返还原物的命令的成本太高,问题更多。假如法院命令被告退还原物,但被告拒绝执行,法院将很难找到原物并将其退还给我们。如果法院采取其他方式,如命令被告用金钱来赔偿,法院的这个命令不仅可以对被告个人生效,也对他的财产生效,如他的财产可以被查封出售,他的银行账号可以被冻结等。

动产中可替代物和不可替代物的区别是显而易见的。可替代物中的每一件都没有特殊性:送给消费者哪一个钉子,或哪盒牛奶无关紧要,只要它们的尺码、质量和数量正确。可替代物可以由同等数量的同类货物所替代,通常以重量、数量和尺度来买卖。典型的可替代物包括原材料、谷类、硬币等。有些权利证书式的无形财产如股票和债券组成了可替代物的重要部分。但是有些货物是不可替换的,有些东西是从来不买卖的,如收藏的名画。某些可替代物也可以是不可替代的。如钱币,也可因为它的稀有、它的审美价值和考古价值而成为不可替代的。

与上述概念有所重叠的另一对概念，就是一般货物（generic goods）与特定货物（specific goods）的区别。如“面包”和“这条面包”，“十英镑”和“这张纸币”，“我的书籍”与“我的这本书”。对于转让上述物品的所有权来说，上述区别是很重要的。我们可以对自己所拥有的物品做一般性表述（如“我的全部书籍”），并可以签订合约将某类物品的所有权转让（如“把我所有的书卖给你”）。但是实际上我们只能转让特定物品（书或其他财物）的所有权。同样，如果买卖的标的被表达为一类或一种货物中的许多件，或者以重量为单位的大量的原材料，这种货物就是可替代的和不特定的。当许多件货物和大量的原材料已经为购买者单独划拨出来并放置在指定的地方，货物就成为特定的了。这里并不是说有两种不同类型的货物，同样的货物只有当人类的选择介入之后，才会由不特定而变为特定的。可替代物（如钉子）可以是不特定的，也可以是特定的（当它已经被转让，并被单独划拨出来准备交付时）。但是不可替代物（如某名家的原作）只能是特定的。

另一对值得注意的概念是现货（existing goods）与期货（future goods）的区分。期货指的是预期中的农产品或工业产品。这些未来货物属于非特定的、可替代的和一般的货物，这类货物总是不断地在期货市场上被买卖。正是由于期货市场的作用，使得货物的生产、分配与交易成为一套完整的序列。例如，明年的棉花产品可能已经被出卖了，而许多已经买入的买家又在市场上待价而沽。每日报纸的财经版都会公布的日用品期货的价格，以供对期货市场交易有兴趣的人们参考。当然严格地说期货还不是货物，所谓“出售”并不能使买方成为所有人。但是卖方的递交货物的承诺给了买方一个特别的请求权，买方付款的保证也给了卖方一个对于货币的请求权。如下所述，这些请求权可以以特殊的文件为代表，这些文件本身又可以被当做财产的标的物在日用品市场和金融市场上进行交易。

有些物品的价值极高，极具特殊性。因此对于它们自身和它们的主人身份的确认需要一种稳妥的长久性的手段。登记制度因此而产生。有些是私下登记,如赛马。而更多的是公开登记,如船只、飞机的抵押。在英国,采用特别的法律登记船只已有很长历史。由于这种稳妥的和长久的登记制度,船只几乎被看成是“漂浮的土地”。

3. 无形财物(Intangible Assets)[15]

人们思考财产时总是很自然地首先考虑有形物。实际上世界上的绝大部分财富是无形的。例如,英国政府2002年单是通过发行政府债券就获得了3250亿英镑,其债权人(自然人或法人,英国人或外国人,或多国籍人)的请求权是如此安全,因此被称为“最好的保护”;此外英国政府出售政府存款凭证也是极为安全的投资,即使再谨慎和节俭的人也愿意购买;[16]加上亿万股票和股份的投资和亿万的银行存款,显而易见,无形资产是社会财富的一个巨大的组成部分。在20世纪初以来,最富有的人的标志已经不是土地,而主要是财富的市场价值,如持有多少大电脑技术公司的股份——即所谓网络百万富翁(dot. com millionaires)。

权利动产(Things in action or choses[17] in action)的概念 老普通法最初给予上述这些无形资产的一个最概括的名称是“权利动产”。这个短语传达了两个概念:首先,物(Things)具有价值,可以被继承和交易,并可以被它的所有者的债权人所获取。“In action”这一短语的意思是这个财产是无形的,但是可以通过请求,最终成功地起诉某人而转变为有形财物,所以权利动产又被翻译为“可诉财产”。假如某人欠你100英镑,你的请求权就是财产,可以被继承,你也可以放弃或出售。获取这笔钱的最后的手段就是诉诸法院。在旧的教科书中,占有动产(Things in possession or choses in possession)和权利动产(Things in

---

〔15〕 Assets在这里翻译为财物,与tangible objects对应。objects一般是有形的,而asset既包括有形物,也包括无形的权益。

〔16〕 “National savings certificates”是通过英国邮局购买的一种类似于国债的最为保险的投资方式。

〔17〕 Chose源自法语-拉丁语,指动产。

action or choses in action)两个概念总是成对地被使用：前者指的是可以占有的有形资产，而后者指的是不可以实际占有的、但可以通过请求(最终为诉讼)而获得的财产。[18] 在过去百年来，英国法学界总倾向于将那些新出现的无形资产统统归于"权利动产"的范围，直至这个概念变得大而无用。如著名的大法官们对于把公司股份归入"权利动产"已经表示了异议。议会于 1945 年将专利划为"权利动产"，而在 1977 年又说它不是。在老普通法中，权利动产的概念原来指的只是以动产和金钱为标的物的债权，包括了各种商业票据、投资证券和应收账款。但是既不包括不动产也不包括知识产权。而今天应当在什么范围内使用这个传统概念尚无定论。尽管如此，"Things in action" 这个传统概念依然常在普通法的教科书和法律文件中出现。

金融市场的语汇使得债权更加复杂。一个官方的出版物声称"政府通过向私人出售债权来满足于它的借贷需求。"[19] 这个奇怪的短语指的是政府通过出售债券来借钱，债权人因此而获得了对于政府的请求权，这个请求权可以转售给他人。私人商界同样也有他们自己的术语。特别是在那些最为普通的商业关系中：债权人借钱给债务人，我们通常说那个债务人负债了，而债权人拥有债权。国际债券市场如今倾向于使用"债权(credit)"来表示由于借贷而形成的一种资产。商界采用了另一个词来表达债权人的权利动产：应收账款(receivable)。假如一家公司向它的客户出售了货物或者提供了服务，客户未付清钱。为了获得现金，该公司可能将它对于客户的请求权转让给一个专门讨债的公司(或称为"代理人"factor)，而不是自己亲自上门讨债。在公司与讨债代理人之间的标准合同文件上明文写道："应收账款的所有权(Ownership)应转移给讨债代理人。"由此看来，可以转让的债权在普通法中被视为可具有"所有权"的无形财产。

---

〔18〕 普通法把债权视为一种无形财产，虽然债权的标的物可能是有形物，如应交付的货物。但是在普通法中凡当下不能占有使用的，便属于"无形财产"范围。

〔19〕 *Britain* 2001, 405, col. 2 (Office of National Statistics, Stationery Office, 2001).

英美财产法中的无形财物有许多种类，在市场流通中最为常见的是权利证书式（Documentary）无形财产、书证式（Documented）无形财产和非书证式（Undocumented）无形财产。

（1）权利证书式无形财产：商业票据（Commercial Paper）

权利证书式无形财产指的是一些付款或交付货物的书面承诺已经标准化，并已被商界普遍接受，即被视为完全代表着钱或者货物，可以在市场上直接交易的书面票据（如支票、汇票、本票和提单）。在一个尚未履行的关于货物买卖的商业合同中，双方都是对方承诺的受益者。就市场而言，这个利益是一种可以被拥有和转让的资产；但是就合同双方而言，它本身只是一种请求权。如根据合同，购买人可以请求出售人交付货物，而出售人可以请求购买人清偿货款。如果双方义务以某种书面形式所体现，这些文件本身就可以被作为金钱或者货物在市场上再交易。例如，出售人可以把购买人提交的承诺在将来支付一定货款的文件（如延期支票）拿到银行去，银行可以根据支票上所写明的当时的数额支付给出售人（这个实际清偿的过程下面还会解释）。因此货物买卖双方的权益都可以用来交易，在全球的商品和金融市场上这类交易经常不断地发生着。

收取金钱的权利：可流通票据（Negotiable Instruments） 广为人知的流通票据有汇票（bill of exchange）、本票（promissory note）和支票（cheque）。从财产法意义上而言，流通票据的基本特点就是它以文件形式表示一种所拥有的债权，他的持有人可以像处置一件动产（如书籍或车辆）那样处置这个无形资产。流通票据的特点就是它的全流通性，这个特点是受到法律保护的，以确保市场的安全可靠性。所以它比任何有形动产都更加适合商业流通。[20] 例如，一般来说当你

---

〔20〕 支票可以是指名付款的，这种支票不具有流通性，只有见票即付给持有人的支票才具有流通性。在英国自从1992年的支票法令（Cheques Act 1992）之后，指名支付的支票不得再转让。

转让货物时,你不能转让比你自己所拥有的产权更好的产权。[21] 但是一些特殊的、可流通的无形资产不仅是可以转让的,而且是可以流通的。这就是说尽管出让人的产权具有缺陷,标的物的正当购买者(例如一个流通票据的善意购买并已经为此付出了市价的人)仍然可以获得好的产权。假如你在不知情的情况下,从一个盗贼手中买了他所偷盗的书或者汽车,你必须把书或者车还给失主,然后再要求盗贼退还你已付的货款。但是流通票据的盗取者却可以转让给善意购买人一个好的产权。这个购买人可以拥有该票据,并且有权根据票据上规定的时间获得应付款项,还可以再次转让该票据。而且作为一种直接可以兑换为金钱的抽象价值,虽然它与有形货物分离,但是随时可以兑换为任何有形货物。流通票据的这个特点有些类似于货币。[22]

获得货物的权利:提单(Bill of lading) 在国际贸易中,出售人、运输者和管理者对于货物的责任一般都体现在标准化的文件上。出售人签发一个出售货物的合同,例如"F. O. B.",意思是 free on board,其中包含着出售人把货物送上指定船只的承诺,在这时货物已经属于购买者。运输者将一种叫做"提单"的文件递交给出售人一式两份。它的功能包括收到货物的收条和将货物交付给提单持有者的承诺。出售人将其中一份提单寄送给购买者,购买者既可以在货到后凭单提货,也可以在货物运到之前,通过背书和移交提单的方式将货物转卖给他人。提单可以多次转让,最终持有者可以拿提单要求交付货物,而运输者只要将货物交付给他,就完全履行了职责。在这个过程中提单代表着货物本身,但是提单不如流通票据的流通性强。因为假设提单所有人的提单丢失了或被盗窃了,即使运输者已经把货物交付给出示提单的人(可能他是一个不知情的、提单的善意

---

〔21〕 这是货物买卖中的最基本原则,即 Nemo dat principle,我们在后面会详细解释。

〔22〕 参考下面"货币"。

购买者)，提单的真正所有人仍可以请求货物的被交付人(或者任何在这之后被转让了货物的人)返还货物。这一规则同样适用于其他关于产权的文件，除非出于习惯和其他原因(特别是在美国)，这些文件已经完全具备了可流通性。[23]

(2) 书证式无形财产：投资证券(股票、股份、债券等)

书证式无形财产指的是由文件所证明的财物，如股票、债券和股份。也就是说，常用的股票证书或债券证书只是一个证据，却不是对于证券的权利的基本要素，不能用于交易。除了少数存在的可以通过背书来转让的股票外，一般来说，仅仅移交股票证书本身并不能转让股份的所有权。在历史上转让股票证书必须通过登记方能使受让人成为股份的所有人，如今许多公司的股份证书已经由电脑数据所替代了。网上交易往往不是由买卖双方直接进行，而是通过证券公司的网站进行的。

政府债券　在2002年公共部门和商业团体手中所拥有的英国政府的债券共达3250亿英镑之多，根据债券的券面价值产生固定的利息。除政府债券外，公司也可以发行债券。债券被发售后就变成了一种资本，可以在市场上根据市场价值(或高于或低于它的面值)来交易。

股份与股票　公司颁发的股份，简单地说就是投资于公司的纯资本的相应的份额，公司是不许可无偿地颁发股份的。人们可以对于一些实物(如土地、藏画，或一堆煤)具有在一定时间内尚未分割的份额。多数持有人可能主张分割财产，把所持有的份额转换为对于其中一部分或一定数量的实物的独自的所有权。但是公司股东却不能强制分割公司的资产，也不能为了获得股份的价值而起诉公司。公司股票所授予公司成员的是包括投票表决和参与公司管理的权益，当然经大多数股东投票可以决定结束公司的命运。一般而言，除

---

〔23〕 见美国统一商法典第7章第104条(UCC 7－104)。

了管理权之外,公司的股份也给予其成员收益权,如公司的分红。每个股份都体现着由公司资产所代表的资本基金减去所欠的债务后的、一定比例的权利。这个权利的当前价值是由市场决定的。当然如果公司资不抵债了就会关闭,这时公司的债权人拥有清偿债务的优先权,而公司股东排在后面,可能所得甚少,也可能一无所获。但是这潜在的不确定性是"所有权"的一个共同标记,也同样适用于我们的个人财物。在公司存续期间,股份是其所有人的个人资产中的一部分,可以用于买卖、继承和被债权人拿去抵充债务。

在历史上公司股票的持有人要以自己的名字作为股东在公司登记,并持有股东证书。他在转让股票时需要签字(通常是在股票证书上做背书)并将其交与受让人。后者将其拿到公司,由公司修改登记记录并将新的证书颁发给新股东。这种堆积如山的文书工作和人工劳动密集的繁复程序在20世纪末走到了尽头,出路是效率极高的"非物质化"。如今许多公司的股票的持有与交易不是通过书面文件,而是通过电脑数据。因此立法与规制需要解决两个问题:第一,如何使得股东的股权不需要书面证明就可以被证明,不需要书面文件就可以被转让;第二,在股东没有了一纸证明,他们的财产标的已经不再是特有的书面股份,而是一定数额的、没有书面证明的输入电脑数据。在这种情况下如何保护股东的财产权益的安全成了法学和计算机学的新课题。

中介人　第二个新奇的名字是给予那些间接持有的、各种投资(它们自身或许是、或许不是非物质化的)的现代方法的。在传统的制度中每一个投资人通常以自己的名字直接在公司登记为股东。股票转让后,登记记录需要修改,由新的股东名字替代出售者。由市场(而非由律师)所发展出来的新的制度在投资者和公司之间加入了一批中介人。公司将证券,如股票和债券出售给管理人,它们在公司的(无论是电脑的还是书面的)记录中是证券的持有人。这些证券随即被"固定化"了,即证券管理人为了它的下级金融机构,如银行和注册的经纪人而持有这些证券。而后者又为了它们的客户而持有这些证券。在上级的银行和经纪人的书面或电脑记录中,记载着下级的银行或经纪人或者客户的投资财产。例如,维德盖茨股份有限公司的股东登记记录显示了百分之九十的证券是由某信托公司所持有的,后者的记录则分解这个数额,比如这些证券是由九个经纪人平均持有的。而每个经纪人的记录则表明了每个客户所拥有的维德盖茨股份有限公司的财产。这样就省却了经纪人在为客户买卖股票的过程中不断地颁发和收回股权证明的需要。而且这种股票经营结构"网状化"的过程,使得该信托公司股票记录在每个经纪人名下被分散了。例如,经纪人的客户 A 出售了维德盖茨公司的一百支股份的财产权,而客户 B 买入了相当于同一公司的一百支股票的财产权,经纪人与保管人(在这里就是信托公司)之间的记录则完全不需改变。类似的程序确保公司关于股东的登记记录只需很小的修改。今天所有的机构投资者例如养老基金通过银行来经营的投资证券,银行所起的作用实际上就是中介人。在这个新的制度中,投资者既没有股份证书,也不在公司登记股东名字。只要它们付出相当的钱来购买公司的股份,重要的是他们所获得的就是公司的财产权益(property interest),包括所有权的全部权利和风险。

除了金融服务规则外,英国法律使用信托法的概念来确保每个客户的权益。投资者对于由中介人所保存的财产具有自由处分的权利,而且(假如中介人破产)中介人的债权人不能够请求用投资者的财产抵债。中介人必须经常持有足够的相关的资产来满足客户的需求。从这点来说他们与在信托关系中必须保存好信托基金的受托人很相似,而与银行不同。因为银行不必保存足够的现金来满足它的所有顾客的需要。因此投资者的权益中既含有对抗中介经纪人的属人的[24]、合同的权益,又含有与其他投资者依照一定比例的按份共有的财产权益。从公司到首要受托人(Main depositary),下至中介管理人和银行以及经纪人,直至投资者,这条财产关系的链条看似封建

---

〔24〕 Personal 在这里指的是属人的合同权益,与财产权相对应。

等级制度,只是相关的财产不是土地而是投资证券。[25]

(3)非书证式的无形财产:应收账款和作为财物的合同(Contract as Assets)

所谓非书证的无形财产指的是非权利凭证的财产,即那些虽然可以用书面形式记录,但文件并不是财产的必要体现形式,因为口头合同也可以是有效的。这是一个很大的不精确的范畴,可以粗略地分为"直接与金钱相关的"和"非直接与金钱相关的"两大类。如前所述,其中第一类我们今天通常称之为"应收账款"(Receivables)。

应收账款　举一个非常简单的例子:出借人将100英镑的钱币无担保地出借给了借款人,讲好请求清偿时即还清(这是当前储蓄现金的银行账户的基本结构)。这项贷款也许用书面记录,但这不是必要的。它的实际效用是:债务人欠了100英镑。如果出借人要求他偿还,并因此而起诉,出借人一定会赢。当然出借人只能起诉债务人,因为欠他钱的只是债务人而不是别人,因此出借人的请求权通常被称为是"对人的"(personal),表明这一权利只能对抗某一个人。但是出借人不能对债务人个人做任何事,法院的也不能判决羁押债务人,或者强迫债务人为出借人工作,他们只能对于债务人的财产采取强制执行措施,法院执行人员可以将债务人的财产拿走拍卖。但是如果债务人还欠有其他的到期债务,所有债务的数额加起来超过了他的财产总额,那债务人就是资不抵债了,可能需要宣告破产(如果债务人是个公司就还需要清算)。在这个程序中出借人的权利是:按照债务人的剩余资产与他的总债务的比例,与其他未获担保的债权人共同获得清偿。

以上情形通常归纳为出借人只有对抗债务人的对人的合同权益(词汇表中的译法)(a personal right),即请求还钱的权利,而没有对

---

〔25〕　信托制度在第五章6说明。在美国的统一商法典修正后的第八部分中,设立了一套灵活的、关于信托的立法架构。

于债务人的任何财物的财产权利（如对于房屋、汽车获得抵押担保权），而只有财产权利才可以对抗无数的人（Indefinite number of people），即通常所说的对世权。[26] 这是对于出借人与债务人二者关系的确切叙述。但是我们还需说明出借人对于应收账款的权利。简单地说，出借人拥有应收账款，如同他在借钱之前拥有一百英镑的现钞。在他的财产中这笔现金被同样数目的请求权所替代了。出借人拥有这个请求权，因为它具有价值，也因为他可以对它为所欲为，而法律提供了帮助他的手续。例如，他可以把这个请求权捐赠给慈善机构，或出售它、抵押它、用这笔财产设立信托并声明自己为受托人，或通过立遗嘱来处分它。假设他把请求权赠送给了慈善机构之后，原债务人破产，该慈善机构就拥有与出借人同样的对抗债务人的对人请求权，即无担保的债权。但是假如应收账款的债务人有偿付能力，而出借人在将这个权益赠送给慈善机构之后破产，该慈善机构就拥有了对于这一应收账款的完全请求权，[27] 他可以对出借人的其他债权人说，你们不能够使用我的对抗债务人的请求权来偿付你们的债权。

把应收账款看做是出借人手中的一种财产标的，不仅是由于出借人可以请求清偿，也由于债权本身成了一个可交易的独立物，并根据清偿的时间而取得了自己独立的市场价格。例如，有人将 100 英镑出借给另一人，借期一年无利息。出借人的请求权可以立即拥有当下的价值。它的数目当然低于 100 英镑，但也不会差得太多。假如当时银行的利息为 5%，清偿期限为一年之后，将 100 除以 1.05，就得出 95.20 英镑。这就是出借人手中的应收账款的当下市场交易

---

〔26〕 在我国物权法中定义为“对世权”与“对人权”相对应。但是我们认为对世权的提法太绝对，因为个人财产权也不能够妨害他人利益和公众利益。因此选择采用对抗“无限量的人”（indefinite number of people）的方式来表述。

〔27〕 在这种情形下的法律效果如同一个动产的赠与人在他破产之前就已经将其所有的动产赠与了其他人。受赠人获得该动产的所有权，赠与人的债权人不可以再向受赠人追讨。

价值。清偿的日期越近,请求权的价值越高,直到清偿的日子总计为100英镑。[28]

总之,在债权人与债务人之间,应收账款是一个债权,而不是针对债务人的某件特有财物的权益。债权人所能做的,只是与其他债权人一起在债务人的资产中分得一个相当比例的份额。[29] 但是在债权人和债权人的受让人之间,应收账款是财物(asset),[30] 属于财产权益。如果该债权人资不抵债了,那应收账款应属其受让人所有,而不在债权人的债权人可以追讨的范围内。[31] 也就是说,在债权的"一级市场"即初始合同关系中,对于初始债务人而言债权永远是债权。一旦可转让的债权进入了转让的"二级市场",初始债权人将债权转让给第三人后,债权就变成了财产权益,在初始债权人破产后,以及此后的转让人破产后均不在他们的可清偿财产的范围内。法律承认和保护这类财产权益,以促进社会财产的流通。

作为财物的合同(Contract as Asset)　这一节我们要说明的观点可以概括为:一个来自于义务的权利就是它的持有者的财产,它可以被立即兑现、也可以被转让。毫无疑问,这个范围不包括家庭责任和个人服务的义务,但是包含许多在商务合同中所产生的、非金钱的、不包括个人因素的义务。假如你买了一张戏票你可以送给你的朋友,也就是说,如果你把观看表演的权利看作是一种财产,你可以随意处置它。扩大而言,如果一个公司签订了一个造船的合同,或建造购物中心的合同,从原则上而言,该公司可以将承建人的责任作为财产转让。

进一步而言,请求履行一个非金钱的义务的权利可以得到不受

〔28〕 参考以下"资本与收入"。

〔29〕 这里指的是没有抵押的债权。例如,如果债务人的总资产只有总债务的50%,那每份债务就只能被清偿50%。

〔30〕 注意与上文"债权"对应。

〔31〕 出借人的受让人A对于出借人L的债权人是财产权,而受让人A对于债务人B的权利还是债权。这就是为什么英国的法令中认定所有的债权(all debts)都是财产。参见第一章3"财产法的渊源"。

外界干扰的法律保护。假如一个剧院的经理与一位当红的歌星签订了季节性演出合同,而与之竞争的另一剧院经理却以更好的条件诱惑该歌星到另一场所演出。那原来签约的经理当然可以起诉该歌星违约而请求赔偿。然而更为有利的保护手段是请求法院颁发一个禁止“不正当妨碍”(unjustified interference)的禁令(基于因藐视法庭罪而羁押的刑罚威慑)来防止他的竞争者的这种暗中拆台的侵权行为。剧院经理不能强制该歌星履行表演的义务,但是法院颁发的禁令又是强制性的。进一步而言,该剧院经理受到的这种法律保护是可以对抗无数人的——也就是针对所有演艺圈内的竞争对手的。正是由于这个可以对抗无数人的特征,使得这个合同权益具有了财产权益的性质,在普通法中被视为无形财产的一种。

(4) 知识产权

知识产权是无形财产中的极其重要的部分。它们给予其持有人要求所有的人不做一定的事情、并向做了这些事情的人收取补偿金的权利。知识产权有些类似土地所有人禁止他人侵入其土地的权利,但与之不同的是它们没有有形的标的物,它所保护的是人类头脑的产物,而不是大自然的创造物。最古老最常用的知识产权包括专利、版权、商标、商号,尽管其他各种权利,(如设计权、植物抚养权)也被承认为知识产权。它们其实是一种受法律保护的、有一定期限或无限期的垄断权。由于计算机、互联网和生物技术的出现使得保护知识产权的法律变得非常复杂,所有这些都有待尝试。我们在下文中初步概括各种知识产权的特性与目的。

专利与版权 当代最主要的垄断是专利和版权。它们都是由成文立法所调整的,而且都与人的创造有关。专利是关于发明,版权是关于文学、戏剧、音乐、艺术作品。法律通常不要求发明人或作者制造、使用、发表或出售他们的产品,法律只是禁止其他人在没有经过同意的情况下有上述行为。在这方面有些类似保护有形财产的法律。法律不禁止你进入自己的花园并在里面耕作,但是禁止其他人在未经你许可的情况下有上述行为。这里有一个有趣的例外:你对于你自己的花园的疏忽懒惰无碍于他人,但是专利的长期不使用可能将被法官认定为滥用垄断权。假如专利所有人自己不开发,也故意拒绝他人开发使用一项治疗癌症的专利,也就是杜绝了所有的人利用这个发明得到治疗的机会。专利管理部门可能会向申请使用这一成就的人颁发一个强制使用许可,并付给专利所有人合理的补偿。

政府颁发专利与版权垄断权的目的是激励对于新产品的智力与技术投资。但是垄断一般要抑制竞争,因此垄断权不能是永久的。法律将有效的专利与版权视为个人财产,可以买卖、可以经许可而使用并收费。假如专利持有者的婚姻关系破裂,还可以被其配偶请求分配,可以遗留给后代,还可以用来抵偿其持有人的债务。

专利与版权制度的区分在于:专利必须向政府的专利管理部门(在英国须向英国的或欧洲的相关部门)申请,经过审查证明其具有新型性和创造性方可登记。但是发明的过程和详情却对公众保密。专利持有人自专利申请时起,有 20 年的垄断期。在这段时间内,任何人不得使用这项发明,即便他们是在并不知道已经登记的专利的情况下自己发明出来的。20 年之后人人都可以自由使用专利成果,如同其垄断权从未存在过一样。

在英国没有如同专利登记那样的版权登记制度。版权是一项法定权利,防止任何人未经作者同意而复印、翻译、公开表演作者的作品,或以其他形式在媒体采用。作品不必要特别有创造性,普通的日常家信的作者都可以拥有其版权,尽管收信人拥有那张纸的所有权。也就是说如果你拥有这本书,除了复印而外,你可以在这本书上做任何你想做的事情。你买了这本小说,但是你没有版权。你可以把它改写为歌剧,但是没有版权持有者的同意你不能用来做公开演出。在大多数情况下,当作品被创造出来后,版权就自动地属于作者或者他的雇主,并且以作者的生命时间再加上 70 年为期限。这里与专利相左的是:版权是没有限制的、不需登记的、长期存在的和多样化的财产,从我们每个人学会使用铅笔起便可拥有。

版权除了是一种商业权利外,也是一种不可交易的"道义权利"。与其他版权所有者不同的是,作者或者创造者的道义权利包括作者的署名权、拒绝贬损作品和虚假署名的行为的权利。这一权利可以作为非财产而放弃,但是不得转让。作者的署名必须在书籍出版时就清楚地声明并明显地标记在书上。[32] 受到欧共体法律的影响,英国的艺术家同样被颁发一种艺术创作所有权,这个权利是在一定期限内,对于一件含有他们的工作的作品被再次出售而要求适当百分比的报酬的请求权(Right to follow)。[33]

知识产权是属于本土管辖的。也就是说它只禁止在一定的国度之内的、或由国外进入的某种未经授权的行为。这就带来两个问题:第一,如果专利和版权只在英国受到保护,那保护的效果就是非常有限的。因此人们千方百计地把对它们的保护扩展到其他国度。例如,在慕尼黑设有一个欧洲专利管理机构,它可以一下颁发很多相关的参加国的专利。一个多世纪以来,人们都在努力通过国际公约而使版权真正地国际化,由此在成员国中所发表的任何作品在成员国范围内都可以享受保护。[34] 第二,不同的法律管辖区可能会对什么应授予专利和什么应给予版权保护持有不同的观点。由于生物科学的最新发展,美国已经对于患有癌症的老鼠的基因颁发专利。同样由于计算机工程的飞速发展,人们已经尝试对于"点击购物"颁发专利,并将版权保护的范围扩大到计算机程序和数据库。在世界知识产权组织(联合国的一个分支机构)和世界贸易组织的保护下,通过欧共体的指示和规定,知识产权已经开始标准化。对于承认新的权利的争议持续存在着,例如,发达国家对于(贫穷国家的)传统的或本土的知识的开发并获得跨越国界的知识产权垄断,有时是以牺牲贫

〔32〕 从理论上说,这不光是个人名誉,也涉及公共信用与道德。

〔33〕 这项权利自 2006 年起在整个欧共体境内对所有活着的艺术家有效,自 2012 年起将对所有在未来 70 年内去世的艺术家有效。

〔34〕 例如 1970 年的国际专利社团条约(International Patents Co-operation Treaty of 1970)和 1973 年的欧洲专利协议(European Patents Convention of 1973)。

穷国家的利益为代价的(如美国公司到非洲去研究开发当地的传统医疗技术并获得专利)。这个问题在世界贸易组织中正在争论和寻求更合理的解决办法。

商标与商号 商标与商号属于永久性的垄断权。例如,英国的著名公司"OTIS"的商号可以为几代人所沿用,尽管该公司1852年所获得的关于电梯安全的生产程序的专利(因此才可能建造摩天大厦)早已过期多年了。商标与商号可以使消费者识别某个公司的生意和它的产品或服务,这对于在广大消费者中建立好的声誉和取得信用是必不可少的。到20世纪下半期,消费者确实已经习惯了购买和穿用标有著名商号的衣物。商号的排他权利在普通法中由"终止之诉"加以保护。原告必须证明因被告的商号与原告的十分相似而可能误导公众,由此而造成的公众误解已经或者可能对原告的商誉造成伤害。更为重要的是成文法对于商号注册的保护,这一制度已经在英国和欧共体实施了。

商标是一些信号、标志、形状或类似的用绘画形式表达的东西,用于指示在贸易过程中的特殊商品与服务的供应与有权利享用上述商标的人的关系,也就是说供应者享用商标的垄断权。商标注册后受到法律的保护,免于被他人提出"终止之诉"后举证的困难。商标首次注册的使用期为10年,还可以再续10年。如同其他知识产权,商标也是属于本土管辖的。它可以出卖或者颁发使用许可,因而具有特许的特征(给予使用许可),或者是带商业交易性质的出售。与其他财产标的不同的是,在下述情况下商标的排他性使用权可能会丧失:商标如果闲置5年不用,或者该商品的极大成功使得其名字都普遍化了,如阿司匹林、热水瓶、凡士林等。

法律给予独特的商号和商标以排他权利有两个原因:首先是保护顾客,法律应使他们对于自己所购的货品即所欲得之物,而绝非冒牌货这一点感到放心。第二是通过建立一个自己喜欢并人所共知的牌子,以保护商号和商标的所有者所投资的时间、技术和资金等。如果商号与商标属于生活日常用品,如饮料或服装,那这商号与商标就特别地重要。一些国际上驰名的商号和品牌已经获得自己独立的生命，它们存在的作用不仅是保护个别生产商或供应商的信誉，它们本身就是消费者喜闻乐见的标志。

名誉(Fame) 这里应当简要地叙述一下作为财产权利的名誉，这是一种基于排他的、从个人名声中获取利润的权利。这个权利在英国法律中刚开始发展，美国的法律已经远远走在前面。这个权利起源于法律在一定程度上限制把某个人的名字、肖像、生活方式等公之于众以保护个人隐私的原始动机。但是有些人专以吸引公众的眼球为谋生手段，他们的生意是表演，他们所需要的恰恰是从他们自己的名声中获取利润的排他权利。自己名誉的垄断权在英国的著作权法律中得不到保护，使用商标注册的办法保护也有问题，因商标是仅仅关系到特别的商品或者服务的。现在英国的法律还没有把个人的名声、人格等当做财产。但是其他普通法的辖区已经开始这样做了。例如，在美国的田纳西州，因为这里是20世纪中叶著名流行歌星艾里维斯·普雷斯利(Elvis Presley)的家乡。所以在法律上将个人名声确认为财产是毫无问题的。除了(与其他几个州一样)将名人的名声确定为普通法的财产而外，1984年田纳西州实施了一部《个人权利保护法案》Personal Rights Protection Act，其中规定了每个人都有在任何媒体、用任何形式使用他自己的名字、照片、声音、形象的财产权利。这个权利可以出卖、授予使用许可，而且不论在他的有生之年其名誉是否已经被商业性开发利用，都可以作为遗产传给后人。这个排他的保护可以持续终生并加上10年，并且还能不定期地延续下去，直到这个名誉的“商业利用价值”失去后的两年方才终止，此后这个人的名字、肖像等就变成了公共领域的东西。因此从理论上说，对于名誉的排他垄断的保护时间可能比著作权的保护时间(即所有人终生加上70年)还要更长。因为前者是由名誉的市场价值实际存在的时间来确定的。

商誉(good will) 商誉是一种更为广泛承认、更为通用的财产。一个人不必是名人，就可以建立拥有许多“回头客”的生意。顾客的频繁光顾也许是由于生意的地点选得好,由于产品或服务质量好,或是由于主人或员工的个人素质好。我们也许不能了解该生意获得众多忠实顾客的确切原因,但商誉是一个被人承认的、成功生意的要素,对此会计师要作评估,国家要征税。这是一种特殊的财产,只有在它被转让时才需要法律保护。例如,一个商店的购买者要向出售人支付的价格中就包括了商店的不动产、设备、库存和商誉。但是假如出售人又在这个商店的旁边开一家类似的店,旧店的顾客可能又被吸引到这家新店里去。因此在出售这个生意的同时,出售人要给予购买者一个承诺[通常被称为"合约"(covenant)],即在一个合理的时间、合理的地域内不得与购买者竞争。于是,购买人的资产就受到了法律保护,不被一个最有可能伤害他的人所伤害,但是这个保护不能对抗其他独立的竞争者。

(5)货币

从财产法角度来分析,货币是一种很特殊的财物。在一个层面上,货币是有形的、可移动的和匿名的财物。至少在一个方面它与其他有形财产相同:如果它被毁灭,它的所有人就丧失了财产权。(如果货币被人故意或者因大意而毁损,货币所有人可以提出侵权之诉,如果货币被承诺妥善保存它的人所毁损,所有人可以提出违反合同之诉。但是这些都是只能对抗个人的诉讼。如果被告资不抵债,货币所有人只能与其他没有担保的债权人一道分配尚能获得的补偿。)因此货币灭失所造成的损失的风险是显而易见的,无论是硬币还是纸币均是如此。纸币虽然有本票的特点,但本票如果被毁灭或丢失是可以被银行所替补的。如英格兰银行的只对应流通票据负有更替的法定责任,因此如果你放在家里的现金被大火所烧毁,即便你保存有这些纸币的复印件,你也将丧失它们的价值,如同你的其他财物被毁于大火一样。[35]

---

〔35〕 当然如果银行失火应赔偿客户的储蓄。

从另外一个层面来看,现金与其他有形财物相当不同,反而具有无形财物的许多特点:第一,它的价值不在于它的金属或纸张的质量,而在于它所显示的数目。第二,只有在交易时才能被当作货币使用。你可以保存你的硬币或纸币或把它们当作装饰或墙纸用,但是如果要把它们当做钱用,你就必需交出它们。第三,货币现金可以被持续地多次使用,而不需要付手续费。第四,货币是一种通用的商品:如果我们把它当作钱而不是当作收藏品,硬币和纸币是可以替换的,或此或彼都一样。因此债务是用一个抽象的钱数来表示的。第五,钱是一种可以购买任何物品的东西,但是它自身是不可以出售的。[36]第六,由于它是普世的、值得信任的交易工具,法律必须要保护它的可信任度。也就是说如果你在交易中善意地取得了一些钱,这钱便是你的了。即便这钱是被付你钱的那人所偷来的也没有关系。即便钱的真正主人发现并可以证明你手里的这些钞票原是属于他的,你也可以照旧持有而不被任何法律请求所影响。第七,货币是法定的偿还手段:如果没有相反的协议,债权人可以要求还钱,债务人也可以主张付钱。第八,货币是它的所有者的唯一的确定不变的财物。而其他东西的完全所有权都含有贬值或升值的预期,因为市场上任何实物的价值都是时起时落的,包括以实物担保的债权也是如此。这里需要补充的是由于通货膨胀的作用,货币也会逐步减少它的购买力。第九,上述八点主要指的是一定管辖区域内所颁发的本地货币。一般来说外币只有被兑换为本地货币之后才能具有上述特性。最后一点,钱并不只是意味着硬币和纸币,更是一个可以用来表示财富的量化标志。我们通常使用这个词来表示人们所拥有的财富。议会在立法中使用“有抵押担保的钱”(the mortgage money)[37]这个概念来表示对于有担保的债权人的财富。而对于经济学家来说,任何能被普遍接受的交换中介都可以被称为钱。

---

〔36〕 这里所说的货币出售不包括外币兑换。

〔37〕 如1925年的土地登记法令第32条(Land Registration Act 1925,s. 32)。

(6) 基金(Funds)

在普通法中基金的概念很广泛。不仅慈善基金、退休基金属于基金,不被称为基金的实体也可以是基金(如制造公司),甚至个人的财产也可以被看作是一个小基金。基金所指的实际上是由多种物所组合起来的财产集合体,这种集合体当中的各种物的内容可以经常变化,但财产所属权益不变。在大多数的基金里面,所有权、控制权、经营权是与享用权往往是分离的,而且其中之某种权利也可能不是独占而是共享的。

除了退休基金和慈善基金外,基金的另一个通常的例子是制造公司的资本。公司资本的形式处于持续不断的变化中:欠公司的债务偿还了、公司又签订了合同、过时的机器被更换了、购买的股票出售了、公司又制造出了新产品。公司的资本被视为一个持续的实体,债权人在这个实体上所获得的担保是“浮动的”的担保形式,公司股东在这个实体上所获得的股份产生着红利。作为基金的公司资本具有独特的特点,它是一个抽象法人的财产。管理生意和改变资产组成的权力属于董事会,他们仅仅是公司的管理者,虽然拥有相当广泛的权力,但是权力不能用于个人利益。公司股东是公司的成员,分享着经营公司基金所产生的利润,但是他们与组成公司基金的各种具体财物没有直接的关系。

财产可以为着自然人的利益或者为着某种通常是慈善的目的交与受托人管理。受托管理是私法的一种职责,授予受托人控制和管理财产的权力,包括出售组成该财产的任何部分,在信托资本中所出售的物被所收入的价值或者另外购买的物所替代。作为受托人,管理者不能从中获取任何个人利益(除非事先经过协议同意他可以收取一定的服务费)。信托制度中的一个最重要的原则是受托人个人的债权人不能够动用信托财产。因为信托财产是为别人管理的财产。只有信托财产的所有人(如信托收益人)的债权人通过一定的司法程序,方能最终动用信托财产以抵偿债务。财产所有权的一个重要标准就是所有者的债权人有可能获取它。尽管信托基金由受托人所控制和管理,但它是属于收益人的。假如信托基金在没有人为过失的情况下丧失或毁灭,承受损失的是收益人而不是受托人。[38] 除了财产权益而外,收益人还有对抗受托人违反信托合约的个人权利,必要时通过法院执行还可以动用受托人的个人财产予以赔偿。

我们已经叙述了管理与享用彼此分离的信托基金制度。如果我们看看自己的财产,首先感觉没有必要设立基金,因为我们既是自己财产的控制者,又是享用者。然而"每个人都有基金"的思想在许多法律制度中广泛流传着,主要指的是个人的可继承财产(Patrimony)。这是一个苏格兰法律词汇,但是在英国法律中对于表示一些重要的法律命题非常有用。首先,人们能称为是自己的东西的包括假牙(如果有)、衣服、铺盖、和谋生工具。除此以外所有其他物品都可能在必要时被法律判决用于清偿债务。换句话说,人们的财产——可继承财产——是人的纯粹的价值。第二,只有本人健全、有偿付能力和活着的时候不必区分他自己的财产和可继承财产。当本人失去意识时,经过一定的谨慎选择和办理法律手续,法院可将他的资产的控制权归于他人:尽管他的财产仍在他的名下,他还是收益人。但是财产的管理权,包括出售部分实物的权利和清偿他的债务的权利都归他的监护人。假如他破产,他的财产就由破产受托人所控制,不为他的利益而是为了他的债权人的利益来管理。假如他去世,他的财产就被称为遗产(estate)由他的个人代表管理,用于清偿他的债务和根据继承法分配其余的部分。

(7) 资本与收入(Capital and Income)

简单地说,资本指的是能够产生收益的财物,如耕地、房屋、机器、股份、专利、版权、债务的主债部分等。"收入"(income)一词包括

〔38〕 慈善性基金限定为特定目的服务,一般只有受托管理人而没有所有人,收益人群也是不固定的。

了农产品、土地和机器的租金、股份分红、专利使用费和版权的版税，以及借款的利息等。在法律上资本与收益的区别是显而易见的，虽然有时这个划分不太容易。首先，所得税所征收的不是资本税，同样重要的是收益权可以并经常与资本权相互分离，甚至可以与之互相交换。如果你购买了某公司的股份，你的资本部分的回报是股份分红的收益。如果你为你的房子买保险，你支付保险费就是将来的收益，为的是一旦你的房子毁于火灾，你可以得到重建的资本。如果你购买了养老金，你就是在为以后得到每年的收益而支付资本金。如果一个立遗嘱的人想要把财产遗留给他的儿女和孙儿，他可以把全部资本在他们当中作一次性划分。也可以设定一个资本投资的计划，将因此而产生的收益给儿女，并声明将来资本的权益属于孙辈。

资本与收入可以被分别作为财产法中的财物来看待，这不仅因为这二者可以分离和分别属于不同的人，而且因为这二者的权益可以当下就分别地在市场上进行交易。将来持续稳定的收益权具有当下的资本价值，这一点也许眼下并不明显，但是必须认识到它在传统财产法和资本市场的运作中居于中心地位。[39] 最为明显的例证是：今天在手的一笔钱要比一年后才能到手的、同样数目的钱要值钱。假如让我们在今天得到 100 英镑的礼物与一年后得到同样的数目的钱二者之间选择，我们一定会选择前者。即使一点风险也没有，我们也不愿意等一年以后才拿到礼物，即便我们在一年之内并不需要用这笔钱。我们选择立即拿到这笔钱的原因是它可以立即用于投资并得到积极的回报（例如将其存入银行），一年时间将增长为一个大于 100 英镑的数目。它能够增长多少取决于利息率。如果利息率是百分之五，如果我们当天选择了立即得到礼物而不是等一年，一年后我们就能得到 105 英镑而不是 100 英镑。

我们也可以作一个相反的计算，即对未来的支付给一个当下的

〔39〕 See Jonatham R. Macey, *Introduction to Modern Financial Theory* (2nd edn., American College of Estates and Trust Counsel Foundation, Los Angeles, CA., 1998).

价格。举个简单的例子,假如政府债券一年后到期的价值为100英镑,贴现率是每年5%,那一年后100英镑的当下价值应是95.24英镑(即100除以1.05)。如果两年后能拿到100英镑,而且我们假设5%是年混合利率,那一百英镑的当前价值就是90.70英镑(95.24除以1.05)。假如这100英镑10年后才能拿到,那它的当前价值就是61.39;[40]假如20年后才能兑现,那就是37.69。(理解最后这个数字的另一方式是设想将这个数目的钱以5%的复利[41]投资,20年后就将增长为100英镑)

假如有人将2000英镑以年5%的利息率存入一个银行账号中,银行被指示在今后20年中每年年底把利息送给某个收益人,在20年以后就把该账号关掉并把本金送给一家慈善机构。如果这个收益人不想要这个细水长流的收益权,而想将它一次性取出并转让,这个未来20年的连续不断的收益具有当下的价值应当如何计算?方法很简单,即每年收益的当前价格的总和。例如,在未来20年每年5%的收益,即100英镑收入加上5%的贴现率,通过依次加上明年的收入的当下价值(95.24英镑),后年收入的当下价值(90.70英镑),如此从当今的100英镑,直到20年后的37.69英镑,我们可以算出这笔收入当下的总值:未来20年2000英镑的稳定的5%利息收益的当下价值的总和应为1256英镑。[42]

在本案中那家慈善机构的权益是“将来利益”。如果慈善机构不想等到20年之后,而想现在就获得这笔钱的当下价值,也就是说,这是一个“将来可以得到的一定数目的资本”的当下权益。这个当下权益应当怎样计算呢?方法很简单,就是将2000英镑的每年5%的收益从本息和中减去。将2000英镑除以1.05,依次除上20次,就得出20年后可以获得的2000英镑的资本的当下价值为744英镑。慈善

---

〔40〕 计算方法是将100英镑除以1.05,依次除上10次,就得出这个数字。

〔41〕 复利:以本金加上未付的利息为基数计算的利息。

〔42〕 计算方法是将100英镑除以1.05,依次除上20次,然后将20次的得数相加,就得出这个数字。

机构如果现在获得这笔钱而另外投资，按照每年5%的数目递增，或者将这个数目加上20年5%稳定收入的当下价值1256英镑，那么20年后正好就等于2000英镑。当然，如果慈善机构投资得当，收益可能远远高于每年5%的增长率。

以上是一个使用钱和利息的简单例子。同样的原理可以应用于其他形式的资本与收益，如果园与果实、农场与庄稼、办公室与租金、专利和使用费、或者一个各种资产所组合的基金和它的年收益。我们下面还要谈到，这是计算终身权益（即收益权，这个权益是一个人终身的，而不是限于某个固定时期的）和将来权益（也称为"复归权益"）的当下市场价值的至关重要的步骤，即对于本金和直至某个人生命终结的长期收益的当下权益。所以假如一个富裕的立遗嘱人将他财产的收益给予他的女儿终身享有，待她女儿去世后把本金给予他的外孙。我们在立遗嘱人去世的时候就可以评估出这两笔遗产的当下市场价值，当然我们首先需要问清他女儿现在的年龄，估计她的寿命有多长，然后根据市场利率算出他女儿的终身收益权的当下市场价值，并根据市场贴现率算出他外孙的将来权益的当下市场价值。

第三章

财产权益（Property Interests）[*]的取得

在财物上可以设立各种不同的权益，我们现在要谈的是一种最普遍的权益，即物的所有权的取得。当今世界财产所有权的取得有两个基本途径：第一，有一部分物是由自然力和人的行为产生出来的，从它们被生产的那一刻起，就有了与生俱来的所有权，我们称之为初始权益（Original Interests）。第二，世界上的大部分的物（至少是它的组成部分）早已经存在，人们必须通过各种方式的法律上的转让，才能取得它们的所有权。我们称这类权益为派生权益（Derivative Interests）。本章要谈的是财产法中对于各种初始权益和各种派生权益的取得所采用的、各自不同的法律原则、程序和必需的手续。

1. 初始权益（Original Interests）

初始权益是指通过自然力或人的一定行为而产生的财产权益，

---

* Interests 这里翻译为权益。在英文中 Interest 是个比 Right 含义更广的概念。Right 主要指的是可以向他人请求的权利，而 Interest 则包含了全部财产权益，如设立遗嘱将财产遗赠他人的权利等（冉得教授的补充说明）。

这类行为包括生产、创作、发现、占有、添附和改造。但是不包括民商法范围内的转让行为。

(1)第一产权(First Titles)

第一产权指的是由自然力或者人工生产的、新的有形物与生俱来的权益,如著作权,初生的小动物等。如果新生物是由人工制造的,它的第一所有人通常会是它们的制造人或制造商。如果新生物是由自然力产生的,它们所得以产生的资源在财产法上属谁它们就归谁:如苹果属于果园的所有者或者承租者,羊羔属于母羊的所有者。[1]

在绝大多数的情况下,第一占有权和所有权往往是一致的。因为苹果是被人拣起的,羊羔是被人接生的。这个人一般就是果树或者羊群的所有人,或者是这个人的雇员。在法律上证明你拥有树木和羊群比证明你拥有苹果和羊羔要容易,因此不用再费时费钱地去证明资源的所有人就是新生物的所有人。所有者可能把土地或羊群出租,根据合同中双方的意图,产品的所有者多为承租人。例如,承租人承租了一片果园,果园内的苹果就属于承租人。

野生动物是无主的,虽然许多特别物种受到特别法律的保护。至于那些不受法律保护的物种,谁首先占有谁就拥有对它的初始权利,只要占有权保持不变,他就是该物的所有者。如果那动物又逃跑了,恢复了它的野生状态,它就又是无主的了。原捕获者只要还能看到和追踪它,[2]他就还可以重新获得对它的所有权。

(2)继后产权(Later Titles)

继后产权指的是通过非商业交易的方式,如发现、占有、添附和

---

〔1〕 由于河流大海等大自然的力量而堆积起来的泥土属于土地的主人。

〔2〕 他只能在自己的地域或者公共地域内,而不能进入其他私人的土地去捕获、追踪野生动物。如果他这样做了,就要承担"非法进入他人土地"(trespass)的责任,但仍可获得所捕获的野生动物。

改造,从第一产权人手里取得产权。[3]

发现 假设有人发现了一件无人占有物并将之占有,占有给了发现者一个可以转让的权利,这一权利受到法律的保护。如果物的原所有人丢失了该物,他可以向占有人讨还。但是如果原所有人丢弃了该物,发现者就拥有了所有权。如果不能发现原所有人,在物的发现者和发现该物的土地所有人之间就发生了冲突。假如该物是被掩埋着的,法官就倾向于该物归土地所有者,但是如果该物是摆在地面上的,法官就倾向归发现者。

但是无主物如果属于无主珍宝(Treasure trove),其法律后果就不同了。英国的成文法给予无主珍宝的描述是:一个古老的、值钱的、无主的东西。[4]无主珍宝一旦被人发现,就归"皇室"即国家所有。人们发现任何可能是无主珍宝的东西必须立即报告当地的检验官。在决定发现物是否属于无主珍宝时,检验官需通知大不列颠博物馆或者威尔士国家博物馆、发现人和发现地的土地占有人。如果发现物被确定为无主珍宝,而且相关政府部门的部长决定把它送交博物馆,博物馆可能被指示要向发现人颁发一定的奖金。但是奖金的支付在法律上没有强制力。[5]

(3)占有 (Possession)[6]

在绝大多数的情况下,第一占有权和所有权往往是一致的。但是实际上也有例外。如果有人从农场主人的树上偷走苹果,并不意味着我们可以从小偷手里把这些苹果再次偷走。也就是说,首先占

---

〔3〕 英文原著中的在这里的例子被移到后面"占有"部分加以叙述。

〔4〕 Treasure trove 指埋藏在地下或者其他秘密地点,后被发现,但不知道也无法考证其原始所有人的金质或银质硬币、盘、块或者其他珍宝。根据英国的法律,这些财宝属于国王,即国家所有(参见《牛津法律大辞典》,法律出版社 2003 年版,第 1116 页)。

〔5〕 详见 1996 年的《珍宝法令》(Treasure Act 1996)。

〔6〕 这一节的内容是从英文原著本章 1—2 节中抽出重组的,因为集中叙述更加清楚。

有苹果(即使是错误的)的事实可以授予那个占有人对于该财物的某种权利。任何占有人通过占有事实即获得了对于占有物的财产权益(a real right),这个权利可以对抗除了真正的主人之外的、无数的其他人。小偷的请求权只是不能强过无论在道义上还是法律上都更强的人——一般来说就是果树的所有者——的权利。除此而外可以对抗任何其他人,还可以在这个范围内被转让和被债权人拿来抵偿债务。

如上所述,野生动物属于它的第一占有人。有形财产的占有者也可以获得产权,这个权利由早先的占有者所授予,并服从于先于它的权利,但是要胜过后于它的权利。如果B未经许可就占有了邻居A的土地和手推车,仅占有的事实就给了B一个受到法律保护的、可以转让的权益。当然这个权利不能对抗A和通过A行使请求权的人(如A的债权人),但是可以对抗任何其他人。尽管B的占有不是初始占有,但是通过这个占有就产生了一个权益,即占有权。在一定的诉讼时效内A可以通过起诉取回土地(12年)和手推车(6年)。[7]如果A错过了诉讼时效,他的权利就终止了,包括土地所有权上的附带权利,如抵押权益。[8]但是在英国非法占有他人已登记土地而获取权益的法律规则也正在改变,因为如果土地已经被注册为完全的所有权,仅凭占有的事实,不论占有多长时间都不能取得所有权。[9]A的产权不转移给B,尽管B持续地拥有着占有权益,因为法律更加强调的是早期的、更强的权利。只要诉讼时效没有过,或者即便过了而B没有提出来,A都可以提起诉讼。假如A不要土地只请求金钱赔偿,B根据法院赔偿的命令赔偿了A,那A的权利也同样终止了,

〔7〕 根据英国的民诉法,不动产的诉讼时效为12年,动产侵权的诉讼时效为6年。英国法律委员会正在建议将不动产和动产的诉讼时效分别缩短为10年和3年(Law Com No. 270, Limitation of Actions 2001)。

〔8〕 也就是说,如果A把土地抵押给银行后,土地被B非法占有。A超过12年没有起诉B,那A的土地所有权和银行的抵押权一同终止。银行只能作为无担保的债权人请求A还钱。

〔9〕 参见2002年的土地登记法令第9部分(Land Registration Act 2002, part 9)。

但并不是转让给 B。B 所得到的只是持续的占有权,而不是所有权。[10]

上述例子告诉我们法律认定实际的占有行为的重要性,不论是对于无主财产的第一占有,还是对于有主财物的冲突占有(Adverse possession)。法律都会给予占有者一定的财产权益,这个权益受到法律保护,是可以转让和可以用以抵债的,但是不能对抗财产的真正所有人。[11]

(4)添附与改造(Accession and alteration)

有形财产的标的或价值的丧失,财产权也随之丧失。假如 B 擅自用 A 的干草喂了自己的马,A 既丧失了干草的所有权,也没有马的股份。A 只能向 B 请求偿还干草的价值,但这只是一个没有担保的债权请求权(personal claim)。[12]同样,假如 B 擅自使用了 A 的涂料粉刷自己的墙壁,虽然涂料在墙上还可以见到,但是 A 既不拥有涂料,也不拥有墙的份额。虽然 B 欠着 A 的涂料价款,但是 B 拥有墙壁,包括涂在墙上的涂料。所以我们可以说,当一个动产被添附在不动产上时,它就属于该不动产了,不论双方当事人的意愿如何。[13]

但是上述规则不适用于另外一种情形,即某人的动产与另一人的动产混合,因而失去了它们的独立特性。例如,A 的钉子与 B 的钉子混合,A 的石油与 B 石油的混合在同一个大油罐里。在可能的情况下,法官主要考虑双方当事人的意愿,而不是以物体的形式。如果这个质询不成功,法官可能采用"默认规则"(default rule),判定双方

---

〔10〕 2002 年的土地登记法令(Land Registration Act 2002)对此做了重大修订,参见本书第四章 5。

〔11〕 关于法律如此规定的理由可参见第四章 5"保护期限:诉讼与财产权利的时效"。

〔12〕 这里英文 personal claim 指的是债权请求权,与之对应的是财产权请求权(proprietary claim)。

〔13〕 这里需要注意"添附"与"地上附着物"fixture 的不同。前者可以依附于动产和不动产,而后者只能依附不动产。

对于混合体拥有共同财产权益。

2. 派生权益（Derivative Interests）

世上绝大多数财产已经物有其主,因此需要通过转让来获取它们。一般的法律都涉及财产转让,如关于无遗嘱继承和破产的法律,还有关于某些犯罪的财产没收的法律程序。我们这里集中讨论的是那些所有者愿意转让、接受者愿意获得的一般民商法中的交易,转让的方式有赠与、买卖和借贷。转让的标的物包括动产、不动产和无形财产(股票、商业票据、应收账款和基金等)。

双方合意的取得（Consensual acquisition） 财产所有人所同意的财产转让可以通过当事人活着有效规则(inter vivos 即当事人在有生之年转让自己的财产,他死后合同继续有效)或者通过遗嘱来实现。我们将在下章讨论死亡继承问题。这一段我们主要讨论动产、不动产和无形财产(股票、商业票据、应收账款和基金的赠与、买卖和借贷)。**财产转让中的关键问题是:在何种条件下,何种财产的所有权可以发生转移。**关于货物的所有权,在英国法律中称为"货物的财产权"(the property in the goods),在美国法律中称之为"货物的产权"(title to goods)。而对于土地的权益表述,这两个国家都使用相同的技术术语如"地产权"(estate)、"非限嗣继承地产"(fee simple)和"终身地产权"(life estate)等。

程式（Form） 为了保证财产转让的安全,不同的标的物具有不同的财产权益转让程序,法律也为此作出了不同的规定。转让各种财产必须符合相关的法律规定的程序和手续,财产的转让方具有法律效力。例如赠送就很简单,在商店里买东西也很简单,既不需要事先做准备,也不需要书面合约。转让则需要合同。动产转让通过口头或书面合同,土地权益的正式转让必须使用书面契据[14]和登记。

---

〔14〕 Deed 契据,是法律规定的正式标准文书,在英国可以从 W. H. SMITH 书店购买。赠与契据由赠与人和一名证人签名方可生效。

转让应收账款必须通知债权人,转让基金中的权益必须通知基金的受托人。转让债权和权利动产必须通过书面形式方才有效,而且必须给债务人一个书面通知。商业票据除了可以直接支付持有者的之外,只要背书就可以转让。公司股份的转让有两种方式,传统的方式是要将一定的文件递交给公司,并做改变公司股东姓名的登记。另一种方式是通过法律规定可以使用的电脑程序。[15] 转让专利必须有双方签字的书面文件,并在专利登记局登记。转让商标的所有权也必须有书面协议并登记。转让版权则只需出让人或他的代表签订一个转让书即可。

(1)赠与

关于赠与的法律的主要目的是:不仅要使双方当事人知道标的物已经属于被赠与人,而且要使所有的人都知道。赠与必须是赠与人的真实意图,必须要办理法律所要求的必要手续,赠与关系方能有效。受赠人不必明确表示接受赠物,但他或她当然可以拒绝接受。假如赠物是不动产,赠与人必须履行契据转让手续,受赠人必须完成所有人登记程序。股份赠与的程序(或电子手续)大体与股票转让相同。赠与人的债权也可以赠与他人。赠与人赠与一个动产,必须将所赠物递交到受赠人手中,或者签署一个赠与的契据(如果赠与人仍然占有赠与物,根据货物买卖法,赠与人的债权人就会有对于该物的优先权)。即便有契据而赠与人改变主意,受赠人也只不过能得到一个"违背正式的承诺所受损失的补偿",而不能请求得到赠与物。

赠与人通常是把自己某项财产的全部权益都赠与给受赠人,如将钱、书、股份或者地产给予他人。也可以把财产的一部分赠与他人。如果赠与人想将某个动产的一部分,如一匹马的一半份额赠与他人,递交赠物是不可能的。赠与人可以使用的办法有两个,一是使用赠与契据,二是通过声明建立一个信托关系。在后一种情况下,只

---

〔15〕 See Stock Transfer Act 1982.

要赠与人声明：现在受赠人和他本人共同享有对于那匹马的均等份额，而他本人现在作为两个人的受托人而占有和管理那匹马就足够了。赠与人也可以将自己财产的部分权益，如一定时段的收益权赠给受赠人，如可以将土地收益赠给某个孩子作为教育经费，或者把一笔资本的收益永久地赠与某个慈善机构，但是后者不能动用资本的本金。在这种情况下，人们通常使用信托的方式，把资产转给受托人管理，或者赠与人宣布自己为这笔资产的受托人。关于信托我们在后面还将详细谈。

承诺　在法律上，实际赠与和承诺赠与是完全不同的。在上一段中我们讲的是实际赠与，正确的程序包括：赠与动产的交付，赠与不动产、股份、专利的登记等。如果赠与人有偿付能力，就不存在对于他的债权人不履行债务的风险和在交易中低估财产（即在破产前将财产低价处理给亲友）的风险。赠品在法律上自然归受赠人所有。与许多其他地区的法律不同的是，普通法不允许赠与人的继承人和家属向受赠人讨还赠品，但是对承诺（赠与）和赠与的法律规定是非常不同的。除非经过契据设定，承诺是不可以强制执行的，无论是口头的承诺还是书面的承诺，都不被视为合同。

即便有契据而赠与人改变主意，受赠人也只能得到一个“违背正式的承诺所受损失的补偿”，而不能请求强制执行赠与。因为衡平法不强制赠与人遵守承诺，因此是不论非正式的承诺，还是通过契据的正式赠与，在普通法中都不被视为合同，因此这二者都不产生任何法律责任。无偿赠与的承诺是完全不能强制的，即便是那种已经开始履行的、多次给付的赠与行为（如将某个资产的收益在一个时段内赠与他人），如果赠与人中途改变主意，也不负有任何继续支付的法律责任。[16]

---

〔16〕　除非通过设立信托的方式，如此所建立的赠与关系是不可改变的。

(2)买卖转让

在财产买卖方面的英美法律是非常复杂的。其复杂性主要体现在:第一,它的各种各样的术语;第二,普通法与衡平法的区分;第三,不同的财产 —— 货物、土地、股份、知识产权等转让的程序与手续的区别;第四,在财产的买卖过程中不仅涉及买卖双方,往往还会涉及第三人。所以法律对于买卖关系中双方当事人权利义务的规定要比赠与关系严格得多。

货物买卖 通过货物买卖转移所有权和承诺赠与在法律上有着重要的区别。前者是可以强制执行的,这一点与承诺赠与不同。根据一般普通法地区的货物买卖法律,对于特别的,可以交付的货物,一旦双方签订了买卖合同(即便是口头合同),证明转让货物是双方的真实意图,货物的所有权就从出售人手中转到了购买者手中,尽管购买者还没有付款。除非买卖双方在合同中对于货物所有权转移的条件另有规定。〔17〕 但是如果货物不是特别的、可交付的,而是存在于一大批同类货物之中的,货物的所有权就只有到它被区分出来和可以交付之后才能转移。〔18〕

例如,你打电话到书店去订购一本畅销书,你与书店便有了一种双务的合同关系,尽管这时你还不占有书,书店也还不占有你的书款。书店只有在下述情况下才算拥有了你的书款:你直接交付现金,或者你的支票已经兑现,或者你的信用卡转账已经生效。但是什么情况下书才算属于你所有呢? 假如你去书店买书,一手交钱一手交货,你立即就拥有了书的所有权。但是订购就不同了,因书店的畅销书属于一种"普遍性商品",从法律上来说,只有当下述条件满足之后书的所有权才能归你:第一,确定了在那一批畅销书当中的其中哪一

---

〔17〕 例如规定直到买方全部(或部分)支付了货款,货物的所有权才转移给买方。

〔18〕 这段为中文版的补充说明。

本是属于你的;第二,你的书已经被拣选出来,或已包装好、或已给你寄出、或已经交付。也就是说,没有特别区分的和非现存的货物的所有权是不可以被转让的。如书店可以承诺出售一本畅销书,农场主可以承诺出售下一季的大麦。但是在具体哪本书、哪些大麦被从货物整体中区分出来之前,买方不能得到货物的所有权。当然卖方在买方付款之前也不能获得货款的所有权。

如果买卖的是特定的货物,如某一辆汽车,某一幅名画,法律规定货物的所有权根据买卖双方的意图而转移。因为这样有可能与他人产生利益冲突,所以转让必须是适当公开的——通过交付,或者大型动产的登记(如车、船和飞机)。但是对于什么是"真实意图"这个主观的东西难以证明,因此法律采取了强制的默认规则(default rule),[19]即在《货物买卖法令》(Sale of Goods Act)中规定了除非买卖双方另有协议,否则可交付的特定货物的所有权在双方签订合同的时候即转移给买方,即便这时卖方还占有货物,买方还未支付货款。[20]因此卖方在买卖关系中的责任就自然地部分履行了——使买方成为货物所有人的承诺本身就立即具有了法律的效力。但是买方支付货款的承诺却不能立即使得卖方成为货款的法定所有人,因为这涉及一个最大量、最普遍的财产形式——钱。因为钱属于非特定的流通物,只有在特定现金被交付,或支票被兑现,或信用卡被转账的情形下,钱的所有权才能转移。

根据《货物买卖法》中的默认条款,如果买卖双方在合同中没有另外规定,买方在特定货物的交付之前即成为货物的所有人,并承担货物毁损的风险和支付货款的责任。如果买方不喜欢这个条款,可以在合同中做更改。商人们之间的交易很容易这样做,但是一般消

---

〔19〕默认规则是在合同缺少明确表示的条款时可以填补空白,同时又保持对于相反的协议内容加以承认的法律规则(参见 Black's Law Dictionary, West Publishing Co., Eighth Edition, p. 1357)。

〔20〕这一法令在苏格兰地区也是有效的。

费者却难以做到。[21] 即便如此,默认规则在大多数情况下运作顺利,它的存在节约了每一个独立交易的谈判成本。

然而当货物仍在卖方手中但实际所有权已经转移给买方的时候,第三者就很容易被误导。因为没有一个即便宜又方便的途径(如不动产登记处)来发现货物的权属。因此法令规定在善意第三人购买了货物并已经交付后,其货物的转让视为已经获得了货物所有人的同意。原来的买方当然可以起诉卖方违反合同并要求恢复对货物的所有权。但他不能向善意第三人索要,换句话说,因为买卖双方的交易也涉及其他人的利益,所以这里重要的是谁占有货物。实际的占有与财产权在法律上的效力一样强。

总之,在货物买卖中所有权何时发生转移是非常重要的,因为这将引起以下的各种法律后果:

第一,只有货物所有人的债权人才有权索取货物。从一方面而言,卖方不再是货物的所有人这一事实对于卖方破产后的债权人具有约束力。即使卖方仍然占有货物,卖方的债权人也不能拿那些货物来抵偿债务,因为它们已经属于买方了。从另一方面而言,买方成为货物所有人这一事实使得买方破产后的债权人有了获得货物的优先权,即使买方还不占有货物。

第二,货物的风险一般落在所有人身上。如果由于不可抗力造成了货物的毁损,谁是货物的所有人谁就必须承担损失。如货物已经在法律上归买方所有,但是在运输中毁损了,而过错不在卖方,买方就必须根据合同照付卖方货款,然后向运输公司要求赔偿损失。

第三,在货物买卖的过程中,卖方继续占有着已经属于买方的货物,或买方在拥有所有权之前就已经占有了货物的情况[22]是很常见的。卖方在货物所有权已经转移给买方但依然占有货物的时候,

---

〔21〕 消费者可以通过市场竞争中形成的与卖方的特别条款获得保护。所以在卖方负责送货的服务中,消费者不必为运送中的毁损承担风险。

〔22〕 如合同规定买方交清全部货款才能取得所有权,但是买方可以先行占有和使用货物。

可能将货物又出售给第三方。买方也可能在还没有取得货物的所有权的时候将已经占有的货物转卖给他人。在这种情况下,货物的所有人有权向第三方索取回货物。但是如果第三方是不知情的善意第三人,货物的所有权就转归第三方所有。原货物所有人只能向擅自转卖货物的一方追偿货款和损失。[23]

不动产的买卖　不动产买卖主要涉及两种土地权益:自由保有地产(freehold)和租赁地产(leasehold)。我们先集中讨论自由保有地产的买卖。购买房地产需要事先了解物业的各种具体条件,还要调查出售人的产权,这些前期工作非常必要。英国土地权益的转让手续是由法律规定的。人们必须采用一定的、通用的书面形式,转让才能有效。如果出让的房地产是信托财产,那就必须由有权设立信托关系的人出具信托声明并签字。要转让和设定一个法定的土地权益,正式的契据是必不可少的,要经过当事人的签名和证人的证明,受让人还必须完成登记手续,方能正式获得该房地产的法律权益。[24] 传统的房地产转让都是通过纸张文件来完成的,但是近年英国房地产的交易引进了越来越多的电子技术,电子交易的程序也开始被法律所规定。[25]

买卖地产首先要双方(或代表)签订合同,合同中当然要包括卖方转让其特定地产的承诺和买方支付价格的承诺。到了这一步买方仍然不是土地的正式所有者(与货物买卖不同),因为还没有使用正式的契据和没有登记。历史上,在卖方与买方之间的合同所产生的法律效力曾经类似于货物买卖法律中的默认规则,即合同签订后土地立即属于买方,但是购地款并非立即属于卖方,这个结果是由于历史原因造成的。当人们为土地买卖合同纠纷来到衡平大法官面前时,大法官就准备好了要判决卖方执行合同,完成契据手续,将土地

〔23〕 这三点是中文版重新归纳的。

〔24〕 这里将英文原著中的三段合一,并适当简化了。

〔25〕 See Electronic Communications Act 2000 and Land Registration Bill 2001.

移交给买方。如果卖方拒绝执行就会被投入监狱。事实上,法院已经把买方视为土地的所有人并保护他的权益,并以此来对抗卖方和卖方的债权人、受赠人和任何其他知道这一合同或应当知道这一合同的购买者。现在当合同签订之后,买方可以通过在土地登记处登记而取得法律保护的对世权。〔26〕 土地买卖中登记的效果类似于货物买卖中的货物占有。如果第三人购买了同一地产,买方只要支付地价就可以从他手中把地产取回。如果不涉及第三人的介入,从理论上来说只要完成了契据手续,支付了地价,买方就可以正式以土地所有人,或者承租人(如果双方签订的是长期租约)的身份向土地登记部门请求登记。

下述例子说明通过口头、书面协议转卖房地产和动产的不同的法律效力:例如A与B通过口头协议将A的房子以10万英镑卖给B,将室内家具以1万英镑卖给B。此时根据货物买卖法律,室内家具就已经归B了,他有支付货款的责任。但是房子不属于B,B也没有请求执行口头协议的权利。除非有书面合同并有双方签字,出售不动产的口头合同是无效的。〔27〕 如果A与B随后签订了买卖房屋的书面协议。此时A表面上仍然是房屋的所有人,因为他依然占有房屋和家具,地产登记册上仍然是他的名字。但是实际上B已经成为了房屋和家具的所有人。因为必要时候法院可以颁发一个特殊执行令,命令A履行转让地产给B的责任。如果A违反与B的合同,擅自又以15万英镑将房子,以15000英镑将家具出售给C。C作为善意第三人占有了A的房子和家具。在这种情况下,室内家具作为动产因已经交付,所以属于C所有,B只能起诉A请求赔偿损失。至于房子的法律效果就不同了:如果B事先将房屋买卖合同(或土地担保)做了登记,他就可以把10万英镑付给C,并要求C将房屋还给

〔26〕 如果土地本身没有登记,可以到不动产担保登记处(Land Charge Registry),在该业主名下登记一个通知。

〔27〕 在这种情况下,卖方可以用这个理由强制买方买走家具,愿意要家具的买方也可以用这个理由要求对方把家具卖给自己。

他。他可以从法院得到一个合同的特殊执行令来对抗 C，虽然 C 与他没有直接的合同关系，但是因为 B 做了登记，C 知道或者应当知道他所买的房子是属于 B 的。所以 C 只能找 A 去追讨多付的 5 万英镑。

股票转让　与转让土地相同，转让股份的传统方法是双方签订合同和买方做股东登记。如今在股票交易市场上挂牌的公司将股票卖给股票交易市场，后者再卖给购买人。整个过程是经过中间商用电脑操作的。

商业票据、应收账款的转让　注明“即付持有人”的商业票据的转让是通过交付，非此类的票据就用背书和交付来转让。权利动产、应收账款和债权的转让属于另外一套规则。转让双方必须有书面合同，并送交债务人书面的通知。假如债务人收到通知之前已经清偿了部分债务，就不能要求他二次清偿。应收账款的受让人只有满足了财产法令所要求的全部程序规定，才能以自己的名义起诉债务人。在转让应收账款中，假如转让人将已经转让的应收账款再次转让给不知情的善意第三人，而善意第三人在第一受让人之前已经率先通知了该债务人，善意第三人相对于第一受让人就拥有了对于应收账款的优先权。在这里对于债务人的通知具有向主要相关人传递信息的效果，其功能类似通过登记以确保必要的信息公开。假如应收账款的受让人没有给债务人通知，就视为应收账款的所有权仍在转让人手里没有转移，如果此时转让人破产，转让人的债权人就有清偿此笔账款的优先权。

受托基金转让　在受托人管理的基金中的收益人的利益的转让也适用于上述规则。收益人转让利益必须要通知基金的受托人。因此在信托基金的管理中，给予受托人通知类似于将转让收益权做一个私人登记。其功能类似于转让土地或股份的所有权所做的公开登记。

(3)借用可替代物

对于可替代物的借贷可以使得债务人在承诺了归还同类物品的条件下,成为借贷物的所有人。例如,你到隔壁邻居家借了一杯糖和一只装糖的杯子,承诺了要归还等量的糖。因为糖是可替代物,而杯子是不可替代物,所以你可以拥有糖的所有权,但是对于杯子你只有占有权而无所有权。你可以把糖立即用掉、卖掉或者扔掉,但是不可以转卖或毁损邻居的杯子。假如你把杯子转卖给第三人,杯子的所有权是不能转移的,因为你没有杯子的所有权,你的转让无效。你的邻居可以直接起诉受让人请求归还这个杯子。你的债权人也不可以拿杯子来抵债。如果因不可抗力而造成了杯子的毁损,你也不必赔偿你的邻居的杯子钱。但是你的债权人可以用那杯糖来抵债。如果那杯糖被毁损了,你必须要承担风险和损失,并有向你的邻居偿还同样的糖的责任。

以上的小例子提醒我们两件重要事情:第一,可替代物的法律效力与不可替代物不同。我们特别要注意最常用的可替代物——钱。在现金借贷关系中,借款人立即成为所借现金的主人,同时欠着债主等量的现金。因此如果你把现金存入银行,现金便属于银行了。而你成为银行的同等数量现金的、没有担保的债权人。第二,我们要根据可替代物和不可替代物的特点来考虑我们的投资战略:如果你投资有形财产,你必须承担毁损的风险。如果你投资金钱放贷或其他可替代物,你就不必承担该物毁损的风险,但是你要承担借贷人破产的风险。

第四章

财产权益的保护

1. 概论

财产法的首要目的是保护财产权益人的合法权益,对于除财产权益人之外的其他人,一般来说法律不强加任何积极的义务。法律并不命令我们去做什么,而只是命令我们不做什么。我们需要做的只是要克制自己:没有财产所有人的同意,我们不能擅自侵入、毁损、取走他人的财产,也不能做任何妨碍所有人利用自己的财产的事情。这是一个消极的责任(negative obligation),一个不作为的义务(duty not to act)。所有的人——成人或孩子、健全人或精神病人都必须受此约束。[1]

自力救济(Self-help) 作为财产所有人,我们有权利保护自己的财产,阻止他人入侵或妨碍我们。没有我们的同意,任何人不能进入我们的土地或拿走我们的东西。我们可以使用自己的力量来赶走

---

〔1〕 当然这是有例外的。第一,国家拥有强征土地的最高权力;第二,许多国家授权公共设施公司在私人土地下铺设管道,除此而外就是侵害他人土地;第三,普通法中(如同其他法律)包括了一些紧急情况下的例外,如战争、火灾、洪水、海难等。在上述情况下,侵害所造成的损失与该行为的获益相比就变得微不足道了。

入侵者和夺回自己的东西。但是在做这些事情的时候,假如我们使用了“多于必需”的武力(More force than was necessary),即因防卫过当而对他人造成了伤害,我们可能就要面对刑事控告和民事官司,这是另外一回事情。无论如何我们所夺回的自己的财产仍然是我们自己的。

司法保护(Judicial protection)　如果自力救济不能解决问题,我们就需要寻求司法保护。法律的任务之一,就是要保护人们对于他们的财产的合法权益和正常享用。[2] 为此刑法定义和惩罚盗窃和任意毁害财产的行为。其他部门法律也为阻止入侵行为、恢复占有权和请求损害赔偿提供了法律手段。在进入这个复杂的领域时,下述问题是需要考虑的:财产的种类、侵犯财产权益的种类、法律保护的对象、主要对抗的对象、保护的方式以及保护的时效。

根据各种财产的特点,法律对于财产权益的保护也是多种多样的。有些财产可以被占有,有些不可以。如果可被占有的财产被非所有人非法占有,法律保护的方式是归还原物或者原物的价值,及适当的折旧费和在滞留期间损失的收益。另外无形财产,如专利和版权如被侵犯,保护的方式是由法院颁布阻止侵权的命令,所有人可能还可以得到损失赔偿,以及侵权人由此而获得的收益。如信托基金中的收益人的权利被侵犯,法院可通过各种方式予以保护。如命令疏怠职责的受托人重建信托基金;命令信托基金的受让人归还信托财产或者等量价值;[3]或者撤销和替换受托人。我们下面集中讨论关于物的财产权益的法律保护,至于担保权益和地役(servitudes)的问题则放在其他章再谈。

---

〔2〕《欧洲人权公约》第13条(The European Convention on Human Rights, art. 13)责成欧共体各国要提供有效的补偿手段。

〔3〕受托人一般是可以处分信托财产的,但是如果卖得不公平,损害了收益人的利益,法院可以裁定买卖关系无效。

2. 法律保护的对象:所有人与占有人

当然法律保护的是受到侵犯的财产所有人。但是财产所有人如何证明那财产是属于他的呢?有些财产可以去查登记记录,如土地、船只和股份。但是日常动产是不能登记的,我们家里也不会保留所有日常动产的购物发票,因此法律只能在最初推定人们所占有的东西是属于他们自己的。[4] 例如1968年的《盗窃法令》认定财产应属于"任何占有和控制着它的人。"[5]这样规定是明智的,因为绝大多数动产都属于它们的持有者(但是土地、船只和飞行器的情况就与之不同了,因许多非所有人,如土地承租人、房屋租客、访问者、包租车、船和飞机者都实际上占有着他人的财产)。法律直接保护动产占有人而不要求他们证明他们的权利,而要求被告举证来证明自己取走和滞留财物的合法性,因此降低了解决争议的成本。这个法律的假设给予事实上的占有一种尊重,而不论占有是如何获得的。例如有人拾到一个戒指,或者一个小偷偷了一辆自行车,他们的占有权都可以得到法律的保护,任何人都不能未经他们许可而取走这些东西。但是有两种人他们是不能对抗的:一是戒指或自行车的所有人,二是先于他们而占有该财物的人。

用更加技术化的语言来说,我们需要理解英美法中的占有权(right to possess)和由获得占有的先后次序所决定的权利流程的概念。英美法倾向于使用"产权"(title)的概念,很可能一件物上同时有两个或更多的产权,一个比另一个更强。假如你从耳朵上取下耳环,毫无疑问耳环是你的,你的权利比任何人的都要强。假如你丢失了耳环,你可以向拾得者讨还。但是在无人讨还的情况下,耳环的拾得者被视为拥有一个强得足以对抗一切其他人的权利。只有你的权

---

〔4〕 这里有许多例外,如雇员占有雇主的财物、客人占有主人的、或寄宿者占有业主的财物。

〔5〕 参见1968年的《盗窃法令》第5条第1款[The Theft Act 1968, s. 5(1)]。

利比拾得者更强，而拾得者的权利比其他所有人都更强。耳环的拾得者通过占有还获得了其他的权利和风险。他可以通过遗嘱留给其他人、可以丢弃不要，或卖给其他人。他的债权人可以用耳环来抵债。当然如果真正的所有人（或者其他能够证明先于他而占有的人）及时要求归还，他们的权益就强过任何比之弱小的权益。

综上所述，对于有形动产来说，法律既保护不占有财产的真正所有人，也保护占有人。如果你把你的书借给你的朋友，而小偷从你朋友那里偷走了你的书，你可以直接去向小偷讨还。虽然你并不占有你的书，只要你能证明你是真正的主人，你在原则上就拥有一个"立即占有权"（right to immediate possession）。从理论上来说，法律保护动产的占有人是因为他事实上拥有占有权，法律保护动产的所有人是因为他**应该拥有**（**ought to have**）占有权。

3. 法律对抗的对象：无数人、耐莫代他原则及其例外

(1)法律可对抗无数人

法律所对抗的是无数的人（indefinite number of people），因财产权益的特点是可以对抗无数的人，包括任何未经所有人同意而取得财产的人。国家担保不动产的登记人是财产的主人。任何没有过失的不动产登记人如果由于国家登记人员的过失而使其财产权益受到伤害，国家都要负责赔偿。同样，在公司登记的股东就是该公司的股东。信托基金收益人的权益也可以对抗任何人，但是不能对抗购买其基金财产的善意第三人，即支付了实价，并对于受托人违反信托合同而出售信托财产的事实毫不知情的善意购买人。[6]

在普通法中，动产所有人所受到的保护和可以对抗的人群范围要比其他法律制度更为广泛。第一，动产所有人可以对抗任何未经

〔6〕 因信托关系中的收益人权益属于衡平法的权益，所以不能对抗不知情的善意第三人。参见第一章3"财产法的渊源"(4)专业词汇：普通法的/衡平法的。

他同意而取得其财产的人,无论是小偷还是遗失物的拾得者。第二,他可以对抗任何从这些人手里买得财物的人。第三,他可以对抗任何虽经他同意而占有,而他又撤回了同意的占有人。例如,某人把书借给他的朋友,他可以去向朋友要回,必要时可以诉诸法院。第四,他可以对抗任何善意购买人。他们从只有占有权而没有所有权的人手中买了他的财物。例如,借了某人书的朋友把他的书卖给了善意购买人,一经发现,后者必须把书还给书的所有人,如果书已经毁损或丢失,就要照价赔偿。从理论上说,未经所有人同意而从非所有人手里买得财物的行为本身(即便行为人是善意不知情的),也是对所有人权利的侵犯。也就是说,假设书的主人因此而诉诸法院,无辜的购买人不能用他在买书时错误地相信了朋友为理由来为自己辩护。在交出书或赔偿了书价之后,买书者可以再诉卖书人违反买卖合同或者欺诈。

(2)耐莫代他原则(*Nemo Dat* Principle)

然而正是由于所有者首先错误地相信了他的朋友,从而把书借给了他。买书人才推定持有那本书的人就是书的主人,因此他出钱买书和得到书应该是没有问题的,完全合理的和诚实的行为。这里面就有两个无辜者,书的所有人和善意买书人。法律应该怎样在这二者的利益之间寻求平衡呢?首先,普通法保护所有权是根据罗马法中的一个古老的原则,这个原则在普通法中至今还用拉丁语(*nemo dat quod non habet*)表达,简称是耐莫代他原则,意思是"任何人都不能给别人他自己根本没有的东西"。因此借书者出卖书的行为无效,法律的这一基本原则首先是保护所有人的。但是这个基本原则却要服从于下述例外。这些例外在下述的情况下保护那些无辜的动产购买人或受让人。

(3)耐莫代他原则的几个例外

(a)货币 通过用其他东西(或服务)交换而获得纸币和硬币的

善意受让人可以取得货币的所有权。如果一个小偷将偷来的钱付给理发师作为理发费用,而理发师不知钱是偷来的。丢钱人不能向理发师讨还。这个结果是由货币的特殊功能(货币的通用性和货币的可信任度)[7]所决定的。

(b) 流通票据 汇票、本票等商业票据一经发出,便被视若现金。这些票据的善意获得者可以获得一个很强的产权,并有权请求兑现。[8]

(c) 经销商(dealers) 货物所有人经常雇用一些代理人来为他们销售产品。专业代理人在旧的法律著作中被称为"factors"。这些人可以把他们所代理销售的产品的所有权转让给他人。但是常有这种情况:货主可能只是让代理商帮他展示货物并调查价格,并没有委托代理商出售此种展品。但是一般的客户很难了解哪些货物是代理商有权销售的而哪些不是,他们常从代理商手里买了他们无权代理销售的展品。如果适用"耐莫代他原则",客户就不能拥有已买的货物。为了保护代理市场的可信任度,19 世纪的英国立法保护那些在商务过程中通过代理商购买产品的善意购买人。法律规定这种情形等同于货主已经委托了代理人销售展品,因此买卖关系有效。

(d) 卖方或买方占有货物 根据双方合同货物所有权已经转移给买方但是还未交付,这时卖方依然占有着货物并可能将货物出售给第三方。在这种情形下,对第三方来说很难发现货主的哪些货物已经卖掉,而哪些还能出售。因此《货物买卖法令》(Sale of Goods Act)规定,将货物出售并交付给不知情的善意第三人,善意第三人可以得到货物的所有权。受害的买方只能诉卖方违反买卖合同。另一种情形是:当货物的购买人已经占有货物但是还未获得货物所有权的时候(如双方在合同中规定当买方付清货款之后货物所有权才转

---

〔7〕 参见本书第二章3(5)"货币"。

〔8〕 "见票即付持有人"的支票属于这一类票据。但是一般使用的指名支付的划线支票不能转让[1992 年《支票法令》(Cheques Act 1992)]。

移),购买人也可能把货物转卖给不知情的善意第三人。这种情况下《货物买卖法令》同样保护通过从占有货物的而无所有权的买方手里买到货物的善意第三人。受害的卖方只能向买方追讨货款而不能向善意第三人讨还货物。

(e) 分期付款购买车辆 在分期购买过程中,顾客可能先取得产品试用,然后再决定是否要买,这时顾客并没有必须买的义务。如果顾客把正在试用的货物转售给善意第三人,善意第三人就不能得到《货物买卖法令》的支持,在与从事分期付款出售业务的金融机构争夺货物的所有权的诉讼中,善意购买人一般很难胜出。这样的问题在分期购买汽车中时有发生:购买人谎称汽车是自己的并卖给善意第三人后消失,留下善意第三人被出售汽车的金融机构起诉。因此1964年的一部立法保护这种情形下**作为公民个人**的善意购买人,他们可以获得汽车的所有权。但是法律不保护在同样情形下购买汽车的贸易或金融公司。[9]

重述一般原则 综上所述,普通法在保护动产所有权的一般原则基础上的附带保护善意第三人的例外是被限于一个狭小空间的,包括特别的标的物(钱、流通票据)、特别的购买程序(如交易过程中的买方或卖方占有货物、分期购买汽车)和特定的购买人群(如个人身份购买者、市场交易中的消费者等)。关于动产的争议往往牵扯到三个人,其中有两个人是无辜的。例如,所有人把自己的货物委托给他人保管,此人向无辜的公民妄称自己为货物所有人,将货物出售后携款消失。货物主人将善意购买人告上法院。这种情况因不属于上述几种例外,普通法的一般原则是支持货物所有人而对抗无辜的购买者。下面解释在这种情形下什么样的判决是适当的。

---

〔9〕 因个人消费者是弱者,而专门从事贸易和金融的专业公司应该了解这个风险,并且懂得如何采取防范措施。

4. 法律保护的方法:财产请求权与债的请求权

在决定法律保护的手段前首先要弄清的问题是:现在谁占有争议的标的物?原告?被告?第三人?还是无人持有?如果是最后一种情况,争议标的物被毁损了或者灭失了,法院就会颁发一个关于金钱赔偿的判决。如果争议标的物是完全可替代的商品(如一公升牛奶),法院也会如此。否则返还原物的成本要比需要保护的利益的价值要高得多。假如争议的标的物是钱,法院不会强制退还那些特指的纸币,而只是命令败诉方赔偿等量的钱。关于各种类型的财产争议的判决或命令由于下列因素而互有不同:

(1)原告依然占有标的物

如果争议的标的是有形财产,侵权的行为是闯入财产范围或损害了财产,所有人依然占有标的物(如被别人撞坏了的汽车)。法律补偿手段包括请求赔偿和颁发禁止继续侵权的禁令。如果标的物是专利或版权,法律补偿手段就是禁止继续侵权加上命令赔偿损失或支付因侵权而带来的利润。法院可能还会命令毁掉侵权的产品。如果标的物是信托基金而侵权人是受托人,对收益人的保护手段包括命令受托人用自己的财产建好基金,最后的手段是撤换受托人。

(2)原告不占有标的物

假如原告不占有标的物,情形可能就更为复杂:土地所有人被赶了出去,或他的东西被人偷了并卖给了第三人。原则上来说,原告不需要证明被告(即第三人)知道或者应该知道标的物的产权有问题。只要他证明他的产权更强,被告就输定了,不论他多么无辜,多么诚实和小心。这个规则的例外就是标的物是钱和商业票据,以及上述耐莫代他原则中的几种例外。

(3)被告拥有标的物或价款

根据被告是否拥有诉讼标的物(或可确认的价款),可采用的保护方式也完全不同。如果标的物是有形物体,理论上原告可以自己动手将之取回。这种"自力救济"的保护方式的优点是速度快成本低,但是原告必须了解标的物所在之处,双方必须对于财产的所有权没有争议,并且没有施用武力甚至暴力的危险。因为满足这三个条件的可能性不是很大,在实际上大多数原告选择通过法律解决。在土地争议中原告可坚持归还原物,恢复占有。如果原告胜诉,他可以得到一个法院的判决,命令被告归还土地、赔偿因失去占有所造成的损失和在此期间土地的自然收益(如果实)。如果被告不执行判决,法院的执行官员就会根据命令将其逐出。在这个程序中最值得注意的是它不受被告破产的影响。假如被告破产,他的债权人可以占有他的其他财产,但是土地是完全属于原告的。被告不能用原告的财产支付债务。

如果标的物是动产,其主要特征是一样的。但是法律程序的区别在于更多地取决于法官的决定。法官有三个选择:命令归还原物,命令赔偿原物的价值,或者让被告选择是归还原物还是赔偿价值。如果标的物是独一无二的物,法官会命令被告别无选择地归还原物。如果标的物是可以替代物,金钱赔偿可能更加有效率,因为原告可以用钱买到同样的物品,虽然这样有些类似于原告根据法院定下的价格被强制出售了自己的财物。尽管原告只是获得金钱赔偿,他的请求在被告的诸多债权人中依然拥有优先权,因为这是一个财产的请求(a real, a proprietary claim)。其理由是:原告对于标的物的产权要一直等到赔偿金付到他手里时才终止,在此之前他的财产不能被用于支付被告的债权人的债。[10]

---

〔10〕 1977年的《侵权法令》第3章第2条和第5章第1条(b)"侵犯动产权益"[Tort Act 1977, ss. 3(2), 5(1)(b) Interference with goods]。

假如争议的标的物是信托财产，缘由受托人违反信托合同而将信托财产转让给了第三人。这个人可能是通过无偿赠与或有偿购买而获得了信托财产，第三人依然占有财产或者持有将其转卖他人的货款。而且他明知或者应当知晓转让行为是违反信托合同的。在受托人已经消失或没有支付能力的情况下，信托基金的收益人可以起诉第三人，请求将信托财产，或转卖信托财产所得的价款重归信托基金。[11] 如同上例，争议标的物不可被被告的债权人取得。如果信托财产的受让人对于受托人违约转让之事不知情，并支付了合理的价款，信托收益人就不能要求第三人归还信托财物，而只能去找受托人索取所获得的价款，而且这笔钱不可由受托人的债权人取得。

假如争议的标的物是钱，原告不可能请求归还他原来的硬币或纸币，只能要求赔偿同等数目的钱。如果他的钱被转给了不知情的善意第三人，他是不能再去讨还的。假如有人（如小偷或受托人）未经你同意把你的钱无偿地赠与了不知情的受赠人，无偿受赠人就不能得到类似善意第三人的保护。在小偷和受托人都已经消失不见的情况下，受赠人手里仍然持有这笔钱（不一定是你原来的纸币或硬币），你作为钱的真正主人可以取回你的钱。如果受赠人把钱存入了他的一个银行账户，该账户现有盈余，你可立即将他对你的债务通知银行，以确保你可以先于其他债权人获得支付，因为你所拥有的是财产请求权，类似于一个有担保的财产权益。但是如果该账户已经透支，那你的财产权益就随之消灭了。[12]

(4) 被告既无标的物又无价款

如果被告占用了原告的财产，但是后来既无标的物又无价款，他仍然对原告有赔偿责任，即便他的行为是善意的和小心谨慎的。假如你在全不知情的情形下买了一辆偷来的汽车。如果车还在你手

---

〔11〕 第三人只能向出售人请求赔偿价款。

〔12〕 财产权益随财产标的物的灭失而灭失。

里,你应该归还车主人,或者支付车的价款。然后你自己可以起诉卖给你车的小偷请求归还价款。如果你已经把车转卖与他人,而收取的价款还在(例如,存入你的银行账户),车主人可以优先于其他债权人请求赔偿车的价款。假如你把卖车的价款丢弃了,或支付给他人了,或被小偷偷走了,那原告在你的现有财产中就失去了他的财产权益的代表物,他只能与你的其他债权人一起向你求偿一个没有担保的债务。

总之,当被告手里依然有你的土地、你的动产或你的财产的可以认定的价款的时候,你拥有的是财产请求权,可以优先从被告的财产中取回你的财产或者价款。但是如果被告不再占有你的财产和可以认定的价款,你就只能得到一个没有担保的、请求赔偿损失的债权请求权。[13]

5. 保护的期限:诉讼与权利的时效

财产所有权永远可以对抗盗贼和有欺诈行为的受托人而不受时效限制。如果几百年前一件艺术品被盗,而且一直放在小偷的家里。一经发现,其所有人的后代或继承人都有权要求取回。同样立法所规定的时效也不保护那些将信托财产据为已有的、说假话的受托人。也就是说信托收益人永远可以要求恢复信托财产,尽管衡平法还规定了法官可以决定责罚因懒惰而管理不善的收益人。

除却上述情形,1980 年的《时效法令》(Limitation Acts)缩短了对于财产的诉讼期限。如果有人非法侵占了我们的财产,在我们发现了之后,只有在一定的年限内才能起诉要求取回标的物。对于动产的诉讼时效是 6 年,对于土地的诉讼时效是 12 年。[14] 如果我们没有及时起诉,被告依据《时效法令》提出时效已过,那我们就既失去了起

---

〔13〕 当然如果你可以追踪到你的财产或可以认定的价款,你对于持有人仍然拥有财产请求权。

〔14〕 英国的法律委员会正在起草一个法律草案,建议将动产的诉讼时效缩短为 3 年,不动产缩短为 6 年,这个草案尚未通过。详情可查:http://www.lawcom.gov.uk.。

诉权,也失去了对于标的物的财产权。通常只有当我们的财产被他人侵占,而且我们知道或者应当知道权利遭到谁的侵犯时,时效才开始计算。假如我们把书借给一位朋友,要等到我们要求他归还那本书的时候,时效才开始计算。假如那位朋友谎称书被别人偷走了,直到我们发现那本书其实还在他手里时,时效才开始计算。同样任何签字确认我们权利的文件都可使时效开始计算。[15]

法令规定时效限制是出于下述理由(许多国家都是如此):首先,鼓励财产所有人及时行使权利;第二,时间拖得太长证据的收集和认定就更加困难;第三,用一句古老的行话来说,就是漫长的时间具有“平息产权”(quiets title)和使得占有人“安然占有”(to rest easy)的效果,也就是说动产占有在6年后,不动产占有在12年后产权就平息了,而占有人就可以安然占有了。最后一个理由就是要保护市场的可信赖性和保护所有的其他人,因为只有绝大多数的财产占有者是财产的真正所有人或者持有好的产权,其他人才可以放心地与之进行买卖、租赁或抵押等交易。所有人如不及时提起诉讼不仅对自己不利,也对其他人和整个社会不利,所有人应该为之承担责任。因此一旦财产被他人占有,占有时间的延续总是越来越对占有者有利,而对所有人不利。[16]

当时效过了之后,法律上的效果是财产所有人的产权消失了,但这不意味着产权转给了占有人,或者立法授予了他一个新的产权。《时效法令》只是规定在一定的时期过了之后,所有人“不能再起诉”,也就是没有了诉权。至于标的物的财产权,《时效法令》规定在超过了时效限制之后,所有人的可以据之起诉的财产权益也应该消

---

〔15〕 书的主人请求归还书是财产请求权。如果书被他人偷走,借书人有赔偿责任,但书主人的请求就因没有了财产代表物而成为债权。如果书主人发现被骗而其实书还在借书人手里,诉借书人欺诈并要求归还书,这个请求就又是财产请求权。

〔16〕 中文版在最后一点做了适当补充说明。

亡。[17] 法令这样规定的效果是：假如我们去访问我们的朋友的时候，发现7年前我们借给他的书依然在他那里（他不是小偷，而只是借阅不还，而我们也一直忘记了向他索要）。如果我们起诉而他抗辩说时效已过，那我们就会因**没有诉权**而败诉。假如我们不起诉而是当时就把书放在自己口袋里拿回来，结果他起诉我们，我们就会因为**没有产权**而法律保护他的**占有权**而败诉，最终还应把书还给他。

关于不动产的情形要更加复杂一些。假如你是一所登记了的房屋的所有人，你因事外出而一个擅自占住人（squatter）占用了你的房屋。仅通过占有的事实，擅自占住人就获得了一个对于房屋的占有权利，可以放弃，可以立遗嘱送人，也可以由他的债权人拿来抵债。他的这个权利除了你和你的继承人而外，可以对抗任何其他人。12年以后，你的诉权丧失了，你的财产权利也灭失了，他的占有权就变成了至高无上的产权，尽管在土地登记处登记的还是你的名字，擅自占住人也不能申请更名登记，成为名副其实的所有人。因为根据1925年的《土地登记法令》（Land Registration Act 1925），你的权利并没有完全灭失，而是变为擅自占用人的名义上的"受托人"依然登记为产权人，但是实际上房屋的享用者是擅自占用人。[18]

这当然不是最好的解决方案。2002年的《土地登记法令》（Land Registration Act 2002）对此做了重大修订，规定在擅自占用人占用房屋十年以后可以开始申请登记成为房屋所有人，土地登记处将把这个消息通知所有人。作为登记在册的房屋所有人，你有两年的时间采取行动：或拒绝擅自占用人的要求并把他赶出去，或者和他商量一个其他的解决办法（如租赁、借用等）。如你一直按兵不动达两年之

---

〔17〕 在《时效法令》中对于产权因时效而消亡的规定仅限于有形财产而不包括钱。因为钱的产权早已因混合，或因支付给付出代价的善意接受者而消亡。

〔18〕 在土地登记中受托人作为往往登记为"产权人"，而真正的所有人应该是收益人。在上面的例子中，这个信托关系只是一种法律上的逻辑概念，受托人只是名义上的，为的是他的债权人不得拿土地来抵债，其实他没有任何受托人所应有的占有和处分土地的权利。

久,擅自占用人就有资格申请成为登记在册的新的房屋所有人。他需要再次向土地登记处提出申请,如获批准,土地登记处就颁发给他一个新的财产所有权,而他原来因占有事实而获得的占有权也就随之灭失了。他的这个新财产权利是免于任何早先的债负的,也就是说他对于你原来在房地产上的所有债负(如抵押贷款等)统统不负责任。

第三部分　普通法的技术

这部分集中论述普通法在财产法方面的特点。第五章解释一些特殊的概念与范畴。第六章阐明普通法形态的所有权、共同所有权和终身权益。第七章概述英格兰和威尔士的土地登记制度的主要特点。

第五章

概念与范畴(Concepts and Categories)

前几章所阐述的一些基本规则在所有承认私有财产的法律制度中都是类似的。但是由于历史原因,普通法大量使用一些独特的概念、技术、思维习惯和专业术语。有些虽然已经在上文中提到,但是我们还需要更加充分地来阐释它们的基本特点。它们之间的结合使用将在后面"财富"(wealth)一章论述。

本章要讨论的基本概念包括:保有(tenure)、地产(estate)、寄托(bailment)、权利的物化(reification)、普通法与衡平法的明显而根深蒂固的区别、信托和追溯(或财产的代位补偿)[Tracing or real subrogation)]。这些概念和范畴中有一部分虽然至今还存在,但因历史原因已不复使用。另有一部分还持续地被使用着。

1. 土地保有(Tenure)[1]:封建制度与历史概念

封建等级的土地保有制度(The institution of tenure)如今已无实

〔1〕 Tenure 一词在英语中有许多用法,如指对地产、职位等不动产性质的客体或权利的把持,常和一定的时间概念相联系。它可以指这一状态,也可以指方式等,当然更多地是用来指封建地产的保有(详见《元照英美法词典》)。由于在中文中找不到一个适当的对应词,此处只能用"保有"来代表它的复杂含义,我们需根据它的上下文来确定它的特定含义,在此处它指的是封建等级的土地保有制度。

际意义。然而我们还需要简要地叙述一下，因为在历史上由这个制度所带来的若干概念和技术术语至今仍然在普通法世界通用，即便是在早已抵制了君主制度的美国也是如此。这个词本身的含义是“持有”(Holding)，在中世纪的原本意思是租赁 (Tenancy)或租客(Tenant)，而当今的含义却是“所有”(Own)和“所有人”(Owner)。

在土地制度中，保有是在1066年以后发展到高峰的封建制度的产物。在一个缺少贵重金属和不能用金钱支付劳役的社会，土地就是君主用来奖赏他的功臣同时又迫使他们继续提供劳役的一种最为方便的工具。当时政治上最重要的服役是兵役。国王颁发给领主(Tenants in chief)一份土地，附带条件是他每年要向国王提供一定数目的武士(Knights) 来服40天的兵役。领主又把土地分成若干份，以同样的条件分配给为国王服兵役的武士。武士可能再将他手里的一部分土地分给教堂，以获得一定的宗教服务。从经济上来说，最重要的服役是由社会最底层的农奴所提供的农业劳动，以换得他们的基本生存条件。这种复杂的金字塔式的土地保有制度给予我们关于什么是保有的足够信息。

保有是一种双向的关系，一方面是土地，另一方面是持有土地的领主。例如，封建公爵(Duke)从国王那里领受了大片乡村土地，公爵又把它分别授予乡绅地主(local squire)，即武士。地主又把土地分授予当地修道院的院长(Abbot)作为修道院的农场。因此在修道院的土地中包括了自下而上的四个等级的权益：修道院长、乡绅地主、公爵(领主)和国王。所以保有是一种贵族与臣仆(Lord and Vassal)的关系。作为一种组织经济的手段，这个制度很久以前就消亡了，遗留给人们的是一些独特的有价值的历史遗迹，[2]一些法律词汇和一些牢固不变的思维方式。

---

〔2〕 如贵族所拥有的庄园、城堡都是很独特的，贵族对于当地市场的排他所有权是利润丰厚的财富。封建农奴制度因货币经济的发展和历史上的黑死病流行而灭亡。许多正式的历史遗迹已被17世纪和1926年的立法所取缔了，但是至今还有零星的遗迹存在。

由于下述原因，今天学习英国财产法的学生们还需要关注 tenure 这个概念：

第一，英国的国君依然拥有着大量的土地，如海滩，作为君主的最高统治地位的权益。这个权益是来自于传统的土地财产关系的。皇室财产的技术术语是“领地”（demesne land），它的存在使得专为私人土地登记的土地登记制度颇感为难。

第二，有些与古老的保有概念十分相似的概念今天仍然在运作，这就是关于土地租赁的法律（而不是传统的土地的自由保有制度）。租赁（tenancy）和租客（tenant）的概念属于日常英语，今天与传统的土地保有制度相互对应的关系，可以下述租赁关系为例：土地的自由保有者将整座办公大楼出租给 A 公司，后者把其中一层分租给 B 公司，B 公司再把其中一个办公室分租给 C 公司。这种层层转租关系在形式上有些类似历史上的土地等级分封制度。

第三，这个概念不适用于动产，由此而引发不动产与其他财产在法律上的极大区别。货物和牲畜一般来说总是直接的、绝对所有权的标的物，从很早时起它们就可以通过遗嘱转让了。而直到 1540 年的立法才给予不动产所有人通过遗嘱处分不动产的权利。动产可以在其所有人的生前死后用以支付他的债务，而用不动产支付债务的义务到 19 世纪才完全开始。1926 年对于不动产的无遗嘱继承仍然与动产的继承法律有很多区别。用严格的术语来说，关于“保有”和“地产”（estate）的原理不适用于动产。例如在国王——领主——武士之间不可能以动产作为保有制度的标的物。人们也不可能对动产持有终身权益或剩余权益。

2. 地产（Estate）的概念[3]：依时段享有的土地权益

土地保有（tenure）的概念与地产（Estate）的概念有密切联系，因

---

〔3〕 英文中这个词的含义非常广泛，包括地产、地产权、财产权、遗产、社会状况、社会地位等。中文中很难用一个中文词来代表它的复杂含义，我们同样需要通过英文中的上下文体会它的特定意思。它在这里的意思指的是地产和地产权。

为土地保有制度曾带来依据享有土地的不同时段来划分土地权益的习惯。在中世纪,当土地以个人服役为条件而颁发给个人时,土地颁发的时间一般与承租人(支付劳役地租)的寿命同长。承租人死亡,土地即回复到原主人手中。承租人的权益于是被称为"终身地产权"(Life estate),这个词汇同时又说明一种身份。如果将土地捐赠给一个家庭,土地可以给予受让人终身所有,然后传给他的儿子、孙子等后辈。最终土地将被一位当前持有者的继承人(不一定是直系后代)所继承。上述的儿子与孙子的终身权益在英文中被称为"Fee",意指可以继承的财产。如果根据遗嘱,继承人被限定为直系后代,当不再有符合条件的继承人时,就会有一个最终的限嗣继承人(Fee tail),来源于法语中的"tailler",意思是继承链条就此切断(to tailor)。假如土地可以由任何其他继承人继承,这个继承财产就是简单的,Simple 意指不受任何限制。

这三种地产权(Estate):终身地产权(Life estate)、限嗣继承地产(Fee tail)和非限嗣继承地产(Fee simple)都曾在历史上经年历久。1996 年限嗣继承被禁止了。但是终身权益依然被经常使用,而且不仅限于地产,还包括了基金的权益,如同在后面"财富"一章所解释那样。地产权中最大和最有价值的是绝对非限制继承和占有的地产(Fee simple absolute in possession),这是一个永久的权益。它历经漫长的封建历史,至今仍然是个有用的概念,用以代表普通法地产中的真正完整的所有权。如今土地权益都要登记并受到国家的保障。假如你买一所房子,你将登记作为财产的所有者。但是你不是土地的所有者。如果那土地是自由保有的,你是"绝对非限制继承和占有的地产"(Fee simple absolute in possession)的所有者,如果那土地是租赁的,你就是"绝对法定年限的土地"(Legal term of years absolute)的所有者。

非限嗣继承地产(Fee simple)如今被简单地称为"自由保有"(Free hold)。自由保有是现代土地法的基础,而且作为一种权益可在土地登记部门登记。[4]

因此英国法学界总是习惯于根据可以持有土地的时间来做权益的分类。租赁可以是其中一种,尽管它是在封建土地制度之外发展而来的。进一步而言,这些地产权的同时存在是常有之事。在历史上,假如A持有土地的自由保有权,他可以将土地出租以收取租金,租客的权利是承租权(Lease hold)。他可以立下遗嘱说我死后我的地产的终身权益(Life estate)给我的妻子B,限嗣继承地产(Fee tail)给我的女儿C。如果我的女儿没有继承人,就由我的弟弟D或他的后代获得自由保有权(Free hold)。在A去世之后,地产一般将由信托受托人(或由A任命,或由A的遗嘱执行人任命,或由法院任命)负责经营。A的妻子B获得土地的终身收益权。B死后由他们的女儿C获得限嗣继承权。如果C有后代,终身受益权就可世代延续下去。[5] 如果C没有后代,那土地就由D或者D的继承人获得自由保有权。这里D不一定是A的亲戚,也可能是一个慈善机构。在这个遗嘱里面,有三个人B、C和D对同一地产在同时拥有三种不同的地产权(Estate),即终身权益(Life estate),限嗣继承权益(Fee tail)和非限嗣继承权益(Fee simple)。这些权益可以像货物一样马上估价出售。B可以将她在A去世之后自己的终身收益权出售变现,C也可以将B去世之后的自己的限嗣继承权出售变现。B的权益的购买人的实际所得取决于B的寿命,因为B一去世他的收益权就终止了。C

〔4〕 这个术语指的是享有自由民权利的人(而非农奴或佃农)依据完全占有制对地产的保有。随着向封建领主缴纳费用及承担义务的取消,他们享有的是完全的土地所有权(参见《牛津法律大辞典》第448页)。

〔5〕 在英国和美国早期都实行过这种永远延续的限嗣继承地产制度(fee tail, entail)。1776年美国弗吉尼亚州率先废除了这个制度,其后大多数州也废除了。在英国1925年以后,限嗣继承权益可以通过信托的形式在任何财产(包括动产和不动产)上设立。1996年限嗣继承制度在英国也被废除了。在实践中通过遗嘱处分不动产只能延伸到第二代继承人。假如A立遗嘱把土地终身权益给妻子B,然后把限嗣继承权益给女儿C 。在C死后再给A的弟弟D或(如D已死)D的继承人。实际的效果是B一去世C就可获得土地的自由保有权,可以不受限制自由出售土地。而D什么也得不到。

的权益购买人也一样,而且他还需要等很长的时间才能开始获益,这些因素都使得 C 的将来权益的价格降低。D 的权益的当下价值取决于 C 的年龄和有没有孩子。如果 A 去世时候,其妻子 B 已经 99 岁,B 的唯一女儿 C 已经 78 岁,并且没有孩子,那 D 的权益就很有价值。[6] 因此在同一土地上同时存在着三个人的不同的权利。很难说有谁完全拥有这片土地,普通法只是强调每一个人对这片土地都持有特殊地产权。这些地产权同时存在着,每一个都可以被视为财产关系的标的物,因为它们在当下都可被估价出卖、抵押、放弃,或用于抵债。

地产权观念(estate notion)不包括因占有而取得的产权因素(element of title)。如果有人未经同意就占有了他人的土地,他的权益是很弱小的,因为他随时都可以被土地所有者赶走。但是对于所有其他人来说,说他拥有地产(Estate)即非限嗣继承地产(Fee simple)是有道理的。因为只要真正的所有人不出现,他的占有权就是永久性的。他可以转让、可以给后代继承,也可以由债权人拿去抵债。[7] 地产权(Estate)的概念从封建时代沿用至今的另外一个理由是:它不必含有收益权的概念。例如,土地受托权益也是一种地产权,受托人通过财产所有人的委托,可合法地行使财产受托人的权利与责任,包括不可对受托财产疏忽大意、不可遗弃、不可自己从中获益,也不可由自己的债权人拿去抵债等。

最后需要特别强调的是 estate 这个概念在财产法中的两种用法:在英国和威尔士的土地立法中,"法定地产权"(Legal estate)这个概念包括一般的非限嗣继承地产权(Fee simple)、租赁权(Lease)、抵押权(Mortgage)和地役权(Rights of way)。这些权利都需要通过一个法定程序来设立,并且作为财产权益而对于房地产本身有约束力,如不

[6] 这个例子是中文版补充的。如何评估这些权益的当下价值,可参考本书第二章(7)"资本与收入"。

[7] 在理论上与有形动产的产权相对性相似。参见本书第三章 1(3)"占有"。

会因房地产所有人的变化而终止。[8]而一般的“地产”(Estate)概念,即上文所谈的根据使用和收益的时段来对财产权进行分类的用法,即终身权益(life estate)、非限嗣继承地产权(fee simple),在今天的财富信托制度中仍然十分有用。[9]

3. 动产寄托(Bailment)

上述地产权(Estate)的概念一般不用于动产。在动产范围内与不动产租赁关系相类似的概念是寄托。寄托关系指的是为着一定目的,或者限于一定时间而把有形动产的占有权由一方转交给另一方。当规定的目的实现,或者限定的时间到达,该财产必须归还原所有人(或占有人)的法律关系。将财物移交他人的人为寄托人(Bailor),接受他人财物的人为受寄人(Bailee)。[10]如果有人租了一套带家具的房子,对于房子而言他是租客,而对于家具而言他是受寄人。如同租期终止后租客必须交还房子,受寄人也必须如期交还寄托财物,或者根据寄托人的指令将财物移交给其他人。当寄托物在受寄人手中时,他必须要合理地小心保管他人的财物(如租用带家具和家电的房间时,应遵守详尽的相关合同条款)。如同房屋的承租人拥有财产权益,动产的受寄人对于寄托财物也拥有“特殊财产权益”(Special property),而动产所有人(寄托人)则对财物拥有一般财产权益(General property)。

寄托在一定时段内给予了受寄人占有权,甚至可以将寄托人排除在外。受寄人可以起诉入侵者,并从非占有人手中把寄托物取回来。[11]即使寄托关系是根据双方意愿建立的(例如,你把你的书借给

---

〔8〕 参见Law of Property Act 1925 & Land Registration Act, s. 129(1)。这里指与不动产有关的财产权益与合同权利(如license)相区别。

〔9〕 参见本书第十二章“财富”。

〔10〕 这里Bailee不翻译为受托人而翻译为受寄人,以区别于信托关系中的受托人(trustee)。

〔11〕 参见本书第四章2“法律保护的对象”:所有人与占有人。

你的朋友,两人基于一个共识即你需要的时候可以把书要回来),受寄人也有上述对抗其他人的权益。因此动产寄托与不动产租赁在原则上没有区别。因为受寄人的权利是源自寄托人的,他不能否认寄托人的权利,正如不动产的承租人不能否定出租人的权利。由于寄托表现为一种类似土地租赁的、个人与财产之间的关系,所以在现代商务中,事关有形动产的关系中经常使用"租赁"、"租金"等字眼。[12]

4. 权利的物化(Reification)

普通法中的一个技术就是"将权利视为财物"(treating rights as if they were things)。所有权一词可以是针对有形物的,也可以是针对无形物的。这一法律技术有着悠久的历史。伟大的法史学家梅特兰德(Maintland)说过:"任何具有长久性的权利或一组权利都可以被视为一种财物(a thing),从中世纪开始,财产法中就充满了无形财物(Incorporeal things)。"[13]因此在普通法中常用"专利所有人"、"抵押所有人"或"地产所有人"等概念,表示权利是可以成为所有权的标的物的。这类权利包括了无形财产和债权。当一个公司被转让给另一个金融机构时,公司的客户所欠债务也一并转给该金融机构。这时人们不说该金融机构成为这些客户的债权人,而说该金融机构是"应收账款的所有人"。这一技术清楚地表达在加利福尼亚州的一部始于1872年的立法中:"所有权可以存在于无生命的物体之上,该物体可以被商业划拨和实际交付。可以存在于所有家养动物之上,所有的债务(Obligations)之上,所有的体力劳动产品和知识产权,如版

---

〔12〕关于动产寄托的更多规则,参见本书第八章3"有形动产租赁"。

〔13〕Pollock and Maitland, *History of English Law*, ii, 3-4, 124-49 (2nd ed., CUP, 1968).

权、商誉、商标之上，还可以存在于成文法所设立的所有权利之上。”[14]

5. 关于财产的衡平法技术

全世界的普通法学者都认同一个根深蒂固的习惯，即将普通法中和衡平法中的权利与赔偿加以区分。如同在第一章里面所说，这是两个司法体制的法院——普通法院和衡平法院所分别承认的权利和给予的赔偿。大法官法院的存在是为了在方方面面弥补古老的普通法院的缺陷。它将经过诉讼当事人的宣誓所做的书面陈述作为法律上的证据，使其审判获益匪浅。而在19世纪中叶之前，普通法院一直拒绝听取当事人本人的证词。虽然可以说普通法与衡平法一起组成了一个完整统一的司法制度，但是衡平法院总是一个附加的体制。直到现在两个法院合二为一，普通法与衡平法的赔偿可以在一个统一的程序中获取。衡平法与普通法一样，乃是基于技术规则和原则的、通过先例和立法来重述和修订的一套实体法。其中大部分内容与财产法律相关，但是作为一部最基本的教科书，我们只能讨论其中最重要的原则和特点：

(1)非正式交易的确立（Curing informality）

普通法一贯主张它的权利是通过一些特殊的程序所设立的。直到今天，普通法所承认的不动产转让和超过3年的租赁的“法定的”权利必须通过一个正式的契据来设立，并要当着证人的面签字。但是衡平法在过去和现在一直承认和强制执行“非正式”的土地交易，

[14] California Civil Code, s.655. 权利的物化是英美财产法的特别思维方式、概念和技术。凡可以物化的权利可以成为所有权的标的物，也可以被视为财产(Property)。如在英国1925年的《信托法令》(Trust Act 1925)中，将“所有债权”(all debts)列为财产。参见本书第一章3。

如承认通过合同转让土地和没有盖印的长期租赁。[15] 这样做的前提条件是请求人已经为交易付出了实际的代价，而且假如法院不认定交易有效，毁约的一方就显得过于“不讲道理和没有良心”(Unconscionable)。这里一个广为提及的格言是“衡平法将应做之事视为已经完成”(Equity looks on that as done which ought to be done)。例如，善意购买人通过合同(而非正式契据)购买土地并付出了地价，但是出卖方以手续“非正式”为由不给土地。在这种情况下根据衡平法的上述格言，可以将没有履行的正式契据手续视为已经完成，因此交易有效。

普通法一旦承认了一个财产权益和交易，就可以强制对抗所有的人，不论人们是否事先知道这个权益的存在。[16] 例如，土地 A 的主人在他紧邻的土地 B 上设立了一个道路通行的地役权，这个权利是与土地 B 的主人通过正式契据设立的。因此这个权利就对所有获得土地 B 的人都有约束力，即便他事先不知情，或者看不出任何道路的迹象。普通法所承认的财产权利(如地役权)也同样被衡平法所接受，并且在必要时可以通过法院的命令来强制执行。[17]

然而衡平法虽然在承认财产权益上比普通法更为广泛，但是其强制执行的范围却比较狭窄。其理由是：第一，衡平法不要求遵守普通法所要求的严格的程序，所以它承认某些“非正式”的交易也有效。第二，它不会因强制支持某个权利来对抗一个没有过错并为购买财产付出了实际代价的第三方，此人谨慎地遵守了所有的程序，并对存有冲突的权益事先毫不知情(即善意第三人)。[18] 因这些人的良心

---

〔15〕 契据是一种最正式的文件的名称，必须由当事人当着证人的面签署，证人也需要签署。

〔16〕 只有当标的物是钱时例外。

〔17〕 如果地役权是通过非正式的方式设立的，对于通过正式契据手续购买地的不知情善意第三人是不能制约的，而对于其他人仍是可以制约的。

〔18〕 在两个没有过错的，同样持有“非正式的”衡平法的请求权的当事人之间，原本是头一个人享有优先权，现在则是根据他们的权益，通过给予通知或登记注册来确定优先权。

是无可置疑的,因此衡平法认为它没有权利对抗他们。用技术行话来说,就是“衡平法的权利仅对那些对于财产未付代价和虽付了代价,但事先得到了存在着利益冲突(有冲突的衡平请求权)的信息的人具有约束力”。如今这个知情者的确认已被各种权益的登记所取代,如后面章节所述。[19]

(2)合同责任的特殊履行(Specific performance of contract obligations)

普通法通常强制履行最为普通的合同责任:支付现金的责任,但是普通法并不强制履行其他的义务。如此的理由可能是因为强制履行金钱债务比较容易,将被告的财物拿来拍卖就是了。这比强制被告履行其他责任要容易许多。但是衡平法在必要的时候可能命令被告履行其他的特殊责任,被告如果拒绝执行就将以藐视法庭的理由而被监禁。衡平法院随时会因为拒绝执行法院的命令而拘禁人,尽管这些人没有被判定为刑事犯罪。[20]

财产法的上述规定立足于这样一个事实:即土地转让和租赁的责任可以通过命令合同双方办理必要的手续和交付占有权来履行。由于这个责任可以被强制履行,衡平法视为它已经被履行:因为“衡平法将应做之事视为已经完成”。所以一旦一个转让土地的合同已经存在,衡平法院就会对此施加特殊强制,因为在衡平法院看来,土地所有权已属购买人而不再属出售人。[21] 但是在普通法院看来,只有在土地买卖的正式契据已经签署好,并且完成所有权人登记之后,

---

〔19〕 在信托关系中收益人的权利(也被称为衡平法权益 Equitable)对于知情的信托财产购买人没有约束力,只要购买人付了代价和做了相应的投资。

〔20〕 例如,签订土地转让合同后拒绝签订契据和提交土地占有权的,会受到最多坐牢两年的威胁。

〔21〕 一般而言出售土地的承诺必须是书面合同。但是有时衡平法院为追求正义,也会强制执行那些表达很清楚但非书面的合同。

正式的(法定的)所有权才能转移。[22]

衡平法如此对待土地转让合同在实践中的重要性体现在当房地产的价格发生变化时,以及一方当事人资不抵债的情况发生时可以保护购买人的权益。例如,房地产的价格升起,而出卖方资不抵债,此时买方可请求房地产已经归属于他,而不应被出卖方的债权人拿去抵债。后者得到的只能是依据原合同由买方所支付的价款。假如在土地出售合同签订之后,出卖方又擅自将土地售予第三人,买方依然可受到保护。如果第三人对前面的合同知情(如今只要第一个合同已经登记即可),第三人将被法院命令将土地交付给原先的买方,由后者付给第三人应当付给原出卖人的价格。

只有当下述三个条件满足了之后,衡平法院才会颁发特殊履行的命令:第一,金钱不足以提供适当的补偿。例如,在货物买卖中,只有转让独一无二的物品的合同才会被如此强制执行。如果标的物不是独一无二的,买方可以得到金钱补偿,还可以用钱去买相同的货物。不动产总是被看做独一无二的,即便某个房子与许多其他房子相同,邻居却是不同的。因此不动产买卖合同可以被强制执行。第二,请求强制履行的义务不能是个人服务义务,因为强制某人为另一个人服务有些近似奴役。[23] 第三,特殊履行的请求人必须已经为这个承诺付出了代价。非正式的赠与承诺无论在普通法院还是衡平法院都是不能强制执行的。[24]

(3)对于不合理行为的衡平法补偿(Dealing with unconscionable conduct)

衡平法制度的兴起是为了针对普通法管辖之外的人们的不合理行为而采取合理的衡平补偿措施。在这种情况下,衡平法需要保护

〔22〕 衡平法对待出售土地合同的原则与普通法对待出售特殊的可交付的货物合同的原则是一样的,即合同一旦签订,货物的所有权便被视为转移。

〔23〕 这里不包括货物买卖中所承诺的售后服务。

〔24〕 关于正式赠与的效力,参见本书第三章2 (1)“赠与”。

一些普通法的"标准模式"之外的利益。由于这些利益没有自己的名称，所以就被称为"衡平的"或"起码是衡平的"（a mere equity）。[25]衡平法就是这样应运而生的。只可惜本书限于篇幅不能提供更多的详情。

可以说衡平法的作用在英国法律制度中意义深远，使得英国法律重获生命。他们保护了更多的权利请求人，对抗了更多的侵权者。如同上面的例子，一个不动产的购买者签订了合同并完成了登记手续后，他的权利就由合同权（Personal right）变成了财产权（Real right）。他所对抗的不仅仅是违约的卖方，而是无数其他人（如后来的购买者、卖方破产后的债权人等）。这里需要重复动产与不动产买卖合同中的一般原则是：第一，原告（购买人）必须已经支付了价款，并受到了被告（出售人）的不合理的伤害，如被告擅自将标的物卖给第三人。第二，他的利益不得对抗对他的买卖合同毫不知情并支付了货款的善意第三人（除非不动产转让已经登记，或者动产转让已经交付）。第三，相关的诉讼标的物必须是特定的和可确认的（Identifiable and specific）。信托基金财产和特指银行账户的财产即属于特定的和可确认的财产范围。[26]

6. 信托[27]

信托是衡平法对于财产法律的最伟大的贡献。信托法产生于15世纪早期的英国，后来扩展至全世界。不仅在普通法地区，还影响到了其他法律传统的地区。在20世纪的最后10年，我们看到世界上有十多个自由关税地区颁布了他们的信托法令。[28]

---

〔25〕参见2002年《土地登记法令》第110条（4）和第116条［Land Registration Act 2002, ss. 110 (4), 116］。

〔26〕关于特定的和可确认的货物，参见第三章2(2)"买卖转让"。

〔27〕美国的反垄断法（Antitrust law）与信托没有关系。美国的反垄断法产生于19世纪，是为了禁止和限定贸易垄断、限制性商业惯例、固定价格和价格歧视，以保护贸易和商业的公平竞争而制定的法律。

〔28〕参考 Maurizio Lupoi, *Trust Laws of the World*, Rome, 1996。

在信托制度中,一个或一组受托人为着一些收益人或者某个慈善机构的利益而管理受托财产。若是一组受托人,他们总是以共同共有的方式持有受托财产,也就是说集体受托的权利是不能按份分开的,如果其中一个受托人去世了,他的权利就转归其他活着的受托人。任何形式的财产都可以构成信托财产:土地、动产、股份、应收账款、专利等。无论何种形式的财产,都以受托人的名义所有:土地以受托人的名字登记,有形动产归他们占有,股份以他们的名字登记为股东,银行以他们的名字开户等。

根据一个不太合乎逻辑的历史惯例,受托人被称为受托财产的"普通法所有人"(Legal owners)。这 Legal 一词并不是强调受托人的合法性,而是意指他们持有受托财产的权利是普通法所承认的正式权利。但是将受托人称为"普通法所有人"不仅不准确,而且容易误导。其中"普通法的"(Legal)一词是错误的,因为任何财产权益(包括衡平法权益)都可以用来做信托财产。[29] "所有人"一词指的是受托人经常管理和买卖受托财产,而这些权利都属所有权中的重要部分。实际上受托人并没有财产收益权,他们不可以把受托财产当成是自己的财产。他们不能疏忽、毁损、放弃受托财产(除非根据信托协议将受托财产转移给收益人),不能遗留给自己家庭成员,也不能由他们的债权人拿去抵债。严格地说,只有收益人的债权人才可以拿受托财产抵债。所以最好把信托理解为一个由私法所设立的办事机构。在普通法学者眼里,[30]认为有了财产的经营管理和买卖支配权便有了"所有权",这是由于他们对于所有权概念理解的侧重点所决定的。普通法学者更注重实用性强的、形形色色的产权(title),而不注重完整的严格的所有权概念。[31]

---

〔29〕 例如上述的通过非正式程序而设立的衡平法权益,或由衡平法院颁布的衡平法权益等都可以做信托关系的标的物。

〔30〕 这是中文版的补充说明。

〔31〕 这一段是中文版的补充说明。另对于慈善机构的财产,因所有人淡出而管理人突出,收益人群也不固定。所以似乎用大陆法的概念无法解释谁是所有人。

信托关系通常是由信托设立人(Settler)通过一个法律手续把财产转移给受托人,但这既非赠与也非借贷。或者说这是赠与收益人的财产。要理解信托制度,就要将它与其他制度加以比较和区别。

第一,信托不是一个法人,也不是一个公司。信托本身不能持有财产和签订合同,必须通过受托人设立。设立信托也不需要由国家批准,也不需要登记注册。

第二,受托人也不是信托设立人的代理人。原则上来说,设立人不能撤换受托人,也不能收回信托财产。除非在信托设立的文件上另有约定,一般设立人死亡而信托关系不会停止。

第三,受托人也不是收益人的代理人。假如受托人为受托财产中的一座大楼买了火灾保险,设立人和收益人都不需要支付保费。而受托人需要交付保费,不过他可以事后从信托财产中得到补偿。

第四,信托关系也不是合同关系,尽管它可能包含着一些设立人和受托人之间的协议,因为受托人可以拒绝接受这个委托。假如受托人是个专业公司,如银行或信托公司,他们会主张在协议中增加受托管理报酬或减少受托人责任等合同式条款。但是信托本身并不必须包含合同。它可能通过遗嘱设立,可能根据当事人活着有效原则(***inter vivos***)而单方面设立,例如,财产所有人可以宣布他自己是一些指定收益人或某个慈善事业的财产受托人。

即便信托设立人与专业受托人之间定有合同,设立人也不能起诉受托人违反合同,除非他同时又是收益人并蒙受了损失,他只能以收益人的身份起诉受托人。法院可能取缔一个不良受托人而委任另外一个,但是法院不可能取缔和另外委任与你签订合同的人。因此不能说信托关系是一个为了第三人(即收益人)的利益而签订的合同,因为它本质上不是合同。

受托人与收益人之间的关系也不是债权人和债务人的关系。首先他们二者从未签过合同;第二,受托人的责任只是尽他的最大努力。如果不是由于受托人的过错而受托财产全部灭失了,那收益人的权益也就此告终,因为收益人的权利不是经过担保的财产权益。

如果由于受托人的过错而造成信托财产的损失,收益人可以向法院起诉,请求受托人以私人财产赔偿。因而收益人的权益只是一个没有财产担保的一般债权。[32]

7. 追溯(Tracing)

假如一个小偷把你的钱偷走去买了东西,你不能去找那卖东西的人要钱(假设她对偷钱之事毫不知情),但是你应当可以得到小偷用你的钱所买的东西:不仅仅是作为债权人(因为如果小偷破产你可能追不回损失),而是作为所有人。这就是英国法律中的"追溯"。它包含了如下基本要求:第一,一物必须被另一物所交换;第二,取代物必须是可以确认的;第三,取代物必须依然存在(而没有被小偷消费掉)。如果这三个条件都能满足,那你就可能(而不是不可避免的)对于原来财产权利或所有物的主张转移到取代物上面。如果你的钱被小偷偷去买了一辆汽车,车还在小偷手里,那你就有请求那辆车的所有权。

财产的取代和恢复技术在英国法律中使用广泛。它扩展到无形财产:假如你能够证明小偷偷走你的钱被存入了他的银行账户,那你对于这个账户里的钱就拥有优先于其他债权人的财产请求权。这个技术是信托基金运作的基础。基金所投资的特有标的会持续改变,但是收益人的权利会持久存在。这也是商业组织设立担保权益得以运作的基础 ——在正常的商业活动过程中,特定的货物自由地卖出,但是所得货款构成了担保权益的组成部分,不论它是现金、银行存款,还是应收账款。追溯在应用过程中争议繁多,近年来在全球范围内有许多试图追溯公司欺诈获益的诉讼。[33] 例如在 Foskett v.

---

〔32〕 以上只是介绍了信托的基本概念,关于信托制度运作的详情,可参考本书第十二章"财富"。

〔33〕 也许是古老的欠租补偿方式提供了追溯技术的最早版本:业主可优先于其他债权人获取租客留在出租场合的动产财物。在现代刑法中追溯技术用于没收非法的毒品贸易等行为的利润和货款。

Mckeown [2001]1AC 102 一案中,一个不诚实的房地产开发商收取了若干购房人的预购房款并承诺在葡萄牙为他们建房,但是他没有将款项用于建房,而是为他自己买了人寿保险,收益人是他自己的孩子。他后来破产了,因此一般的欺诈诉讼都已经失去了实际效果。然而在本案中,受害人的权利可以追溯到保险基金,并可以优先于开发商的孩子而获得补偿。

第六章

所有权及其分离
(Ownership and Its Fragmentation)

英国法律习惯于将所有权这个一般概念分离为若干组成部分,每一部分又是个抽象的实体。这可能是学生在学习财产法中所遇到的最大的困难之一。如前一章所讲述的不动产中的地产(Estate)概念,就是这种方法的突出典型。但是过于聚焦于这个抽象的方法可能会引起很大误解。本章试图先简单地从总体上来阐述所有权,然后探讨它最为通用的分离形式。

1. 所有权(Ownership)

所有权的最为清楚典型的形式就是某个人拥有并实际占有着一件有形财物,既没有权属争议,也没有共有关系。如同我们拥有着自己的生活用品。这种简单形式的所有权的基本特点是:

(1)所有人的权利与义务

原则上所有人可以对自己的所有物为所欲为:他可以使用、消耗、旁置、毁灭、放弃(或一段时间放弃)、出借、出租、出卖、抵押和通过遗嘱处分等。原则上财产法不强加给所有者对于所有物任何积极的责任。法律可能会规定消极的责任,但这是由其他部门法律规定的,如侵权法、刑法、环保法等,而不是由财产法规定的。而且这是针对所有的人,特别是占有财物的人的责任,而不仅仅是对于财物所有人的责任,比如我们不能因故意或者疏忽大意而伤害我们的邻居、不能砍伐经过登记的树木[1]、不能虐待动物等。

(2)所有权的保护

任何人不得干涉所有人对于所有物的享用。如同我们在第四章里面叙述的,财产所有人享有不被侵入、干扰和夺取所有物的法律保护。这一法律保护扩及推定的所有人(Putative owners)。[2]

(3)风险

财产所有人承担财产丢失、毁灭或损坏的风险,还应承受因外部因素而造成财产价值变化的风险。假如所有物是一张很稀有的邮票,由于一些原因所有其他同样的邮票都被毁灭了,那它的所有人就会因这张邮票的市价飙升而获益。但是如果有一整版同样的邮票被发现,他就要承受邮票贬值的损失。

(4)债务

所有权与债务的关系是非常重要的。这里的基本原则是:清偿你的债务,法律只取你之所有,而不取他人之所有。意思是说你的债

---

〔1〕 经过登记的树木(listed tree)指的是根据英国《城市与乡村计划法令》(Town and Country Planning Act)和地方政府颁布的命令而加以保护的树木。地方政府给这些树木登记造册,凡未经批准而随意砍伐这类树木的行为都是违法的。

〔2〕 由于日常动产是不能登记的,结果法律只能推定我们所占有的东西就是属于我们的。法律直接保护日常动产的占有人而不要求他们证明他们的权利,而要求被告举证来证明自己取走和滞留财物的合法性。因此降低了解决争议的成本。(参见本书第四章2)

权人可以诉诸一个扣押财产的法律程序——通过判决和执行，或者通过清算和破产程序——以确保你的财产被拍卖后所得价款可在债权人中分配。[3] 但是如果你手里占有着他人的财产，你的债权人则不可动用。因此在破产案件中，有大量的诉讼为的是确认在破产人的占有物中谁拥有什么东西。例如，有人将自己的住宅抵押出去以担保他的商业贷款，如果此人尚有支付能力，那么谁拥有这所房子就无关紧要了。但是如果这个人资不抵债了，除了房子之外别无他物，那房子就要被拍卖抵债而他的家庭就必须搬出。但是假如那所房子实际上属于他的妻子，他的债权人就不能请求清偿。如果房子是他与他的妻子的共有财产，他的债权人就不能动用他妻子的份额。

上述关于所有权的分析只是以有形财产为例，但是普通法的特点就是将有形财产的原则最大限度地用于无形财产：包括知识产权、商业票据、担保权益、应收账款等。[4] 例如，关于担保权益，在英国的立法中称"法定抵押的所有人"(the owner of a legal mortgage)，意思就是抵押权益的所有人可以像处理一件有形财物那样放弃、转让和遗赠这个抵押权益。他的债权人也可以将这个权益拿来抵债。[5] 再如关于应收账款的转让已经有了标准程序与格式。如一间商行可以将应收账款转让给一个金融机构(financial house)作为贷款的担保(例如把应收账款转给银行，作为商行透支的担保)。转让后，金融机构就成了"应收账款的法定的和收益的所有人"(the legal and beneficial owner of the receivables)。

---

〔3〕 关于这方面的法律是技术性的、零碎的和比较新的，但是基本原则一如上述。对于自然人(与公司法人不同)来说，有些东西是不可用来偿还债务的，这不仅因为它对于债务人的意义要比债权人大得多，也为了防止债务人成为国家的负担。如债务人的个人随身物品、职业工具、个人养老金等。

〔4〕 在普通法中，当某些常用的债权的转让被普遍化和标准化之后，这个债权就"物化"为财产所有权的标的物，普通法将其看作无形资产，如担保权益和应收账款(参见本书第2章3和第5章4)。

〔5〕 参见2002年《土地登记法令》第52条(1)[Land Registration Act 2002 s. 52 (1)]。

2. 共同所有权(Co-ownership)

若干人在同一时间,以同一方式,共同拥有同一财物的财产共同所有在很早就已经形成了。有些古代法律的学者甚至认为社区的、家庭的、部落的和家族的共同财产所有权先于个人财产所有权而产生。罗马法中所承认的共同所有权至今还以各种形式存在着。在英国法律中,家庭成员共有他们的住房、家具、家用汽车,或者商业合伙人共同拥有合伙财产并共同经营着他们的生意,这种共同所有的例子比比皆是。法律规范着共同所有人内部的和外部的关系:既要规范共同所有人之间的关系,同时又要确保第三人在与共同所有人的交易中,能够既简易又安全地获得购买物,或者通过以全部财产或其中某个人的权益为抵押而出借金钱给共同所有人。

在英国法律中有两种共同所有权,即共同共有(joint ownership)和按份共有(ownership in common)。[6] 在历史上这一对概念曾被称为 Joint tenancy 和 tenancy in common。在这种情况下 tenancy 一词与租赁无关,如同在第一章里解释过的,英语中的 tenancy 一词源于法语,法语又源于拉丁语,原本是"持有"的意思。

(1)按份共有(Ownership in Common)

按份共有人每人拥有一个独立的份额,又被称为(在具体财物上)"不可分割的份额"。也就是说共同所有人不能拥有共同财产的某一个具体部分,但是他的不可分割的份额是可以转卖或通过遗嘱继承和无遗嘱继承的,并且无须经其他共有人同意。这里一个最简单的例子就是股份公司。公司股东各自拥有独立的股份,可以转让

---

〔6〕《元照英美法词典》中翻译为:joint tenancy 共同保有,和 tenancy in common 普通共有,混合共有,译者认为还是参考我国《民法通则》中的词汇,将 joint tenancy 或 joint ownerhsip 译为共同共有,将 tenancy in common 或 ownership in common 译为按份共有更为清楚易懂。因为实际上英文的概念和中文的概念在法律意义上是没有区别的,不需要另外造一组中文词来表达。

和继承。但是股东不能跑到公司经营办公大楼里去，指着其中一间办公室说这是我的份额。[7]如果两个人按份共有一套住房，每个人有一个独立的，却又是无形的份额：他们不能把房子分割为独立的两个部分，一人占一部分。他们的份额也不一定要平均。尽管平均是个默认的法律规定，其他的一些因素，例如两人的协议、对于买房所做的贡献多少，都可能造成最后两个人对房子的价值所占份额多少的不同。[8]

(2)共同共有(Joint Ownership)

共同共有与按份共有的最大区别就是幸存者继承全部财产(survivor takes all)。其中一个共同所有人死亡，他的份额不能被他的后代继承，而只能归其他还活着的共同所有人所有。假如A、B、C三人共同共有一套房子，B先去世，房子由A和C共同共有。A又去世了，房子即由C独有。C可以出售或者留给后代继承。

幸存人继承的规定使得共同共有似乎显得很不公平，那为什么要选择这种共有方式呢？下面三个方面是这种共有方式的特点：

A. 分离(severance) 共同共有人可以将共同共有关系改为按份共有的关系。这样做只需要给其他共同共有人一个简单的通知就可以了。假如其中一个共同共有人破产了，其他共有人肯定要采取这个措施，即通知该共有人宣布将共同共有关系改为按份共有关系，以防止他的债权人来追讨自己的份额。这样破产者的债权人就只能追讨破产者的份额。因此在上述共有房子的例子中，如果A给B、C通知，将共同共有转为按份共有，于是A就拥有1/3的按份共有的份额，剩余的2/3依然由B和C共同共有。如果B去世，根据幸存者继承的规则，C就拥有该房子的2/3的份额。所以通过给予一个通知，

---

〔7〕 如果所有股东一起来请求兑现会迫使公司破产，但在公司股东瓜分公司财产之前，公司法人必须要清偿它的债务。

〔8〕 参见2002年《共同持有和租赁持有法令》(Commonhold and Leasehold Reform Act 2002)。

A 避免了如果自己先去世而使得后代失去可继承财产的风险，同时也丧失了根据幸存者继承的规则，在其他共有人先去世的情况下获取他们的份额的机会。

B. 配偶/生活伴侣（Spouses/Domestic partners）　英国法律中没有特别的婚姻与家庭财产的部门法律。财产法中的默认规则对于陌生人和对于配偶同样有效。因此如果婚后妻子买了房子，丈夫买了车，当然房子归妻子而车归丈夫。但是配偶们往往希望自己身后的财产能够留给未亡人，通过遗嘱可以达到这个目的。但是如果他们以共同共有的方式共有住房和家庭其他财产，如银行账户等，也可以达到这个目的。如果别人将财产转到他们两个人名下但是没有说明他们应如何共同所有，根据默认规则他们就共同共有那转来的财物。

C. 受托人（Trustees）　信托关系中的受托人可以是单独一人（特别是当公司法人作为受托人时），但是当受托人是自然人时，信托关系中的受托人经常不止一人，而是 2 个、3 个或 4 个人。当然受托人还有自己的家庭、私人财产和债权人。如果某个受托人去世以后，要将他的受托财产先划归他的个人代表管理，再与他的私人财产分开将非常不方便。所以受托人总是以共同共有的方式持有受托财产，任何将共同共有转为按份共有的企图都是不被允许的。如果一个受托人去世就只是意味着他从受托人中除名了。如果只剩下一个受托人了，通常就会再任命一个。所以信托财产永远不会因为受托人的去世而转移。根据十九世纪的法律，自然人可以与公司法人一道做共同受托人，尽管后者的寿命注定要比前者长。

以上是使用共同共有的几种情形，而在一般商业管理中按份共有是最为常见的形式。所有的财产都可以被共有人同时共有。例如商业合伙人，通常每个合伙人以其独立的份额，对于公司商誉、债权、专利、版权等财产按份共有。有形动产可以以同样的方式共有，如一个辛迪加所拥有的赛马（的马匹）。商业的例子是对于大容积的可替代物，如运输中的石油、谷物等的共同所有权。根据最近《货物买卖法令》的修改，一个可确定的体积中一部分货物的购买人，拥有根据他所购买和已支付价款的百分比的对应份额。如果他在购买时拥有总体的10%，而后来轮船将总体积的一半交付给了另外一位收件人，那他在剩余部分中所拥有的份额就应变成20%。

不论是共同共有还是按份共有，共同所有人都可以占有和使用共有财产。如共有财产有了收益，例如，通过出租房屋取得了租金，共同共有人就平均分配，而按份共有人就根据份额比例分配。出售共有财产原则上必须经过全体共有人同意，同样如果要划分物质财产也需要全体同意。对于全体共有人一视同仁是公平的，但是也可能有人为占有更多的份额而坚持不分，由此会引发争论。解决争议的成本往往要比财产本身更加昂贵，结果针对共有的有形动产，1925年的《财产法令》第188条给予法院一个特别的权力。法院可以采用大多数共有人的意见来打破这个僵局。只要大多数按份共有人同意，按份共有人可以不经其他共有人同意而出售自己的份额，而其他共有人没有购买的优先权，即便是不动产也是如此。[9]

上述的两种共同所有关系既是完备的，也是排他的。说它们是完备的，是因为它们是仅存的两种共有方式，其他各种方式都已经在英格兰和威尔士被废止了。它们又是相互排斥的，同一个人在同一时间不能对同一财产既拥有共同共有权，又拥有按份共有权。共同共有的规则——即幸存者继承权益，是完全不能与按份共有的规则——即逝者继承人继承规则共存的。因此当将财产转移给共同所有人时，指明他们是共同共有关系还是按份共有关系是十分重要的。在大多数情况下，出让人会清楚地指明“给A和B平均拥有”，或者“给A和B共同共有”。但是如果出让人在生前只是说“给A和B”而没有留下其他指示。人们就会根据共同共有人的关系，使用法令中的默认规则来解决这个问题。其主要原则是：

第一，如果A与B是受托人，他们就是共同共有人。

---

〔9〕 这样可以给按份共有人更多的自由选择权，如高层楼宇的共有部分就是如此办理的。

第二,如果 A 与 B 是生意合伙人,他们就是该项财产的按份共有人。尽管他们也许是合伙财产的共同共有人,并且共同经营生意。

第三,如果 A 与 B 是出资的份额不同的共同购买人,他们根据出资比例按份共有。

第四,如果 A 与 B 不属于上述三种范畴,那他们就是共同共有关系。例如,有人把财产“给 A 与 B 共有”,但没有说明是怎样共有,根据默认条款他们就是共同共有关系。

上述的前三种默认规则是完全明智合理的,第四种情况可能会让先去世的共同共有人的后代感到意外(因为他们失去了对于死者的共有财产的继承权),因此在某些普通法地区将这条改为推定共有人为按份共有关系。但是在英国的法律中还保留着这项规则,其理由是共同共有人很容易就可以将共同共有转变为按份共有关系,只需写给共有人一封信,声明他要将自己的权益从共同共有关系中分离出来就行了。

(3)金融财产中的共同权益(Concurrent Interests)

一匹马的份额不是那匹马,你不能骑它,也没有人能说清你拥有那匹马的份额是什么样子。如果出卖整匹马,可以将马交付。但是出售马的份额只需使用书面文件。因此马虽然是个有形动物,但马的份额是无形的。在谈及份额时常涉及此类的无形财产,它们的价值不容忽视。这种抽象的财产份额的典型例子就是金融财产中的共同权益。[10]

在现代社会中非物质形式的证券是非常有用的。在这种体制中投资人没有单独的股份证书或债券,也没有在公司登记股份。因此几乎不能证明他们拥有任何特别的、可确定的证券。投资者所拥有的就是在同样的证券联营管理机构(custodian of a pool)中的一个账

〔10〕 土地租赁和汽车租赁权益都可以由两个人或多人共享。责任和义务也可以是共同承担的,最常见的例子就是银行的联名账户。

户，表明他们拥有由这个管理机构所构成的金融财产（financial asset）的份额。这就保护他们在该管理机构破产之后不会受到其债权人的侵夺。[11] 如果金融财产本身变得一无所值（由于管理机构的违法贪污、挥霍，或者所购买股票的崩盘），投资者的财产权益也随之消亡，顶多还有一些对于该证券管理机构的没有担保的债的请求权。

(4)土地中的共同权益

在英格兰和威尔士，两人或多人对于土地占有的共同权益的类型是由法律规定的。我们在上面说过人们不能在同一时间既共同共有又按份共有同一财产的享用与收益，但是人们可以同时对同一财产拥有共同经营权（to manage property jointly）和按份共有收益权（enjoy it in common）。两个或更多的财产按份共有人以共同受托人的身份共同经营自己财产的情况在英国并不罕见。也就是说在共有人之间，每个人对于共有财产有一份可以继承的享用与收益权（包括使用、出租等），即所谓的“共同经营，按份收益”。这种共有方式常用于共有土地和商业财产。对于外部来说他们是共同共有人。所以假如其中一个共有人去世，幸存的共有人以共同共有人的身份将财产出售给他人，购买人不用担心已经去世的共有人的份额。只要他善意地支付了全部价款，他就可以获得该财产的完全所有权而不受任何人的请求干扰。例如，A 与 B 平均地共有一片土地，对内是按份共有，对外是共同共有。如果 B 去世了，而 A 需要将整片土地出售。A 需要任命另外一个人 C，作为 B 的财产受托人，与他一道出售土地和收取价款。然后 A 与 C 必须将 B 应得的一份价款按照 B 的遗嘱或者根据无遗嘱继承法处理。如果幸存共有人没有给已经去世的共有人任命受托人，幸存的共有人就是以自己及已逝共有人的继承人

---

〔11〕 这仅仅是对于十分复杂的证券经营网络的一个简单表述。这个网络上至全球的最高管理机构，通过一系列的中介人下至成千上万的客户。

之受托人的身份出售信托土地和持有所得价款。[12] 这其中已逝共有人的继承人的份额将受到完全的保护,不受其他共有人破产的影响。如果因其他共有人的不诚实而使得已逝共有人的继承人蒙受损失,他可以以信托收益人的身份起诉受托人请求赔偿。这一技术在不动产中是必需的。如果两个或更多的人同时拥有一片自由保有的或租赁的土地,不论他们之间是共同共有关系还是按份共有关系,他们对外总是以受托人的身份拥有土地,并拥有受托人出售土地的权力。如果土地是以两个人的名字登记的,必须有两个人在出售土地合同上的签字才有效。这种强制的信托关系的技术保护了已逝共有人的继承人的利益,特别是当出售土地者个人破产之时,他的个人债权人不得动用作为信托财产的那部分土地价款。

因为这部分价款是属于信托收益人——即已逝共有人的继承人所有的。[13]

3. 时期(Time)

无论是单独还是共同所有,最完整意义上的所有权意味着是永久性的,至少要与标的物的寿命同长(所有权可以易主,但这并不意味着它自身的消亡)。假如标的物是一块钻石或一片土地,其价值可以是永恒的。但是人们在一段限定的时间内拥有某项财产也是司空见惯的,这主要有两种情况:第一,财产自身有一定的寿命,如专利的有效期为20年;第二,尽管财产寿命无限,但是财产权益是限于一定时间的,或以持有人的寿命为限,或以持有的若干年期为限。这种类型的两种权益——终身权益和租赁(或寄托)有个共同特性,即由于它们对财产的享用权益都限于一定期间,所以必须在同一时期对于同一财产还存在着一个没有时间限制的权益。也就是说,必须同时

---

〔12〕 土地共有人之间的信托关系是由成文法所强制成立的,参见修订后的1925年《财产法令》第34和36条(Law of Property Act 1925, ss. 34 and 36)。

〔13〕 最后这点说明是冉得教授补充的。

存有两种权益,而其中只有一种权益对财产拥有当下占有权[例如在终身权益之外还存在一个剩余权益(Remainder);租赁权益或寄托权益之外还存在着一个业主的归复权益]。终身权益和租赁都产生于不同的动机并应运于不同的目的。终身权益一般产生于遗赠、遗嘱和无遗嘱继承,作为家庭遗产继承的一部分,将在下段讲述。租赁用于广泛的领域,如住房、农业用地、工厂用地、商业用地等,我们下面将专章讲述。

4. 终身权益(Life Interest)

一般而言,终身权益赋予其持有人对于财产标的物的终身使用和收益权,其权益与特定人的生命一同结束,一般都以权益持有人的生命为限,当然这不是必须的。财产最终也可以赠给 X,或者 X 有限公司,而却以 Y 的生命为限。终身权益可以通过两种方式设立:通过立法(如许多无遗嘱继承的个案就是如此)[14]和通过私人处分(如遗赠和遗嘱)。私人处分必须明确声明仅授予受让人终身权益,否则根据财产转让的默认规则,就会被推定为授予全部所有权。无论通过何种方式设定,终身权益具有如下基本特点:

第一,它可以被授予各种形式的财产,如土地、股份等。[15] 第二,终身权益人对于他所拥有的财产享有占有、使用和收益权。第三,这项权益的时间与某个特定人(或多人)的生命同长,如果特定人为多人,则以寿命最长者的时间为准。特定人过世,权益也同时消亡。第四,因为财产的生命长过持有人的寿命,所以在终身权益人去世后将另有其人获得该财产。第五,这个人可能是未成年人,也可能尚未出生。(如在遗嘱中可指明“给 A 终身,然后给 A 的孩子”。是时 A 可能还没有孩子。)第六,这两种权益——终身权益与剩余权益

---

〔14〕 参考修订后的1925年《遗产管理法令》第46条(1)(i)、(2)(a)和第51条(3)[Administration of Estates Act 1925, s. 46(1)(i)、(2)(a); s. 51(3) as amended]。

〔15〕 参见第十二章,这一般通过信托方式设立。

的存在可以阻碍将财产绝卖或对其中任何财产作特别的处分。因为这两种权益的所有人的名字都会在土地登记部门登记，或在公司股东名单中登记。在英国法律中这类问题往往通过设立信托解决。

终身权益的时间限制对于其持有人的效果是：他可以终身使用财产，但是无法将财产耗尽。也就是说终身权益所授予的不是财产的资本，而是财产的收益或产品。如果在遗嘱中指明"给A终身，然后给B"，意思是将财产的收益送给A终身享用。如果财产包括果园和股份，也就意味着果园的果实、股票的分红在A的有生之年都绝对属于A。如果财产是房子，A可以选择或者自己使用，或者将房子出租收取租金。终身权益的持有者必须要支付费用，主要是所得税、房子的维修费和保险费用、住房抵押款的利息等。但是关于资本的开销，如资本增值税、重建费、房屋抵押款本金的偿还则不应当由终身权益持有人交付，而应由管理财产的受托人负责支付。

一个未来的纯收入流量可以通过终身权益当下的价值来折价。例如，一个终身权益持有人的预计寿命为20年，每年收入1000英镑，20年的总收入应该是20000英镑。如果按照每年平均贴现率5%计算，那这个终身权益在设立时就值12560英镑，每过一年就会减少一年的收益。当然这只是一个基本估计，在具体买卖中双方还会商议。[16]

由于终身权益的持有人只有财产的收益，所以他无权放弃财产的资本，也无权出售财产而获利。这样就能保证剩余财产继承人的权益不受损失。但是为了发挥财产的最大效益，由终身权益持有人作为他自己和剩余权益继承人的**受托人**来出售财产，不仅是完全可能的，也是明智的。因为他可能是最了解该财产的出售价值的人，使用这个价值另外投资可能给他们带来更好收益。所以法律给予终身权益持有人处分财产的权利，不仅为他自身的利益，而且是作为他自

〔16〕 关于终身权益和将来权益的当下市场贴现价值的计算，详见第二章2(7)资本与收入。

己和剩余权益持有人的受托人，是完全可能和谨慎的。[17]

终身权益的终止有几种可能，最通常的是因指定人的生命终结而终止。比较偶然的原因如由于终身权益赖以存在的财产完全毁灭或消亡而终止（如因不可抗力，或其他原因）；[18]也可能是终身权益与其他权益合并而消亡，例如根据遗嘱终身权益的持有人又获得了财产的绝对所有权。

家庭遗赠（Family endowment）　为了维护家庭的两代后辈的权益，如儿辈和孙辈，很多法律制度都发现很有必要允许个人将财产以限定的时间给予第一人，然后将绝对所有权给予第二人。这样做既可以保证第一人的终身利益，又可以保证第二人的将来利益。最简单的例子是：父母把财产给女儿A终身享用，然后给她的儿子B完全所有权。这种家庭遗赠的主要特点是：

第一，A的权益随着她的生命终结而终止，但是B的权益不是如此。也就是说，在A去世的时候她的财产不能遗传给她的其他继承人，如A的丈夫C。假如在A活着的时候她已经把这个终身权益转让给了她的丈夫C，C的权益也同样随着A的死亡而终止。但是对于B来说，他的权益不是终身权益，而是绝对所有权，可以继承和转让。所以如果B先于A死亡，他的权益可以根据他的遗嘱，或根据无遗嘱继承法律传给他的继承人。假如在A活着的时候，B将这个将来权益转让给其他人，该受让人就在A死亡的时候获取该财产。

---

〔17〕　例如，信托设立人将一个房子"给A终身然后给B"，理论上只有两个人都同意时才能出售，普通法使用信托来处理这个问题。根据英国1925年《已转让土地法令》（Settled Land Act 1925），终身权益持有人在立法上有权利将房子变卖成价款，但是这笔价款必须付给至少两名受托人或者一个信托公司。后者将这笔价款用于投资经营，将收益部分给予终身权益持有人，将资本部分留给剩余权益的持有人。剩余权益持有人不能阻止终身权益持有人变卖房子，但是可以得到变卖房子之后的价款。他们二者之间在这一点是没有利益冲突的，因为将房子卖出个好价格符合双方各自的利益（以上说明是冉得教授补充的）。

〔18〕　终身权益持有人必须对财产合理地、小心谨慎地保管，如购买财产保险，并要对疏忽大意所造成的损失负责。

第二,这种赠与方式所授予A的权利仅限于占有、使用和收益。所以在A去世的时候财产依然存在,在A去世以后财产要留给B或者B的继承人。如果这个财产是无收益的——例如是个钻石项链——A只能佩戴它和妥善保存它。但是如果这个财产是有产品或者收益的,那它们就完全属于A,A可以任意处置这个收入。一般来说这种形式的赠与标的物都是可以产生收益的财产,所以收益归A,而财产本身必须为B妥善保存。

第三,由于B的权益是一个延缓到A去世后的权益,在A的有生之年,这个财产需要一只在A与B的权益之间"公平的手"来小心管理。在历史上英国的法律曾赋予这种情形的土地管理以非常详尽的规定,而对于其他财产则给予许多灵活的自由选择空间。如今这方面的法律已被大大地简化了。在此我们需要说明的是:其一,在A的有生之年,对于财产的管理都是采用信托的机制。[19] 其二,为此古代的法律留下来一套至今仍然有用的、经久不衰的专业词汇。

这套传统的词汇如下:将财产赠给A终身享用,然后留给B完全所有权的关系在法律上称为财产授予(settlement)。设立这个关系的人被称为授予人(settlor),A被称为终身权益人(tenant for life or life tenant),B被称为剩余财产继承人(remainderman)。[20] A的权益是终身财产权(life interest),古代法律称之为"life estate"。B的权益是剩余财产权(remainder)(又被翻译为"余产权")。因为只有A在当时拥有财产的使用权和收益权,所以她的权益又被称为"授予占有权"(vested in possession),而B的权益又被称为"授予剩余权"(vested in remainder)。这最后的一个词非常容易被误解,因为它看

〔19〕 在英国当财产权益延续时间特别长,或者跨越了两代人,信托机制往往就会介入,参见英文原著p.173-5。如今人们不是用朋友做受托人,而是使用银行和信托公司,并要付费用。

〔20〕 有些词典将remainderman翻译为"剩余地产权人"(元照英美法词典,第1176页)。因实际上这种关系所涉及的财产标的物不限于地产,可以是各种有形无形的财产,所以这里翻译为"剩余财产继承人"。

上去好像是什么残羹剩饭。实际上它的原始本意是要表达这样一个思想,即在A去世时,财产不会归复(revert)到授予人手中,而是保持着分离状态。用严格的技术术语来说,remainder在这里是用来区别于财产归复权(reversion)的。[21]后者所指的是当一个被特别限定的财产权益到期时,某人可获财产归复的权利。例如,授予人只给了被授予人终身权益而没有授予任何人剩余财产权,或者业主将土地租赁给租客,在这两种情形中,授予人和业主所保留的就是财产归复权。

第四,同时的权益(concurrent entitlements)终身权益和剩余权益都可以由两个甚至更多的人共同持有。这可以由授予人当初的授予,例如,将财产的终身权益给予他的两个孩子,或者通过以后的财产处分来设立。如果A将自己的财产终身权益给予了C1和C2,他们以A的有生之年为限,同时享用着A的财产。C1与C2之间的关系既可以是共同共有的,也可以是按份共有的。如果是共同共有而C1先去世,C2就独自享有全部权益,直到A去世为止。而如果是按份共有而C1先去世,C1的继承人就与C2按份共有这个财产直到A去世为止。

第五,A的终身权益将随着A的去世而消亡,但是B,即剩余财产继承人的权益却不因B的去世而消亡,因为剩余财产权(remainder)是一个绝对的所有权,它不取决于B比A的寿命长,也就是说在A的有生之年,B的潜在权益就是永恒的,可以与其财产的寿命同长。A的权益终有尽时,但B的权益不是如此。据此这两种权益可以在一般统计水准上来评估。在前面我们解释过获得一个将来权益的当下价值的确切性。[22]尽管计算这些权益的价值是会计师和保险精算师的工作,但是律师也需要理解这些相关的财产概念。关于这些我们在下面的第十二章"财富"中还将谈到。

---

〔21〕 英语中remain一词既有保留、保持的意思,又有剩余的意思。

〔22〕 参见本书第二章3(7)"资本与收入"。

第七章

英格兰和威尔士的土地登记制度*

本章是对当今在英格兰和威尔士运作的土地权益登记和转让制度的简要介绍。本章中 land 一词指的是不动产，包括土地、建筑物、树木和地上的所有附着物；interest 一词包括所有权、租赁、抵押和役权，如道路权等。关于这些权益的概念都在相应的章节里面详细论述了（如第 5—10 章）。本章主要论述这些权益的登记与转让的制度。

事实上在英国每一片土地都早已是物有其主，土地的主人包括私人、商业公司、国家机构、地方政府和公共团体，如英格兰教会。这些法律实体或者是永久性地拥有，或者是根据租约占有不动产权益。在租赁关系中的特点是：第一，要有出租人；第二，随着时间的推移，

---

* 这是在英文原著基础上的简写本。在英文原著中的这一章涉及了英国法中普通法和衡平法的烦琐差异和历史所造成的复杂与概念边界的不清、概念在多处的不同含义，甚至相互矛盾之处，我认为不适合中国学生深入学习。中国学生学习普通法，重点是基本原则、概念、范畴和判例推理创新方法。也就是说，我们重点是要去喝英国法律历史所酿造出的现代葡萄酒，而没有必要钻进那复杂的葡萄藤蔓中去采葡萄，当然专门研究英国法律史的专家学者另当别论。因此经与冉得教授商量，由他将英文原著中的第七章缩减为一个简单的介绍，由我翻译为中文。

承租人的占有权日益缩短，而出租人的归复权日益逼近；第三，承租人要向出租人支付租金；第四，租约是可以分组和转租的，所以在租赁关系中可能同时存在两个以上的权益；第五，承租人只能将他所有的权益（即在租约期限内的占有权）转让给他人。在普通法的专业术语中，土地所有人的权益被称为自由保有权（freehold），承租人的权益被称为租赁权（leasehold）。

现代英国的相关立法为上述权益建立了登记制度。土地登记制度为上述权益带来了确定性，它提供了所有的土地财产权益和相关交易的公开化信息。这就是说，第一，通过相关的地图，为每一片登记的土地的特征提供了精确的证明。第二，它必须要明确所登记的特别的法律权益，如所有权、租赁权或抵押权，要为每一项登记的权益编号。第三，当对于权益有争议时，立法通常强制执行先登记的权益为准的原则。第四，它通过"公开登记的信息是全面和准确的"这一假定，保护了交易中的第三人，并及时地取消未及时登记的相关权益。但如果政府官员在登记中出现错误，受到影响的人可以得到政府的金钱赔偿。第五，自 21 世纪以来，所有的登记和转让制度都已经电子网络化，因此书面文件被电脑所替代，土地的转让等交易可以通过网上进行。

在英国不动产登记制度只是在 1926 年之后才普遍地被采用。在此之前不动产的转让、租赁和抵押等都是通过在当事人双方之间签署文件来进行。由于在事实上难以要求所有的权益都立即进行初始登记，1926 年的法律要求第一次转让必须在规定的日期之内登记，在此之后的所有交易（除了短期租赁）也都必须登记。整个制度在 2002 年通过《土地登记法令》（Land Registration Act 2002）得到了进一步改善。但是至今许多数百年从未发生过转让的土地所有权仍然尚未登记（如牛津大学、伦敦大学的土地）。除此之外，土地登记制度要求所有新的土地所有人或 7 年以上的承租人都必须申请登记。他们的名字被记录在土地登记的系统中，他们还会被颁发给一个不动产权益证书，以证明他们从什么时间起获得的这项权益。此后所有的转让都必须登记，由新的权益获得者的名字取代旧的名字。在抵押登记中出借人以债务的所有人(proprietor of the charge)的名义登记。所有的不动产的诚心购买人和抵押出借人都因以下两个理由，可以放心地与不动产登记中的所有人进行交易：第一，那里所提供的信息是真实可信的；第二，那里是唯一可以对他们负责任的地方。

最后，我们要指出这个登记制度并非完全精确无遗漏。由于土地使用的复杂性，有一些没有登记和难以发现的"高于一切"的权益还可能会制约土地的受让人。最为明显的例子就是少于7年无须登记的短期租约。但是承租人应该经常待在那片土地上，很容易被有意购买土地的人发现。第二个简单的例子就是对土地有制约的地役权，很可能邻居的下水管道和电缆就埋在那即将要转让的不动产的底下，这个负担必须随着土地的转让而转移给新的业主。

在美国，不动产登记制度是由各州的立法所调整的。州与州之间，甚至选区与选区之间的土地登记制度都有很大的不同。所以很多不动产所有人和他们的律师选择依靠购买产权保证保险来保护自己的权益，而不依靠官方的登记记录。

第四部分　财产权益的标准模式 (Standard patterns)

本部分将阐述四种标准的财产权益，包括租赁权益（第八章）、抵押担保权益（第九章）、地役权益（第十章）和继承权益（第十一章）。这四种财产权益在普通法和其他法系中都是被普遍认定的，本书主要讨论它们的英国版本。

第八章

租赁

1. 租赁关系的基本原则

租赁是一个最为常见的法律关系,即在一定期限内使用他人的财产,期限可能是确定的,也可以用通知来界定。例如,你可以租1年房屋,租1天摄像机,租1周汽车或船,或者包用一个大油罐6个月。如此广泛的标的物、时间和目的都可以包含在租赁交易关系中。试图概括如此广泛的租赁关系的基本内容,是本章的基本特色。由于下述事实使得这一任务更为艰巨:英国的议会经常要通过立法手段来干预住房、商业用地和农场土地的租赁关系,以调整和平衡业主和租客之间的权力与利益。因此不动产的租赁关系早已不是自由契约,而是与一定的社会状况和社会政策紧密联系着,并由 定的成文立法来调整。这个特点是值得我们注意的。[1]

租赁通常是一种交易关系,一方将财产给予另一方占有使用一

〔1〕 最后一点是中文版增加的说明。

段时间，而另一方承诺支付租金。[2] 当然还有一些附带的责任，如保证安静享用、负责正常维修、购买保险等。这些责任可由双方协议，也可由法律规定，或者部分遵从协议部分遵从法律。有些通用的合同已经标准化，相关的术语已经包含在印制的表格和判例书籍中，由合同法来加以规范。在原则上合同是不约束第三人的，但是在租赁关系中，特别是关于土地的租赁，因土地很可能在租赁期间转卖，所以财产法介入，以确保土地转让之后租赁关系的义务可继续履行。如果承租人转让承租权，受让人要向业主继续支付租金。如果业主转让财产，受让人可继续向承租人收取租金。也就是说，租赁关系中双方的受让人要继承出让人的位置，使得原有的租赁关系保持不变。

(1) 租赁的基本要求

如上所述，不动产租赁始于双方合意的合同，随后赋予承租人一个可以转让的、在租赁期间受到保护的财产权益。这个权益可以对抗出租人破产后的债权人和出租人的继任者（包括通过买卖或继承等）。但是从一个合同权益上升到财产权益，租约必须要遵循一定的从形式到实质的要求。这个要求在土地租赁方面尤为严格，并且经常为此引发争讼。[3]

第一，承租人必须要有排他的占有权　业主的偶然来访的权利（包括来检查或者修理）是不可取缔的，但是如果不动产占用人实际上是与业主，或者是租客与业主委任的人一起占用，那就不是租赁关系。不论他们之间所签订的合同是多么正式，住房的占用人顶多是个寄宿人(lodger)，而不是承租人(lessee)或租客(tenant)。另外一个例子是“房前的权利”(front-of-house-rights)的授予，指的是剧院的所有人许可一些人使用和经营剧院内的酒吧、存衣处以及演出场地。

---

〔2〕 还有一些由成文法所推行的租约。参考1925年《财产法令》第85条(2)和第149条(6)[Law of Property Act 1925, ss. 85(2), 149(6)]。

〔3〕 我们假设出租人和承租人都是一个单独的个人。在实践中出租人和承租人都有可能是两个或更多的人。关于共同财产参考第六章。

他们实际上同时使用着同一建筑物的不同部分。这一类的交易尽管常被称为租约,并使用有印章的正式文件,时间可长达 21 年,双方的关系仍然只是合同关系,而不是租赁关系,不能产生可以对抗新的剧院所有人(假如剧院所有人在这些人们的使用期间内出售剧院)的财产权益。

第二,租赁时间的确定性 这也是从地产概念继承而来的原则。作为租赁关系,其时间必须是确定的,或者是可以确定的:如确定一年的租约,或者以月份计算的租约,可以通过提前一个月给予通知而终止。二者都是最常用的确定时间的方式。但是如果在合同中业主授予土地使用人一个排他的占有权,同时约定"直到出租人需要重新开发该土地为止",这就不能成为租约,因为合同中的时间不够确定。在这种情况下,只有将最大限度的时间确定下来才能成为租约。例如,可在合同中规定"授予 21 年的租约,或者直到业主需要重新开发该土地,不论哪一种情况首先发生,合同都将终止。"

第三,租赁的程序要求 法律一般不给动产租赁强加特别的程序。但是动产的承租人如果是消费者个人就会受到相关的消费者保护的法律和相关管理规章的规范和保护。例如关于汽车的租赁,法律规定相关文件的用语必须简洁清楚。因此一旦有了争讼,法官就可以仔细审查相关文件。

不动产租赁超过 3 年的,就需要使用契据来设立方能对抗任何人。关于设立租约的协议必须是书面的并有双方的签名,并完成相关的登记手续[或做土地登记,或做土地负担登记(land charges register)],方可对抗业主的继任人(successor)[4],尽管业主是登记的所有人而承租人是登记的占有人。即便一个非正式的租约——关于设立租约的协议,承租人已经占有标的物——也足以对抗出租人的继任人。原则上少于 3 年时间又按市场价格支付租金的、立即生效

〔4〕 此处的继任人(successor)包括商业交易中房屋的购买者、业主破产后的房屋抵押权人以及业主去世后他的继承人。

的租约不需要先签订关于租赁的协议(tenancy agreement)。因为这包括了最常用的以月为期的,和以年为期的租赁,所以节省了许多交易成本。在实践中,这一基本原则只是默认原则,书面明文规定才是更值得提倡的,而且应该使用清楚明白的语言和全面详尽的条文。其理由有二:第一,可以防止后来发生争议;第二,遵循了立法对于业主的要求,有利于保护居住承租人的权利。

(2)不动产租赁与动产租赁的区别

不动产与动产租赁的一个非常重要的区别在于:不动产承租人在租约期限内总是受到法律的保护,以对抗出租人的继任人(如不动产的购买者)。[5] 他们不能赶承租人走。如果他们占有了出租地产,承租人可以通过法律程序重获占有权。但是动产寄托[6]就与此不同,在寄托期限内寄托人的购买人可以取得寄托标的物的占有权,而受寄人只能向寄托人请求违约赔偿。[7] 在这方面只有一些判例法,而没有相关的立法规范。如将这些判例法应用于租赁一个带家具的房屋的案例中,结果就会是一个买了出租房子的受让人只能拿走房里的家具,却不能请承租人搬家,就会令人感到很是古怪。但是在动产关系中这样的情况很少发生,因为财产的准购买人可以在看房子和家具的时候清楚地发现出售的标的物都不在出售人手里,他不愿因此而与受寄人和承租人去打一场官司。最后,即使租赁动产的受寄人不能受到法律保护而对抗寄托人的购买人,动产抵押的受寄人却可以得到这个保护。例如,受寄人借给了寄托人一笔钱,约好在寄托期间终止后归还,并留下寄托人的一件东西做抵押。毫无疑问受寄人被授予了占有抵押物的权利,这个权利可以对抗寄托人的继任人(包括购买人)。除非得到受寄人的同意,否则他们不能提前

---

〔5〕 这里我们假定租约是经过正式登记的。

〔6〕 关于动产寄托的一般原则,参见本书第五章3“动产寄托”。

〔7〕 参见 William Swadling, “The Proprietary Effect of a Hire of Goods”, in N Paler and E McKandrick (eds.) *Interests in Goods*, Ch. 20, 491ff。

还钱取回抵押物,而只能等待寄托期限结束。

英国关于租赁的法律主要是针对土地租赁关系的。这方面的法律的特点是:第一,强制履行责任的补偿手段;第二,在历史上形成了一些描述这个关系的特别的专业术语。如租约双方被称为业主(landlord)和租客(tenant),租赁(lease)被称为出租(demise),他们的承诺被称为协议(covenants),意思是在契据中包含着承诺。下面我们集中讨论不动产租约中专业术语和特别的程序。

2. 不动产租赁

(1)租赁权是一种地产权(estate)

通过一个租约授予承租人在一定时间内占有和使用财产的权利。这个期间可以由租约确定(如确定租赁7年),也可由通知确定(如逐年续期的租赁关系,可因提前6个月给对方通知而终止)。[8]原则上承租人可以将剩余时间的占有权完全转让(transfer)给他人,也可以将少于剩余时间的占有权转租(sub-lease)给他人。受让人也可以获得同样的转让、转租权。最后,假如在租赁期间该土地的占有权受到侵犯,承租人和他的继任人都可以从任何人手中重新获得占有权,包括业主和业主的受让人。但是合同法仅对原出租人有约束力,只有财产法可以对抗无数的人,承租人的权利是受到财产法的保护。出租人在租期届满之后有收回出租财产占有的权利,出租人的这个权利又被称为"归复权"(reversion)。在归复之前,出租人的占有权被收租权所取代了。[9]作为所有人的出租人可以转让这个"归复权"。例如在租约期间,出租人可以将财产出售给他人,也就是将"归复权"转让给了购买人。出租人也可以将财产抵押借贷,也就是

---

〔8〕 土地租赁的期限是没有限制的:99年或者999年在过去是很常见的租期。

〔9〕 1925年的《财产法令》将归复权(Reversion)也视为一种占有权益,因为这部法令对于占有权益的定义中包含了收取租金的权利。

将“归复权”抵押给了抵押权人。

在时间段上分割占有权益有些类似早先讨论过的终身权益与剩余权益。为了表达这种法律地位,英国法律创立了地产权(estate)的概念,指的是由时间来度量现在的和将来的占有权。这个概念很容易应用于租赁。假如土地先被出租了21年,又被转租了7年,这就同时存在着三个地产权,自由保有权(freehold)、主租约(head-lease)、转租约(sub-lease),每一个都有一个当下的市场价值。它们的内容可以用一个公式来表达,我们用一些符号来表示一些词汇的缩写。

p:占有 possession

T:主租约的时间 terms of years for head lease

t:转租约的时间 terms of years for sub lease

R:主租约的租金 rent reserved by the head lease

r:转租约的租金 rent reserved by the sub lease

E:无限期的时间 indefinite period

a:转让的权利 power to alienate

公式一:出租的自由保有地产的当下价值计算:$a\infty[p(E-T)+RT]$

(出租的自由保有地产的当下价值等于:无限期的时间减去租约时间乘以占有权,加上主租约的租金乘以主租约的时间,最后乘以转让权)

公式二:主租约的当下价值计算:$a\infty[p(T-t)-RT+rt]$

(主租约的当下价值等于:主租约时间减去转租约时间再乘以占有权,减去主租约的租金乘以时间,再加上转租约的租金乘以转租约的时间,最后乘以转让权)

公式三:转租约的当下价值计算:$a\infty(pt-rt)$

(转租约的当下价值等于:转租约的占有权乘以转租约的时间,减去转租约的租金乘以转租约的时间,再乘以转让权)

这里转让权可以是无限的,也就是说凡地产权都含有可以转让的权利,可以在地产权的相应期限内无限次地转让下去。而且上述三种地产权都是可以由两人或更多的人共有的。由于普通法中的绝大部分地产权可以作为交易的标的物,因此当上述地产权在市场上转让时,使用上述计算公式就可以估算出它们的当下市场价值。[10]

(2)租赁合同的执行

在租约中除了业主要授予承租人一定时间的排他占有权而外,还包含着双方给予对方的承诺。这一承诺可以是明文表述的,也可以是暗含的(通过习惯、判例和立法)。最为明显的例子就是承租人在达成协议时承诺支付租金。租客的主要责任是在双方同意的时间支付租金。这是一个支付金钱的责任,在法律看来永远都是可以执行的。租客不能辩护说,他本人没有过失而只是没有钱了所以责任无法履行。业主可以通过三个主要途径来使对方履行责任:第一,提起债权诉讼,如同任何其他没有担保的债权人。第二,采用非常古老的普通法的补偿手段(现在受到了立法的限制)——扣留租客放在出租场所内的动产,而且在必要时卖掉它们。在这方面业主有优先于租客的其他债权人的权利。这个补偿手段称为“扣押”(distress),业主的行为称为“扣押动产”(to distrain on the goods)。业主行使这个权力的威慑当然不能防止租客通过正常的途径,在日常生活中或商业活动中事先出卖他的动产。业主的扣押权与公司债权人的“浮动担保”有些相似。后者也只能基于承诺,而无法防止在债务到期和扣押货物(或曰担保的具体化 the charge crystallizes)之前,货物被债务人转卖。[11]

第三种补偿方式是业主通过一个“取缔承租权”(forfeiture)的程序,中止尚未到期的租约。这种手段与上面已经讲过的两种方式有以下两点不同:首先它必须是在租约中明确保留的条款,没有默认规

---

〔10〕 最后一点是中文版增加的解释。

〔11〕 关于财产扣押的法律亟待健全。关于这方面改革的建议可参考 The Report produced for the Lord Chancellor by Professor J. Beatson QC (Independent Review of Bailiff Law, June 2000), available from pvarney@lcdhq.gsi.gov.uk 。

则可依据。其次,在这个保留条款中通常都要声明,只有租客违反了某些合同责任,而不仅仅是拖欠租约,例如违反指定用途、破坏基本设施等,业主才可以行使取缔承租权的权利。由于剥夺承租权的滥用可能会使得制裁与违约行为之间显失公平,所以租客的承租权长期以来受到司法与立法的保护。一般来说业主只能通过一个司法程序来行使这个权利,法院还有权力制止业主"取缔承租权"。甚至在古老严格的英国法律中对业主取缔欠租租客的承租权都格外限制。法律规定业主必须在双方约定某一天的"日出与日落之间",来到所租赁的不动产那里收租而租客不交,方可宣布取缔欠租租客的承租权。如果业主来晚了,则只能追收欠租而不能取缔租约。

(3)业主与租客责任的转让(Transmission of Obligations)

一个租约可能会长达7年、21年甚至99年,在这期间很可能业主会转让他的归复权,或租客会转让他的租约。他们的继任人要承担其前任在租约中所承诺的全部权利义务。因此,新业主有权收租和要求租客履行其他义务(如日常维修、装饰等),也有责任履行租约中规定的业主责任(如大型修理、购买保险等)。同样租客的受让人必须支付租金和履行其他义务,并要求新业主履行老业主的全部义务。原始租约的当事人转让权益时,他的原始合同义务也随之终止。他们的继任者也是如此。[12] 这个规则是清楚和明智的:在这种比较长期的租约中,我们可以把业主和继任人,以及租客和继任人看做是一种继承与被继承的个人的组合,其中每个人都在这舞台上表演一段时间然后离场。舞台上经常保持的只有两名演员:业主和租客。在古老的英国法律中将这种关系表述为:尽管租约的继任人不是原始租赁合同的当事人,他们之间没有**合同关系**的共识(privity of contract)。然而由于他们一方是原租约的业主而另一方是同一个租

---

〔12〕 详见1995年的《业主与租客法令》[Landlord and Tenant (Covenants) Act 1995]。

约的租客,他们应具有**财产关系**的共识(privity of estate)。

需要在此强调的是:无论是业主还是租客的继任人都要全面履行他们的前任的义务,尽管他们本人从未对对方做此承诺。毫无疑问,他们应该知道这些义务,因为他们在购买租约之前一定要细读租约,并且承诺出售人他们将继续履行其中所有相关的义务。这里他并不是对租赁关系的另一方承诺,而是对自己的前任承诺。这个事实完全不符合合同法,因为合同法不能强制人履行他没有承诺过的事情。但这属于财产法的范畴,并产生了一个可以运作的制度。也就是说,其他人可以要求你支付或开销一定的钱或履行其他义务,并非出于你自己的承诺,而是你获取了一项财产法中的权益——租赁权或者归复权——而其他人对此有着相关联的利益,他们是业主而你是租客,反之亦然。

我们集中谈论这一点,部分是由于它与一般私法原则相关,部分是由于它解释了21世纪早期英国财产法的一个最奇怪的特点:在你购买一个公寓单元的同时,你也购买了一个(包括土地在内的)租约。这个租约的时间少则99年,长达990年也是不奇怪的,因此其不动产的权益几乎类似于土地的自由保有。土地租金却少得如同虚构。但公寓单元的价格却完全随行就市。如此奇异安排的原因在于,这是确保每一个继任的房屋占有者履行相关积极义务的唯一方式。这些义务包括日常维护、修理、购买保险等。从理论上说,普通法不能强加给财产的所有人任何积极的责任,因此购买者就不仅仅是所有人,也是承租人,因为他也要承担承租人的义务。

在英国之外的一些国家早有这样的体制,即高层公寓各个单元的业主有自己单元的独立所有权,单元之外部分的共同所有权,再加上有益于公寓所有占有人的若干义务。这个体制又被称为"共有共管"(condominiums)[13]。英国2002年《共同所有和租赁改革法令》

---

〔13〕 condominiums 共管,指由两个国家共同行使政府职能的一种政府制度。也可指在公寓建筑中一个单元住房的个人所有权与该建筑中公共部分的共同所有权,以及其他相关的集体权利和义务。这里翻译为"共有共管"。

(Commonhold and Leasehold Reform Act 2002)采纳了同样的体制,规定大楼的占有者们(业主和承租人)可组成共同所有的团体,这个团体可以对每个单元的占有人的义务作出规定。

(4) 转租(Sublease)[14]

在英国的制度中,只要租约中没有禁止转租,承租人就可在短于主租约的时间内自由地将不动产转租给其他人,并收取租金。承租人在主租约中租客身份不变,而在这个转租约中就成了转出租人(sub-lessor),土地的新占有人就是转租承租人(sub-lessee)或叫做转租租客(sub-tenant)。于是在同一地产上产生了三个人的权益,即业主 A、承租人 B 和转承租人 C 的权益。两个租约的期限不同,租金和当事人的义务也可能相当不同。转租租客 C 只向转出租人 B 交租,并承担转租约中的相应责任,而对业主 A 没有直接责任。业主 A 不能要求转租承租人 C 履行主租约中的积极义务。理由有二:首先,他们不是合同的双方,彼此不存在合同关系。第二,他们不是同一租约的业主和租客,所以彼此也不存在财产关系。如果由于转租承租人 C 的行为或疏忽,违反了在主租约中的租客 B 的责任(如合理地小心地使用和维修房屋),业主 A 只能起诉主承租人 B。B 要因转承租人 C 的行为而对主出租人 A 负责,同样在业主 A 违反对于承租人 B 的责任的情况下(如不得影响租客安静地享用房屋),作为转出租人 B 也要直接对转租承租人 C 负责。这里唯一的例外是:主租约中的限制性约定对于知情的转租承租人也有约束力。限制性约定不需要履行什么责任,只要保证不做某些事情,例如,不能使用承租的不动产经商。转租租客应当了解这一限制,因为根据土地转让的一般法律规定,转租承租人在签订转租约之前有权利阅读主租约。[15]

---

〔14〕 这里需要注意上述的租约转让(transmission)关系与下述转租(sub-lease)关系的不同。

〔15〕 这个规则在 1995 年《业主与租客的法令》[Landlord and Tenant (Covenants) Act 1995, s. 3(5)]中重申了。租约中的限制性约定是不能登记的。

(5)成文法对不动产租赁权的保护

在英格兰和威尔士为了保护租客的权益,整个20世纪的立法十分频繁,这就使得关于土地租赁的立法非常复杂。我们只能就其实质介绍一个梗概。首先,这些立法仅限于土地的租赁,不包括有形动产。第二,它们取代了当事人之间不协调的协议。第三,它们将不动产租赁分为若干范围:一是关于短期住宿的,二是关于长期居所的,三是关于商用房地产的,四是关于农场的。第四,它们在条文中不必重申和实施关于租赁的法律的基本原则,而是将其视为已然的存在。立法只是对于这个基本制度提供了许多补充与修正。值得读者注意的是,这些基本原则是相当普遍和深入地体现在法律之中。关于租约的自由谈判原则在业主和租客的法律中曾具有支配作用,但现在已经变成了一个淡漠的前提,业主和租客不再通过他们的协议来争取权益,而更多地依靠那些成文法和判例,这些法律更好地体现着他们的权益。立法者在租赁双方谈判和制定协议的基础上,用强加的立法条款取代了他们的协议,这些条款几乎全部是保护租客的。因此,这个最为常用的法律关系的发展趋势已是“从合同到身份”(from contract to status)。

在租赁关系中,业主总是试图将他们的租约归于租约范围之外,因此不动产的占有人在法律上就只是寄宿者(lodger)而非租客,如此来规避关于业主与租客的(特别是保护租客的)法律规定。但是法院对于这类假冒的交易十分警惕。不论双方协议的名称是什么,也不论其中条款是怎样写的。只要协议形成的实际后果是:房地产使用人实际上具有在一定期限的、排他的占有权,并支付租金或房地产使用费(premium),那他就可以被确定为租客,所有关于保护租客的法律就可对他适用。[16]

---

〔16〕 寄宿者对于业主的权利是合同权利,而承租人对于业主的权利是财产权利。

居住房屋(dwelling houses) 在20世纪初,将近4/5的人口居住私人出租的房屋。他们是当时法律的调整对象:租金是根据协议确定的,在租约到期之后他们必须搬走。在1914~1918年第一次世界大战期间,房屋投资的锐减造成了居住房屋的短缺,租客地位受到威胁,很可能被置于任由业主摆布的地位。因此,1914年通过了第一部《租金法令》(Rent Act),旨在确定合理的租金额和抵押利息率,并保护租客在租约到期后不被逐出。这部本来只为战时临时使用的法令,后来却成为了多部立法的先驱。这些立法彼此结合,创立了英国土地法中最为晦涩和复杂的领域,即业主与租客的法律(law of landlord and tenant)。与此同时住房的紧张状况也改变了。一方面由于地方政府提供了大量住房,另一方面更多的人通过抵押贷款购买了自己的住宅。

1914年的《租金法令》的主要效果是抑制了租金和给予了租客不可撤销的身份。这一保障可以在租客去世后传给他的配偶和其他同居的家庭成员。至20世纪的末期,这一法律制度在很大程度上被废除了。例如,法律中关于居所租赁的默认条款允许业主在租约期限到了之后可以取得占有权。此外租客若想降低租金的手段也很有限,只能通过向租金评估委员会申请重新评估。不仅如此,立法还将业主向租客提供关于租赁时间的书面信息的责任看做高于一切。租客在搬入之前就应接到业主的书面通知,声明本租约是个短期的租约,没有业主的允许,租客不得在租期满了之后继续留在出租房屋内。关于房屋的修理和维护,原则上必须由双方协商一致,并包含在租约的内容中。关于修理的责任也可能被反映在所支付的租金里面。立法对于少于7年的租约进行了干预,规定了房屋结构和使用装置的修理由业主负责。

长期低租的租约(Long Low-rent leases) 在19世纪,一个通用的投资房屋建设的方式就是由自由保有土地的持有者(如大贵族大地主)将一个长期的土地租约,例如长达99年,授予房屋的开发商。租金非常低廉甚至可以忽略不计,但是租约中含有对承租人严格的义务条款,要求他必须在承租土地上建筑和维护房屋。房屋开发商使用自己的资金建造维修房屋,然后以市场租金将房屋出租,以支付自己不断需要的费用。土地的所有者实际上是准备长期放弃土地的任何收入,因为根据普通法,当长期租约到期之后,土地所有者可以收回土地,包括在土地上建造和维修的建筑物。所以这是一个长期的家庭投资,在理论上所有的人都可受益。但是在20世纪中期由于战争的原因许多人无家可归,短期房屋租约的租金成为法律的控制对象。房屋开发商无利可图,于是干脆在土地租约的前提下把所有的房子都卖了出去。当所有这类土地租约都到期之后,房屋早已被"出售"给许多人了。房屋购买人已经为土地的剩余使用时间付出了很高的费用,当土地租约大限临近时,他们很担心即将失去自己的家园,于是许多人呼吁应当允许他们以一个优惠的价格购买房屋和土地的自由保有权。最后议会通过立法给予了那些将房屋作为家庭居所的人以优惠价格购买房屋和土地的自由保有权的权利。随后这一方案又得以延伸,在一定的条件下,一个高层楼宇中单元的占有人可以将不动产的自由保有权转移给一个管理公司。曾经有一位大地主因此而向欧洲人权法院提起诉讼,认为这个政策侵犯了私人财产权。但是,欧洲人权法院裁定英国议院有权力这样做。[17]

廉租公房(Council housing) 地方政府为低收入家庭提供了大量廉租房屋。这些人租住着廉租公房或其他公共房屋管理机构的房屋,政府给予了他们相当优惠的条件。根据1980年的立法,公共房屋的租客有权利购买他们的居所。如果他们选择不买,他们的使用期限也能获得一定的保障。

商业用房(Business premises) 商人们一般都爱选择租赁商用房而不购买。这是因为:首先他们需要的地方可能只出租而不出售。即使他们能够购买,他们也倾向于将自己的或借来的资本用于周转,而不是用于房屋。所以商用租赁是广为使用和众人皆知的。但是,

---

〔17〕 这一段采用了冉得教授的补充说明。

一个成功的生意是通过拉住回头客而建立起好的商誉。这个商誉往往是与做生意的地点联系在一起的,假如租约到期后必须搬家,必将对公司造成重大损失。于是立法介入了,以确保如果出租的物业是用于正在经营的商业,租约到期不会终止。但是业主可以通过事先给予通知而终止租约。而租客如果愿意,可以再申请一个新的租约,而法院一般都要批准这个申请,只有以下情况例外:第一,租客有重大违约行为;第二,业主需要重新翻建该房屋;第三,业主自己需要使用该房屋。

农用地租赁(Agricultural tenancies) 这类租约比其他任何租约都更早地成为了成文立法的调整对象。在20世纪的后半叶,农场租客的租赁期限和合理租金额均受到成文立法的保护。随后由于英国农业经济的发展和参加欧共体引起了一些变化。迫于技术革新的压力,1995年以后订立的农场商务租约的期限只能得到很少的立法保护,虽然租客仍然可以就租金争议提起仲裁,并有权得到技术革新的补偿金。

3. 有形动产租赁〔18〕(Chattle Leases)

(1)寄托(Bailment)的概念〔19〕

上述关于地产的概念和公式也可以被应用于动产,特别是那些使用寿命长和非常有用的东西,如起重机、电视机等。但是英国的法律专家在动产关系中选择使用"所有权"和"占有权"的概念而不使用不动产的概念。当所有权属于一个人而合法占有属于另一人时,他们使用"寄托"(bailment)。例如,起重机的主人将起重机租给一个建筑公司6个月,出租人叫做寄托人(bailor),而建筑公司叫做受寄

〔18〕 此处对于英文原著的内容做了重组,将本章第3节"Chattles"移到这里和"Chattle Lease"合并为一节,因为集中论述可以将这个问题论述得更加清楚。

〔19〕 关于寄托可参考本书第五章3"动产寄托"。

人(bailee)。

寄托这个范畴可以包括很多不同的情形。从上述商业租赁到把一根铅笔免费借给你的朋友都是寄托。动产寄托包括:借用、租赁、担保、修理、保管等。它们的共同点就是标的物即将归还给它的主人。因此在寄托人和受寄人之间有个合同关系,即受寄人有责任小心保管寄托物并将其归还给寄托人。同时在一定时间内,受寄人被授予对于寄托物(如上述起重机)的(包括寄托人在内的)排他占有权。但是寄托关系不仅为合同关系,同时又是财产的关系。假如在寄托期间起重机被人霸占,是受寄人而不是寄托人可以以非法侵占为由起诉,请求霸占者归还占有权。如标的物被霸占者损坏,受寄人可以先行请求对方赔偿起重机的全部价格,然后再还给寄托人。受寄人在一定期限的占有权可以对抗寄托人破产后的债权人。因此,受寄人的权利和土地承租人的权利没有区别。受寄人的权益源自寄托人,犹如承租人不能否认出租人,受寄人也不能否认寄托人。

实际上商业界并不十分担心理论上的弱点,也不常用寄托这个古老的词汇。他们在生意中通常使用出租(lease)和从事租赁业(leasing)的概念。动产的租赁可以用于大量不同的目的。例如,有一种针对一群承租人的长期租赁关系,出租物可以在这些人当中转来转去,每个人都要为他们所需要的使用期限支付租金。汽车租赁就是一个明显的例子。另有一种所谓"信贷租赁"(finance lease),也就是租购,即采用长期分期付款的方式购买一些大型的动产,如起重机。使用者在名义上是租,其实所付的租金累加起来达到了标的物的价格及其相关费用。租赁的期限往往与标的物的寿命同长。为着许多税务上的和财会上的原因,这种租购方式在商业中的应用十分广泛。

(2)动产租赁的形式[20]

上述关于不动产租赁的法律程序在总体上不适用于有形动产的

〔20〕 关于动产租赁的特征可参考本章1(2)"不动产租赁与动产租赁的区别"。

租赁,并且关于船只和飞机的租赁有专门的法律来调整。而其他的一般有形动产在实践中很少长期出租,因此绝大多数的问题都由合同法来调整。与一般合同权益不同的是,承租人在租赁期间拥有的合法占有标的物的占有权是一种财产权益,即寄托关系中的受寄人权益。因此,动产租赁是合同法与财产法的交叉领域。

当然承租人所承诺的积极的义务,如正常维护和服务,是可以通过合同法来强制执行的。至少承租人违约要向出租人赔偿损失。但是如果承租人转让租赁权就不同了,在理论上很难强制那些在租约的剩余期限内,从承租人手中取得标的物的占有权的人们来履行这些义务。在实践中当涉及租赁物的转让时,必须要征得出租人的同意。原承租人只有经过原出租人的同意,才能够解除继续支付租金的义务。同时也给了出租人与新承租人签订合同的机会。这里三人的关系与转租不同。原承租人把租约转让给了新承租人,便退出了舞台。由原出租人与新承租人直接建立合同关系。这是租约的转让而不是转租。在实践中有形动产很少转租,而多做租约转让。[21]

〔21〕 关于租约的转让的法律关系可参考本章2(3)“业主与租客责任的转让”。

第九章

担保(Security)

一般借贷合同的债权人,可以通过诉讼以取得法院支持的判决,然后利用司法执行程序扣押被告的财产,以满足自己的诉讼请求。但是这个程序有两个弱点:只有当债务人尚有足够的财产,同时还要其他的债务人没有优先清偿的权利时,债权人的请求才能满足。如果不属上述情况,债务人的义务超过了他的资产,有些债权人可能会部分地得不到满足,甚至会一无所得。而采用严格的担保手段就可以防止上述情况发生。作为一种财产权益,担保与其他财产权益不同的是它离不开一个付款的义务,担保权益所担保的就是这个义务的履行。当这个付款义务终止了(由于履行、抵消、免除等原因),担保权益也就结束了。

担保可分为个人担保与财产担保两大类。在个人担保中,债务人义务的履行由另外一个人来向债权人保证。因此债权人拥有了对两个人(债务人和担保人)的财产的追索权,尽管他没有优先于其他债权人的权利。一般商业上各类的担保都是用于确保重大合同中的义务的履行。一个重大的、非付款的合同义务的履行往往使用个人担保。例如,建造一个工厂,常需要取得第三人,通常是一家银行提供一个"履行合同的保证书"(performance bond),并同意支付一大笔钱来赔偿不履行合同的基本义务所造成的损失。[1] 这类的个人担保属于合同法的范畴,故不再多言。

财产担保因涉及一个具体财产而得名。这个财产不论在谁的手里,都可以由债权人拿来抵债。财产担保的主要特点是:第一,它必须附属于某个财产,不论这个财产在谁手里;第二,财产担保的持有人可请求财产的持有人支付财产或财产的价款来清偿债务,他的这一权利优先于其他债权人;第三,债权人在执行担保中只能获得债务、利息和相关费用的赔偿。

1. 担保的一般原则

普通法中有各种不同的财产担保,关于它们的法律规则也是多样的。有判例法[2]、成文法,而更多的是依据协议。英语中对于担保关系的双方当事人没有统一的用语,或称为出质人(plegor)与质权人(plegee)、出押人(mortgagor)与受押人(抵押权人)(mortgagee)或者担保人(chargor)与担保权人(chargeholder)[3]。为了叙述的清楚,我们先谈财产担保的一般原则,然后叙述几种主要担保的特点和它们各自必需的程序与手续,以及它们之间的细微差别。

(1) 担保的基本要素

财产担保的要素就在于:一个财产被赋予担保清偿债务的财产负担,它的债权人可以用它来清偿债务。这个清偿债务请求也许是

---

[1] 这在功能上有些类似"保释保证书"(bail bond),即将一笔钱押在法院担保被指控的人会适时出庭,尽管这属于公法的领域。

[2] 这里英文"common law"指的是判例法。

[3] Charge 担保、负担,附属于某种财产以确保偿付债务或履行义务的责任的总称,这一术语包括抵押、质、留置和许多没有特别名称的担保。chargeholder 这个概念用于欧洲重建与开发银行发表的《关于担保交易的现代法律》(伦敦,1994 年)一书的英文版中[The English Version of the Model Law on Secured Transactions issued by the European Bank for Reconstruction and Development (London 1994)]。

将来的，例如，你可以把你的股份证书押在银行用以抵偿你可能发生的账户透支。简单而言，我们可以假定债权人被担保的请求是关于支付款项的，[4]这是一个最常见的情况。债权人同时也是设立担保的一方，是质权人（pledgee）、抵押权人（morgagee）或担保权人（chargee）。通常另一方就是债务人，而且多是债务人本人的某个财产被赋予了抵偿担保利益的义务，或云被质（pledged）、被抵押（mortgaged）或被设立担保（charged）。

他人财产的担保 其他人也可能用自己的财产为债务人的债务做担保。例如，你质出手表和抵押了房子为你的朋友所借的债务做担保，如果你的朋友到期不还债，债权人可以通过法院判决执行程序，与其他没有担保的债权人一道先将你朋友的所有财产拿来抵债。如果你的朋友资不抵债，那你的表和你的房子就要被债权人（通过法院判决程序）拿去拍卖抵债。如果拍卖的价格高于所欠的债务，你可以请求偿还剩余部分。如果拍卖价格少于所欠的债务，你不负责支付短少的部分。除了你用来担保的手表和房子，债权人不能动你的其他任何财产。如果你的朋友的债务是通过拍卖你的担保财产（全部或部分）还清的，你的朋友就欠着这笔你为他所支付的钱，你付了多少他就欠你多少。你是你朋友的未经担保的债权人。最后，为了防止债权人强制执行担保，你也可以代你的朋友支付欠债，把你的表和房子赎出来，使得它们不致被拍卖。同时你也获取了向你的朋友追讨债务的权利。

各种财产形式的担保 担保权益的标的物可以是各种各样的财产，有形的或无形的。可以出质手表、抵押房子，或者用共有财产中的一个份额、生意中客户的应收账款和基金中的权益等设立担保。

---

〔4〕 英国立法设定只有付款义务可以用不动产抵押来担保。参见 Land Registration Act 2002 s. 23(1)(b) and (2) (b)。英国人习惯上用金钱来担保非付款义务的履行，这是执行担保的基本前提。如前所述，公司修建工厂的责任需要提供一家银行的“履行义务保证书”，根据保证书如果工厂修建得不合格，银行就要向原告支付一笔钱来赔偿损失。同样在刑事诉讼中，金钱保释可以担保被指控人按时出庭。

尽管股票市场在不断变化中，股份公司可以用它不断变化的股票设立一个“浮动担保”（floating charge）。剩余权益的持有人（remainderman）可以抵押他的剩余财产权益（remainder）〔5〕，尽管这个信托的实体资产正由受托人持有并管理着。设立担保和向世人公告都需要特定的程序和手续，而且不同的财产形式所需要的手续和程序也各不相同。

无论被担保的财产是什么类型，任何担保权益只是隶属于它所担保的债的请求权（claim）。持有用做担保的手表和房子的债权人不能转让质权和抵押权，除非他将相关的债的请求权一起转让。也不能光转让债的请求权而不同时转让担保权益。债的请求权消灭了（由于履行、抵消、免除等原因），担保权益也就结束了（当然一些善后工作还需要做，如交出抵押文件、取消担保登记等）。

担保不是出售　债权人获得被担保的财产并非购买。债权人付给债务人的钱也不是买价。根据法律即使债务人清偿债务的时间晚了，债权人也不能将担保财产据为己有。只要债务人支付了本金、利息和相关费用，债权人就不能把担保财产扣住作为延迟清偿的惩罚。债务人以同一价格和利息**出售**和**抵押**某个财产在法律上的后果是完全不同的。但不可否认有时因合同条款不清，使得这二者很难区别，下面的例子可能有助于将二者区分：例如A需要集资10万英镑。他把自己的房子和一些股份转让给B得到了10万英镑，合同中附带一个选择条件，即A在6个月内可以以10万英镑加利息把房子和股份买回。他是在出售房子和股份呢？还是在通过抵押借款？如果A诚心要卖，那结果就是：（a）他永远不能再买回房子和股份了。（b）A也不欠B什么了，因为B付给A的就是购买房子和股份的价款而不是借款。但是如果A是以房子和股份为10万英镑借贷做抵押，那结果就不同了：A可以在6个月之内，甚至在这之后的任何时间（只要

〔5〕关于remainderman和remainder的概念与估价方法，参见本书第二章3（7）“资本与收入”和第六章4“终身权益”。

房子还没有被B卖掉)通过支付借款、利息和费用,结束这个抵押关系和赎回自己的房子与股票。用一句律师的行话来说,就是“清偿借贷和赎回抵押”(to repay the loan and redeem the mortgage)。

如果合同中的条款不够明确,我们应如何区分这两种不同的交易呢? 当然如果当事人双方一致承认是出售或者抵押贷款就不存在问题了。但是他们事后对合同的解释往往不一致。经常发生的争议是:如果房价和股价自交易之后升高了,B就会声称自己已经将房子和股份买下了,而A则坚持要赎回房子和股份。如果房子和股份的价格降低了,那A与B的主张就是相反的:A说房子和股份已经卖给了B,自己也不欠B什么了。而B则坚持房子和股份只是担保物,而坚持要A清偿贷款、利息和费用。如果拍卖了房子和股份所得的钱不够还B的债务,B还可以要求A补齐差额。对于差额部分来说,B只是A的没有担保的普通债权人。这样的争议就需要法官作出判断。一般而言,法官总倾向于断定这种交易是担保而不是出售,因为这样就给交易中相对弱势的债务人留下了回赎财产的余地。这当中有两个事实如果得到证明,就可以有力地支持这个结论。第一,占有。如果在交易之后,A依然占有着房子,看上去就不像是A把房子卖给B,并保留了一个买回的选择。第二,房子与股份的市场价值。如果房子与股份当时的市场价值恰好是10万英镑,那看上去就像是出售。如果房子与股份当时值20万英镑,A不可能半价出售。那就很可能是以价值为贷款额两倍的财产所做的抵押贷款。当事人双方怎样称呼这个交易并不起决定作用,而重要的是事实。在实践中我们可能发现过去正式的土地抵押与出售挺相似的。至今也偶然有人将抵押关系伪装成一个时间特长的租赁。但是如果交易的核心部分是抵押借贷,在法律上就被当做抵押借贷关系来对待。

担保物的收益 如果在担保期间,担保物产生了收益,例如,农地上长出了庄稼、股份产生了红利、出租的办公室带来了租金收入等。一般来说,财产收益绝对应归财产所有人所有,除非财产所有人没有如期履行担保合同的义务。财产所有人一般就是债务人,他抵押了农场、股份和办公室,并负有用抵押物的收益支付贷款利息的义务。如果债务人违约,拥有担保权益的债权人可以通过一定的程序任命一个财产管理人(receiver),他有权直接获取担保物的收益并交给债权人以抵偿贷款利息。如有剩余,还可以抵偿小部分主债。

(2)衡平回赎权(The Equity of Redemption)

假如一个财产所有人用他的财产设定了担保,在担保物上就并存着两个财产权益——债权人的担保权益和债务人的衡平回赎权。债权人的权益约束着担保物,直到债务被清偿为止。但是债权人在担保物上的权益受到一定数额的限制,这个数目可以计算出来:即需清偿债务、利息和费用的总和。但是债务人的权益却不受数额限制,即剩余权益(residuary):计算这个价值的唯一办法是估量抵押物的市值,减去应付给债权人的部分,剩余部分就是债务人的权益的价值。(当然担保物的价值也可能低于应付给债权人的数额,所以债权人应当小心确定担保物的价值总是高于自己应得的钱数。)

债务人清偿债务、利息和费用,赎回担保物的权利在普通法国家被称为"衡平法的回赎权"(equitable right to redeem)。这个权利被称为"衡平法的",是因为在这以前,普通法院严格执行合同中约定的还债时间,刚一过期就拍卖担保物,这就给借贷人造成了很大经济压力。衡平法院的大法官于是越过合同条款,强制债权人在还债时间过了之后依然接受清偿债务,并允许债务人赎回担保物。在担保权益存在期间,回赎权利是至关重要的。

转让担保物 尽管担保物依附于一个担保权益,所有人在原则上依然可以转让担保物(连同回赎权一起),转让的方式包括出售和遗赠。担保物的市值减去应当付给债权人的总额,就是担保物可出售的价格。购买人所买到的是一个通过清偿债务赎回担保物的权利,同时也负有清偿债务、利息和费用的责任。担保物的所有人还可以就担保物所剩余的价值设立第二个甚至第三个担保权益。

所谓"衡平回赎权"实际上指的就是担保物的所有人的权益的

总和。

当所有人设定了担保权益，以履行义务（如清偿债务）即可赎回担保物为条件，将担保物抵押给债权人时，衡平回赎权就产生了。由于债权人持有正式的财产权，债务人手中的权利就被称为衡平回赎权。各种权益的价值可以通过下述方式计算出来：

担保物的价值：100,000 英镑

担保债务总值：60,000 英镑

衡平回赎权的价值：40,000 英镑

如上所述，这个衡平回赎权（价值 40,000 英镑）可以直接在市场上出售、设立遗嘱转让，或再次设立担保。但是如果担保物的价值低于担保债务的总额，债权人有权获得担保物拍卖后的全部价值，并以无担保债权人的身份继续向债务人追讨剩余部分。在 20 世纪晚期由于英国经济的不景气，房地产贬值，使许多债务人陷入这种情形。他们被称做持有一个“消极的衡平权益”。例如：

担保物的价值：50,000 英镑

担保债务总值：60,000 英镑

消极的衡平权益：－10,000 英镑

尽管仍然被称为衡平，事实上债务人除了要付出担保物之外，还对债权人负有没有担保的一般债务责任（10,000 英镑），他要以他的其他财产来清偿所欠债权人的剩余部分。但就这一部分债务而言，债权人只能与其他没有担保的普通债权人（如果还有）一起，就债务人的所有财产按份清偿。

终止回赎权（forclosure） 因为担保不是出售，所以担保合同中如果有“到期如果不能清偿债务就将衡平回赎权转让给债权人”的条款，那就是无效的。例如，在上述第一个例子中，假如可以这样做，那债权人就可以投资 6 万英镑而得到 10 万英镑。债权人取得担保物的唯一途径是向法院提出“终止抵押物回赎权”的申请并获得批准。一般法院会给债务人，即抵押物的所有人一定的时间，让他四处借钱来清偿正在申请取消回赎权的债权人的债务。假如债务人筹不到钱,法院可以命令将抵押物出售。如果担保物的价格足以支付债权人的债款,出售担保物是不可避免的。所以尽管“终止抵押品回赎权”一词在这里被含糊地使用着,以保障债权人的担保权益得以执行。但实际上有许多法律程序保护着债务人的利益,直接终止回赎权的事情极少发生。

(3)多项担保(Multiple Charges)的占有与登记

同一财产可以被用于担保多项债的义务的履行。也就是说在同一财产上可以连续设立几个担保权益。例如,将一片土地抵押给X担保一项相当于土地一半价值的债务,又将同一片土地抵押给Y担保另一项等同于土地1/4价值的债务。最后借贷人手里的“衡平回赎权”的价值就等同于土地的1/4价值。在同一财产标的物上所设立一系列的担保,可能会在清偿中引发关于优先权的争议。因此人们就需要通过某种方式,使得担保债权人可以警示他人自己的权益,也使得准备获得担保权益的人了解在担保标的物上存在优先于自己的财产负担(incumbrance)。

占有和登记是达到上述目的的两个主要方式。占有的最简单的例子就是动产的质。你的手表在你自己手里,就意味着(虽然不是完全确定)这个手表属于你。如果你把手表交给了典当行,典当行的老板对于手表的占有就足以警示所有的人这只手表上设立了担保权益。财产也可以通过一定的文件来代表,如股权证书、国债、人寿保险的证明文件等。这些都是财产权益的最好的证据,并可以押在债权人手中用于债权担保。

但是在很多情况下将担保物移交给债权人实际上是不可行的,例如房屋抵押,债务人需要继续住在抵押的房子里面。再如工厂抵押,债务人需要工厂继续开工以赚钱还债。很难用一个关于权益的书面文件代表公司财产交给债权人作为债务担保,因为公司财产中包括正在生产、流通和售出的产品。只有通过登记的方式才能让公众了解现存的担保权益。

讲到英国法律中的登记制度,有三点是需要解释的:

第一,它包含了十余种登记,每一种用于一个特别的财产形式或交易形式。包括土地、土地担保、专利、公司担保、植物品种、船只、飞机抵押和卖据(bill of sale)〔6〕等。

第二,没有一个总的登记法律。每一种登记制度有它自己的程序和优先权确定。有些担保权益需要在几个地方登记。

第三,上述公开登记制度是用于有形资产和知识产权的登记。但是第三种财产是无形的,如应收账款或某一基金的终身权益和剩余权益。基金可能是由有形财产所组成,但是基金的组合在持续的变化中。所以将这类财产权益的转让公布的唯一方法只能在私下进行:通过送给相关人(如债务人或受托人)通知来确定清偿的优先权。如将应收账款转让的消息通知公司债务人,将信托财产设立了抵押的消息通知受托人等。

(4)担保的执行

设立担保的唯一目的是要确保担保义务的履行,即债务和利息的清偿。一般只有当债务人违反履行义务的承诺时,债权人才寻求担保的执行。如果所担保的是债务清偿,就必须是在债务到期未还之后。

有担保权益的债权人有三个重要的权利:

第一,出售(sale)

出售是担保权人的第一个权利。最可行的补偿手段就是将担保物出售,清偿债务、利息和费用,然后将余款交给下一位有权清偿的

---

〔6〕 卖据(bill of sale)是英格兰法律中的一种书面文据,出让人在不交付物品的情况下将其货物或动产、生长中的庄稼、固定装置和贸易机械等财产的权益无条件地或以担保的形式转让给受让人。出让人可以赎回卖据。当债务清偿后,受让人依约定将卖据返还出让人。如果过期不赎卖据生效后,财产就属于受让人。根据英格兰的法律,卖据必须要登记,卖据的优先次序以登记的日期为准。与质押和典当不同的是,动产的占有并不转移到受让人手中(参见《元照英美法词典》,第152页,《牛津法律大辞典》,第120页)。

人:一般是下一位有担保的债权人(如果有),然后是一般债权人。担保物的出售不一定要通过拍卖,但是一定要是个诚实无欺的出售,债权人要以"合理的小心谨慎态度"以获得最高市场价格。在英国,如果抵押是通过契据设立的,债权人的出售权是由 1925 年的《财产法令》(The Law of Property Act 1925)所包含的。如果抵押是通过非正式的担保协议所设立的,债权人必须向法院请求出售的权力。债权人出售抵押物的权力在债务到期之时就产生了。例如,在应当清偿的日子,或者双方同意的其他日子。购买人通过查阅担保设立的文件就可以确定债权人已经有了出售权。但是为了对债务人公平,债权人的出售权不能立即行使。他必须要给债务人充分的时间去借款还债,一般来说是 3 个月。如果债权人违反这个责任,将抵押物出售给了善意购买人,转让是完全有效的。但是债权人要向债务人支付可能产生的损失。

有出售权的债权人可以把抵押财产(连同设立担保权益的人的利益)出售给第三人。因此,如果一个自由保有房屋、一批股份、一架飞机、一个租约或者一个终身权益——的唯一的正式抵押权人出售这些抵押物,购买人就可以得到房子、股票、飞机、租约或者终身权益。或者说这些物上的权利就转移给了购买人。债权人可以用出售所得价款清偿债务、利息和出售的费用,剩余价款属于担保物的原所有人,即债务人。

剩余价款的所有权(即衡平回赎权)是一项财产权利,因为出售人一般被解释为剩余价款的受托人。也就是说,假如出售人变得资不抵债了,出售抵押物的剩余价款是属于抵押物所有人的,不可由出售人的其他债权人拿来抵偿他们的债务。即使财产的形式改变了,抵押物所有人仍然可以将其追讨回来。假如出售人把剩余价款存入自己的银行账户,或者用这笔钱买了一艘游艇。他们可以请求归还账户里面的钱,或者游艇。但是如果出售人将这笔剩余价款挥霍了,或者用来支付了其他账单,他们的财产权益就终止了,因为财产权益是随着它们的标的物的灭失而灭失的。那他们就只剩下向出售人请求赔偿的债权了。这个权利虽然也可以请求用出售人的所有财产来抵偿,但是并不比任何其他的无担保债权人优先。

第二,任命财产管理人(receiver)

债权人的第二个权利是任命财产管理人。如上所述,出售的权利保护了债权人收回资金。但是债权人一般都满足于将其继续放贷,以担保将来可以清偿的利益。如果担保物可以产生收益,如办公大楼的租金、版权的版税等,这些收益原本属于担保物的所有人,也就是债务人。但是如果在清偿过程中有违约的情况发生,例如,利息没有及时支付,债权人通过给予债务人通知后就可以任命一个财产管理人。他的责任就是接管抵押物,收取租金或版税、支付费用、清偿债权人的利息。如果债权人愿意,剩余的租金或版税可以用于分期支付部分主债。否则剩余的收益就应该交给排在后面的债权人,如果没有其他债权人,剩余收益就应归债务人所有。

第三,占有(possession)

占有担保物是债权人的第三个权利。有些担保权益取决于债权人占有担保物,如质和典。一般来说除了作为出卖的前提条件,担保债权人并不总希望占有担保物。根据一般默认原则,占有是给予担保债权人的一种补偿,没有占有权就难以出售。对于不动产占有必须通过法院颁发占有令状,默认原则被立法所限制。但凡债务人可能设法支付分期付款或者支付债务,法律就许可法院来推迟占有令的颁发。这个保护范围扩大到债务人的配偶、同居者、未成年子女。但是假如债务人破产,房屋必须出售,他和他的家庭只能得到一年的延缓时间,然后就必须搬出。

第四,终止回赎权(forclosure)

这个权利现在已经不是债权人的权利,只是由于历史原因不得不提一下。这方面的原则上面已经谈到过,这里我们要补充的是,如果担保债权人想将担保物完全据为己有,并斩断债务人的一切权益。他必须要向法院申请一个终止回赎权的命令。法院于是给债务人一定的时间去筹款还债,如果借款人仍不能按期还债,法院可能会将抵押物完全授予债权人,但实际上这种补偿方式很少使用。如果债务人对于抵押物还有任何衡平回赎权,也就是说抵押物的价值有超过所欠全部债务的部分,他也许会另外借钱,赎回债权人的终止回赎申请,或者要求法院命令出售抵押物,并就所得价款进行分配。

(5)对担保权人的限制

当事人在商谈设立担保关系的时候,他们双方的谈判地位不一定是平等的。出借方可以把钱借给任何人,而借贷方可能只有一个财产可以用于担保。多年来法院和立法都作出许多努力来干预和限制担保债权人的权利和行为,因此担保关系早已不是单纯的自由契约了。

第一,平等谈判地位 法院和立法都试图确保借贷方充分了解如果不能清偿债务就有失去担保物的风险,而出借方除了可得到适量的担保(本债、利息和费用)而外不能再多有企图。无论是古老的《典当经纪人法令》(Pawn Brokers Acts)还是现代的《消费者信用法令》(Consumer Credit Acts)都是通过立法干预手段,以确保担保关系的双方当事人公平的例子。除此之外,还有银行和建筑协会的自我约束的行动守则、政府部门的专门监督和金融服务机构的一般监督制度都对担保债权人的权利和行为作出一定的限制。[7]

除上述规定,我们还可以发现一些限制出借人的谈判权利的基本原则。我们已经解释过抵押不是出售,抵押关系不能是不可回赎的。抵押的存在只是为了担保义务的履行,通常是债务的支付。债务必须是可以清偿的,通过债务的清偿担保权益必须终止。关于这点有个立法的例外,假如借贷人不是自然人而是公司,公司债券,即表示公司所承担债务的文件(这个债务可能有担保,也可能没有担保)可能会被确定为不可回赎。例如,在无担保的情况下,如果公司经营效益不好,债权人只能将债券转换为股份,与公司同甘苦共患

---

〔7〕 关于这方面的法律详情可查:http://www.hm-treasure.gov.uk。

难。这就是所谓“衡平参与”(equity participation)[8]。

第二,禁止购买抵押物　法院还采用下述两种手段以限制担保的交易。第一,假如在担保合同中规定给予债权人购买担保物的选择权利,法院将认定这个条款无效。如我们已经讲过的,担保不是出售,也不能转变为出售。第二,在财产上所设立的债务担保,一旦债务被清偿,财产必须无负担地、如同担保设立之前的那样归还给借贷人。如A的邻居把钱借给A的附带条件是:(a)以A的房子和院子做债务的担保,(b)A的院子中永久的道路通行权。当A清偿了债务,赎回了担保之后,A院子中的道路通行权也必须终止。否则在担保设立之前,土地上本无通行权,而在担保的债务清偿之后,作为担保物的土地上依然存在着财产负担,这是不符合上述法律原则的。如果这个财产负担与抵押的设立无关(如可能在抵押之前就已经设立了),它就可以在债务清偿和抵押回赎之后依然存在。假如A在借贷的时候,承诺抵押其中一套房子,并在自己另外一处房地产上设立了道路通行权。这个道路通行权就是永久有效的。因为这个道路通行权不是担保关系的一部分。

(6)公司破产与权益分配[9]

债务人破产考验着各种担保形式的实力。当公司破产后,可供分配的财产不包括那些所有权依然保留在供货方手里的东西,也不

---

〔8〕　如我们在第一章里面提到的,“equity”这个历史性的术语还被用于现代公司法中指公司股东的权益。公司通过两个途径融资:借贷和发行股票。公司债券的持有者拥有一定数目的债权和利息,而股东的权益是剩余的——在清偿了债券和利息之后剩余部分的份额。所以对于这种投资的现代名词是“衡平参与”。如果一个公司严重地陷于资不抵债,但仍然需要运作。它的债权人可能会被说服来“以债权换股权”,用英文表达就是“swap debt for equity”。即他们放弃对于一定数目的借贷加上利息的追讨权——这个权益只有公司仍有足够资产才能兑现——而将其债权折换为一定数目的股份,以期待公司能够渡过难关,摆脱资不抵债的窘境,在这种情况下公司的股份才有可能升值。

〔9〕　这一段是从英文原著中本章最后一段移到这里来的,作者认为放在这里前后意思比较紧凑。

包括那些固定担保和抵押的财产。此时抵押权人通常会卖掉抵押物,在依照登记次序清偿了所有该抵押物上的抵押权人的债务、利息和相关费用之后的剩余部分,即"衡平回赎权"将成为可在其他债权人当中分配的财产。分配的次序是:破产清偿的费用、国家税收、社会安全责任、雇员的工资、浮动担保权人的债务、无担保债权人的债务,最后是股东。如果资产不足以抵偿债务,势必无法支付所有股份的价值,股东要为此承担损失。因为股东持有的股份的价值是公司的财产,它可以被公司债权人拿去抵债。股东对于股份的价值既要承受损失也可享受收益。如果公司兴旺,股东可获得分红和股份升值的收益;如果公司破产,承担最终风险的也是股东。这个风险虽不会危及他们的其他财产,但却可能把他们所持有股份的价值吞食一空。

2. 担保权益的主要类型

(1) 非合意性担保(Non-consensual Security)

有少数几种担保是由判例和成文立法所设立的,也就是说承担义务的一方未曾有意识地设立这个担保权益。例如,业主扣押动产以确保租金的支付,航运公司留置船只和货物以确保海上救援费、船员的工资或因船只所造成的损害等费用的清偿。由立法所设立的担保是:由法律援助委员会出资打官司,帮助当事人重新收回了已经失去的财产。在这个财产上有一个法定的担保,以确保当事人在收回财产之后支付法律援助委员会所垫付的司法费用。非合意担保的一个主要目的是债权人可以从担保物的价款中优先获得清偿。假如债务人破产,债权人可以向债务人的破产受托人要求就该担保物的价值优先于其他普通的债权人而受清偿。

在通常情况下,某人没有出借金钱,他占有动产不为出借金钱的担保而为的是确保其他债权的实现。他有权继续占有该动产,直到他的债务得到清偿:这类的担保被称之为"占有性留置"(possessory lien)。留置产生时债权人已经占有了留置物,留置物所担保的债务多少与留置物有关。例如,汽车修理店可以在你支付修理费之前留置你的汽车、旅店可以在你清偿账目之前扣押你的行李等。留置还可以应用于更加广泛的债务清偿过程中,债权人可以扣押其他东西直到双方结清账目。例如,律师可以在当事人结清律师费之前扣留他的法律文书。法律不允许占有留置物的人出售留置物,除非根据合同的明确约定或者法律的特别规定,否则留置物一概不得转让。

在货物买卖的过程中,如果卖方没有规定具体的付款时间,他可以扣留货物直到买方的货款付清。不动产出售者可以留置土地直到土地的价款付清,如果不动产在购买者手中,他已经支付了价款或者部分支付了价款,而由于一些其他原因土地不能出售给他(如城市规划或者他没有登记而该房地产又被转卖给善意第三人),购买者可以留置房地产以确保收回已经支付的土地价款。

(2) 合意性担保 (Consensual Security)

绝大多数的和重要的担保类型都是经过当事人深思熟虑后所达成的交易。最通常的情况是交易为两方:借贷方在自己的财产上为出借方设立担保权益。债权人的担保权益有时不是设立在债务人的财产上,而是属于第三人的财产上。我们现在仅以担保关系为交易两方为例。

(3) 占有性担保 (Possessory Security)

最容易理解的这类担保交易是质(pledge)或典当(pawn),债权人的担保权益通过占有担保物而得到保障。这是用有形动产做担保的最实用和低成本的方式。质是寄托的一种方式,但是它又不仅仅是寄托人(出质人 pledgor)和受寄人(质权人 pledgee)之间的合同关系。它授予受寄人对于寄托物的两个权利:一个关乎占有权、一个关乎所有权(出售权)。这是一个可以对抗无数人的财产权益,而且由于受寄人占有寄托物,所以全世界都知道这个权益。质权的首要权利是占有寄托物，直到债务得以清偿。如果出质人将质物卖与第三人，后者不能向质权人领取质物，除非他能清偿出质人的全部债务。质权的第二个权利是出售权，在债务人不能清偿债务时，债权人有权利将寄托物出售。也就是说将出质人对于质物的所有权转让给购买人，当然购买手续完成之后，原所有人的所有权就终止了。当然如果出售的价格高于债务、利息和费用的总额，出质人有向质权人请求归还剩余部分的财产权利，这个财产权利优先于质权人的一般无担保债权人，这个权益与不动产的衡平回赎权有些相似。

(4) 财产性担保（Proprietary Security）

尽管质给债权人提供了最好的担保形式，但是它剥夺了出质人对担保物的使用权。对于债务人需要使用的东西，如房屋、商用飞机等，质就不是一个好的担保形式。如果债务人的工厂正在制造产品，也不可能把工厂质押给债权人。在这种情况下双方需要另外一种安排，即债务人依然占有和使用着担保物，而当债务人不能按期清偿债务的时候，债权人有权占有并出售担保物。

但是历史上的出借人并不这样想，他们处于可以规定担保形式的有利地位。所以，如果他们不能在清偿债务之前占有担保物，他们就坚持在债务到期未还之时要成为担保物的所有者。由此而产生了不动产和大型动产的抵押（mortgage）。在这个交易中出押人（mortgagor）将抵押物的产权〔10〕转给担保债权人，附带条件是当债务被清偿之后，受押人（mortgagee）要保证将产权归还。假如担保物是有形动产，其产权就转移给债权人，而占有权由债务人继续持有（如飞机、船只、汽车等）。如果担保物是公司股份，出押人需要完成股权转让的手续，将股权转到受押人名下。于是受押人成为公司的注册股东并享有分红的权利。同时双方在担保文件中明文约定股份转让

---

〔10〕 这里转移的是一个特别的财产权，附带一个准许债务人在将来清偿债务后赎回的限制。但是所履行的手续与完全转让所有权很相似。

只是为了债务担保。如果担保权益是信托基金中的终身权益或剩余权益,那全部相应的资产都要转移给债权人,附带将来债务清偿之后必须再转回的条件,并且要给财产的受托人关于设立抵押的通知。如果担保物是一份保险,则必须通知保险公司并做内部登记。如果担保物是客户所欠的债务,即应收账款,应将债权转让给受押人。如果担保物是专利,应将专利转到受押人名下而保留一个回赎权。凡这一类的担保就是财产式担保。

各种担保的登记 在上述所有例子中,都是债权人拥有抵押物的有限产权,而债务人拥有占有权(如果是无形财产,债权人仍然拥有其有限产权)。这个事实必须要使第三人清楚,并且要把抵押物上有两个人同时持有两个财产权益的事实公之于众:债权人拥有担保权益,而债务人拥有占有权和衡平回赎权。这个信息的公开对于债权人和债务人都是有益的,对于债权人来说,可以防止债务人利用占有抵押物而伪装没有抵押的完全所有权。债务人也需要告知全世界,债权人手里的产权并不代表抵押物的所有价值,而只是代表着一定数目的债务。因此就需要一个公开登记的或者是通知的制度。

在英国,动产抵押由一些旧的和不清晰的立法所调整,尽管人们要求废止这些法律的时间已久。首先法律的名字就挺奇怪:1878 年和 1882 年的《卖据法令》(Bill of Sale Acts 1878, 1882)。从字面上看好像是关于货物销售账单的法律。实际上这是一部关于动产转让文件的立法。其中所包含的动产转让包括赠送、设立信托、设立债务担保等方式。例如,双方转让了动产的绝对所有权,但是转让物却暂时仍由出让人所占有。为了防止由于出让人占有转让物而被另一个准债权人误认为他有完全所有权而再次抵押借贷给他,致使第二债权人遭受不公正的损失,这个法令要求所有的这类文件,包括债权人和债务人的名字都必须由最高法院所证明,并做登记,如果没有登记,这类的财产转让文件将被视为无效。[11]

专利抵押受专利登记处的通知的保护。股份的出押人可以通过给予公司一个“停止通知”而获得保护,因此在公司登记为股东的受押人不得出售股份。如果抵押的财产是信托基金,如终身权益和剩余权益,需要给受托人一个通知。如果抵押物是保险,需要给保险公司通知。如是应收账款,需通知债务人。如果抵押物是公司的固定财产和流动财产,则必须在公司登记处做登记。

(5) 浮动担保(Floating Charge)

在上述担保的例子中,担保的财产都是特别明确的,或是股份、或是土地。浮动担保的最大优越之处就在于:担保的财产不必是特别确定的,当然在最后需要执行担保时,财产必须是可以确认的,并且属于担保权人。固定担保从外部把一个财产负担放到一个特别的财产之上,而浮动担保将担保义务悬浮在一组财产之上。浮动担保对于正在生产和销售的公司特别有用。如果公司经营正常,公司财产的总值就会经常稳定或保持增长,但财产的形式不断地变化:资金用来买生产原材料,原材料又被生产为产品,产品又出售——通常是赊账出售。所以公司还有债权,这也构成公司财产的一部分。当设定浮动担保时,协议中虽然没有确认每一项财产,但要对所包含的财产有个总体的描述。尽管在担保的一般规则中,担保财产不能脱离担保权益而自由出售,但在浮动担保中设定了一个特例,给予公司在正常的经营过程中处置任何财产的自由权:所获价款取代了原来的担保物,担保权益随即转移到由此而获得的资金之上。为了保持盈利以支付贷款利息和清偿主债,公司必须要持续地购买、生产和出售。如果这个过程出现问题,浮动担

[11] 这个法令仅适用于已经起草好的文件。后者引起相反的结果:如果是捐赠人通过口头设立信托,将有形动产赠与他人,尽管捐赠物仍在捐赠人手中,捐赠就是完全有效的,捐赠人的债权人不得将捐赠物拿去抵债。但是如果设立信托的声明是书面的但未作登记,当捐赠人的受托人破产或因其他判决,债权人将捐赠物拿去抵债,受赠人就不能与之对抗。同样没有登记的书面担保也是完全无效的。

保可以“具体化”(crystallize)和固定于当时公司所拥有的全部特定财产之上。从那一刻开始没有债权人的许可,公司不能处置任何财产,包括正常经营过程中的买与卖。在实践中债权人需要任命一个接收人来经营公司业务,或者开始破产清盘程序。为使浮动担保权益优先于其他债权,浮动担保必须在公司登记处登记。

非公司的个人不能设立有效的浮动担保,因为根据《卖据法令》(Bill of Sale Acts 1878, 1882)要求债务人证实和登记每一件他现有的设立了担保的财物。也就是说个人的担保标的物是不能流动的。而浮动担保具有更广泛的效果:一是业主可以扣押欠租租客的动产;二是可在信托收益权上设立担保;三是浮动担保是一种双方的合意,是一个非官方的,更为便捷的执行程序。如果不是浮动担保,而是将无担保债权人的请求附加在债务人的某个财产上,则需要经过一个违约判决和用于执行的索债命令(或者由执行官查封财产)的程序。相比之下,浮动担保只需要:违约担保财产的确认和接收人的任命与接管这个程序。在这两种情形中,在违约发生之前,担保人都不能指定债务人的任何特定财产为自己所有。在判决和执行之前,没有一项特定财产可以由无担保债权人拿来抵偿债务,但在判决与执行开始后,债权人的请求便使得债务人的财产全部被蒙上债务阴影。只有在个人服务合同违约的情况下,债权人才可以请求债务人用行为履行义务,而其他请求都是针对债务人的财产的。只有在债务人破产的情况下,无担保个人请求和有担保的财产请求的区别才变得重要——公司的全部财产只有在清偿完浮动担保的债权人的债务之后,剩余的部分才能清偿一般的无担保债权人的债务。

(6)不动产抵押 (Land Mortgages)[12]

自从20世纪英国不动产抵押购房业务广泛兴起之后,许多重要

---

〔12〕这一段是从英文原著最后一节中移到这里的,作者认为放在这里作为担保权益的一种类型更为合适。

的变化发生了:贷款人大为增加但出借人大为减少。对于贷款人来说,绝大多数人需要以分期付款的方式购买住房。旧的方式是租赁住房,每周或每月支付租金。由业主提供住房而居住人支付占有使用的费用,但是在租约终止的时候居住人不拥有住房。住房抵押业务开展以后,房屋居住人依然分期付款,但每次付款都包括了出借人借贷的购房款的利息和部分本金。所以到抵押期终止时,居住人将清偿全部贷款和利息,从而拥有完全没有财产负担的住房所有权。这就是为什么借贷人大量增加的原因。

出借人的减少并不意味着贷款数额的减少。这是因为个人不再作为住房抵押中给贷款人提供贷款的主角。众多散户转而把他们的钱存入建房协会或者银行,后者是许多出借人和许多借贷人之间的中介人(出借人与贷款人的比率大概为7:1)。这个体制将钱集中起来借给人们,使人们可以购买自己的住房,并规定了分期支付贷款和利息的方式。因此20年或者相应的时间之后债务和抵押担保一并终止。建房协会或银行所贷出的钱来自于许多存款人的存款,所以他们在某种意义上只是一个金融管道。老百姓把自己的积蓄给他们并获得利息,他们把这些钱集中起来再借给其他需买房的老百姓并收取利息。

因此抵押可以从两方面看:出借人通过给借贷人提供资金(也许是为了购买住房)而惠及借贷人,借贷人因给出借人提供了一个安全坚实的投资而惠及出借人。在出借方可能发生的任何问题,例如,因突发情况突然需要借贷人立即偿还借款,可以由建房协会和其他金融机关作为中间人予以解决。因此,出借方和借贷方都可以免于因“一对一”的交易所产生的风险而焦虑。进一步说,银行、建房协会和其他金融机构作为机构出借人集中了大批的抵押贷款并建立了联营基金,大到足以消化因个别贷款人的违约所造成的消极影响。联营基金保护他们对于贷款的利息和最终清偿主债的权利。这个权利本身可以作担保,来支持出借方在英国和海外的金融市场上,通过较短时间的融资工具再借贷。这个过程被称为“担保化”(securitization)

并且发展迅猛。但是囿于本书篇幅不能详述。

3. 租购与产权保留(Hire Purchase and Retention of Title)

作为本章的补充,我们还应当讲述另外两种有担保之实而无担保之名的法律技术。严格地说,担保权益是凌驾于他人财产之上的一种权利——如典当商占有你的手表、建房协会持有你的住房抵押权等。你不能典当你的表,或抵押你的房子给你自己。在分期付款租购中,出售人可以给予购买人占有使用货物的权利,但是保留自己的所有人身份直到购买方全部付清了货款为止。也就是说分期付款销售是用出售人自己的所有权来担保对方支付货款。

(1) 租购 (Hire Purchase)

租购是一个相当复杂的法律形式,很受消费者保护法律的影响。在这本基础教科书中我们只能介绍一个基本梗概。这种交易方式的需求出于两个极为明智的要求: 首先, 普通市民希望先得到货品然后再付钱, 而不是先攒够钱再买货, 也许此时发现通货膨胀已使价格高得买不起。第二,供货方也需要在货款没有完全付清之前,对于消费者手中的,或第三人手中的货物能够享有担保权益。如果供货方赊欠出售,将货物所有权一次性转让给买方,他对于客户就只有一个没有担保的债的请求权,而不能对抗任何从客户手中获得货物的第三人。从另一极端来说,如果他仅仅出租货物,而自己保持完全的所有权,当租期终止时便要从客户手中收回货品。但是他可能不希望收回那些被使用过的旧货,而且他的顾客也希望有朝一日能够将货物据为己有。

从分期付款或曰租购这个名词便可看出,这个交易包括两个法律关系: 客户在一定时期内租用货物,期满时如果他支付了全部租金,他可以选择付一笔很少的货款买断这个货物。[13] 而在供货一方则别无选择一定要出售。如果客户不选择购买,或者客户没有按照要求付清所有的分期付款(租金),货物最终还是卖不出去。这时就有两个结果:首先,如果客户违反合同,在租用期间将货物转卖他人。其购买人不能得到货物的产权,而且在关于货物的诉讼中很容易败给供货方。[14] 第二,购买货物的选择只是客户的权利,对客户并无约束力。因为他从未同意要购买,所以根据《货物买卖法令》(Sale of Goods Act),货物的产权不转移给客户。[15]

(2)保留所有权的条款

在出售货物时,原则上是由合同的双方决定在什么时间买方成为货物的正式所有人。在《货物买卖法令》(Sale of Goods Act)第17条中的规定是"货物的所有权根据合同双方当事人的意愿而转移"。也就是说如果卖方同意买方赊欠货款,可以在合同中规定只有当买方完全付清货款之后才能成为货物的所有人,或者规定直到双方的全部债务(包括买方以前所欠卖方的债务)都清偿了之后买方才能成为货物的所有人。这个条款有一些经济作用,特别是当买方破产之后,可以给卖方一定的保护,尽管在正式的法律概念中它不属于担保权益,因为货物的所有权仍属于卖方而不属于买方。

这个技术引起一些问题,我们在此只能简单提及。第一,如果在货款没有付清之前买方已经占有的货物,由于动产无法登记,从买方手中购买货物的善意购买人无法通过一个简单的途径发现货物实际上不属于买方,且他也无权转让货物的产权这个事实。第二, 如果

---

〔13〕 实践中供货方把货物卖给一个金融公司,后者再通过分期付款出售。查相关文件,参见 Sir Roy Goode, *Commercial Law* 769 (2nd edn., Penguin, 1995)。

〔14〕 对于机动车辆的善意的私人购买者有一个例外的法律保护。参见本书第四章3(3)(e)"分期购买车辆",1964年的《分期购买法令》第三部分(Hire Purchae Act 1964, Part Ⅲ.)。

〔15〕 同上注 。

货物是原材料需要与其他东西合并，出售人的所有权必将在某个时刻终止。例如，干草的供货方在合同中规定了在货款付清之前保留货物的所有权，然而当干草成了买方马匹的腹中之物时，卖方的所有权就终止了。第三，卖方保留货物的所有权并非为了货物本身，而是作为买方不付款的担保。然而其他买方的债权人却无法知晓买方手中货物上的这一财产负担。在美国使用了这样的制度，《统一商法典》规定，即便货物已经运送或交付给买方，如果卖方保留货物的产权，这个权利在效果上如同对于货物所保留的担保权益。这个权利经过登记(filing)可以有效地对抗其他债权人。

(3)有形动产的权益(Interests In Chattels)——完善法律的探讨

我们首先来观察产权保留的条款和分期付款出售合同。从财产法的角度来看，最有意思的是法律概念与经济现实的错误搭配。传统的法律分析设定动产中只能同时存在两个权益——所有权和占有权——前者保留在供货方手里直到货款完全付清(如果是分期付款，直到买方最后选择了购买)。因此它的结论是：即使买方已经付了99%的货款，他仍然只有占有权，而这时卖方拥有货物的所有权和几乎全部货款。这明显得不公平。一个更为现实的办法是：承认在货物中同时存在两个财产权益，供货方的财产权益随着给他支付的货款而消减，与此同时买方的权利相对地增长。也就是说，能否把不动产中 estate 的概念用于动产的分期付款租购？

几个世纪来，在土地和基金的交易中这样的法律技术已经被使用了数个世纪。地产或财产权(estate)不仅是一个概念，也是一个范畴，其中包括了有不动产租赁、终身权益、剩余权益(remainder)和归复权益(reversion)等概念。estate 还代表了普通法的一套法律技术，即这些法律权益都可以根据它们的相应时间，用利率或贴现率计算出它们的当下市场价值，并可以立即投入市场交易。这就是普通法中 estate 法律技术的重要特点。但是在传统的法律概念中，estate 只能用于不动产。如果这个概念可以用于动产，也就意味着可以根据动产的相应时间和已付款项来估计动产权益的当下价值了。[16] 尽管根据传统普通法理论，动产中只存在着所有权和占有权两种权益，虽然一些纯粹的学者们仍然在坚持这个理论，[17] 灵活的英国议会的法令已经将 estate 的概念用于基金或船只了。[18]

上面所建议的方法也已经被英国的法院在处理现实问题中所采用。例如，你租用了 3 个月的电视机，你只付占有和一些折旧的费用。如果你用 3 个月分期付款购买同一台电视机，你每次付的数目要比租金多很多，而且到第二个月底，你已经支付了电视机的 2/3 的总值。尽管依照传统说法，你依然只拥有 3 个月的占有权和 3 个月后是否要做所有者的选择。事实上你每次付出的钱就是你购买所有权的部分价值。假如当购买方已经按期支付了 10 个星期的钱之后，违约将电视机出售给不知情的善意购买人，然后逃之夭夭。依传统观念动产只有所有权和占有权，因供货方拥有所有权，所以根据耐莫代他原则购买方的转卖无效。因此善意购买人必须或将电视机退还供货方，或向其支付全部货款。这个结果明显不公正，因为原告，即购买方已经被支付了货款的 5/6。如果只承认供货方对于货物只有财产权（estate），这个权益的当下价值是电视机总值的 1/6，就可以保护善意第三人和驳回原告的过分补偿的请求。传统的方法将不属于原告的钱奖赏给他，而在现代实践中法院判补偿原告 1/6 的钱，即交易中的所谓“买断的价格”。从理论上说，这就使得分期付款租购的出卖方的担保权益和买方的将来权益都具有一种当下可以数量化的财产价值，有利于确定合理的违约赔偿和保护善意第三人。[19]

---

〔16〕 此小段是中文版加入的说明。

〔17〕 尽管这些学者能够接受不可分割的共同所有权和共同存在的财产权益，其中包括担保权益。

〔18〕 例如 1695 年政府的《养老金法案》（Government Annuities Act 1695, s. 6）和 1844 年的《商船法案》（Merchant Shipping Act 1844, s. 32）。

〔19〕 最后两句是中文版的补充。

第十章

不动产：地役*（Servitudes）

1. 地役

地役可以指一种不动产的财产权益（real rights），即为着某一片土地的利益而赋予另一片土地一定的负担，无论那片土地的主人如何更换，土地的义务是不能取消的。这类权利并不强加给土地供役地的所有人任何积极的责任，他们只需允许需役地的所有人来到自己的土地上做某些行为，或者控制自己不在自己的土地上做某些行为即可。英美财产法中的这一部分是来源于罗马法的思想和术语。在这个关系中受益的土地叫做“需役地”（dominant land），提供地役的土地被称做“供役地”（servient land）。地役关系中的两个大的范

* Servitude 地役，是一种影响土地的负担或义务，土地所有人为了毗邻土地的利益，或不能完全使用自己的土地（消极地役），或有义务允许他人在其土地上为某种行为（积极地役）（参考《牛津法律大辞典》，第 1028 页）。Easement 多翻译为地役权，指为了利用土地的需要，土地所有人（或使用人）拥有在其毗邻的他人土地（供役地）上为某种行为，或限制毗邻土地所有人在自己土地上为某种行为的权利（参考《牛津法律大辞典》，第 351 页）。

畴是:(a)邻地利用权(easement)[1]和(b)限制用地合约(restrictive covenants)。[2] 前者始于古代农业生产的需要,而后者始于1848年前后,是由于城市发展的需要而产生的。

地役制度的存在有着一定的法学和经济学的论据。其法学的论据是:传统的关于财产的私法对于地役少有规范,因为财产法原则上不强加给财产所有者任何积极的责任。从传统的私法观念上说,动产所有者可以将自己的所有物毁坏,将其置之不理或将其放弃不要,法律均不加干预。然而对于土地就不同了,在土地资源有限供应的情况下,土地的使用或弃置不用都可能影响到毗邻的土地,使其增值或降价,或增加或降低可享用性。因此,土地所有人就不能像动产所有人那样被赋予无限制的所有权。为着毗邻不动产的利益,关于地役的法律将不动产所有权人的部分权利撤销:或强制他们必须允许邻居为着某些目的而进入他的土地(如通行道路),或限制他们在自己的不动产上做某些行为(如盖房子不能挡了邻居窗户的光线),如此来平衡毗邻不动产所有人(或使用人)之间的利益关系。所以关于邻地利用权的法律在古老的农业社会就产生了。

地役制度的经济学的论据是可以获得社会土地资源的最大使用效益。例如,A土地的主人可以在某些方面使用毗邻的B土地,A土

---

〔1〕 在我国出版的英中法律词典和教科书中,几乎全部将英文的easement翻译为“地役权”,这实际上存在着对于普通法中的easemengt这一概念的误解,和它与大陆法中的地役权这两个概念的混淆。实际上英文中的easement和大陆法中的地役权完全没有概念上的同一性甚至近似性。例如,英美法要求easement之权利对于需役地的利用和市值的提高必须是“有益的和必要的”,它的范围是受到严格的限制的。而大陆法中的地役权是对不动产互用关系的最大化的调整,属于自由契约的领域。只要不违背法律和公序良俗,双方的关系可以任意设定。从这个角度来看,英美法中的easement与大陆法中的相邻关系倒有更多的相同之处,但还存在诸多区别,两个概念也不能互译。所以本书将easement翻译为“邻地利用权”,以示与大陆法(包括我国物权法)中地役权这一概念的不同。

〔2〕 在古老的普通法中,土地收益权(profit)指在他人土地上获取出产物的权利,如在草地上放牧、在田野里狩猎和在水中捕鱼等。这个权利也可以颁发给非土地所有者,详情可参考关于普通法的不动产法的专著。

地使用的效力就会大为提高。在地役关系中收益的价值高于提供服役的成本。一个简单的例子就是:假如A土地四周都被他人的土地所包围,没有通向外界的通道。允许A土地所有人穿行B土地将会大大提高A土地的利用效率和价值。总的来说,A土地的收益大于B土地提供道路的成本。这种法律的经济分析方法是法官在颁发邻地利用权中需要考虑的一个重要因素。

2. 邻地利用权

对于英美法中的邻地利用权很难给出一个完整的定义,它大体上包含着两种权利:第一,需役地的所有者在供役地上为某种行为的权利(但不能从供役地上取走任何财物),此种权利又称为积极的邻地利用权(positive easement);第二,需役地所有人在严格限制的范围内,阻止供役地的所有人在供役地上为某种行为的权利。此种权利又称为消极的邻地利用权(negative easement)。无论是哪类权利,需役地的所有人都不能要求供役地的所有人从事任何积极的行为。

(1)积极邻地利用权

积极邻地利用权的种类和数量是没有限制的,但是在原则上要求这个权利对于需役地的利用效力和市值的提高必须是“有益的和必要的”,仅出于需役地所有人的个人喜好是不够的。如在供役地上的道路通行权、停车权、铺设地下煤气管道和电缆的权利,以及进入供役地从事检查和维修上述设施的权利。这些邻地利用权是对抗无数人的财产权益,即供役地业主的所有继任人都必须承认这个权利。例如,拥有紧靠运河的土地的业主可能拥有在运河内行船的邻地利用权,这个权利对于任何新的运河主人都是有约束力的。但是邻地利用权只能限于必要的通行权,这个权利不能是排他的和垄断的。假如原运河主人通过与土地主人协商交易,同意将在运河上的独家行驶权给予土地的主人。这个排他和垄断的权利就不是邻地利用权,而是一项商业合同权利。它只能对合同当事人有效,而对于新的运河主人没有约束力。

(2)消极邻地利用权(Negative Easements)

消极的邻地利用权即限制供役地主人的用地行为的权利，它的范围是受到严格的限制的,仅包括了:(a)采光权,即不阻挡邻居通过窗户采光的权利;(b)通气权,即不无理阻断新鲜空气的气流通过的途径,如通风管道;(c)建筑物支撑权,即供役地的使用和建筑(如挖掘地基)不能危及需役地上紧邻建筑物的地基;(d)供水权,即不去阻断经过供役地的人工供水系统的权利。所有上述权利都是要求供役地的主人消极地不作为,以保证需役地的主人可以正常地利用需役地。

(3)邻地利用权的设立

在英国邻地利用权的设立可通过两种途径:合意的和命令的。前者是由供役地主人经过协议授予需役地主人的。或者供役地的主人在出售土地时,为了需役地的利益而保留在出售土地上的、授予需役地主人邻地利用权(当然这会影响到出售土地的价格)。从手续上来说,邻地利用权的设立一般需要使用正式的契据,权利的期限或是永久的,或是限于一定年度的都必须写清楚。这个权利对于供役地将来的所有人全都有约束力。如果双方不使用契据,而是通过一个有价交易的合同,经双方签名和正式登记,其法律效果和契据是一样的。

命令的设立方式指的是通过法院颁布一个命令而设立邻地利用权。它要求需役地的主人事实上已经公开地、和平地、未经供役地主人许可(也从未受到反对)而实际上使用了该项权利已达到足够长的时间。多少年算“足够长的时间”没有确切的规定。我们可以肯定地说,20年只是有可能,而40年法院就一定会颁发邻地利用权。在英美财产法中,由于时间的延续,既可以使人通过法院颁布指令而获得某个权益,也可以使人丧失某个权利。[3]在这个期间内,供役地的主人有权利随时打断预期中的邻地利用权的时间效力。如封锁通道的大门,或者要求通过时必须付一定的费用,以表示土地主人并不允许随便通过此地。如果是这样,时间的计算就只能到供役地主人的干预为止。

中止积极邻地利用权的方式是要为某种行为,同样中止消极地邻地利用也需要供役地的主人为某些行为(如阻止别人的采光权、通气权和供水权)。如果你的邻居开了个窗子看你的花园,而你不想让他看,你有20年时间可以在贴近他的窗户的地方造一个屏障。立法者允许这类的屏障可以在地方政府注册。在城市规划制度兴起之前,在拥挤的城市中的狭小的街道里,房屋所有人使用必要采光的权利就显得非常重要,绝不应当被邻居建筑新房所剥夺。所以20年之后你就不能去造那个屏障,因为你阻挡了邻居窗口的光线。也就是说,你的邻居从窗口观看你的花园的权利成了不可阻拦的采光权。

但是由于消极的邻地利用权是被清楚地限制的和为数不多的。那些出自一般的、没有清楚限制的和休眠状态的消极邻地利用权请求是很难得到法官的支持的。通过法院颁布命令获得邻地利用权的途径被法院限定在非常小的范围之内。例如,因为邻居的新建工程阻断了你享用了20年的电视信号,你不能因此而要求你的邻居在自己的土地上不能修造高层建筑。假如你因为自己土地的利益而想使得邻居承诺在他的土地不要开发建设,你必须与邻居交涉并为之付出代价。再如你隔壁邻居有一个美丽的花园,你可以从你房间清楚看到,这将提高你的不动产的享用价值,但是法律并没有给你这个享用权。无论那美丽花园持续多久,你都没有权利要求你的邻居必须维护好花园和不得将其转卖他人。假如你很在意欣赏这个美丽花园

---

〔3〕 例如,通过长期地使用他人的土地可能使人获得法院颁发的邻地利用权,通过长期占有也可能使占有人获得仅次于所有权的占有权。而诉讼时效的限制则使得人们有可能丧失对于不动产和动产的所有权(参见本书第四章第5节"保护的期限:诉讼与权利的时效")。这段对于英文原著的叙述有些改动。

的眼福,你可以通过与你的邻居协商并签订一份协议,并支付一定金钱来实现你的愿望,这就是限制用地合约的作用。

3. 限制用地合约(Restrictive Covenants)

与邻地利用权相同的是,限制用地合约关系中也必须有两片相邻的土地,其中一片土地因另外一片土地被赋予了的某种义务而受益。与积极地役权不同的是,限制用地合约不允许需役地的主人进入供役地,而只是限制供役地主人在供役地上的某些行为,这一点类似大陆法中的"消极的地役权"。但是限制用地合约的经济作用要比消极地役权广大得多,因为它保护了需役地或者周围邻近的土地的享用价值。它的内容总是消极的,例如为了需役地的利益,在供役地上不能修建工厂,或者不能用于任何商业目的,而只能用于私人居住。赋予供役地的责任必须是严格界定的,而不是含糊的。不能说供役地的主人最好不做、或谨慎小心不做某事,而是**必须不做**某事。限制用地合约总是通过双方同意而设立的,而不能由法院的命令来设立。也就是说,无论是何种土地受益都是要付出代价的。如果你希望站在你自己的房子窗口,能够永远通过邻近的土地眺望远处的美景,你就必须与你的邻居商量要求他永远不要修造高层建筑,并为此而付一定代价,而且价格会相当高。因为你把对方土地的发展的潜在价值有效地添加到了你的土地上,实际上也就提高了你自己土地的享用价值和市场价值。进一步而言,因为你是在创立一种财产权利,这个权利将永远对你的土地有利,并永远赋予邻地一种限制使用的义务。因此你们必须要完善必要的法律手续,包括合约交易本身和通知将来潜在的土地购买人。这类承诺一般需使用正式的合约契据,或者签订一个由双方当事人签字的书面的合同,并且要到当地的土地登记处去,把这个限制用地合约登记在供役地的名下。凡有意购买供役地的人都可以看到这个合约,知道将来不能在这片土地上做什么事情,以及哪片土地的业主有权监督执行这个限制。

集体限制用地合约 在实践中,几乎在所有新开发建设的小区投入使用的时候,都会产生限制用地合约。例如,大片的土地被划分为小区,新房屋在每个小区修建并出售给许多业主。为了维护整个小区的全体居民的生活质量,每个业主都必须承诺在这个小区范围内不得做某些事情:如不得经营商业店铺、开办加工厂等。这个限制需要在当地土地登记部门登记,成为一种实际上类似于维护当地居民的生活环境的区域法规。这个法规对于将来任何新的房屋购买人都是有约束力的。他们既受到某种限制,又享受到某些权益。这是一种特殊的集体限制用地合约,其中每一个人都既是被限制人,又是受益人。他们的个人财产既是供役地又是需役地。[4]

邻地利用权在英美财产法中已经存在了数百年。而直到十九世纪中叶,法院才通过判决保护需役地的享用权益,并强制供役地的继承人遵守合约,而第一次承认了限制用地合约。从此对于土地使用的消极限制由单纯的合同权益发展成为可以限定无数人的财产权益。房地产的出售人在出售财产的时候,要求购买者必须要做出不为某种行为的承诺。因为这种行为将破坏卖主所承诺维护的周围其他房地产的享用质量或价值。在早先时候,这种承诺只对最初的合同双方当事人有效,而对其他任何人都没有约束力。后来,法官又认定这个合同对于供役地的购买人也有约束力。因为他们在购买该地产时,既可通过登记预先知道该限制用地合约,又因这个限制而付了较低的地价,所以他们违反这个限制就是无理违约,就需要向对方做出赔偿。再后,限制用地合约的受益人不再满意于金钱的赔偿,而要求法院颁布一个禁止违约的命令。1873 年,有人在伦敦的莱赛斯特广场购买了一片土地,购买人明知这个土地的前所有人与周边的房屋所有人签有不再建房的限制用地合约,还试图违反合约建房。合约的受益人诉至衡平法院,法院颁布了禁止违约令。在以后的年代里,法律更加明确了限制用地合约应服从于其他地役的一般要求,即

---

〔4〕 这一段的小标题和最后的说明是中文版所补充的,因这类集体限制用地合约在中国大陆和香港地区非常普遍。

它的存在必须要使得需役地受益。但是它们的强制执行必须以被告在购买该地产时知晓(或应该知晓)限制用地合约的存在为前提,也就是说限制用地合约必须登记。这一点与邻地利用权不同,即便邻地利用权没有登记也可能被强制执行。限制用地合约的这个要求创始于衡平法。理由是根据人们的常识和判断力,大多数邻地利用权,如道路通行权、建筑物支撑权都是比较明显的,都可以由准购买人发现,或至少可以由他的测量师发现。但是无论人们怎样小心观察,也难以发现限制用地合约,如这片土地被禁止用于再建设,或只允许用于居住。于是今天采用登记的方式来给予普遍的通知。限制用地合约也可以用于土地租赁,为了业主的土地利益,而对于承租人的用地进行一定的限制,例如只许用于居住用途。在实践中这类限制是很多的,而且不用登记就对所有的租约受让人、转租承租人和分租承租人有约束力。因为每个租约的受让人或者转租、分承租人都有权阅读原始租约,所以应当知晓这类限制的存在。

我们最后要谈谈各种地役的相互关系和在实施中存在的巨大差异。假如一个开发商要围绕着一个中心花园修建一片房屋。无论是房屋的卖方还是买方都希望确保中心花园不要再建房。这可以通过限制用地合约来实现,通过登记就可对任何后来获取花园所有权的人有约束力。他们还希望确保所有房屋的主人都可以在这个花园里面消遣娱乐。通过关于邻地利用权的法律可以实现这个目的:房屋是需役地,花园是供役地。他们还希望确保无论花园主人是谁,花园都将受到很好的维护,他们愿意为此而缴纳一笔专款。关于邻地利用权的法律对此无能为力,通过合同法,只能确保第一位花园主人维护好花园,但是这个合同对于花园的继承者没有约束力。人们只能试图与花园的新主人签订新合同来达到这个目的。因为所有地役的法律所赋予供役地主人的责任都是消极行为:如不要建房、不要阻止花园周围的住户在花园消遣等。无论何种地役都不能赋予供役地主人任何积极行为的义务。要求花园主人维护好花园属于积极行为,所以这个要求就只能通过合同来实现。当然这并不能长远保证人们的愿望得以实现。

迄今为止,英国的法院和议会都拒绝强加给供役地产的继承人任何积极行为的义务,这个古老的原则来自于罗马法。因此,开发商和小业主不得不采用更为昂贵和更为费事的法律方法来达到维护小区环境的目的。其中一种办法是开发商成立一个公司将花园买下来,再将花园的股份卖给小区居民。或者通过租赁,将维护花园的责任交给花园承租人。但是这些办法都不能像地役制度那样可以长期稳定不变。

除了地役制度,还有一些法律是调整不动产相邻关系的。例如,法律(尽管不是财产法)可能为了其中一片土地的利益而强加给毗邻土地占有人一定的限制,使得他们不能妨害他的邻居。如他们不能够任意在"不合理的程度上"影响他的邻居的舒适生活和合理使用自己的房地产,这就是关于妨害(nuisance)的法律。概括而言,关于妨害的法律强加给特定土地占有者为他的妨害行为作出赔偿的责任,如造成了过大的噪音、泄漏了有害的烟雾和气味等。侵权者的行为可能直接被一个法院的命令而制止,也可以被原告通过一个要求停止继续侵害之诉而制止。这方面的法律一般都是由关于侵权法和刑法的书籍来阐述的,不属于本书的任务。

除此之外,我们发现近年来越来越多的关于毗邻土地使用问题需要通过议会立法加以调整和解决。如公共卫生、娱乐、规划、环保等。这一类的立法主要是通过向地方政府和其他公共机构赋予责任或授予权力来实施。此外,根据一些最近的立法,法院可以命令某个土地所有人允许他的邻居进入他的土地,以从事合理和必要的修理及其他工作。这些属于临时性的决定,而不是正式的邻地利用权。总之,在毗邻的私人土地使用问题上公法和公权力越来越多的介入趋势是值得我们关注的。〔5〕

---

〔5〕　最后两小段是从英文原著中开头一段中移过来的。

第十一章

继承

1. 概论

继承法关乎一个人去世后财产的处理，下述原因使得继承问题并非简单：在有形财产中包括不动产和动产、逝者的债权和债务。而人们可能还一时弄不清楚到底逝者有多少债权，多少债务，二者最后的平衡是多少。在英美法中"estate"一词既表示全部财产，又表示在逝者身后留下的遗产。如《遗产处分法令》规定"当逝者去世而无遗嘱时，他的不动产或动产应当归属公共受托人（public trustee），[1]直到遗产管理处分程序开始。"[2]

所谓遗产管理（administration）指的是在逝者去世后他的财产就应尽快地被他人所掌管，并要经过一个处分程序来分配他的遗产。因此，首先要任命一位或多位遗产最终接收人（recipient）专门负责遗产的处分。在许多国家，遗产继承人也可以管理人身份从事遗产处

---

〔1〕 公共受托人一般由政府的官员或职员担任，他们是根据立法设立的。最早的相关法律是1906年的《公共信托人法令》（The Public Trustee Act 1906）。

〔2〕 1925年的《遗产管理法令》第9条（Administration of Estate Act 1925，s. 9）。

分。在英国通常是由继承人的“个人代表”(personal representative)负责接管全部遗产,首先支付税务(英国自十九世纪末以来就要在遗产中扣除死亡税和遗产继承税)和清偿债务,然后根据逝者的最后遗嘱,或者相关的法律来分配剩余的遗产。处理遗产的“个人代表”可能是专业律师、亲友,也可能是继承人本人。

英国关于继承的法律一般包括四个部分:第一,个人代表的任命和责任;第二,遗嘱;第三,无遗嘱继承;第四,少数在遗嘱和无遗嘱继承法律之外的遗产处分。

2. 遗嘱

(1)基本概念

一般而言,关于继承的法律由两个部分构成:一是立遗嘱人希望他去世之后发生什么事情,二是他希望怎样来实现他的愿望。根据相关法律的要求,立遗嘱人必须是成年人,他的指示必须由文件记录下来,并且必须符合一定的格式。遗嘱只有在立遗嘱人去世的时候才生效,只要立遗嘱人还活着,遗嘱随时都可以被他所废除或修改。当他去世之时,遗嘱就立即对他的所有财产生效。绝大部分遗嘱都是关于财产的,但也不尽然。有些遗嘱是关于家庭事务的,如任命一个照顾孩子的监护人。

水手和军人的“特许遗嘱”不需要任何格式,只要表达了(甚至可以是口头的)他们的遗愿就行了。而所有其他人的遗嘱都必须是书面的,由他本人签字,或者由别人当着他的面代他签字。遗嘱签字必须是立遗嘱人的真实意图,签字时必须要有两名证明人证实,他们必须当时在现场,而且要当着立遗嘱人的面随后签名。遗嘱中的财产继承人不能做遗嘱签名的证明人,否则财产继承无效。法律用这种办法来尽量保证证明人必须是公正不偏的。证明人不一定非要是律师,只要立遗嘱人活着,就可以在任何地方立遗嘱。

如果立遗嘱人后来结婚了,他的遗嘱就自动废除了。因为关于无遗嘱继承的法律对于逝者的配偶是非常照顾的。但是,如果立遗嘱人在准备与某人结婚时明确表示了不愿因婚姻而废除遗嘱的意图,那遗嘱就将继续有效。遗嘱在事后是可以修改的,通常可在后面增加一个附录,附录与遗嘱的正文在执行时具有同样效力。遗嘱的废除可以通过立遗嘱人故意毁掉遗嘱文件,或者通过另立一个新遗嘱达成。新遗嘱中可明确声明旧遗嘱废除,或者只要新遗嘱内容完全与旧遗嘱冲突,旧遗嘱就自然废除了。对于遗嘱的解释经常引起纷纭的意见和大量的诉讼。立遗嘱人不需要将他所有的财产放在遗嘱中处理。遗嘱未涉及的财产将根据无遗嘱继承法分配。所以当某逝者去世时,他的财产可能一部分是有遗嘱的,可根据遗嘱处分。而另一部分是无遗嘱的,需根据无遗嘱继承法处分。一个正式的、简单明了的遗嘱应该有三个功用:任命一位或数位遗嘱执行人、授予特殊的遗赠以及将遗产剩余部分给予某人的条款。例如,B教授夫妇共育有两个孩子,其中一个儿子是业余音乐家,一个女儿是与父亲同专业的大学教师。B教授的遗嘱就可以这样写:“我指定我的妻子做我的遗嘱执行人。我将我的全部音乐光碟留给我的儿子,将我的全部书籍留给我的女儿(特殊遗赠部分)。然后将我的其他的全部财产(遗产剩余部分)在我的妻子和孩子们当中平均分配。”遗嘱落款处要有立遗嘱人的签名和两名现场证人的签名。〔3〕

(2)设立遗嘱的自由

在许多国家和地区法域,包括苏格兰的法律中,立遗嘱人是不能剥夺所有家庭成员的继承权的。近亲属的道义请求权转变为一种对于立遗嘱人部分财产的法定所有权,立遗嘱人只能处分其剩余部分。在古老的英格兰普通法中有一个习惯:即不动产是不能由遗嘱处分的,只能遗留给家庭中的长子,同时要给予未亡的配偶以终身收益权。这个习惯在十六至十七世纪就被废除了,取而代之的家庭财产

---

〔3〕 这个例子是冉得教授补充的。

的转让制度(family settlement)。即夫妻结婚时,他们将财产转给受托人,将财产收入的终身收益权给予配偶,将剩余财产给予孩子。所以当某个配偶去世时,他的权益就终止了,而不能由他自己立遗嘱来处分。

现在普通法在原则上给予立遗嘱人完全可以不顾家庭成员利益的自由,他可以将自己的全部财产给予任何个人或团体。这个无情的原则是在二十世纪初率先由新西兰的立法所确认的,很快就传遍了英联邦法域。这个规范体现在1975年英国的《继承法令(关于家庭和依靠者的条文)》中。[4]新的法律技术不给家庭成员任何继承财产的自然权利,取而代之的是更为昂贵的程序,准许他们到法院去起诉。并且授予法官根据无遗嘱继承法,或将其与遗嘱二者结合,来修正遗嘱的权力。例如,法官可以命令将遗嘱中可供分配的财产数额中取出一部分授予应得的家属。逝者尚存的配偶(或者生活合伙人)可以请求一个合理的财产分配,而不需要证明他或她需要这笔钱。而逝者的子女和其他经济依靠者则仅限于请求必要的生活费用。

3. 无遗嘱继承(Intestacy)

关于无遗嘱继承的法律是非常重要的,因为它为逝者的财产分配提供了默认规则。假如这个规则是符合某个特定人的愿望的,那就正好节省了设立遗嘱的麻烦。今天在英国根据法律分配财产依然遵照1925年的《遗产管理法令》(The Administration of Estates Act 1925)。这个法令是对实际存在的遗嘱和律师们使用的先例书籍中的标准形式的遗嘱进行充分研究后制定的,所以可以算是立遗嘱人最为通用的遗嘱。这部法律中的基本原则是:

第一,性别的平等和年龄的完全平等。传统的长子继承权早在1925年就被废除了。

第二,可以继承无遗嘱逝者的财产的亲属范围包括:配偶、后代

[4] Inheritance (Provision for Family and Dependants) Act 1975.

(子女或孙子女)、逝者的四位祖父母以及他们的后代。如果没有活着的配偶，财产就由关系最近的后代继承。如果没有后代，由逝者的父母继承，其次还有逝者的兄弟姐妹，和他们的孩子。再次是逝者的祖父母、叔伯姑姑、姨妈舅舅及其他们的孩子，即逝者的堂兄妹和表兄妹。有关系近的亲属则排除关系较远的亲属。这就是全部家庭财产继承人。如果逝者没有上述亲属，他的财产就作为无主财产转归政府。国库的律师可能还会给逝者的经济依靠者，无论其是否是亲属，颁发一份富于同情心的生活津贴。

第三，逝者的配偶，即在逝者去世时的法定配偶拥有优先于其他所有亲属的权利，但是逝者的离异配偶和生活合伙人在无遗嘱继承法律上没有任何权利。[5]与过去不同的是，逝者的配偶受到法律上的更好的待遇。他们可以获得逝者的全部个人动产，包括车，但不包括全部金钱。然而配偶可以在金钱中获得最大量的"法定遗产"(statutory legacy)。如果逝者留下了100万英镑而无子女，其配偶先得到总数的25%，即25万英镑。余下的75万英镑由配偶和逝者的父母(或父母的子女)均分。其配偶得37.5万英镑，父母(或父母的子女)得37.5万英镑。如果逝者的父母和兄弟姐妹都已经去世，这37.5万就由逝者的侄子女或外甥(女)继承。如果逝者有子女，其配偶可以先得到100万英镑的12.5%，即125000英镑，和剩余部分(875000英镑)之一半(437500英镑)的终身收益权，或者选择将这个终身收益权贴现为当下的资本价值。其子女平均地获得其剩余部分的另外一半(437500英镑)，并在逝者配偶去世后获得另外一半的平均共有权。他们也可以选择将这个将来权益贴现为当下的资本价值。[6]

如果逝者只有配偶而没有孩子、父母和兄弟姐妹，其配偶就继承

---

〔5〕 如上所述，他们可以根据1975年的《继承法令(关于家庭和依靠者的条文)》向法院申请分配一份财产。

〔6〕 这个例子是由冉得教授补充的。读者还可参考本书第二章3(7)"资本与收入"。

全部财产。在上述各种情形中，配偶可能要求通过一定的财产调整，使得自己能获得婚姻生活的房屋而不是金钱形式的“法定遗产”。假如逝者没有配偶而只有后代，就由后代们继承全部财产。其子女在世由其子女继承，其子女不在世由其孙子女继承。如果逝者没有后代，就由他的父母继承。如果父母已经去世，就由逝者的兄弟姐妹继承。如果其中某个兄弟或姐妹已经去世，就由他的子女继承他们父母应分的份额。家庭成员只有在成年以后才能获得他们的既得权利（vested interest）。在这之前，他们的既得权利只能由成年的受托人掌管。

4. 遗产管理

遗产的分配过程必须要有人来管理。如何管理首先要看有没有遗嘱，如果逝者立有遗嘱，就由遗嘱中所指定的执行人作为逝者的个人代表来管理遗产。如果逝者没有遗嘱，或者遗嘱中没有指定执行人，或者执行人去世或拒绝承担这个责任，那就需要用另外的方式来任命逝者的个人代表来管理遗产。

执行人的职责和权利来自逝者的遗嘱，他们可以拒绝接受这个职责。如果他们接受了，他们就必须采取各种与管理遗嘱相关的行动。首先他们必须使自己的执行人地位合法化，这就必须获得一个遗嘱检验，包括将遗嘱的原件和执行人的誓言存放在遗嘱验证登记处（其中执行人誓言的内容包括：认证本遗嘱为逝者的最终遗嘱，并承诺管理遗产）。然后要向税务局递交一个遗产中所包含各类财产的清单。随后执行人由遗嘱检验登记处颁发一个遗嘱检验证明并附带着遗嘱的副本，即正式被授予管理遗产中的各类财产的全部权力。以上就是遗嘱检验的正常程序。但是如果以后又发现了逝者更晚时间所立的遗嘱，其中又任命了另外的执行人，就要根据最后的遗嘱由后者来管理和分配遗产。〔7〕如果对于遗嘱的合法性有争议，就必须

〔7〕这是冉得教授后来所做的补充说明。

要经过一个法院听证的程序来严格检验。

如果没有遗嘱执行人,与遗产利益相关的人可以向遗嘱检验登记处申请一个遗嘱管理授权书。在无遗嘱继承中,可能会先选定逝者配偶,然后是其子女、父母。如果遗嘱的受益人是未成年人,遗嘱管理人必须至少两个人,或者交给信托公司。遗嘱管理授权书一旦颁发,被授权人就立即作为逝者的个人代表来管理遗产。

在对外界的关系中,逝者的个人代表——无论是由逝者的遗嘱所指定的执行人还是由法院所任命的遗产管理人——继承了逝者的全部权利和义务(包括对于诽谤名誉请求赔偿的权利)。他们可以向逝者的侵权者请求返还逝者的财产,向逝者的债务人追索相关债务。如果逝者生前占有别人的财产、欠有债务,或者有过侵权行为,他们也可以作为被告被相关人提起诉讼。在上述案例中,他们的一切行为均代表逝者的利益,而不是为他们自己的利益,他们必须将逝者的财产和他们自己的财产严格区分开。他们自己的债权人不能动用逝者的遗产,逝者的债权人也不能动用逝者代表的私人财产。

逝者个人代表的地位很像受托人,确实成文法也规定了"无遗嘱的财产由逝者的个人代表接管,并有权出售"。[8] 在个人代表出售遗产中,购买人可以获得财产的所有权,而不受遗嘱受益人权益的任何影响,因遗产的形式已经由实物转化为出售遗产所获得的价款。

5. 财产的其他临终转让方式

除了遗嘱和无遗嘱继承的遗产转让外,还有两种其他财产转让方式必须要提及,它们是:

(1)临终赠与

在遗嘱和无遗嘱继承之间,一种不常用的转让方式就是生前赠与。例如,某人预计自己将死,将自己的某个财产赠与他人,条件是

[8] Administration of Estates Act 1925, s. 33(1).

待自己去世后才生效。临别赠品通常是有形动产,股份证明、抵押或不动产证书等。现在法院用“ parting with ‘dominion’ ”代表临别赠与,赠品的占有转移给受赠人, 假如赠与人去世,赠品的所有权就完全转让给受赠人。如果赠与人废除赠与,或后来又恢复了健康,赠与关系就废止了,受赠人必须将赠品归还赠与人。

(2)受托人或个人代表职责的移交

在信托和管理遗产的过程中,受托人或个人代表可能去世。如果受托人和个人代表不止一人,在逝者去世之时,他的职责和所管理的遗产就完全转移给尚存者管理。如果没有尚存的受托人或个人代表,法律就必须要找到其他人来移交管理职责和相关的遗产。

个人代表的移交方式如下:一个遗嘱执行人,在去世时已经留下了自己的遗嘱并在其中指定了执行人,后者证实了这个遗嘱。那后者就是两个遗嘱(即指定遗嘱执行人的那份遗嘱,和遗嘱执行人本人的遗嘱)的执行人,对于两份遗产都拥有相应的权利与义务。如果遗产管理人在完成职责之前去世,必须由另一位与遗产利益相关的人申请一份新的遗产管理授权书。在另一种情形下,假如一个遗嘱执行人去世而没有留下遗嘱,新执行人必须向遗嘱检验登记处申请颁布一个原立遗嘱人的遗产的管理授权书:新的管理人必须是遗嘱的受益人之一,管理授权书必须附带原遗嘱和相关附录,特指管理工作尚未完成的财产。

在信托尚未完成时,假如信托关系中的最后的受托人去世,信托财产暂时移交给受托人的个人代表(执行人或管理人)管理, 后者当然不能根据受托人的遗嘱来分配信托财产,也不能将其给予受托人的无遗嘱继承的受益人。他们只能把财产转交给新的受托人,必要时他们要向法院请求任命新受托人。在这段时间内,他们暂时被视为原信托关系中收益人的受托人。

第五部分　作为财富的财产 (Property as Wealth)

这一部分讲述的是可以作为财富的财产，即资产(asset)。资产可以作为投资手段，可以产生收入，保持或增长它的资本价值。通过这个方式财富可以经年历久和世代相传。所以这一部分可以说是在前面几个部分的基础之上财产的综合运作和经营。本部分的第12章讲述财产的基本捐赠信托制度的运作，第13章简要地叙述财产法对于遗赠关系的调整，第14章就全书的内容进行概括和总结。

第十二章

财富(Wealth)

1. 导言

我们既可将“财物”(things)视为物本身,也可以将其视为投资工具。人类的生存必须要拥有和倚靠一定的财物,特别是那些供给我们衣服、食物和居所的有形财产。我们需要使用这些东西,并迟早会把它们消耗一空。但是对于它们的生产者和销售者来说,它们是商业过程中的一部分,是公司的持续变换的财物账单中的几种财物。为了生产某种产品,商人需进行资源的和智力的投资。当财物进入财富的统一账单之后,很难说其中哪个部分是特别重要的:它们或者是存在库房里的即将被制造为其他东西的原材料,或者是正在销售和变成金钱的商品。这个生产和销售的过程始于金钱,终于金钱。在开始时需要金钱(或赊欠)得到场地、员工、原料、设备等。有些公司以投资生产产品,或提供服务的方式来提供必要的融资。股份公司的存在表明:钱、其他财物与服务组合成了另外一种形式的财产,其表现形式为公司股份、债券(bonds)和无担保债券(debenture)。于是它们变成了在证券市场上被数以亿计的金钱买来卖去的股票和债券。它们的运作又带来了各种金融衍生物(derivatives),[1]如日用品、货币和股份的期货合同和期权交易(traded options)。[2]

如此看来,财物可被视为物本身,无论它多么平凡,皆因其质量而为人们所占有、使用和处分。在这个视角下,法律将这类物视为特有(specific)和独一无二的,如你所拥有和居住的这所房子,你所买的这本书。当物在人们当中转让的时候,其物必须是特殊的。交易过程必须符合法律对于货物买卖所做的特别的规定,即货物必须是特定的、处于可转让状态中,方被视为转让有效。

另一方面,任何物都可以被视为一定数目的财富的表现形式(如人所穿着的服装)。法律赋予这种财富最为现代的角色:它们是一批完全可以相互替换的财产,隶属于一个永不停息的钱与物的互换机制中。[3]当然有些物比其他的物更加适合于投资功能:除了在日常的生意过程中,我们不会用我们的毕生积蓄来买牛奶,我们也不会仅仅因为欣赏其印刷质量而去买国家存款证书(national savings certificate),但是有些物是拥有上述积蓄和使用两个功用的,特别是房地产。

英国财产法的核心概念始创于土地制度,并随着大量的财富投资于不动产而日益丰富,如地产(estate)、信托(trust)和基金(fund)等概念。普通法中的判例法和成文法都没有关于一般家庭财产的法律制度,因此富有人家和他们的律师在财产转让(settlement)体制中使用上述的几个概念,以确保家庭的继承者可以世代共有对于家庭

---

〔1〕 期权的价格从股票的价格衍生而来,因此它们及其他投资工具被称为衍生物。

〔2〕 例如,期货合同指的是货物主人将特定货物在未来特定日期以特定价格出售给他人。购买者希望到了特定日期货物的市场价格要比合同价格升高,而出售者希望到特定日期货物的市场价格要比合同价格降低。在期货市场上,往往明年的棉花现在就已经被卖掉了。股份也可作为期货交易,合同规定的特定日期到达之后,买卖双方并不实际交付股份,而只是就合同价格与当时的市场价格之间的差价进行结算。

〔3〕 技术术语是财产替代(real subrogation),指的是用一种物取代另一种物。我们在上面的第五章7“追溯”(tracing)中已经介绍过。

财产的享用和控制的权益。这个法律技术已经相当发达,如同人们管理股票、股份和债券等财产。总之,资本不仅仅是可移动的(movable),而且是可流通的(mobile)。只要按动键盘,就可以穿越大海,体现在道琼斯或恒生指数的波动中。

正如前文所述,由于不动产自身的原因(如农场、工厂、商店或住宅),人们以"绝对非限嗣继承占有地产"(fee simple absolute in possession)的名义持有自由保有地产(free hold),即拥有地产的完全所有权;或者以"绝对定期地产权"(term of years absolute)的名义,通过租赁而占有地产。如果我们从投资的角度来看,不动产可以被置于复杂得多的法律构架中,可将它的价值分解为收益与资本、并按照不同的时间段分割财产权益(如终身权益和剩余权益)。这个复杂的财产权益结构遵循着市场的需求可自由交易,通过成文法规则确保了将土地权益出售转变为钱,而钱可用于任何进一步的需求。由是看来,用于投资的地产并无特殊之处,同样随时可以转变为任何其他财物。同样的技术用于其他的财物,有的通过成文法调整,有的通过当事人之间的合意进行。例如对有形动产,诸如对名画或者稀有书籍的权益进行分配,这些标的物本身如同股票和股份一样可以在市场上交易。理解这个过程的关键是基金的概念,基金中的财产表现形式"此时为土地,而彼时为现金;此时又为股份,而彼时为债券"。[4]

由财物所组成的基金或投资组合需要有人来管理。如果只有一个人管理他自己的财产,只要他健在、健全和有清偿能力,就不需要信托基金的介入。信托基金一般用于两个或两个以上的人相继地、或者同时地共享一些权益的情形。如某人在遗嘱中安排"将财产收益给我女儿,然后将财产在她的孩子当中分配"便属于这种情况。我们在下面首先讲述管理信托财产的一般原则,然后讨论普通类型的

---

〔4〕 参见 E. W. Maitland in H. D. Hazeltine (ed.), Maitland: Selected Essays (1936), 134。

信托财产权益,最后分析在信托财产管理和信托财产权益方面法律的局限性。

2. 信托财产的管理[5](Management)

在普通法制度中,一个财产的基金本身不是法人。所以组成基金的标的物必然是有人持有的,或是自然人或是法人公司。基金财产并非为其持有人的独自利益服务(尽管持有人可能是基金的收益人之一),因此人们使用信托制度来管理。受托人管理信托财产并有其出售权,然后用出售所获价款取代已被出售的财产,构成信托基金的一部分。受托人出售不动产的权利是由成文立法所规定的,出售其他财产的权利是由设立信托的法律文书所确立的。受托人也通常被授权使用信托财产作为投资的担保。债权人可以追索的是信托财产而不是受托人本人的财产,而受托人本人的债权人是没有对于信托财产的追索权的。[6]

(1)信托的设立

人们可以通过三种途径设立信托。如果为孩子的将来利益设立信托关系,无论采用什么途径,有三件事情是必须要弄清楚的。第一,委托人的意图是什么?第二,委托人的哪些财产将划为信托财产?第三,设立信托是为了谁的利益?这三个问题都明确了就可以设立信托了。第一种途径是委托人自己声明自己是受托人,第二种是将财产转给一个或几个受托人管理,第三种是通过遗嘱设立。第三种途径主要属于继承法,所以不在此叙述。

设立信托的声明(declaration of trust) 这是单边的法律行为的明显例子,通过声明来转让自己的财产的收益权,并自任受托人。也就是将当前占有财产的人的身份做个改变:由为自己谋利益的所有

---

〔5〕 关于信托的基本概念的论述,还可参考本书第五章6“信托”。

〔6〕 关于信托参见第二章2(6)~(7)、第五章5和第六章4。

人改成为他人谋取利益的受托人。财产所有人只需要声明现在他是为了某个人的利益,而作为受托人管理自己的某些财产即可。这个行为使得收益人立即富起来,甚至可能他们本人都不知情。还可以保护收益人的利益不受财产赠与人的债权人的滋扰。如果财产是土地,声明必须是书面的、有设立人的签名。而设立人必须是有资格设立信托的人。如果信托财产不是土地,只要表达了设立信托的意愿就可以了,没有统一的程序、不需要请律师、甚至不一定要书面形式。一个人在洗澡的时候唱着歌就可以设立一个价值百万英镑的股票或股份的信托关系。当然在实践中人们会选择更加正式的方式。[7]

(2)任命受托人(Appointment of Trustees)

第二件事情,也就是最普遍采用的步骤就是要任命一个受托人的职位。除非财产所有人在设立信托时将自己也任命为受托人之一,否则在受托人被任命了之后,财产所有人就要完全退场了。如果受托人是自然人则至少要两个人,以防止因受托人死亡而带来的风险,并且可以确保在不动产交易中土地转让的成功。即信托财产中的土地转变为货币时,购买者可以得到土地的所有权。受托人多为专业人士,通常还有社团被任命为受托人,后者为专门从事信托管理业务的公司。受托人的管理费用都可以在受托财产里面报销,他们的报酬都在任命文件中做了说明。如果信托协议中没有规定,而通过其他受托人的书面同意,受托的公司有权领取合理的报酬,而非专业的受托人则完全是义务的。[8]

---

〔7〕 如果信托财产中包含了作为担保权益的动产占有(例如债务人将汽车质给了信托设立人),信托声明必须符合《卖据法令》(Bill of Sale Acts)。信托设立人的债权人不能动这批动产,但受托人必须负责支付印花税。所以最好的形式就是在口头声明之后写一个书面通知,告知债务人信托已经设立。

〔8〕 详情参见2000年《受托人法令》第5部分(Trustee Act 2000, Part v.)。

(3)信托基金的转移与保护

当信托关系建立之后,每一项信托财产都要通过适当的程序转移给受托人。在这一步每项信托财产都要被单独列出,适当描述和通过正确的手续和程序完成转移:信托财产若是现金,就要交付给受托人;若是股份,就要转移股份并将受托人登记为股东(现在则是用受托人的名字作为电子版的持股人);若是应收账款,就要通过书面转让并给债务人一个通知;若是不动产,就要完成不动产转让手续,并将受托人登记为土地管理人(Proprietor)〔9〕。并且要在登记文件中说明,在该不动产买卖或抵押时,至少要有两名受托人作为收款人。如果购买人不按照要求将地价交给登记文件中规定数目的受托人,就不能登记成为新业主。

在各种形式的财产通过适当的程序转移给受托人之时,在一份信托文件中要明确注明这些财产对于新的持有者来说不是礼物,不是借贷,而是信托财产。文件中要注明全体收益人的姓名和在信托关系中的权益,文件中还要赋予受托人(与成文法规定不同)特别的投资和管理的权利,也可能包括受托人违背小心谨慎管理财产的职责而应负的责任。〔10〕 文件中还要任命一位"信托的保护人"(protector of the trust),这对于海外财富的信托尤其需要。此人不是收益人,但有权撤销受托人,请求受托人赔偿损失和任命新的受托人。

---

〔9〕 Proprietor 在英文中指财产的所有者,业主和指负责经营管理的业主,这个概念所强调的是对于财产有处分权的人,从这个意义上而言,普通法中对于所有人和管理人的概念的边界不是很清楚。此处受托人是财产管理人,在普通法中将受托人登记为财产管理人便于他们通过买卖土地来经营信托财产。所以在此处翻译为"财产管理人"而非所有人,以防止与中文中的"所有人"概念混淆,造成更大误解。

〔10〕 参见2000年《受托人法令》第1条(Trustee Act 2000, s. I)。

3. 信托关系的结构

一般来说,在信托财产中有两种收益,这取决于收益人是现在占有权益还是将来占有权益。这里“占有”(possession)一词的含义是占有和使用有形的信托财产,包括对于财产的资本或收益的权利。数个收益人同时拥有占有权,既可以采取共同共有的方式(如其中某个收益人去世,份额就转归幸存者所有),也可以采取按份共有的方式(每人在价值上拥有独立的一份,但在实际的占有和使用上又分不开)。通常更为细致的安排是授予受托人一定的决定权,来决定哪一部分应得到哪些收益,和应得到多少。同时并存的收益人的收益权也许是永久的,也许是在一定时间内的。同样,限定时间的利益也可能给某个个人。当一个限定时间的权益授予给一个人、两个人或者更多的人,总有人在限定时间终止之后获得财产,这个人的身份也应在信托文件中说明。如果信托文件中没有指明这点,限定时间过后信托财产就必须返还信托的设立人,因为受托人不能为了自己的利益而持有受托财产。

(1) 安娜家的例子

举个简单的例子:撒拉是个英国富婆,她打算设立一个信托,来确保她的唯一女儿安娜能得到财产的收益,和将来安娜的孩子能继承他们姥姥的财富。于是她签署了一份设立信托的文件,清楚地声明:用自己的财产设立一个信托基金, T1 和 T2 将作为她的两名受托人而持有信托财产。将信托财产每年的收益给安娜终身享用,在安娜身后将信托财产在安娜的孩子当中平均分配。这份文件通常是书面的并有撒拉的签名(尽管严格地说只有涉及不动产, 法律上才要求如此),而且还要由受托人签名表示接受这个职位,和一些关于他们的酬劳的细节等。

假设两名受托人 T1 和 T2 接受了这个职位, 撒拉就必须把信托财产转移给他们。撒拉的信托财产中包括土地、投资证券、钱和艺术品。为了正确地转移财产，每一种信托财产的转移方式都必须要符合法律对于各类不同的财产的转移程序和手续的要求。所以撒拉必须要使用契据来明确转让指定的土地、签署股份转让的文件(或者通过一定的中介人或电脑程序)完成股份转让。受托人需要确认他们的名字作为财产管理人(proprietor)已经在土地登记册上登记，作为股东已经登记在公司股东的登记册上，或者作为股东已经登记在中间商的客户名单中。如果需要转移现金，可以通过交付现金、支票或者银行转账。钱必须被转入一个与撒拉无关的、受托人名下的银行账户。最后所有的艺术品都必须一一交付给受托人。如果它们正被银行保管着，或者被博物馆借用着，撒拉必须通知当下的艺术品持有人信托设立的事实，并告知今后财产的主人是T1和T2。当这一切都办好之后，撒拉就完全丧失了对于信托财产的任何权益，也不能再对财产的管理和处分说什么了。因为她已经完全将财产转移出去了。

在信托关系中，没有一个人拥有撒拉曾经拥有的全部的财产所有权，包括权利(rights)、权力(powers)、特权(privileges)和豁免权(immunities)。它们被以下三种方式分割了：受托人掌握着每项信托财产的管理权和控制权；安娜终身拥有信托财产的收益权；[11]安娜的每个孩子(包括尚未出生的孩子)平均拥有(在安娜去世之后的)信托财产的所有权，这个将来权益拥有当下的价值。其中每人所得数量取决于他们一共有多少兄弟姐妹。在安娜去世之后信托关系就结束了，安娜的孩子可以任意处置他们所得的遗产。如果安娜的其中一个孩子先于安娜去世，他的继承人可以继承他的权益。因为信托制度并没有规定孩子的权益取决于孩子必须比母亲长寿。

在安娜活着的时候需要财产的收益，因此两名受托人有权力和责任管理好财产；信托关系如同屏幕和轴心一般地运作着。当安娜

---

〔11〕 如果信托财产是房子而安娜需要居住，安娜享有的就是对信托财产的占有、使用和收益权。如果是其他财产，安娜可能只享有收益权，而并不直接占有使用信托财产。如由受托人负责买卖股票，或经营农场，把每年的收益交给安娜。

去世、她的终身权益终止时，信托关系连同受托人的权利也都终止了，财产转移给安娜的孩子。在这个最后阶段安娜的孩子们拥有了财产所有人的全部权利，如同他们的姥姥撒拉那样。他们可以任意处置自己的那份财产，例如，把股票捐赠给慈善机构、任土地荒芜，甚至把艺术品烧掉，当然也可以再设立信托。

(2)信托的屏幕 (The Trust-screen)

受托人有权利出售任何信托财产，而购买人是否知道信托收益人安娜和她的孩子的权益都无所谓，这是信托关系的关键。立法对于土地的规定是“为着履行受托人的职责”，非限嗣继承土地或者租赁土地的受托人对于出售和转租土地具有绝对所有人的权利。[12] 但这并不是说受托人可以荒废土地或者随便将土地赠与陌生人。这当然属于绝对所有人的权利范围，但是受托人如果这样做就是故意破坏了。这一条款的关键是受托人的出售权力，如立法给予受托人出售土地的权利，信托协议给予受托人出售其他财产的权利。[13] 也就是说在大多数判例中受托人的出售是有效的，而不违反信托的规定。购买人不需要去了解土地、股份和名画的出售人是真正的所有者或仅仅是受托人。出售信托财产中的唯一强制性保障是，土地的购买人必须向至少两名受托人，或者信托公司支付地价。在土地登记处的记录证明着受托人拥有土地的经营权，同时也还有一个关于上述要求的警示。由信托人以“准所有人”身份出售信托财产和进行各种投资，而不必去找寻真正、完全的所有人，这就是信托关系的屏幕。

---

〔12〕 参见2000年的《受托人法令》第8条(Trustee Act 2000, s.8)和1996年《关于土地信托和任命受托人法令》第6条(1)[Trusts of Land and Apointment of Trustees Act 1996, s.6(Ⅰ)]。

〔13〕 也就是说，受托人只有在出售权方面具有“绝对所有人权力”，而在所有权的其他方面并不具有完全的所有人权力。实际上受托人的权利是受到《信托法令》和信托协议的限定、规范和监督的。如果说这也是“所有权”，那也是一个大大缩小了的“所有权”，与我国民法和物权法的所有权概念不能等同。

(3)信托的轴心(The Trust-pivot)

当某项信托财产被出售之后,取代它在信托基金中位置的是所收的价款。可能实际上价款不是由现金支付的,而是通过某种形式的赊购交易。所以在受托人手中的、取代所出售土地的标的物的实际上是一个对于债务人的债权请求权,即权利动产(chose in action)。赊欠清偿之后的钱可能被用于购买其他财产,如自由保有土地或租赁土地、股份、债券等。受托人具有在广泛的财产范围内谨慎投资和任命与支付代理人和经纪人的一般权利等。受托人出售信托财产的权利意味着在信托所包含的财产中没有一种是独一无二和必须保存的,任何物都是一种投资。重要的是信托基金的总值,安娜的权益是这个财产总值所产生的收益。安娜的孩子们的权益是在安娜去世后获得信托财产总值的一份以及由此而产生的收益。这里信托财产的具体的、特别的形式不重要,而重要的是信托基金的总值,即从具体标的物中抽象出来的财富总价值,这就是信托的轴心。

4. 对收益人的保护

(1)违反信托规定的转让

如果T1和T2违反信托的规定,将信托财产无偿赠与他人,收益人的保护方式有两种:第一,他们可以起诉受托人,要求受托人恢复受托财产基金。这是一个不涉及受托人个人财产的债权请求,收益人是个没有担保的债权人。第二,如果收益人能够找到信托财产的被赠与人,他们就可以起诉被赠与人,向被赠与人追索信托财产或者将其出售所收的价款。他们的这个请求是财产请求,可以优先于被赠与人的其他债权人。如果信托文件中禁止出售某些特定的财产,而T1和T2违反信托规定,将其出售给一个明知或应当知道T1和T2违反信托规定这一事实的购买人,收益人可以有三种保护方式:第一,他们可以向受托人提起债权之诉,请求恢复受托财产;第二,他们可以向购买人提起财产之诉,请求归还受托财产;第三,受托人手中的因出售信托财产所得之价款属于信托财产,不论在哪里只要能够追索到就可以要求对方归还。对于受托人权益保护的唯一限定就是:他们不能对抗信托财产的善意购买人。后者不知道他们所购买的(或者接受担保的)财产是违反信托规定而出售(或设立担保)的信托财产,并且为之付出了相应的市场价格。在这种情况下他们就受着法律的保护,收益人不能向他们请求归还受托财产。然而他们付给受托人的价款属于信托财产,收益人可以追索。

需要强调的是:一般而言审查受托财产的每个特别部分,决定是否要卖应当是受托人的责任,这个责任已经被成文法所规定。[14] 在关于信托的一般法律规定中,有两个重要的技术功能,据此某种财产可以替代另一种财产(财产替代'real subrogation')。

第一种是平静发生的而且更为普遍,由诚实的受托人所办理的有效的信托财产出售,所获价款将取代出售物而成为信托财产中的一部分。第二种功能建立在较为敌对的背景下:如果受托人违反信托规定出售了信托财产,经收益人同意所得价款也可以取代出售的财产,被视为信托财产的一部分。收益人也可以把所得价款当作是抵押,来担保他们的请求。他们可以向受托人提起债权请求,要求恢复受托财产。他们也可以向财产的接收人提起财产请求,要求归还受托财产。除非接收人是不知情的善意购买人并已经支付了价款。

(2)善意购买人

如果受托人违反信托规定,将信托财产出售给不知情的善意购买人,并且自己擅自占有价款,收益人只能以无担保债权人的身份向受托人请求返还价款。在这种情形下,当信托财产的价款流失时,对于出售财产的财产权益就都丧失了,再没有什么东西可以代表出售财产在信托基金中的位置。收益人只能以无担保债权人身份要求

---

〔14〕 参见2000年《受托人法令》第2部分(Trustee Act 2000, Part Ⅱ)。

受托人赔偿损失。这个结果如同你错误地吃下了我的一条面包。当面包存在时它是我的,面包和它的价值都是我的动产,并不受你的债权人的干扰。一旦面包被你吃了,我就丧失了对它的财产权,只剩下了向你讨还面包价值的无担保债权。法官的判决可以通过拍卖你的财产来执行,但是我必须与其他债权人一道分配拍卖所得,而没有任何优先权。

5. 收益人权益的转让

我们现在假设上述信托关系运行良好,两名受托人为着确定的收益人的利益忠实地、有效地经营着信托财产。安娜享有着收益权,她的孩子们在将来将平均拥有信托财产的总价值。如果我们套用不动产法律的古老术语来描述这些权益,那安娜所拥有的就是终身权益(life interest),而安娜的孩子们对于信托财产所拥有的权益是否就是“绝对非限嗣剩余权益”(fee simple absolute in remainder)的按份共同所有权。[15]在这一专门概念里面所谓“非限嗣”(fee simple)指的是安娜的孩子的所有权不限于他们本人,在他们去世之后还将通过遗嘱或无遗嘱继承法律传给他们的继承人;所谓“绝对”(absolute)指的是没有任何法律规定可以剥夺安娜的孩子(无论男女)的这一与生俱来的权利;所谓“剩余”(in remainder)意思是在他们的母亲安娜活着的时候,他们还不能得到他们的财产。只有在他们的母亲去世以后他们才能将信托基金平均分配。这里重要的是收益人的财产权益并不与某个具体财产相联系,他们拥有的是全部信托财产的总值。其中任何一位收益人的债权人都可以请求用他们的收益权抵偿债务。收益人也可以将他们的权益折价出售或者设立担保。例如,安娜可以将她的终身权益作一次性处分,安娜的每个孩子也可以将属于自己的那份将来权益折价处分。[16]

---

〔15〕 参见第五章1、2。

〔16〕 关于将来权益的折价的方式参见本书第二章3(7)。

(1) 权益的证明

当安娜和她的孩子们需要处分他们的权益时,他们怎样向那些可能的购买人证明他们的权益呢?信托财产中的每一种财产都记在两名受托人的名下:T1 和 T2 是信托财产中的所有土地登记文件上的管理人,是所有股份财产的注册股东(通过中介或电子注册),是银行账户的持有人。收益人没有产权契据和证明,任何财产的登记注册也没用他们的名字。唯一能够证明他们权益的就是信托设立人签署的那份信托文件,其中说明了他们每个人的权益,受托人必须遵照他们的要求给他们每人一份副本。受托人还必须定期向收益人提供信托财产的报告,说明信托财产的最近经营情况,包括拥有多少种财产,价值多少,已经产生了和还将产生多少收益等。这个报告是不显示收益人的权益的。持有上述文件,安娜就可以向那些准买家出示:(a)信托财产的最新报告,包括资本价值和收益状况;(b)母亲赠与她终身收益权的信托文件。安娜的孩子们也可以向准买家证明信托财产的价值和姥姥所赠与他们的将来权益。

(2) 权益的估价

安娜的终身收益权具有当下的资本价值。我们在第二章里面介绍了如何采用贴现的方法来计算在未来若干年收益的当下资本总值。我们首先需要了解收益的数目和时间。举个简单的例子,假如信托财产的资本总额是 200 万英镑,平均每年可产生 5% 的净收入,安娜在有生之年平均每年可以得到 10 万英镑的收入。我们不知道安娜的寿命,但是人们可以咨询保险精算师,请他们根据统计概率估计出安娜余生的时间。当然安娜可能早于或者大大地迟于那个时间而辞世,然而这些风险都可以被保险所补偿。[17]

假如安娜现年55岁,而且据统计大概可以活到75岁,也就是说她的每年收入10万英镑的终身权益可以延续20年,加在一起共200万英镑。但是安娜现在可不是个两百万富翁。她的财产是个正在消耗中的、价值不断减少的财产。如同一个每年可开采10万英镑价值的金矿,20年以后矿藏就被采尽,因而将变得一钱不值。尽管20年累计的总收入为200万英镑,但是没有人愿意现在就以200万英镑来购买安娜的终身权益,或者那个金矿。因为这将损失200万英镑在20年中的收益,是不合算的。为了计算出20年后的200万英镑的总收入的现在交易价值,必须根据时间来打折扣。你愿意花多少钱购买这个年收益权?具体方法是设定200万英镑每年年底的收入为10万英镑,也就是说年收益率为5%,我们就用5%的贴现率,计算一下明年年底的10万英镑收入的当前价值(用10万英镑除以1.05等于95238英镑)。再计算一下后年年底10万英镑收入的当前价值(用95238再除以1.05等于90703)。如此除上20次,再将20次的得数相加,总数就是1256000英镑。这是对于安娜未来20年收益的当前价值的最好估价。人们可以在这个基础上进行交易的谈判。此外,安娜的孩子们的将来权益总值也可以计算出当前的市值。即用现在的资本总值200万英镑,除以1.05,连续除20次,就是20年后的将来权益的当下市值74.4万英镑。用这个数字再除以孩子的人数,就是每个孩子将来权益的当下价值。如果安娜的孩子们选择现在就拿到这笔钱来做投资,按照每年5%的收益率计算,20年的总收入125.6万英镑。加上74.4万的本金,正好就是200万英镑,与他们

〔17〕 在无遗嘱继承的情况下,如幸存配偶选择出售终身权益转作资本可以使用同样的办法。参见1925年的《遗产管理法令》[Administration of Estates Act 1925, s. 47A, 3(A) and 3(B)]和1977年的《关于无遗嘱继承(权益与资本化)的命令》[Intestate Succession (Interest and Captalization) Order 1977, S11977, 1977/1491]。命令(order)是英国经过立法授权政府部门所颁布的规定,类似于我国的部门规章(冉得教授补充的解释)。

20年后应该得到的总数是一样的。当然如果他们更会投资经营，或者用来投资教育，将来的年收益率可能会远远高于5%。这就是为什么许多年轻人宁愿选择把将来权益贴现的原因。此外我们计算这些权益的当下市场价值时，切记每过一天，安娜的终身权益的价值就会递减，而她的孩子们的将来权益就会递增。

(3)通知的保护作用

安娜的终身权益不仅可以贴现出售，还可以赠与他人和设立担保。但是安娜的终身权益不能做财产登记，财产权益的转让也不能做登记，人们怎样才能知道安娜的终身权益的真实状况呢？被转让人的权益又如何保护呢？对此人们只能建立一个由受托人(或由被任命的信托公司)所掌握的"私人登记机制"，即给予受托人通知。任何关于信托收益人的权益的交易和转让都必须给受托人一个书面的通知，据此被转让人才能获得对抗一切后来者的优先权。因此在与安娜交涉购买她的终身权益时，准购买人不仅要查看信托财产的资产报告和证明安娜的权益的信托文件，还要询问受托人是否收到过在此之前的任何相关交易的通知。假如安娜在这之前已经把自己的终身权益转让给了一个慈善机构，该慈善机构就成为实际上的终身权益的收益人。它应当及时通知受托人，要求他们向一切人公布这个财产的转让和现在属于它的法律权益。假如该慈善机构没有及时给受托人书面的通知，那不知情的善意购买人就会获得优先权。如果善意购买人先给了受托人通知，该慈善机构的财产权益就会丧失，只留下一个找安娜赔偿损失的无担保债权。信托中的收益人权益的所有交易转让都必须给受托人通知，受托人在这方面的作用如同公共土地登记或者股权登记制度的作用。

(4) 剩余财产的交易

如上所述，不仅安娜可以转让她的终身权益，她的孩子们也可以转让他们的将来权益。如果安娜没有孩子，她去世后这笔财产就应该转回她的母亲撒拉名下,除非信托文件中另有安排。假设安娜有两个孩子,他们一出生就无条件地共同拥有该信托财产的资本。只是在他们的妈妈的有生之年,他们不能享有资本所产生的收益。因为受托人必须将资本的收入付给安娜或者她的受让人。如果其中一个孩子先于安娜死亡,他的将来权益可根据他的遗嘱或者按照无遗嘱继承法转移给他的继承人,因为安娜的孩子们的将来权益不是终身权益,而是一个可以传给后代的资产所有权。

如上所述,这笔信托资产为200万英镑,年收益率为5%。据估算,安娜的终身权益(未来20年中的总收入)的当下市场价值为125.6万英镑。那剩下的74.4万英镑就是安娜的孩子们的将来权益的当下市值。普通法称之为"剩余财产权益"(Interest in remainder)而大陆法称之为"光秃的所有权"(bare ownership)。因为在他们的母亲的有生之年,这个资产权益不能带来任何收益。然而随着时间的推移和安娜的终身权益价值的递减,这个权益的价值将与日俱增。当安娜还可以生育的时候,人们难以确定将来权益将在多少人中分配,每个孩子可以分得多少。但是随着时间的推移他们的权益就日益清晰确定。假如安娜已经55岁且不能再生育了,现有的两个孩子每人的将来权益就是37.2万英镑。孩子成年以后就可以自己处理自己的权益:或转卖、或设立担保,甚至放弃。这些交易的程序也和上面所叙述过的一样,准受让人需要查看证明这个孩子的权益的信托文件,查看信托财产的资产报告,还需要到受托人那里查询有没有收到过先于此项交易的通知。最后准受让人要给受托人一份关于此项交易的书面通知,以确保当安娜去世之后他们可以得到其中一个孩子的资产。

(5)信托收益人权益的市场

如上所述,信托收益人的权益可以折算为当前的市值并在市场上转卖,但是谁会对购买这些权益感兴趣呢?首先对于安娜的终身收益权最感兴趣的应当是安娜的孩子们。当他们成年以后,他们可以将安娜的收益权的剩余年限买断，因此而获得一个完整的资产所有权，并完全结束这个信托关系。[18]而对于安娜的孩子们的权益最感兴趣的是人寿保险公司的经理或退休基金的受托人。这两种公司的业务都是要吸纳持有人的年收入（如保险费），而将来到了一定时间则要向他们（一次性或分期）支付一笔资本总额。所以用当下的贴现价值购买信托关系中孩子们的将来权益，即购买一个20年后可得到一笔大大增值了的资本的预期，对于公司来说不仅是一种很安全的投资，也在业务上是一种很好的风险平衡。这是一个很小的、专业性很强的市场，交易者们将安娜的孩子们的将来权益称之为“可归复的利益”（Reversionary interests）。

（6）分信托（Sub-trust）

信托中的收益人权益，无论是终身权益还是将来权益都不仅可以出售、设立担保和放弃，还可以在这个权益的范围内再设立信托。例如，安娜可以就每年的10万英镑收入再设立一个信托，或者自任受托人，或者交给她任命的受托人去经营管理。设立分信托的手续和程序与设立主信托是一样的，都必须要签订书面文件。安娜的孩子如果准备将他们的权益保留终身，也可以通过遗嘱的方式为他们的孩子再设立信托。这种在主信托的框架内再设立的信托被称为“分信托”，其信托设立人、信托财产、受托人和收益人都是与主信托不同的。分信托的受托人手中经营的财产不是主信托的全部财产，而是主信托财产中的一部分。如安娜的分信托受托人所经营的是信托财产的年收益部分，而安娜孩子的分信托受托人所经营的是安娜去世后所获得的信托财产。[19]

---

〔18〕 英国法律没有规定子女对父母有赡养的义务。

〔19〕 安娜的孩子可以将他们在信托中的权益转让给他们的分受托人，同时给主受托人一个通知。当安娜去世后，主信托人就应将信托财产转交分受托人掌管。如果安娜有两个孩子，其中一个孩子设立了分信托关系。该分信托受托人所掌管的财产就是主信托财产的50%（冉得教授的补充说明）。

6. Estate 的概念[20]

当把财产视为信托财富时，上述章节清楚地阐述了流逝的时间因素在评估信托权益的价值中的重要性。从历史上看，老普通法(即衡平法之前的)中的 estate 的概念中即含有准确的时间因素。在今天的英国法中，我们需要把这个术语的两种含义加以区分：

第一，estate 最早指的是以不动产为标的物的法律权益，包括一对概念：自由保有地产权(freehold estate)和租赁地产权(leasehold estate)。如果这些权利是通过一定的正式法律手续而设立的，就被称之为"法定地产权"(legal estate)，这类权益的法律效力胜过任何其他权益。[21]同一土地上可以同时存在两个法定地产权，即土地的自由保有与租赁，二者都受到法律的保护，并且它们二者之间是不冲突的：在租赁期间内，自由保有的持有人和他的继承人必须遵守租约，而租约的持有人和继承人必须缴纳租金。[22]

第二，衡平法产生后，estate 的含义通过信托的技术而延伸到由各种财产所组成的基金权益，主要包括：终身权益(life estate)和非限嗣剩余财产或归复财产(fee simple absolute in remainder or reversion)以及相伴随的、或可确定的各种权益。[23]将这一对权益与上面的一

---

〔20〕 英语中"estate"一词包含的意思有财产权、地产、地产权、遗产和信托权益等，在中文中很难用一个对应词汇来准确表达。所以本章中根据上下文，有时翻译为地产权，有时翻译为财产权，有时干脆就用英文 estate。参见本书第一章 3(4)"专业词汇"。

〔21〕 The LPA 1925, s. I(I)(4) 将 legal estate 的概念扩大了，如地役权和抵押权。一些历史上形成的老权益也可归入这个范围，如受法律保护的市场占有权，一些钓鱼和游戏的权利等。参见 2002 年的《土地登记法令》第 3 条(I)(K)和(D)[Land Registration Act 2002 s. 3(I) (K)and (D)]。

〔22〕 这段为冉得教授的补充说明。

〔23〕 例如限嗣继承土地制度(fee tail or entail)，根据英格兰 1285 年的《不动产法》(Real Estate Law 1285)规定将地产遗留给特定的后代，如限定男嗣，或女嗣继承，可以世代相传但不能出卖，旨在将地产保持在家族血亲后代范围内。这类权益在 1996 年英格兰和威尔士的法律中已被废止。

对权益做比较,我们可以看出自由保有地产和租赁权益地产是同时发生的一对权益,而终身权益和剩余财产(或归复财产)权益是处于不同时段的权益,但是二者都可以用贴现的方式计算出其当下的市值并在市场上转让。此外,受托人权益也是信托基金中 estate 之一种。[24]

从分析的角度来看,estate 中有五个主要因素:

第一,财产的收益权,我们用字母(i)来代表;

第二,享有财产所有权的时间,我们用字母(E)来代表;

第三,转让的权利,我们用字母(a)来代表;

第四,由于转让权可以无数次地再转让,所以还要用 ~ 表示这种无限的次数;

第五,自然人的寿命,我们用字母(L)来代表。

因此下述地产权(estate)可以用下面的数学公式来表示:

非限嗣继承占有地产(fee simple absolute in possession) = a ~ (iE)(享有财产所有权的时间加收益权,再加上在这个时段内的无限次转让权)

终身权益(life estate) = a ~ (iL)(即自然人的寿命时间的收益权,加上在这个时间内的无限次转让权)

非限嗣剩余地产(fee simple absolute in remainder) = a ~ [i(E - L)](即享有财产所有权的时间减去自然人寿命时间,再加上无限次的转让权)

这种权利要素分析的方法是很有启发意义的,对于我们理解 estate 的概念也很有帮助,尽管它不能像数学那样概括和精确。而且上述分析只是在方法上的举例,并不能完全概括 estate 这个概念的全部内容。[25]

---

〔24〕 受托人的权益是“为着信托目的财产所有权”。在普通法中受托人是私法的指定执行人(official of private law)。这是冉得教授的补充说明。

〔25〕 例如租赁地产权益(leasehold estate)和信托关系中受托人与收益人的权益也都属于 estate 的范围。对于租赁地产权益的分析参见本书第 8 章 2(1)。

第十三章

对遗赠关系的调整
(The Control of Endowment)

财产赠与人往往会加上一些附带条件,如必须当某些事情发生后,或者某些条件满足后遗赠方能生效。法律允许立财产赠与人有一定范围的自由权,同时对这个权力又有一些限制措施,如赠与人所设立的条件必须不违反公共政策和法律的某些特殊禁令,否则该条件无效。假如赠与人的条件是"给杰克财产的终身收益权,直到他去世或者结婚为止。"后面的一个条件"直到结婚为止"就可能会被法官所圈掉,不允许有人通过授予财产而禁止别人结婚。[1] 英国的法律近年废止了古老财产限制继承制度(entail)。这个制度始于13世纪,旨在将财产世代限制在特定家庭的直系后代内:如赠与人通过遗嘱或设立信托,规定家庭财产永远不准出让,只有财产的收益权可在家族中世代相传,因此每一代人都没有财产的处分权,这就是财产的限制继承制度。这个制度起初只限于不动产,后来通过信托也可以

[1] 但是如果条件是"当某人结婚时赠与才生效"则是许可的,因赠与人的动机是为了帮助新婚夫妇建立家庭。

用于其他财产。在英属殖民地也出现过这种制度。1776 年美国弗吉尼亚州率先废除了这一制度，随后在其他地方也陆续废除了这种制度。[2] 1996 年以后英国有人试图对自己的继承人设立限制继承，但最后法院声明其继承人应该得到的不是收益权而是绝对所有权。此后先是通过法院的判例，后是通过国会立法，在英国也逐步禁止了对于财产的限制继承制度。

法律对于传统的财产的限制继承制度的控制主要体现在两方面：一是对于不可花费的收益的控制；二是对于无主资产的控制。[3]

1. 未消耗的收益：反对积累规则（Unspent Income：the Rule against Accumulation）

基金投资制度可以使得财富与日俱增，也会引起不可花费的收益的积累。假设信托收益人是个婴儿，受托人有用信托基金的年收益为他支付抚养教育费用的法定职责，并将没有用完的部分积蓄起来用于再投资。但是假如信托设立人长期禁止受托人使用年收益，而只许将其用于再投资和财富的长期积累，法律就会加以干涉。例如，某个信托设立人给受托人 100 万英镑，并指示"将每年的收益追加到资本中，直到立遗嘱人的第一位孙女成年，然后将全部资产都给她。"如果在遗嘱生效时，立遗嘱人的子女还是小孩，需要大概 20 年时间才可能生出立遗嘱人的第一位孙女来（英国没有孙女和外孙女之分），然后需要另外 21 年这位长孙女才能成年。这个遗嘱会产生两个效果：第一，为一个尚未出生的人积蓄可能在将来是很大的一笔财富；第二，以现在活着的人的利益为代价，如立遗嘱人的配偶和孩子永远也不能从这笔遗产中收益分毫。

在英国，1797 年去世的彼得·西鲁森生前在遗嘱中要求将他的

---

〔2〕 参见《牛津法律大辞典》，第 380～381 页。

〔3〕 1998 年英国法律委员会提出了一个报告并起草了一个法律草案，对现行的制度提出了一些改革建议。具体可查：http://www.lawcom.gov.uk。

一笔不菲的遗产的年收益积累到资本中,直到59年后某一件事情发生才可以动用。这个遗嘱剥夺了他的遗孀和孩子在59年内享有他的这笔遗产的任何权利。1800年议会干涉了这个案子,制定了一个至今在立法中有效的规则,[4]其主要的效果是将积累收益的时间限制在一定的年限之内:第一,在当事人活着有效的信托(inter vivos trusts)关系中,[5]信托设立人可以要求在他的有生之年将信托财产的收益积累追加到资本中。第二,从遗嘱设立之日起,信托财产收益的积累不得超过21年,或者某个孩子的未成年时间。此后财产的收益就必须给予成年的收益人享用。如果遗嘱要求财产收益的累积长于上述时间则属无效。

在实际生活中,遗嘱要求长期积累收益的例子是不常见的。因此法律委员会建议除了对于慈善机构的超长时间收益积累加以控制外,废除上述立法控制。今天即便在没有立法控制的情形下,如果信托设立人将财产的所有权给予他的已成年的收益人,同时附带一个在一定时间内收益不可花费,而只能用于资本积累的条件。成年的收益人和受托人都可以对附带的条件置之不理。其理由很简单:既然财产或财产权益已经全部属于收益人,而收益人又是成年人,他当然对于财产处分有决定权。假如某人立遗嘱"把我的财产交给受托人T1和T2,他们为我的5岁女儿安娜管理信托财产,将信托财产的年收益累计到资本中,直到安娜50岁时,再将全部信托财产移交给她。"在实际操作中根据反对积累原则,安娜21岁成年时就可以享受信托财产的收益权,而不需要等到50岁。当安娜50岁时,就成为信托财产的完全的所有人,信托关系到此结束。

---

[4] 参见1925年《财产法令》164-6条(Law of Property Act 1925, ss. 164 - 6),1964年《永久化和积累法令》13-14条,(Perpetuities and Accumulations Act 1964, ss. 13-14)。

[5] 当事人活着有效的信托(inter vivos trusts)是一种活人之间的财产转让,与通过遗嘱设立信托不同。

2. 无主资产：反对永久化规则（Unowned Capital：the Rule against Perpetuities）

我们以上一章的故事为例来解释这个原则。例如，英国富婆撒拉签署了一份设立信托的文件清楚地声明：用自己价值200万英镑的财产设立一个信托基金，T1和T2将作为她的两名受托人持有该信托财产，将财产收益给女儿安娜终身享用，在安娜身后将全部资本在安娜的孩子当中平均分配（详见上一章第3节）。根据安娜的年龄估算，她的终身收益权可持续20年，其在信托生效时的当下市值为125.6万英镑，根据贴现率计算，安娜的孩子可在20年后得到的200万英镑本金在信托生效时的当下市值为74.4万英镑，并应随着时间的推移而逐步增长。[6] 如果安娜有不止一个孩子，就在她的孩子们当中平均分配。但是假如安娜直到去世都没有孩子，根据法律这笔200万英镑的巨资和收益就转回到撒拉（假如她还活着）或者她的继承人手中。如果撒拉已经去世，就要根据本书第11章中所讲述的继承顺序从撒拉的亲属中确定财产继承人。但是现在我们并不知道谁最终将是这笔信托财产的所有人。当然信托财产所有人的不确定性并不影响信托基金中的某项具体财产的转让。如上所述，受托人有全权出售具体的信托财产（如土地、房屋、股票等），购买人无须了解信托收益人的存在，即可以获得具体信托财产的完全所有权。出售物在信托基金中所占成分被出售价款所取代。

出于公共政策考虑，法律不允许信托基金的财产的最终所有人长期处于不确定的状态。也就是说，上述这种不确定状态不能持续太长时间，于是普通法法院早在400多年前就设立了反对永久化的基本规则（the rule against perpetuities）。这一规则在整个普通法地区均被采纳，尽管各个地区的法律有其具体的特征。普通法的基本原则是：信托财产权益的最终所有人的不确定性虽然可以容许存在一

〔6〕 详见第十二章5“收益人权益的转让”中的（2）“权益的估价”一段。

定时间，但是一定要由这种或他种办法加以确定。[7] 其时间被限定在信托生效时某人的有生之年再加上21年之内。例如，根据上述安娜一家的案例，在信托设立时创立了两个权利：安娜的终身财产收益权和安娜的孩子的将来财产所有权。假如信托设立时安娜已经有了孩子，这个孩子立即拥有了一个当下可以转让的信托资本权益，尽管在安娜的有生之年他还没有收益权。[8] 假如信托设立时安娜还没有孩子就有两个可能：第一，她后来有了孩子，则必须在安娜去世后21年之内把财产授予他，那时他应已经成年。如果安娜没有孩子，信托资本就回归（"jump back"）撒拉。如果撒拉已经去世，则必须在21年内另外确定继承人并将财产授予他。

如果撒拉的信托条件是"将信托财产的终身收益权给安娜，将信托资本的所有权给安娜已经成年后的孩子。"也就是说，安娜必须有孩子，这孩子必须长到18岁才能获得财产。如果安娜有孩子，他必须在安娜去世后21年之内声明获取该信托财产（即便安娜在临终之前生下他，他也将在这段时间内长到18岁）。如果他要，财产就是他的，如果他不要，财产就回归撒拉或她的继承人。如果撒拉提出的信托的条件是"将终身收益权给安娜，然后将信托资本所有权给安娜已婚的孩子"，如果安娜去世时还没有孩子，财产就立即回归撒拉或她的继承人。如果安娜去世时生有孩子但还未结婚，那孩子就必须在安娜去世后的21年之内结婚才能继承财产。从时间上看，安娜生下的孩子是完全能够这样做的。如果安娜生有多个孩子，其中某个结婚而其他的没有结婚，那财产就只给结婚了的孩子。

在英格兰和威尔士1964年修订反对永久化规则之前，[9] 如果

---

〔7〕 对这个基本规则的说明是冉得教授的补充。

〔8〕 假如撒拉为安娜的未成年孩子安排了分受托人，专门在孩子未成年时管理他的将来财产权益。分受托人可以将安娜孩子的将来权益贴现出售，然后为了孩子的利益而继续持有和经营该财产的价款（这一点是冉得教授的补充）。

〔9〕 即1964年的《永久化和积累法令》（Perpetuities and Accumulations Act 1964）。

撒拉提出的信托条件是"将信托资本所有权给安娜已婚的孩子",如果安娜的孩子在立遗嘱时没有结婚,他们的财产继承权就被取消,全部剩余财产(当下市值74.4万英镑)回归撒拉和她的继承人。受托人就为了安娜的终身收益权和撒拉和她的继承人的剩余权益而管理财产。1964年修订规则以后,受托人必须要等待,看安娜是否有孩子会在安娜的有生之年再加上21年内结婚。如果有孩子在这个时段内结婚,他就可获得全部剩余财产。如果他们不结婚,他们就失去了机会,财产回归撒拉和她的继承人。

1964年的法令还介绍了一些对于某人是否可以怀孕生子的实用的假设方法。特别是年满55岁的妇女可以推定是不生育的,还可以举出其他相关的男女不育的证明。所以在我们上述的案例中,信托指示将财产终身收益权给予安娜,然后将信托财产归于安娜已婚的孩子。如果在信托设立时就可以证明安娜不可能再有孩子,给安娜的孩子的遗赠立即失效,剩余财产权益转归撒拉和她的继承人。

最后,1964年的法律允许使用一个长达80年的特别年限。例如,信托指示"财产终身收益权给安娜,然后给安娜的在她去世后80年之内结婚的孩子"是完全合法的,受托人必须要等待足够的时间以决定剩余财产权益的归属。假如在任何时候可以清楚地证明赠与的条件不可能实现——或者安娜已经55岁而无子女,或者安娜已不可能再生育,剩余财产权益就立即转归撒拉或她的继承人。但是假如安娜正式收养了孩子,依据现代法律,收养子女可以取得与亲生子女一样的法律权益。[10]

1998年英国法律委员会建议改革反对永久性规则,将其中所有有关某人的有生之年的时段规定删除,将确定继承人的时间总长规定为125年。也就是说,在信托设立之后的125年之内剩余财产的继承人必须确定,而不是在某人去世后再加上若干年。但是截至本书写作之时,这个建议还未被通过。

---

〔10〕 这点是冉得教授补充的。

3. 慈善机构的特殊规则

原则上法律禁止将资本永远置于商业活动之外,但对于慈善事业是个例外。第一,法律允许部分对于公众有益的慈善机构成为永久赠与的受让者。信托可以将一笔资本永远保存,而把收益永远给予一个慈善机构。例如某人可以将自己的财产交给受托人,并指示说资本永久不动,将收入永远给予某个奖学金。第二,赠与慈善机构的财产必须在许可的时期内转到慈善机构的手中。例如某人可以将自己的财产交给受托人并指示说:将今后50年的收入给予某个扶贫基金会。50年后如果该扶贫基金会还依然存在,就将资本授予该基金会。受托人必须遵照设立人的指示行事。第三,如果将财产先赠与一个慈善机构,后赠与另一个慈善机构,即便是依据遥远未来的事实,也是有效的。例如某人可以将财产授予基金A,并指示说在若干年后如果基金A关闭,就将该财产转归基金B。原因是法律将所有的慈善机构都视为一体,所以受赠人的变更被视为慈善事业内部管理的问题,也被视为是反对永久化规则的一种例外。也许真正的解释是:法律将对于慈善机构的财富赠与视为将财富永远置于商业之外,但是必须承认慈善机构也可能会解体,所以必须允许被置于商业之外的财产在慈善机构之间转移。但是法律不允许为既非个人又非慈善目的而设立一个永久捐赠,[11]因为从私人角度看来,这就是将资本永远置于商业之外。

4. 反对永久化规则的合理性（Rationality for the Rule）

法律为什么要遵循反对永久化的规则?我们从下面两个方面来解释这个规则的合理性:

---

〔11〕　例如,某人设立一个信托基金,指示受托人永久将收益给予一家以赢利为目的的私人公司就属于这种情况。法律就不能允许上述情况,是因为该资本由于非慈善原因而被永远置于商业之外。这是冉得教授补充的解释。

第一,虽然上述规则并不公开制止对于财产转让的限制,而针对的只是不确定的财产权益的远期归属问题,但是实际上起着促进财产转让的作用。因为只要信托财产权益落实在某个人身上——这在反对永久化规则规定的时间内一定会发生——这个权益就变得易于评估和交易。而且一旦信托财产的权益落实在活着的成年和正常的人们手中,受托人就可以(根据信托指令)结束信托和在收益人当中分配财产。[12]

第二,这个规则的原始目的可能早已被淹没了。这个规则始创于17世纪,土地是当时的主要投资目标。规则的作用是防止土地被排斥在市场交易之外的时间过长。自从1882年《已转让土地法令》(The Settled Land Act)颁布以来,许多严格的手段被设计出来以确保土地的自由转让。当然在信托制度中,更不可能将任何部分的财产冻结起来。任何财产都可以被受托人卖出和买进,由所得价款取代卖出财产在信托基金中的位置。

反对永久化规则并不涉及具体的财产,如土地、动产、股份等,也与财产市场没有直接关系。它所关心的只是信托财产在一定时段内的收益权益和资本价值的最后归属。因此有些学者称这个规则为"关于逝者和生者之间的妥协的规则"。假如没有这个规则,人们通过设立信托或遗嘱就可以永远限制他们尚未出生的子孙的财产权益,使得他们永远不得处分遗产。从另一方面来看,如果法律限定人们只能将财产给予已经出生的人,这也是对于人的自由权的太大限制。因此现在的反对永久化规则实质上就是一个平衡的结果:在既要保护立遗嘱人的自由权和又要确保财产的未来可交易性二者之间的一个平衡。在大陆法律中也有类似的规则。将大陆法与英美法中的相类似的规则加以比较,我们发现一个共识:即应该允许人们将他们的财产授予尚未出生的人,但是这个权力必须受到一定的限制。即在一个合理的时间之后,财产的完整的所有权(而不仅是收益权)

〔12〕立法允许法院代表非权利能力人对此表示同意。

必须要归复到一个活着的人手中,使得他可以自由地处分这个财产。也就是说,在一个人的有生之年,他可以对他自己的财产为所欲为或者无所作为,甚至于在他死后的一段时间内,他都可以控制活人的财产。但是这段时间必须有个了结,逝者终当安息,生者理应自主。反对永久性规则就是要在逝者的孙辈长大成人之时,为逝者的控制力划上永久的句号。

另外一些学者从其他角度解释反对永久性原则。他们认为反对永久性原则并不是不涉及信托基金中的具体财产。一般而言,受托人如果被授予了投资经营的绝对权利,他就有权处分信托基金中的任何形式的财产。但是受托人毕竟是在为他人管理财产,他的职责是必须合理地谨慎行事。受到反对永久性原则调整的财产必须是信托财产,而信托财产是完全有别于风险投资财产的。许多风险只有财产所有人才能承担,而受托人不能承担。例如,原则上受托人不能做没有担保的借贷,即便将来有望获得巨大的回报。但是经济的发展是需要风险投资的,如投资开发一项新兴技术。于是在信托资本和风险资本二者之间保持一个平衡点就成为一个公众所关注的问题。

如果一个信托财产的终身收益权被授予某人,同时它的剩余权益的收益人也已经确定。每种权益的成年的收益人都可以立即变卖他们的权益,用所获价款来做他们喜欢做的风险投资。在我们上述的例子中,我们假定安娜已经55岁,而她的两个孩子都已经成年。也就是说安娜不可能再有别的孩子了,她的孩子也已经有了处分自己的财产的权利。安娜可以把自己的终身收益权(估计市值为125.6万英镑)贴现出售。安娜的两个孩子所平均拥有的剩余财产权益(估计市值为37.2万英镑)也可以贴现出售,然后将这笔钱用于他们所喜欢的投资经营方式。根据1964年修订的规则,信托不能超过三代人,即撒拉、安娜和安娜的孩子。如果安娜有孩子,他们就可以在安娜去世时获得信托资本的全部所有权。如果安娜没有孩子,在安娜去世时信托资本的所有权就回归撒拉和她的继承人。也就是说受托人将财产交给第三代之后，信托关系就结束了。第三代人有自由处分财产的权利，这个第三代人不只是从血缘上而言的，也包括信托关系上的第三代。例如，安娜去世时没有孩子，撒拉和她的继承人作为信托关系中的第三代完全取得信托资本的所有权，原信托关系就此结束。当然撒拉可以另外设立一个新的信托。

上述就是法律中的反永久性规则的正当理由。立法者和法官也许并不十分清楚，他们只是忠实地运用这个规则调整着普通百姓的遗嘱和财产处分。然而新兴生物科学的发展（如 DNA）可能会发现已经去世的人的未知的孩子，于是对这个制度又提出了挑战。同时对于这一规则的研究、辩论、诉讼的成本往往高于在实践中所获得的收益。因此在 1983 年在加拿大的马尼托巴率先废除了这个规则，随后在一些其他法律辖区（如一些避税地区，如安圭拉岛、巴巴多斯岛、伯利兹城等地区）的海外信托法律中也发生了同样的变化。但是反对永久化规则依然被运用于英国和美国。在英国由于税收的原因使得这个规则的影响正在减弱。在美国各个州都有自己的关于反对永久化的立法，联邦不加干预。

第十四章

结论(Conclusion)

英美财产法素来以复杂艰深著称,特别是它那带有浓厚的民族历史特色、一词多义的专业语汇、多元的法律渊源和缺乏逻辑结构的立法,真是"乱花渐欲迷人眼"。英美财产法其实是一个理论框架,它涵盖了土地法、货物买卖法、公司法、金融法、证券法、知识产权法、国际贸易法等多个部门法,所以它至今保留着庞大、繁杂的特点,历来缺少协调一致,没有人能够做到既通晓这个制度的全部内容,又熟悉每个实务的细节,许多学者穷其一生也只能成为其中某一方面的专家。财产法的复杂难学并非由于法学家们的故弄玄虚,主要是其自身的形成和发展的历史路径使然。早在普通法诞生之前,英国就有关于土地占有和交易的习惯存在。财产法是从不同方面的社会生活中的历史经验中积累而来的:是固守传统的贵族地主和土地占有者共同创立了土地制度的法律,是勤劳的商人们建立了关于货物和服务买卖的法律,是精明的金融家们铸造了关于股票和股份的法律,是富于创造力的流行音乐家和生物学家的经纪人共同创造了知识产权法,是居家度日的普通百姓对于抵押购买住宅的需求极大地推动了不动产立法的创新。

随着历史的进展,英美法法学家们开始思考这样的问题:什么是财产?财产有哪些类型?什么是财产权益?分散在各个部门法律中的财产和财产权益有什么共同性?又有什么区别?有没有可能建立一套统一的财产法律理论框架?这个统一认识的要求不仅是学术研究的需要,也是法律改革、立法和法律教育的需要。这需要打破传统的学科分工,具备丰富的知识、深刻的理解和高度的理论概括能力。于是许多法学家为了建立一个统一的财产法学说进行了孜孜不倦的尝试,本书就是这一努力的成果之一。在我们从各个部门、各个角度阐述了财产法的整体框架之后,现在试对财产法的基本特点和发展趋向作出下述概括。

1. 作为财产标的之物(Things)

受到财产法律保护的首先是一定财产权益的标的物。这个保护是可以对抗无数人的,并在债务人破产后享有优先清偿权。受到保护的财产所有人可以随时将财产转卖,财产所有人的债权人也可以将其拿来抵债。这两点应是所有类型的财产权益的共同特点。如果我们可以肯定地断言有一个封闭的物的名单可以代表上述财产权益的所有的标的物,那事情就清楚和方便多了。但这不是一件容易的事情。我们理解显而易见的物——不动产和动产——因为我们可以触摸到它们。我们也理解无形财产的主要形式:即有些是权利证书式的(documentary),如支票、汇票、本票和提单;[1]有些是证明式的(documented),如债权和股份,[2]还有非书证式的(undocumented),例如,应收账款和作为资产的合同。[3] 另有一些无形财产是以登记

〔1〕 指一些付款或交付货物的书面承诺已经标准化,并已被商界普遍接受,即被视为完全代表着钱或者货物,可以在市场上交易的票据,详见本书第二章。

〔2〕 常用的股票证书或债券证书(可以背书的除外)只是一个证据,却不是对于证券的权利的基本要素,不能用于交易,详见本书第二章。

〔3〕 指的那些虽然可以用书面形式记录,但文件并不是财产的必要体现形式,因为口头合同也可以是有效的。详见本书第二章。

为证明的，如商标和专利。还有形形色色的无形财产，如版权、信托基金、资本与收益，都已经得到法律的承认并有自己独特的运行规范。

社会经济的发展使得各种不同财产的流动速度和频率大大加快。如传统的英国财产法的核心是不动产，法律将不动产视为财富的投资和给予家庭后代的馈赠。通过不动产所有者的"严谨的转让"程序和他们的律师所建造的结构，形成一种世代相袭的模式。在过去的两个世纪中，许多财富被用于投资其他形式的财产或者基金，如今天是土地明天可能就变为股份。与此同时人们寻求更加适当的手段来成功地获得他们的住宅、办公室和商店的所有权。传统的"严谨的转让"程序的吸引力迅速减少，以至于到 1996 年将它废止的时候几乎无人反对。

除此之外，在一些边缘地带，一些财产的状态是不确定的和易消失的，如金融领域的一些衍生物。在知识产权领域，在医药科学、电子技术和演艺业的发展中均产生出不少新的权益要求，如牛奶配额在欧共体的法律中被承认为财产，人体组织在美国的一个著名判例中被确认为财产。[4] 社会的发展还会不断地推出新的财产标的物的请求，有待人们来加以研究和确定。另外，不同财产的诉讼时效也是不同的。普通法中有个根深蒂固的习惯，将土地法从财产法中分离出去，这一习惯在许多领域里面依然可见。例如法律委员会 2001 年所公布的关于诉讼时效的法律草案，就以完全不同的态度对待以下两种诉权。请求返还土地的民事诉讼请求 10 年之后就不能起诉，而动产超过 6 年诉讼时效的法律效果只能作为被告方的辩护理由，而不阻碍原告起诉。也就是说当有人土地产权面临危机时，法院必须通知原告因诉讼时效已过而不能起诉。然而对于其他动产诉讼，如果被告选择不就时效问题辩护，法院就对诉讼时效已过的事实只

---

〔4〕 Moore v. Regents of the University of California, Supreme Court of California.

字不提。[5]

至少在英格兰和威尔士,对待两类财产的智慧大大发展了。这体现在法学家们坚持认为我们不是“拥有”(own)我们的土地,我们所拥有的只是土地上的地产权(estate),即自由保有权(freehold)或租赁权(leasehold)。但是我们不能用这两个概念来说明我们对于其他有形财产的权益。对于后者我们只能使用所有权或者占有权的概念。法律上完全的协调一致是不适合需要的,也是使用合理的成本所无法获取的。尽管如此,研究财产法原则的学者们总是不断地质疑一个问题:难道所有有形财产的有限的权益就不可以被一个统一的法律原则所覆盖?在不动产租约中所发现的一些解决问题的办法是否就不能用于动产寄托?他们发现适用于所有类型的财产的普遍原则比现在已知的要更多;当疑惑存在时,法院可以被说服将一种财产的原则通过类推而应用于另外一种财产。例如,通过这个方式,为带家具的房屋租赁的法律设计一个简单易懂的和协调一致的原则将成为完全可能的。

2. 各类财产权益

财产法律的大多数领域都被一些标准的权益(standard interests)所涵盖,这些标准权益可以分为以下几类:第一,财产法中有三种最标准的财产权利,即所有权、终身权益和租赁权。它们授予了对于标的物的全部或部分的占有、享用、处分以及收益的权利。第二,信托是个独立的领域,信托收益人的权利是无可争辩的财产权益。另一方面,为使受托人充分发挥作用,成文法和信托协议授予受托人处分信托财产的全部权利和权力。因此受托人的权益也是一种财产权益,尽管受托人不能自己享用信托财产,受托人的债权人也不能动用信托财产。第三,担保权益,如抵押和其他各类担保,无论是固定的

---

〔5〕 Draft Limitation Bill, cl. I,16 (Law Com No. 270).

还是浮动的。第四,地役权(如道路权)和限制性合约(restrictive covenants)。[6] 两个或更多的人可能同时拥有上述的权益。

除此之外,大多数其他对于财物的权利不能算财产权益,只能算债权,而只能用关于责任的法律来执行,特别是那些由合同和亲属关系所产生的权利。因此它们在被告破产时是毫无保障的。如进入电影院的权利只能凭借电影票来对抗合同的另一方——电影院的经营者。如果后者没有电影院的占有权(也许他从来就没有占有权,或者他已将电影院出售给了他人),观众的准入权就不能对抗电影院的新占有人。电影票不能给予观众任何财产权益,如所有权、终身权益、租赁权、抵押权或者地役权。同样与主人合住一套房子的寄宿者因没有排他的占有权,所以不够承租人资格。他们的权益只是合同权益而不是财产权益,他们只能对抗合同的另一方,而不能对抗无数人,特别是不能对抗那些新近购买了这套房子,或者在上面设立了担保权益的人。配偶和同居者的权利也是如此,只能对抗配偶关系和同居关系的另一方,而不能对抗无数人。

上述归纳的财产权益可以覆盖大多数的财产领域,我们可以尝试下结论说,它们覆盖了所有的财产类型,因此确实有一个封闭的财产权益的名单(a closed list of inerests in property),这些权益可以对抗无数的人,而且是排他的。因为一种权利不能既是A同时又是B。在上述财产权益的范围之外,其他的一切请求都只是针对个人的债权。财产权益是财产法的核心,区别财产权益和债的权益,是财产法的重要技术。在这方面毫无疑问,法官不会被当事人双方如何称呼他们自己的关系所左右,而会依据真实的事实关系来确定双方的法律关系。假如你给予承租人排他地占有(exclusive possession)和使用你的房子达6个月的时间,并且收取房租。尽管你们双方将这个交易称之为许可(licence),并称房屋的占有者为寄宿者(lodger),法官却认定你所授予的是租赁权。反之,如果你许可一家公司在你的店

---

〔6〕 还有其他几个习惯法的和教会法的财产权益,这里没有提到。

铺里面出售香水,无论你们双方如何称呼这个关系,法官都不会认定你所授予对方的是租赁权。除了不动产,如果你将你的手表和股份卖给其他人,附带一个将来以同样价格买回来的选择权,无论你们双方如何称呼这个交易,法官多半会认定这是质或担保关系。从另一方面而言,[7]英美财产法中的合同权益与财产权益之间并没有不可逾越的边界。有些被视为合同权益的东西,也可以被视为可交易的财物。它就像一个三棱镜,就看我们从哪个视角来看待它们了。如应收账款从债务人与债权人之间来看是借贷合同关系。而当债权人把这个权益用于转让他人,受让人可以将其用于抵债时,债权就"具体化"为可以转让的财产了。所以在英美法的一些成文立法中将债权(debts)定义为财物。[8]

但是在实践中却不那么简单。在这些边缘领域,不仅财产法的标的物不确定,财产法所允许和保护的权益也不确定。有些权益应当是财产权益,却不能完全符合财产权益的标准模式。这些准财产权益需要一些新的法律上的特别设计来加以确定和保护,其中一个例子就是对于度假房屋的时段分享权益。我们可以认定其标的物——一套单元或一套海边的小屋等——而且度假人的权利可以在合同中确定。但是传统的财产法律不能帮助我们确定这种安排所授予的是财产权益,并确保后者应当能够对抗授予人的继承人,而且可以在授予人破产后优先于其他债权。于是就需要特别的立法,或者求助于公司法律。另一个例子就是:有些出于相邻关系的权益是否是财产权益?例如,甲地享有通过乙地上方的观景权,这个权益是否依然可以限制乙地的继任者(继承人或购买人)?根据一个顽强的传统规则,能够限定土地自由保有权的继承人的权益的必须是一个消极的责任,而且不得向其收费。这个规则允许土地限定使用合约(restrictive covenant)的执行(如观景权),但是要求继承人的积极履

〔7〕 这一段是译者自己的体会和归纳。

〔8〕 参见本书第二章1"物的一般概念"中的"抽象权利的具体化"一段。

行责任的权利只能通过一个虚构的方式来确定,这种财产权益的延续只能出自一个虚拟的租赁关系(即乙将乙地的观景权"租赁"给甲方。乙地易主之后,其继任者可继续执行租约,允许甲方继续通过乙地观景,并向甲收取租金)。

另外一类财产权益是由衡平法的判例所创立的。例如在住宅问题上,由于没有关于家庭财产的法律,因此法院经常面对这样的困境:法院如果不给予一个应当受到保护的人以补偿就是明显地不合理,但是这个人却不能依据任何标准的财产权益而提起诉求(如被不负责任的男人所抛弃的母亲和儿童)。他们只能通过法院的命令得到保护。一个极端的办法是法院命令被告将不动产的所有权转让给原告,另一个办法是要求被告向原告支付一笔钱,并以住宅做担保。在这二者之间还有各种补偿方式调节着个人之间的关系,包括人的行为。由于这些补偿都不是出于标准模式,也没有更好的名称,所以被称作"早期衡平法"或者"纯粹的衡平法"(a mere equity)。在多种范围内,此类衡平判例中所承认的财产权益(proprietary rights)便是合法的财产权益,这种状况已经被2002年的《土地登记法令》所确认。[9]在我们这本介绍性的书中不可能给予详尽的叙述,因为这类权益的产生是通过判例"发现"的,而不是由成文立法定义的。

3. 有形物、财富与信托制度

我们不能把每一种财物的具体规则统一化,因为这违反了自然物的自然属性,在法律上也容易有失严谨。但是我们可以把所有的财物的管理和交易的规则统一在一个更大的经营管理和市场交易的框架内。这就需要把所有的具体有形物一视同仁地视为抽象的投资物(财富),然后将其置入信托的构架中。这也是现代经济管理和市场流通的需要。从整个制度上来看,一个最为突出的广泛区别就是有形物(things),即可以被使用、享受和被视为它自身的有形财产和

〔9〕 Land Registration Act 2002 s. 116.

投资物(investment),即最为广义地被认定为投资的,只有金钱价值才对其有意义的投资物二者的区别。也许我们可以将其概括为物(things)与财富(wealth)的区别。这不是不同物之间的区别,同一物既可被视为具体物本身,又可被视为一种抽象的投资。我们既可以居住在我们的房子里,也可以将其出租或用于抵押贷款。我们可以阅读我们的书,也可以保持书的完好无损并择机出售。食品和饮料对于饥饿的顾客来说是消费品,而对于生产厂家来说,它们就是要出售的货物。当然有些物主要体现为货币价值,如储蓄债券。[10] 而有些物则主要体现为使用价值,如牛奶可被消耗。至于信托基金或退休基金属于财物的组合,总体来说属于体现为货币价值的财富。

一般而言,财富和实物的区分引发了许多法律规则与法律制度。例如,它可以解释为什么浮动担保包括了公司债务人的诸种财物的集合,而为了执行担保进行查封和出售资产时,财富就变成了各种具体特定的财物。它也可以解释为什么信托财产的受托人需要密切关注他们的每一笔投资,并且要严格地按照每一种类型的财产的特定买卖程序来操作,无论信托财产的具体形式是商店、股份或者赛马。同时信托基金的收益人所关心的则是整个基金的经营状况,财富的总值和他们在其中的权益的价值。信托制度统一化的大趋势已经带来了信托收益人权益的统一化,无论他们权益的价值所依托的是有形的财产还是其他的投资方式。受托人总是有权利出售信托财产的任何部分,而收益人往往不了解当下信托基金的投资组合。他们的权益——无论是与他人同时共有的,还是继承的,或者二者都有——总是可以被确定、被转让、被保护和被他们的债权人用以抵债,而不必顾及那些不同类型的财产的不同规则。

我们不能把我们所有的一切都视为投资,特别是一些生活必需品,如食品、衣物、医药和住房。一个潜在的社会矛盾是:有些物对穷人是必要的,而对于富人就可以用于投资。在20世纪的后半叶,住

〔10〕 储蓄债券(savings bonds)是英国政府通过邮局发行的一种政府债券。

房就集中体现了这个矛盾:房屋的占有者视房子为他们的家,而住房抵押的出押人(一般是建房协会和银行,他们利用存款人的储蓄放贷)则认为小业主是靠了向他们借钱才买的房子,所以房子在他们眼里是投资担保。所以解决住房问题不能光依靠财产法,而部分要倚靠公法,如通过立法赋予地方政府为当地的住房困难户提供住房的责任,这也就引起了公法对于私人财产关系的介入。

4. 公法对于私人财产关系的介入

财产法律注定是要受到社会发展影响的。法律中基本稳定不变的部分取决于组成国家的各种社会集团如何看待财产,和这些集团之间在每一阶段所取得的协调,以及社会公共政策和道德的影响。如果社会大多数意见认为某些物主要用于投资,法律就会置个人保存和使用某物本身的愿望于不顾,认为强制出售和将物或物上的权益转换为金钱并无大害(如财产法中反对积累和禁止永久化的规则,见本书第 13 章。)同样也不会介意个人要求继承某个特定物的愿望。法律[11]原则上不支持保存土地不变的愿望,因此在某人去世之后,他的个人代表(personal representatives)有权将他的所有财产出售。从另一方面而言,如果社会给予某些财物的占有以特别的价值,法律就会极少倾向于强制人们接受金钱的补偿。出于社会政策和道德考虑,法律也不允许有限的财产权益被发展过头。例如,抵押关系中的受押人终止出押人回赎权的权利、租赁关系中的业主收回租客占有权的权利均受到法律的严格限制。信托财产的终身权益所有者也不能干涉受托人的管理权利。

英国住房法律的沿革就集中体现了社会价值和政策的变化对于法律的影响力。在 19 世纪的最后 20 余年和 20 世纪初,法律明显地从一般商业角度来看待财产,支持土地和其他财产的流通,而拒绝创立任何关于家庭财产的一般的严格制度。法律保护租客的占有权和

---

〔11〕 参见本书第十一章4“遗产管理”。

受押人的担保权益,但只是在他们通过谈判而确定的利益范围内。这些权益在一开始被认定是属于商业特征的,所以它们所获得的保护是符合当时法律的基本政策的。然而1914年的《租金法令》(Rent Act)标志着一个放弃"将一切物仅仅看作投资的财富"的决定性的转折。住宅尤其不同于其他财产,而且"租客与其住房的关系值得特别保护,不论他与业主的合同是如何约定的"这一观念已被普遍接受。立法被迫重视了对于特定的有形物的持有,而拒绝允许业主用钱做补偿要求租客搬出。这个规定的实质在于保证人人有屋可住。为此立法还采取了限制租金的规定,以预防租客付不起过高的租金而被业主撵出。如果租客去世,同居的家庭成员可以受到同样的法律保护。因此,认为一切有形财物都可以被足够的金钱所取代的普遍商业观念就被直接否定了。1914年《租金法令》所带来的现代新标准通用了整个20世纪,尽管它实际所影响到的居所不多。《租金法令》的实际效果下降的原因在于住房所有者的人数上升了,人们通过抵押贷款和长期分期付款购买了自己的住宅。于是法律又不得不再次介入,这次是为着保护欠债的住房所有人,防止抵押贷款的受押人企图将他们赶走,以便出售空置的住房。于是法院首先如此判决,随后又被立法所肯定:即法院有权力决定在出押人不能按期支付抵押贷款和利息时,可适当推迟向受押人移交住房占有权的时间。这样就给了出押人更多的时间来设法偿还借贷,从而保住自己的住宅。

立法的另外两项改革体现了法律对于期待拥有自己住房的人们的保护力度。在私人所有的房屋以低租金长期出租给租客的情况下,住房是租客的家,又是业主的投资。而对于地方政府所有的公共住房来说,房子是低收入家庭的住所,也是地方政府履行法定责任的工具。在上述两种情况下,立法都允许长期租客和政府公房的居住者以大大低于市场空置房的价款购买他们的住所。上述这个保护居住者对于住房的请求权的措施属于公法介入的特例,这完全是立法者所起的作用,而不是法院所为。

总而言之,20世纪以来公法对于私人财产关系的介入体现了下述几个方面的政策的需要:第一,促进财产的流动、交易、投资与增长(如防止对于财富的控制永久化的规则);第二,保护财产关系双方的利益平衡,特别保护弱势一方(如租赁法对业主权利、抵押法对出押人权利的限制);第三,维持人的基本生活需要(如关于住房政策和法律);第四,保护环境和生态(如城市规划法、动物保护法)。

5. 抽象权益的概念与推理——普通法的技术特点

假如我们遵循大陆法系的模式将财产法律法典化,法典的制定者必须要引入更多的规则,特别需要质疑的是:此类财产所使用的法律技术是否也适用于彼类?普通法的判例制度通常是在事后处理问题,而不是在事情发生之前。在此类财产(如不动产)中所产生的问题往往还从未在彼类财产(如动产)中发现。不仅如此,普通法来自普通法院和衡平法院的两大司法体系的判决,财产法中的一部分,特别是关于保护有形财产的权益的法律,是从普通法院的关于侵权的判例中发展而来的,而在信托法律中则主要倚靠衡平法院的判决。普通法的法源多元化,判例的列举性、经验性和具体性的特点也完全体现在财产法中。

一个世纪以来概念主义(conceptualism)的思潮在英国和其他国家盛行。简单地说,就是一种趋势,即对于一个实际问题的是非不做直接的回答,而只是在问题与一个或多个解答之间插入许多抽象的概念,并使用这些概念来创立许多法律规则和原则。然后观察这些概念是否可以被应用于与上述问题有关的情形之中。举个简单的例子:如果你在他人的土地上发现了一件遗失物,你可以据为己有吗?人们首先要问的是:土地的所有人是否拥有遗失物的"占有权"(possession)?于是就引发了对于"占有权"这个抽象和复杂的概念的讨论。财产(property)不是实物意义上而是权益意义上的财产则是另外一个抽象而复杂的概念,这个概念在解决货物买卖的实际问题中起了重要作用,例如,它确定了在什么情形下,货物的财产权益应否转让,或应否属于善意第三人。[12]

抵押的概念结构要比妨害的多一点,受押人的全部需要和所有实际所得就是对于抵押财产的“一束权利”,即向法院申请禁止回赎令、任命管理人、出售抵押物和清偿债务的权利。而借款人(即出押人)在服从上述受押人的权利的条件下还保持着抵押物的所有权,他还有通过清偿债务而使得抵押物解除上述负担的权利。其他适用的规则决定着在什么范围内出押人的清偿和回赎权可受到限制,在多大范围内出借人可以在放贷时要求除了还贷和利息之外的其他获益。如果我们全部放弃受押人对于抵押物享有权益的论点,同时也完全弃置现存的衡平法的回赎权,抵押就不存在了。抵押及其他担保的实质在于,通过设在一定的抵押物上的、优越于一般债权人的优先清偿权,以确保有担保权的债权人(受押人)债务得到清偿。

上述例子的共同特点是:它们都显示出了当财产因其自然属性而被视为特定物时,对于那些人工概念的使用。如你发现或购买的这些特定动产,或者抵押土地。然而当我们把实物看作财富时,抽象的概念就更加有帮助。关于地产的法律原则(doctrine of estate)创造了一个抽象的实体,其中包括终身收益权和出售这个权益的权利。当然 estate 这个概念是人工的,但是却可用于实际目的,而且非常有用。在土地关系中,我们有自由保有权(freehold)和租赁权(leasehold)的概念。在基金问题上,我们可以使用更加丰富多样的权益,其中收益权可以是终身的。但终身权益可因基金的破产而终止。剩余财产(remainder)的获得条件包括出生、婚姻或者达到一定的年龄,受托人对于收益人是否有条件获得剩余财产权益具有决定权。

商界的各种商业文件如流通票据、产权证明、信用证(letter of credit)、信托收据(trust receipt)等,所有这些人类精心打造的工具都已经高度标准化了,否则它们就不可能作为一个单位而被银行等用

---

〔12〕 这个解释是译者加的。

于商业计算。由各类和不断变换的财产所构成的信托基金更是一个人工的概念,它不仅仅是律师手中的工具,现代金融离开它就不能运作。私人信托基金是由各种金融的和法律的抽象概念所组成,最突出的如“无证书单位”(uncertificated unit)和“基金中的基金”(fund in funds)。[13]

总之,使用抽象的概念和推理是普通法的技术特点。这个特点不仅体现在那些依据财产的自然属性而将其视为实物的法律中,如土地的占有、抵押等,还体现在将财产视为财富的法律关系中,如信托关系的终身权益与将来权益等。抽象概念在后者中更为有用,因为财富是以钱作为量化的标志的,还有什么能比金钱本身更加抽象呢?抽象化的财产加上抽象化的财产权益的概念,这就是财产法的精髓所在。

---

〔13〕 指投资于另一基金中的基金。

冉得教授对 2002 年版英文原著的修订意见

在 2002 年版英文原著出版之后，有两个重要的法规正式颁布了。特别是土地登记法案（Land Registration Bill 2001）已经成为土地登记法令（Land Registration Act 2002），所以英文原著需要做若干更新。冉得教授将书中需要修订的地方已经一一列出，我也在中文译文中全部采用。但是由于本书的英文版所采用的是 2002 年版的影印本，无法改动其中内容，所以只能把冉得教授提供的修订意见附加在前面，供读者参考。下文中"Para" 指本页中的第几段，"Line"指其中第几行。文中的黑体字是作者所强调需要修改的地方。

1. Page viii line 3: ... current Land Registration **Act 2002**

2. Page ix para 3 sentence 2: 'Certainly within the common-law family there are close similarities in approach, and much of what this books says about basic principle will be true for them.' **On the whole one can say that the boundaries of the common law of property are wider than those of many other systems. Under this title the common law covers much more than the rights over physical, tangible things. Patents, copyright, stocks and shares and other investments are included, and even the exclusive right to profit by exploiting one's celebrity. Furthermore, succession on death is often treated within the law of property. And, finally, an important part of the field is covered by the law relating to trusts.**

3. Page 6, 8 lines from bottom: **Human Rights Act 1998**.

4. Page 12 first line: almost complete; the Land Registration Act **2002** is introducing ...

5. Page 36 footnote 11: delete first sentence.

6. Page 44 para 2: Parliament does the same, describing the debt owed to a secured lender as '**the money secured by the charge**'. Footnote 15 **Land Registration Act 2002 s. 56.**

7. Page 51 end of paragraph 1: ... the parties intend that, when the **lessee** takes possession ... so that the **lessee** becomes owner of the produce.

8. Page 51 footnote 2: See Land Registration **Act 2002, Part 9.**

9. Page 54 footnote 4: Land Registration **Act 2002 s. 93(2).**

10. Page 72 last paragraph: ... the Land Registration **Act 2002, Part 9 made** major changes.

11. Page 85 footnote 14: Land Registration **Act 2002 ss. 110(4), 116.**

12. Page 92 footnote 2: Land Registration **Act 2002 s. 52(1).**

13. Page 93 footnote 5: ... **namely the recent legislation on condominiums: Commonhold and Leasehold Reform Act 2002.**

14. Page 101 chapter heading: ... 1925 – 2002.

15. Page 102 second sentence: ... **especially the Law of Property Act (LPA) and the Land Registration Acts 1925 and 2002 (LRA).**

16. Page 102 footnote 2: delete first sentence.

17. Page 104 last paragraph: The entire system **has recently been revised by the Land Registration Act 2002** in order to ...

18. Page 105 line 11: ... **over seven years** still time to run. Delete clause in brackets.

19. Page 105 footnote 8: ... Land Registration **Act 2002**.

20. Page 107 line 14: ... Land Registration **Act 2002**.

21. Page 107 footnote 14: ... **LRA2002 Scheds 1(2), 3(2).**

22. Page 108 footnote 15:... Land Registration **Act 2002** ... amendments: **ss. 29(2)(a)(ii), 30(2)(a)(ii), Scheds 1(2), 3(2).**

23. Page 121 replace last sentence: **Recent England legislation makes provision for a similar regime to be adopted where the occupants form a commonhold association: Commonhold and Leasehold Reform Act 2002.**

24. Page 128. footnote 3 insert first sentence: **English legislation seems to assume that only monetary obligations are secured by a mortgage of an estate in land: Land Registration Act 2002 s. 23(1)(b) and (2)(b). It is customary to secure performance of non-monetary obligations by some monetary means, and this would be an essential prelude to enforcement of the security.**

25. Page 142 last sentence. ... Land Registration **Act 2002 this method has ceased to be available as a form of security interest.**

26. Page 143 footnote 8:... Land Registration **Act 2002 s. 52(1).**

27. Page 182 footnote 11:... Land Registration **Act 2002 s. 3(1)(c) and(d).**

28. Page 195 footnote 3: Land Registration **Act 2002 s. 116.**

附:《英国财产法导论》2002 年英文版

THE LAW OF PROPERTY

F. H. LAWSON and BERNARD RUDDEN

THIRD REVISED EDITION

by BERNARD RUDDEN

Preface

The aim of this third edition remains the same as that of its predecessors: to provide a general and explanatory, not a detailed and technical, book on property law. The previous editions were designed for two classes of readers: law students approaching this subject for the first time, and non-lawyers wishing to obtain a rapid and summary view of what is usually regarded as the most obscure part of the common law. This remains the design of the book, but it turns out that lawyers of 'civil-law' jurisdictions, whose whole approach to the subject is traditionally quite different, also found the earlier works helpful.

Although the aim, the themes, and the general approach remain as they were, the text of this third edition has been entirely rewritten. There are two main reasons for this reworking. First of all, the senior author of the previous edition died soon after its publication and so could collaborate in this version only in spirit and by example. Second, the perspective of the law has altered in England and Wales in the last quarter of the twentieth century, thereby to some extent catching up with changes in the distribution and transfer of property and the uses to which it is put. For instance, the machinery for the creation and protection of concurrent and successive interests in land has been much improved by legislation of 1996. These amendments, prompted by the decline of older patterns of endowment and enjoyment, have made it possible to omit much of the elderly learning on settlements, entails, and the like. More recent property statutes continue to streamline other parts of the system.

On the other hand, any simple account has been rendered more elusive by the 'computerization' of interests and transactions in property and by the development of pyramids of custodians and other holders of investment securities. In relation to holdings in the great public companies, and to government bonds and the like, documents have been replaced by data, so that we now speak, not of stocks and shares and bonds, but of 'uncertificated units' in 'financial assets', and of the 'dematerialized instructions' which transfer them. Furthermore, although this is a book about the common law, the world of investment is global and the law applicable is often that of Luxembourg or the USA. Once upon a time there were more markets than countries; now there are more countries than markets.

Within England and Wales this computerization process has reached the machinery for the transfer of interests in land, and the current Land Registration Bill 2001 paves the way for the large-scale, and compulsory, adoption of electronic conveyancing. Under this system transactions will be entered even as they are made and those with access to the network will be empowered directly to effect changes in the Land Register. The counterpart of the electronic transfer of the land is, necessarily, a means of effecting simultaneous electronic payment of the money. Cybercash is here.

The main emphasis of this work remains the general patterns of the subject, and this approach gives rise to certain distinctive features. First of all, the text takes for granted the existence, and legal protection, of private property and does not examine the many philosophical, ethical, and political problems to which this gives rise. Those issues have been debated for thousands of years and have recently formed the subject matter of a number of excellent English-language publications, to which the reader is referred.[1] This book sticks to the humdrum law.

Secondly, in writing such a text, there is an inevitable trade-off between intelligibility and accuracy. By this is meant that most, if not all, of the general propositions explained here are subject to sporadic exceptions, or at least to nuances. If, however, the text were to try to account for them, the important points would swiftly sink in a sea of detail. So in striving to make clear the elements of the subject, the book ignores many exceptions. Furthermore it still refrains from discussing—or even citing—decided cases, a practice which causes uneasiness to some readers, and satisfaction to others.

Thirdly, this is a portrait, or at least a sketch, of the law of property as a whole, eschewing the familiar divisions into land on the one hand and everything else on the other. There are, of course, irreducible differences in the law's treatment of immovable property on the one hand and movable on the other. These differences are noted where they occur, but there is a great deal of doctrine common to both; and the things themselves are often interchangeable as component parts of the same fund when, for instance, its managers sell the one and invest in the other. It is also argued that, even when land and movables are treated as individual

[1] See, for instance, J. W. Harris, *Property and Justice* (OUP 1996); Ugo Mattei, *Basic Principles of Property Law: a comparative legal and economic introduction* (Greenwood Press, Westport, Conn., London, 2000); Stephen R. Munzer, *A Theory of Property* (CUP 1990); James E. Penner, *The Idea of Property in Law* (OUP 1997); Jeremy Waldron, *The Right to Private Property* (OUP 1968).

objects, there is much more in common between them than is usually acknowledged.

Perhaps the greatest difficulty in exposition is caused by the course the common law has taken. In large measure its vocabulary is still that of feudalism, giving the impression that the law of property is mainly concerned with field and farmhouse, crops and cattle. In fact this feudal terminology has long been filled with commercial content and applied to stocks, shares, intellectual property, goodwill, derivatives—in a word to capital which is not merely movable but *mobile*. In an exasperated but illuminating aside, Friedrich Engels once observed that, for our law of property, the relation between the words used and their actual function is as remote as that between the spelling and the pronunciation of the English language. An additional difficulty is that, for much of the twentieth century, the legal machinery applied to the family home was that of commerce and investment rather than of domestic necessity.

Many of the fundamental elements of property law seem to be much alike throughout the developed world. Certainly within the countries of the common-law family there are close similarities in approach, and much of what this book says about basic principle will be true for them; but inevitably parts of the text are concerned with the modern law of England and Wales (Scotland has an entirely different history, vocabulary, and system, and is rarely included in the text which follows). The reader should be aware, however, of the danger of a doggedly insular perspective: namely, that regulatory choices (such as those made by the 1925, 1996, and recent English property legislation) may be taken to be universal axioms, whereas they are actually technical rules which could well be different and which do not apply beyond our shores.

The book was written with the resources, help, and support, of the Librarian and staff at two great law libraries: that of Cornell Law School, and that of the Bodleian at Oxford. Thanks are also due to Arianna Pretto for her help in understanding modern developments in investment securities, and to David Vaver for invaluable assistance with intellectual property. The author is especially grateful to Bill Swadling, who read, commented on, and greatly improved a draft of the entire text. Any remaining mistakes are solely the work of the undersigned.

B. R.

Penzance, 21 August 2001

Contents

Part 1

Introduction

I

Subject, Setting, and Sources

THE SUBJECT

The subject matter of this book must be seen in the context of other parts of the law, many of which also deal with property. Constitutional law restricts the State's power to take its citizens' property; criminal law seeks to protect our belongings against theft, vandalism, and the like; divorce law gives judges power to reallocate assets by taking property off one spouse and giving it to the other; the law of tort is supposed to ensure compensation for trespass on, or taking of, our land and our goods.

What the above examples have in common is that they are the law's response to something abnormal, something which disturbs the even flow of life in society. In the usual run of events, the government does not take private property, theft and wanton damage are crimes, most marriages last until death, and tort means 'wrong'. But all of us all the time take peacefully for granted the business of getting things and then keeping and utilizing them. A person may acquire something by making it, but is more likely to get it from someone else and to have to pay for it. Buyers want to be sure that they get what they are paying for, but are normally far more concerned with quality and suitability than with worrying whether it was the seller's to sell. They are able to take this for granted in most cases because the law is working, virtually unnoticed, to protect them. The buyer may prefer to pay for the goods or the house by instalments, and in such cases no one would provide credit without security. By means of such devices as mortgage and hire purchase, the law enables the creditor to obtain this security. It thus reduces the risk of giving credit and tends to improve the terms offered, typically by increasing the amount of a loan, by extending the period for which it is made, or by lowering the interest rate. Having got the thing, its owner may keep and use it, or keep and forget about it, or may want to sell it or give it away. The thing may have been acquired for its own sake, like a shirt or a dwelling, or may be merely an investment such as a savings certificate or block of shares. Furthermore—especially if the thing is of a fairly permanent nature like a house or shares—the owner may want to distribute it among others either commercially by charging a rent or by way of gift or bequest to family and friends.

All these, and similar, transactions are entirely normal, peaceful, and useful. The law of property underlies them. Some of its provisions are 'default' rules, which operate unless we expressly design our own scheme, but there are a number of important mandatory rules whose application we cannot avoid—many of them concern the use or transfer of land, especially by way of lease. In general, however, the function of the law relating to private property is to provide us with a bag of tools with which to achieve our wishes.

First of all, it says what counts as property, that is to say what can be the object of its powers and protections. We cannot, for instance, effectively give, sell, lease, or bequeath our reputation, or our surname, or our job: these may be ours, and may be valuable, but they do not count as property so as to form the subject matter of dispositions. The law of property also determines the types of interests which will be treated as proprietary, that is as being more than merely personal, familial, or contractual, and it spells out the consequences of a finding that a particular interest is proprietary.[1] It says what we can do with these interests—anything we like, if we like; and it says what others can do with them—nothing, unless we let them. So in conjunction with other branches of law—especially the law of obligations—property law protects the rights of the holders of these interests—owners, co-owners, lessees, chargeholders, trustees, and so on. And, again along with other branches of law, it deals with the transfer of property and the repackaging of proprietary interests whether *inter vivos* or on death. Here we find the formalities needed for certain transactions, and the methods used for altering and amalgamating the various components of, and interests in, property, and for creating complex, if fairly standard, structures of control and enjoyment (leases, co-ownership, security interests, trusts, and so on).

It is these formalities and structures which most concern the law of property. If a field is sold, or leased, or given away, or left by will, the field

[1] Perhaps it should be made clear at once that in English law there is no special category of family property. Husband and wife are treated as separate persons each with their own belongings; if they do own anything together it is because they have agreed to do so or because both have contributed to its acquisition or improvement. Children have no automatic right to inherit a share of their parents' property. Outside intestacy, the law of property treats family members as strangers, an approach even more true of the households of domestic partners who are not married to each other.

itself does not change at all; looking at it will not tell you whose it is. What changes is the legal relations of persons, changes effected by human decisions expressed in the appropriate formalities. The same is true if the object is a house, a car, a cat, a share in a company, or a government bond. So one of the main difficulties the student of property law encounters at the very threshold is the presence of abstractions rather than physical objects. We are accustomed to this in the law of persons, where companies and other corporate bodies live alongside human beings. Much the same is true of things. Property lawyers take surprisingly little interest in land or ships or machinery or animals as such, but a great deal in abstract notions such as the 'fee simple' in land, trust funds, stocks and shares, security interests, title, and documents of title. These are the instruments which relate the particular object to the rest of the economy. Thanks to them, assets (like the field we mentioned) lead an invisible, parallel life alongside their material existence. A modern economist has recently argued, on the basis of research on the ground, that it is the absence of such instruments, and not the lack of assets or enterprise, that accounts for much of the poverty in the Third World and the former communist nations. 'The inhabitants of these nations do have things, but they lack the process to represent their property and create capital. They have houses but not titles, crops but not deeds, businesses but not statutes of incorporation. It is the unavailability of these essential legal representations that explains why people who have adapted every other Western invention, from the paper clip to the nuclear reactor, have not been able to produce sufficient capital to make their domestic capitalism work.' [2]

SETTING

So far we have been discussing private property, whose law deals with the relations between persons with regard to things. We have not asked why the law permits and protects private property, nor whether it should do so; for that debate, as we have said, the reader is referred to other works.[3] This book will concentrate on the ordinary person's property in both the means of consumption and the means of production, distribution, and exchange. But a few words should be said about the wider setting.

[2] Hernando de Soto, *The Mystery of Capital* (Bantam Press, London, 2000). The quotation above is from his article in *International Herald Tribune*, 5 January 2001.

[3] See the works cited in the Preface footnote.

Public international law

An important and long-standing branch of public international law deals with the relations between sovereign States concerning their lands and their boundaries, their ships, aircraft, and the like—though it uses the words 'territory', 'possessions', and 'sovereignty' rather than 'property' and 'ownership'. In addition a number of international instruments seek to safeguard the property of individuals. The provisions are usually cast in general terms but broadly speaking they accord to the holding of property the status of a human right to be respected by the relevant State. At the same time, however, they acknowledge the State's right, under certain conditions, to take and to tax private property. For instance, the Universal Declaration of Rights adopted in 1948 by the General Assembly of the United Nations Organization states, in terms broader than most international instruments, that 'Everyone has the right to own property alone as well as in association with others. No one shall be arbitrarily deprived of his property' (art.17). The European Convention on Human Rights has a provision entitled 'Protection of Property' which states that every natural or legal person is entitled to the peaceful enjoyment of his possessions and that no one is to be deprived of them except in the public interest and subject to the conditions provided for by law and by the general principles of international law (Protocol 1).

Constitutional provisions

Similar safeguards are found entrenched in the constitutions of many States. In article 17 of the 1789 Declaration of the Rights of Man and Citizen, the French declared property to be an 'inviolable and sacred right', while the Fifth Amendment to the US constitution says that no one is to be deprived of property without due process of law, nor shall private property be taken for public use without just compensation. In the United Kingdom, the ECHR text cited above is now part of our native constitution under our Human Rights Act 1988.[4]

States are thus restrained from seizing private property, though they can and do take it by taxation, and may confiscate the profits of crime. They also intervene in the use made of property, since that may impose hardships on third parties and involve serious issues of public policy—health, security, and so on. So far as movables are concerned, consumer protection statutes affect usually the law of obligations, that is contract and tort. It is the law of property in land which has most felt the impact

[4] Sched. I, Part II, art.1.

of legislative intervention enacted in the public interest. On the one hand this reflects the need for control in the interests of public health, public amenities, wildlife, access to the countryside, and the environment generally so that no longer can we do what we like with our land.[5] On the other hand much legislation has been prompted by the fact of shortage, above all of affordable housing. This takes two main forms: it may compel public authorities to provide accommodation for those in need; and it may prevent private landlords from increasing rent or evicting occupants.

European Union law

The Treaty setting up the European Community provides that it 'shall in no way prejudice the rules in Member States governing the system of property ownership' (art.295, ex art.222). Thus the basic law of property is still entirely within the competence of the Member States and is subject to their national law. But inevitably membership has consequences in some areas. An example is intellectual property where the Union is the source of some important provisions in the law of patents and copyright; another, deriving from the Common Agricultural Policy is the creation of the milk quota as an asset.[6] The most striking, however, is the introduction of the euro which means that the most common form of property—money—is no longer subject to national jurisdiction in those States which have accepted monetary union.

Public law

Leaving the international and constitutional protection of private property, we turn briefly to the general scheme for what belongs to the State, at the levels of both central and local government. There is a vast array of things which may be used for public purposes, or which serve as amenities for private citizens but do not belong to them. They belong to the State acting through both central and local government, both of which collect by taxing and borrowing and invest or disburse for the public benefit. Both have also 'inherited' much property from their predecessors.

'Crown property'. In relation to central government, the phrase 'Crown property' is often used. A very recent study at the highest levels has commented on the 'complex and arcane nature of the law' which governs

[5] The topic is well discussed in Kevin Gray, *Equitable Property*, 47(2) CLP (1994) 157 at 188 ff.

[6] A milk quota is basically the right to produce and market a given quantity of milk without having to pay a levy.

this field, especially in relation to land.[7] There are several categories of 'Crown property', and they are not always discrete. But here it is enough to say that the phrase covers property held by the monarch as Head of State, and property held by government departments. So, for instance, treasure which is found is said to 'vest in the Crown', but this means that it is State property and may be disposed of as directed by the Secretary of State, i.e. a government minister.[8] Similarly if an owner dies intestate without close kin, statute says that 'the residuary estate shall belong to the Crown'.[9] This means that it goes to central government funds, managed and administered by the Treasury. Thus most so-called 'Crown' property is in fact vested in and administered by various government departments, some of which, such as the Ministry of Defence, hold a great deal of land. The National Asset Register lists most of the tangible property and intangible assets of the central government departments ranging from Defence through Transport to Forestry.[10]

Other public entities. A great deal of property belongs to other public entities of various sorts ranging from local authorities to the National Health Service, the Post Office, and so on. The detailed picture is bewildering, and it is complicated further by the privatization of such things as the railways, which involves transferring property from a public entity (British Rail) to a private entity (Railtrack plc). The main principles, however, seem to be the following. Firstly, all are subject to specific parliamentary legislation and to ministerial regulation under the particular statute. Secondly, the statutes make each entity 'a body corporate', i.e. a legal person. Thirdly, the statutes empower the authority, in order to carry out its particular functions, to acquire, hold, and transfer property of all types. In many ways, then, they act at least in formal terms like anyone else; if a local council buys land by agreement it will follow the ritual of contract and conveyance, just as if it were a private citizen. But the public entities' right to hold property is limited by the functions they are to serve: for instance, a body within the National Health Service could not buy land to build a prison or an airport. Furthermore—and this is the greatest difference from private ownership—they are not free to neglect

[7] Law Commission (No. 271) and HM Land Registry: *Land Registration for the Twenty-First Century: A Conveyancing Revolution*, para.11.2 (2001). Since 1760, at the beginning of each monarch's reign there is enacted a Civil List Act which in effect transfers to the State the hereditary revenues of the monarch, in exchange for an annual stipend granted by Parliament. At the time of writing the sum transferred to the State is some £133m. a year.

[8] Treasure Act 1996, ss.4(1)(b), 6 (1)–(2).

[9] Administration of Estates Act 1925, s.47(1)(vi).

[10] For details go to http://www.hm-treasury.gov.uk/pub/html/docs/nar/main.html.

their belongings. The reason, of course, is that property is acquired by local and other authorities out of public funds and is vested in them for a public purpose and for no other reason. Thus the very fact that something belongs to a public authority will subject it to strict bureaucratic control, especially in relation to its use and disposal. This may be one reason why the equipment in public offices tends to be operational but out-of-date.[11]

SOURCES OF PROPERTY LAW

After this sketch of the context and background of the subject, the rest of this book is mainly about private law which, in a way, provides the basic pattern for the control and handling of all types of assets by all sectors. There is no simple source of the law of property. Like much, if not most, of the common law its structure comes from case law, common sense, and legislation; two other sources—of less importance now—are local custom and certain treatises. It should also be said that there are, so to speak, layers of law. The most fundamental principles governing the acquisition and protection of property seem to be similar in most legal systems. Of these, all the members of the common-law family tend to use much the same set of concepts and techniques.[12] Finally, and building on this base, in relation to the registration and disposition of interests in land, the law of England and Wales has in the last hundred years adopted its own system.[13]

The first thing to be understood about the common law is that, while there are basic principles covering all property, these are not to be found in an authoritative general statement comparable to that of the Civil Codes of many countries. The interplay of legislative and judicial sources in England and Wales may well amount to a coherent system, but it is very difficult to describe it simply. The very word 'property' turns up in a variety of senses. It is often, and quite correctly, used by both Parliament and the people to indicate our belongings; but it is also, equally correctly, used to denote our rights in or entitlement to those belongings. The legislature in fact uses the word in both ways: when the Partnership Act 1890 speaks of 'partnership property' it means the objects used in the partnership (s.20); when the Sale of Goods Act 1979 speaks of the

[11] The point is made in Ugo Mattei, *Basic Principles of Property Law: a comparative legal and economic introduction* (Greenwood Press, Westport, Conn. and London, 2000), 94.

[12] See Chapter 5.

[13] See Chapter 7.

'property in the goods' (s.16), it means what civil lawyers call ownership of, and American lawyers call title to, the goods. In other interpretation sections, the English legislator—perhaps wisely—gives merely inclusive definitions covering both objects and interests in them. For instance the Theft Act 1968 says: 'Property includes money and all other property, real or personal, including things in action and other intangible property,' while the Law of Property Act 1925 itself says only that 'property includes any thing in action and any interest in real or personal property'.[14] The Trustee Act 1925 is even wider: 'Property includes real and personal property, and any estate share or interest in any property, real or personal, and any debt, and any thing in action, and any other right and interest, whether in possession or not' (s.68(11)). As far as possible this book will use the word property as we ordinarily do, to mean belongings, possessions, assets, and the like.

Case law

Many of the key tenets of the English law of property were laid down in decisions of the old courts of common law, the King's Bench, Exchequer, and Common Pleas, and, to this day, several important issues of property law, especially between domestic partners, are still left for decision by the courts. Most of the earlier crucial litigation concerned land, since this was the important and enduring form of wealth. But other great cases wrestled with the problems of the newer forms of property such as copyrights and shares. The two main failings of the common law were that many issues were left to a jury and that—until 1850—the parties to the lawsuit could not give evidence. These and other shortcomings led many litigants to another jurisdiction, that of the Chancery. Here the Lord Chancellor took affidavit evidence from the parties and sat without a jury. He thus began a supplementary jurisdiction which assumed at every point the existence of the common-law structures and rules but made good, as far as possible, its deficiencies by doing the right thing in particular cases, otherwise called 'administering equity'. From small beginnings the role of the Chancery developed into a body of technical rules based, like the common law, on precedent and in places modified or restated by statute. Much of it deals one way or the other with property—trademarks, patents, shares, security interests and, above all, with the trust. Although the two jurisdictions of common law and equity were united in England in 1873, the habit of distinguishing the two sources of

[14] Theft Act 1968 s.4(1). Law of Property Act 1925 s.205(1)(xx).

law has proved inveterate.[15] The distinction between them occurs in the very first section of the Law of Property Act 1925, and to this day the reader will find judges, counsel, and writers describing the position 'at law' and contrasting it with the situation 'in Equity'.

Legislation

A number of important, if elderly, statutes have, so to speak, been absorbed into the general system of property law whether or not they are still technically in force. For instance the statute of Quia Emptores 1290 acts on every freehold land transfer taking effect today, ensuring that the seller cannot make the buyer his vassal. The Tudor period saw the statutes which permit us to dispose of our land on our death (Statute of Wills 1540), and endeavoured (unsuccessfully) to outlaw the trust (Statute of Uses 1535). Patents were regulated by the Statute of Monopolies 1623, and copyrights by an Act of 1707; they are now of course the subject of modern legislation (and international conventions and EU law). The Statute of Frauds of 1677 laid down formal requirements for the validity of several different types of disposition of property, and many of its key provisions have been re-enacted. The late seventeenth and eighteenth centuries saw the statutory creation of new types of property in government stock and the shares of the great trading and utility companies, while mid-nineteenth-century legislation created a general company law.

At this time the land law still bore the marks of feudalism and differed widely from that affecting personal property. The machinery for reconciling this with the needs of a free market was set up by legislation of 1882, and was streamlined by a set of statutes of 1925 and by the Trusts of Land and Appointment of Trustees Act of 1996. For our purposes, the most important of these statutes is called the Law of Property Act 1925 (LPA), but the beginner should be warned here and now that it does not set out the law of property, and anyone who begins to read it thinking that it does will be disappointed, if not despairing. It does not attempt to state the basic principles of a law of property applicable to all our belongings, possessions, and assets. Its purpose was to modernize bits and pieces of the law, and it cannot be understood without some prior knowledge of basic principle and vocabulary.[16] Land registration, providing public information on proprietorship and other rights in land was begun in the

[15] See Chapter 5.

[16] For a full account see J. Stuart Anderson, *Lawyers and the Making of English Land Law 1832–1940* (OUP, 1992).

nineteenth century and by now is almost complete; at the time of writing the Land Registration Bill 2001 is introducing the on-line transfer and registration of interests in land. During the twentieth century there was much legislation protecting the tenants of dwellings, business premises, and farms.

As we shall see in later chapters it has been the land which has attracted most of the attention of property lawyers. One reason for this is that, for centuries, it was by far the most important form of wealth. Another reason is that, since land is relatively limited in supply, the last thousand years have seen, not the creation of new property rights, but the repackaging and redistribution of existing rights. Details of the law dealing with things other than land (which, in total value, far exceed that of land) are scattered in statutes and case law dealing with the particular object concerned, from ships to shares and from goods to goodwill. There is no general enactment that a person's property can be taken in execution to meet that person's obligations, but the matter is dealt with in a series of statutes and regulations.

Sources in general

The interrelation of the major sources may be sketched as follows. The fundamental system of ownership, possession, servitudes, and security is laid down in the case law of the common law courts. To this are added corrections and refinements stemming from equity, so that it is frequently possible, by means, for instance, of the trust, to achieve results unobtainable at common law. Statutes have built on this system, sometimes restating, sometimes extending them, and sometimes amending its rules and techniques. The legislature has never attempted to set them out in a coherent structure. In particular the system tolerates large distinctions between its treatment of land and its treatment of other property, and this despite the fact that the Law of Property Act 1922 described itself as 'an Act to assimilate . . . the law of real and personal estate'.

Vocabulary

This last phrase exemplifies another problem confronting the beginner: the language used by property law is not easy. A mixture of Latin, Norman-French, and Anglo-Saxon, the jargon is thick with fossils ('incorporeal hereditament', 'fee simple') or—what is more confusing—uses in a special sense key words with common and quite different meanings in ordinary English. Worse still, it may employ them in several distinct but unusual senses. This introductory chapter concludes by explaining some of the more important words, while others will be dealt with in the appropriate section.

Legal/equitable. The first is the word 'legal'. In everyday speech this means something that is not illegal, but in English property law it is used to mean a right or interest of a type which, if formally created, will prevail against everyone else whether they know about it or not: the kind of interest enforced by the old courts of common law. The word 'legal' in this usage is contrasted with 'equitable', which here does not mean 'fair and decent'. It is employed in a technical sense to denote two different kinds of proprietary right or interest. One type will not bind a buyer of the property, even if the buyer knows all about it; it will instead be shifted to the price paid and to any investment of that money. The other type will bind only those purchasers who know or ought to know about it.

Real/personal. The next frequently recurring opposition is that between '*real*' property (or 'realty') and '*personal*' property ('personalty'), the former being interests in land other than leases, the latter being everything else.[17] The distinction has nothing to do with reality and unreality. History is the reason for this choice of words, which relates to the way in which the law protected someone whose property was wrongfully taken. If the property was land, the law (by force if necessary) enabled the evicted holder to get it back from whoever had it: to recover the thing itself. The Latin for thing is *res*, hence land was called real property. If the thing taken was a chattel, the legal remedy was against the *person* who had it, who could be forced to come to court and be ordered, not to give it back, but to pay its value. Hence things which could not be recovered themselves were called personalty. As to land, realty was used to describe the entitlement of a freeholder, i.e. someone whose possession of the land had no fixed term. If the land were held on lease, the lease itself was technically personalty (hence avoiding the medieval rule that realty could not be left by will but had to descend to the heir who then paid a kind of tax to take it). However, the lessee, like the freeholder, came to be able to recover the land itself to enjoy for the remainder of the term of the lease. So this interest came to bear the odd title of chattel real. The reasons for this strange nomenclature have long gone, but the names live on. They are mentioned here only because the student is sure to encounter them later. Indeed, common-law authors in this field commonly produce separate books on real property (immovables) and on personal property (everything else). There is something to be said for

[17] In American English an estate agent is a 'realtor'.

such a division of labour in writing specialist and detailed treatments of the law. This book is not such a work.

Real, or property, rights. At this juncture, however, a further complication of terminology needs to be explained. '*Real property*' means land. But the expression '*real right*' can be used with regard to *any* type of property (movable or immovable). It is used to describe those interests which, broadly speaking, (a) can be alienated; (b) die when their object perishes or is lost without trace; (c) until then can be asserted against an indefinite number of people; (d) if the holder of the thing itself is bankrupt, enable the holder of the real right to take out of the bankruptcy the interest protected by the real right.

This apparently complicated statement can be illustrated quite simply. If you own this book you have a real right. As to point (a), you can give away or sell both the book and ownership of the book. As to point (b) if the book is destroyed in a fire, it is no longer yours and you bear the loss.[18] As to (c) if you lend the book to a friend, of course you can claim it (or its value) back from him or her. But if your friend lends it to someone else you can claim it from them; indeed, in English law, you can claim it from someone to whom your friend sells it—your right is enforceable against an indefinite number of persons. Finally, as to (d), if your friend goes bankrupt while reading the book, you do not have to prove as a creditor in the bankruptcy proceedings. The book does not vest in the trustee in bankruptcy, since your friend cannot pay off his or her creditors with your book.

Other ways of referring to these features of a 'real right' are to speak of a '*property* right' or '*proprietary* right'.[19] We have used the simple example of ownership, but as we shall see later there is a limited number of other interests which can be described as 'real' or 'proprietary'. This can be illustrated by considering your right to leave your car in next door's yard. Probably at the moment you have no such right. If your neighbour lets you, you can park but you have no right to stay. If you pay for parking, say by the month, you have a contractual right to leave your car, enforceable by an action for damages and possibly an injunction, but enforceable against your neighbour only. If, however, you have an easement—a recognized real right—your claim to park will prevail against whoever owns

[18] You might have a claim for its value against your insurance company or against the person who burned it, but that claim stems from a contract with the insurer or from a tort committed by the arsonist.

[19] 'Copyright is a *property* right . . .' says s. 1(1) of the Copyright, Designs and Patents Act 1988.

next door. But before the common law will recognize it as a property interest, the right to park must comply with certain requirements both of substance and form: you must own the freehold or leasehold of your house; the parking must not be a claim to possession of your neighbour's entire yard; it must be intended to add to the value of the house and not just to confer a personal benefit on you; and it must be created by deed and be entered on the Land Register, or else have been acquired by over twenty years open user.

Two other words should be added which are used in a number of different technical meanings.

Estate. The word 'estate' is used in four quite different ways: it may mean a piece of land ('the Osborne estate'). It may refer to both land and other things ('real and personal estate'). It may refer to the totality of assets and liabilities left on death—the deceased's 'estate', solvent or insolvent. Fourthly, it is used to describe an entitlement to property in terms of the time for which it will last: so a leasehold is an estate whose end is fixed (or can be fixed); a life estate lasts for someone's life, and so on.[20]

Equity. The second word of many meanings is 'equity'. In ordinary English this means something like 'fairness'. It came to describe the activity of a particular tribunal, the Chancery, which administered 'equity' in order, in the name of fairness, to correct or supplement some of the rigours of the common law. From this it became used to mean a correction or remedy available in that court. In particular the borrower on mortgage was allowed to repay the loan and redeem the mortgage even after the date specified in the deed: this was called the equitable right to redeem. From this there developed the phrase 'equity of redemption' to mean the amount by which a mortgaged property's value exceeds the loan secured on it. The latter figure is fixed: it is the amount lent plus interest. The 'equity' is not fixed, its amount depending on, and varying with, the market value of the property.[21] From its use in this context, the word 'equity' comes to mean the interest of an ordinary shareholder as contrasted with that of a creditor of a company. Creditors recover their debt plus interests and costs but no more. If these debts equal or exceed the company's assets, the shareholders will get nothing. But if assets exceed liabilities, the residual value will be divided among the shareholders. So, unlike the creditors, they have an interest whose value is uncertain until

[20] This is explained more fully in Chapter 5.

[21] Explained more fully in Chapter 9.

the last moment. One sees in the financial pages of the press reports that the creditors of a company are going to 'swap debt for equity', meaning that they will exchange their bonds for shares.

Holder. It comes as a relief to end with one simple word, which is much used and avoids the problems of the word 'owner'. Domesday Book 1086 constantly says '*Rex tenet*'—the King *holds* such-and-such a farm, a mill, and so on. To this day, property law uses the noun either in its French form—'tenant'—or in its Teutonic—freeholder, leaseholder, householder, shareholder, bondholder, 'holder in due course', and so on.

Part 2

Property in General

This part offers an introduction to the private law of property. Chapter 2 explains the main types of property and the means by which they are classified. Chapter 3 deals with the principal ways in which we acquire these various types of property (though succession on death is treated in Chapter 11). Chapter 4 outlines the ways in which the law protects the entitlements so acquired.

2

The Classification of Things

This chapter explains the main legal categories of the things we own. First, however, we should note that lawyers need to distinguish the thing from an interest in the thing. Thus if you own a horse you can say so. But if you and your brother own equal shares in the horse, this does not mean that one owns the forelegs and one the hindlegs, nor can you truthfully say 'I own the horse'. You have to describe your interest in the thing and say 'I own a half share in the horse'. A later chapter will describe these and other interests. This chapter is about the things themselves. It is not, of course, the kind of taxonomy that would appeal to a natural scientist, both because it is crude, and more importantly because it classifies things in their relation to humans.

The things that make up property may be perceived and treated in various ways. Clearly there are physical differences between them. There are also different ways in which we regard them. We can treat things as important for their own sake, and for the satisfaction of our wants (home, food, and clothing are the obvious examples); we can treat them as a store of value (money, current and deposit accounts, life insurance, shares, and so on); or as part of the process of adding value (where finished products are being manufactured out of raw materials). The law deals with our property in all these aspects, covering not just the stuff we can touch and handle, but also our wealth in general. As noted above, it says what we can do with our things—anything we like, if we like; and it says what others can do with them: nothing, unless we let them. More particularly, it defines and classifies particular types of property, and then, depending on their most significant features, it lays down the formalities needed for their transfer or acquisition, and provides certain procedures for their protection.

The physical and economic characteristics of particular things naturally exert an influence on their legal treatment, especially when the thing comes to be transferred or when our rights in it are challenged and require protection. This section, however, aims only to depict the main sets of things 'at rest', so to speak, i.e. neither in transfer nor under threat. Furthermore its divisions are generalizations, that is to say in terms of features which are usually, if not always, true; sometimes there are grey areas and sometimes overlaps, but most of the criteria are simple matters of observation, with which anyone can agree.

First of all not every thing is property. For something to be *property* in the eyes of the law it must be capable of being *appropriated*. So the air, the clouds, the high seas, are not, for legal purposes, property. Furthermore, some things which could conceivably be appropriated are held not to be objects of private property. For instance, in England and Wales, the foreshore cannot be owned privately; this ensures that, in practice, the public can use the beach for bathing, fishing, and navigation. Another, quite different, example concerns the human body, alive or dead, which as such is not the object of property at all.[1]

The English law of property is not limited to material things—as we shall see there are assets which cannot themselves be perceived by the senses (such as copyright, goodwill, shares, milk quotas) yet which are recognized by the law as being property which can be transferred or inherited, and which will be protected against *misappropriation*.

That said, the law has to take notice of the important distinctions among types of property, although the common law (unlike, say, that of Germany) does not do so in any general systematic way. It is worth repeating that, while some of these distinctions are physical, others depend on the use to which the things are put or the way in which we treat them.

GENERAL DISTINCTIONS

An obvious overall division is into tangible (or material) objects and intangible assets. The first class can then be divided into things that, to our eyes, do not move (such as land) and those that do; in this last subset we find things that can move themselves, like animals and insects, and those which cannot, such as goods and crops. Another common distinction is between a tangible thing and its components (a clock and its works), and between a principal thing and the accessories that go with it (a car and its keys). In practice this last distinction causes most problems where movables are fixed to buildings, and will be dealt with later. In the

[1] Various statutes deal with the control and use of human tissue for medical purposes. For an interesting discussion of the ethical and other problems arising in this area see J. W. Harris, *Property and Justice* (OUP, 1996), 351 ff.

set of movables we find things that we consume, like milk, and things we do not, like cups; and we find things which are specific, like a Vermeer painting and things which we often treat generically, like needles and nails (this set is called 'fungible' by lawyers).

Intangible assets are a little less obvious at first. In general terms they include those *embodied in* a document (such as a promissory note), which we shall call documentary intangibles; those commonly *evidenced by* a document (such as a share certificate), which we shall call documented intangibles; and those which need have no such piece of paper, such as a credit balance with a bank. It must be added that this scheme is now obscured by the 'dematerialization' of shares, bonds, and investment securities generally and the replacement of paper by database entries.

Another useful division in this set of intangibles is between those assets which are claims to money (cheques etc.) and those which are not (copyrights, goodwill etc.). A further classification much used by English law is one which distinguishes a set of things (such as a flock or an investment portfolio) from individual members of the set (a sheep, a National Savings certificate). Another division is between capital and income; and then there is cash money, which deserves a paragraph to itself.

As we said earlier, one of the main difficulties which the student of property law encounters at the very beginning is the presence of, indeed the preference for, abstractions. English property law is particularly devoted to them, and not just out of historical inertia. The reason why it treats intangible interests as objects, as things, is because people are willing to buy them; and any thing which is the object of commerce may be treated as an asset, just as much if it is an abstraction like a share in a company as if it is a physical object like a house or a car. Many of these abstractions are simply the law's recognition of economic realities; indeed (outside land law) it is commerce which has devised the innovations, leaving it to lawyers to fit them, belatedly, into some scheme of recognition and protection. As was explained earlier, Parliament has not attempted to produce any overall principled structure of property law, and so the system which emerges is the product of custom, case law, and commentary. It is also untidy.

The most obvious distinction among tangible objects is between those which are (more or less) immovable and those which are (more or less) movable. But this simple scheme is not exactly the one used by common-law systems. As explained in the previous chapter, the class of immovables is called real property or realty; everything else is called personal property or personalty; if it is tangible personalty it is called a chattel (from the same root as the word cattle).

For many purposes it is still useful to keep land apart from other types of property since it has a number of important features which the others do not share. It is permanent, almost indestructible, will produce an income in crops or in cash, and is capable of almost infinite division and subdivision into concurrent and successive interests. Accordingly, from the earliest periods of English law it has been common to make the same piece of land serve the needs of several persons whose interests may conflict.

Remembering always that no classification is perfect, and remembering also that property includes our wealth as well as our belongings, the main characteristics of the different types of property will be discussed under the following headings: (1) land; (2) living creatures; (3) goods, i.e. tangible movables; (4) documentary intangibles such as a cheque; (5) documented intangibles like shares and other investment securities; (6) undocumented intangibles such as credit balances; (7) intellectual property; (8) money; (9) funds; (10) capital and income.

TANGIBLE OBJECTS

1. LAND

Definition. In English law the word 'land' includes the works of nature and of humans within a particular space on the earth. It consists of any definite portion of the planet's surface with the natural resources on or under the surface—trees, waters, and mineral deposits for instance. In general, whatever attaches to the soil is treated as part of it. This means that individual movable objects such as seeds or seedlings lose their identity when sown or planted in the ground and become part of the land. Similarly, objects such as crops or trees which are ordinarily thought of as things in themselves, and which will become individual movable things once detached from the soil, are at present part of it. An interest in land confers rights above and below the surface itself, whereas an interest in a chattel is bounded by its physical exterior.

The word 'land' also includes what humans have added to the earth, buildings, structures, and so on. These are part of the land, for a house has no identity of its own until built on it, and the materials have become merged in the house. However, although a building is part of the land on which it is built, it is possible to divide it, not only vertically, for instance into two semi-detached houses, but also horizontally into flats each of which is a separate piece of landed property. Thus the owner of a top-floor flat owns land, although it is not directly fixed to the earth.

Earlier we mentioned the distinction between principals and accessories. In relation to land, the most difficult questions here arise in connection with what are called fixtures, that is chattels which have become part of the land and so belong to its owner. The primary question is, what is a fixture? It is often raised when one person buys a house and takes a transfer of it from another, or where one person lends money by mortgage on the security of another's land. Clearly, the chairs and tables are not part of the land but the front door is. In between, and in the absence of express agreement, doubts may arise as to whether with the house go the rose trees in the garden, the waste-disposal unit, fitted carpets, and so on. It is impossible in advance to lay down a rule that will apply without hesitation to every object. What can be said is that, generally speaking, anything is a fixture that is not merely placed on the land but is attached to it with the purpose of making it part of the land. Whatever meets this test will pass with the land to a buyer, or will be subject to a mortgage.

The second question is, granted that a thing is a fixture, may it be removed at the end of his term by a lessee (or life tenant) who has affixed it to the land? If the law said no, there would be little incentive for a shop tenant to fit shelving, or for the lessee of a restaurant to install a built-in oven. So the answer is that it may be removed if any damage is made good. This does not mean that, while affixed, the fixtures are not part of the land; it means only that, at the wish of the tenant, they may cease to be so.

Features. By 'land' then, the law understands all immovable property—fields, farms, houses, shops, factories, and so on. It is worth reflecting on the ten most obvious characteristics of this species of property because, as will be seen, they have determined the uses to which land can be put and the concepts which English lawyers long ago devised to give effect to those uses. Furthermore—and this is very important—we shall see later that most of these concepts can now be readily applied to other species of property—particularly stock, shares, and government bonds—which, as investments, share some of the features of land.

(i) *Permanence.* The most obvious feature of land as distinct from movables is that it endures. Of course there may be natural calamities, earthquakes, landslides, and so on, but it would be absurd, for fear of these exceptional events, to treat land as essentially evanescent. The permanence of land has several consequences. First of all it is well suited to long-term and heavy investment in improvements, from land drainage to the construction of a cathedral or a shopping mall. Second, since it and our investment in it will be here when we are gone, it can be used to provide for the next generation and even the one after that.

(ii) *Safety*. Land is not the only thing of permanence—diamonds are forever. But, unlike them, land cannot readily be stolen; in fact the current English Theft Act, while conceding that land is property, provides that as a general rule 'land cannot be stolen'. It is, as we shall see, better protected than are movables by other branches of the law.

(iii) *Limited supply*. While fields may be built on and skyscrapers soar, there is, none the less, a finite amount of land available. Furthermore, this country—relatively speaking—has a large population in proportion to its area. The limit in supply leads to problems in resolving conflicting demands on the use of such land as is available.

(iv) *Externalities*. Since we live in a relatively crowded island, the way in which we use our own land is very likely to affect others. We may confer a benefit on them for which they do not pay, if for instance we fashion a beautiful garden readily visible from their house. But (and this is more noticeable) we may, without any malice or carelessness, impose unpleasantness on them for which we do not pay by, say, operating a licensed slaughter-house. To some extent such problems can be resolved by private bargaining (the imposition of restrictive covenants) or by the law of nuisance, but they are also an area of extensive public-law involvement. Planning and environmental protection legislation are the two obvious examples.

(v) *Fruits/income*. An important feature of land from the point of view of our legal system is that, without depletion, it will produce an income. Apple trees will produce fruit, fields will yield crops and, provided some of the profits are ploughed back into maintenance, the flow will continue. For an office-block, factory, or shop, the rents fulfil the same function. What is perhaps a little more difficult to see at first is that a house has an income value for its owner-occupiers. Admittedly it produces no cash for them, but they are not paying rent or hotel bills to live elsewhere. They are benefiting from what economists call the 'quasi-rent'.

Land is not, of course, the only thing to produce a yield; cattle have calves and humans, children. More will be said of this under the general heading, later, of capital and income.[2]

[2] Meanwhile we might add that, under EU law, dairy farm-land may benefit from a 'milk quota' which is, within limits, alienable and may be transferred to other land.

(vi) *Capital value*. Meanwhile, it is obvious that, with reasonable management, land will produce an income without depletion of its capital value—the amount it would fetch on sale. Indeed, given the limited supply mentioned above and the growth of demand for land, its capital value may not only keep pace with inflation but may increase in real terms.

(vii) *Necessity*. Land is necessary to us all. We are born on it and buried in it. In the interval between those two events we need somewhere to live and work, something to eat, and something to wear. Our home is land, and our food and clothes are produced, made, stored, and sold to us on land. Some fraction of its cost at each of these stages enters into the price we pay for the things we buy.

(viii) *Investment*. The combination of the features just described has meant for centuries that land is an attractive investment. People (or corporations) who have wealth beyond what they need to survive will find in it something that is permanent, safe, limited in supply, income-producing, and appreciating in capital value. When to this is added the fact of necessity its attraction becomes paramount: where better to put one's money than in something everyone needs. This feature can give rise to conflicts between the wealthy few and the rest of us, and some countries have sought to resolve these conflicts by simply forbidding private investment in land—this was the case in the Soviet Union for most of the last century. Our system has not attempted this, but has intervened in particular areas; the impact of public law will be described later.

(ix) *Endowment*. As an investment, land may form part of the balanced portfolio of any wealthy person, company, or pension fund. But it has certain features which take it outside the purely commercial calculus and recommend it as a family endowment. The fact that it is permanent, safe, and fruitful makes it suitable as a provision for more than one future generation. The law's response to this has, for centuries, been a system which enables ownership of the income to be split from that of the capital, so that one generation may be given the income but only the income, while the capital is reserved for their children. It is in fulfilling this function that the concept of the 'estate' in land has proved so useful.[3]

(x) *Public power*. Finally, and as a historical note, it should be recalled that the private ownership of this attractive investment (or 'means of production') conferred public power. Along with the ownership of a county, say Norfolk, went the public honour of a peerage and the political

[3] See Chapter 5.

power of a seat in the upper chamber of the legislature. The peerage and the power were inheritable until almost the end of the twentieth century, while at a more modest level, the right to vote for a member of the lower house of Parliament was confined to (male) landowners until early in the twentieth century.

2. LIVING CREATURES

Animals, fish, and fowl, whether wild as prey or domesticated as a source of food and motive power, have long been of great importance to human survival. Furthermore those which are farmed are the source of both income and capital development. For instance a flock of sheep will produce lambs, milk, wool, and meat all of which in turn can form the basis for some wealth-creating activity other than farming, such as the production and sale of cheese or chops or clothing. As objects of property, the law has been mainly concerned with the acquisition of animals, as explained in a later chapter. But our powers over them are subject to increasing limitations. Many 'protected species' may not be taken at all. And even for ordinary domestic animals, although they are ours, we may not do what we like with them: it is a crime to cause them unnecessary pain.

3. GOODS

Goods are defined by the Sale of Goods Act as personal chattels other than things in action and money. For the purposes of the law of sale, the category also includes growing crops produced by the labour of the cultivator, and things forming part of the land which are to be severed and sold. That means that the law of goods and not the much more formal law of real property applies to crops and the like which are sold before being harvested or removed, though they are actually part of the land and therefore not goods, until they are severed from it.

Many of the features discussed above in relation to land do not, on the whole, apply to goods. A few may be permanent, but the overwhelming majority are in the process of being manufactured, or of moving down the chain of suppliers to the end-user, in whose hands they will be consumed (food and drink), will wear out (clothing, cars), or will become relatively useless (horseshoes). On the whole goods are readily transferable from hand to hand with no need for formal documents, may be difficult to trace and find, and are often quite indistinguishable from others of the same type. And goods are the subject matter of large-scale transactions in a wholesale market in a way that land is not; most land is bought at retail, in single lots.

For these and other reasons the law's treatment of them frequently differs from that of land. The most obvious difference is in its protection of our claims to particular goods—as we shall see later, the normal rule is that, if we sue because our goods are wrongly taken and withheld, and are successful, the defendant will be ordered, not to return the goods, but to pay us compensation in money so that if we want to we can go and buy some more.[4] The reasons for this approach (apart from the features just mentioned) have to do with the problems and costs of enforcing the order. If the defendant is ordered to return the goods and refuses to do so, it may be difficult for the law to find and return them to us; and so the law is tempted to use the weapon of contempt of court—to imprison the defendant until he or she obeys. This means jailing, for an indeterminate sentence, someone who has not been charged with, let alone convicted of, a crime. If instead, however, the court orders the payment of money compensation ('damages'), then this order can be enforced against the defendant's property, not his or her person: objects can be seized and sold, bank accounts can be reached, and so on.

As mentioned above, a distinction is often made, when we are buying or selling, between goods which are mutually interchangeable (fungible) and those which are not. With goods of the former class, the specific identity of each object is not an issue: it does not matter which nails or milk are delivered, provided they are of the right size, quality, and quantity. Fungibles can be replaced by equal quantities of the same type, and are usually traded by weight, number, or measure. Typical fungibles are raw materials, cereals, coins and the like; and, as we shall see, some documentary intangibles such as shares and bonds form an important class of fungibles. Perhaps there are some goods which are not capable of being fungible—there are certainly many which are never traded as such: think of the great works of art. But even goods normally fungible can be treated as individuals: thus coins, if valued for their rarity or aesthetic or archaeological interest, are not fungible, because they cannot be replaced by others. In other words, goods are fungible if they are treated as such in a particular transaction.

A distinction which overlaps with this, is that between generic and specific, between 'bread' and 'this loaf', between £10 and 'this banknote', between 'my books' and 'this book of mine'. As we shall see later the distinction is important when considering the transfer of ownership in things, because, while we can own things which we can describe only

[4] See Chapter 4.

generically ('my books'), and can contract to transfer ownership of the genus ('I will sell you all my books'), we can actually transfer ownership only of the specific books (or other asset). Similarly, if the subject matter of a sale is expressed as so many articles of a class or kind or so many units of weight of a raw material, the goods are at that moment both fungible and unascertained. When so many articles or so much weight of raw material are set aside for the buyer, the goods become ascertained. Yet there are obviously not two different classes of goods; the same goods were unascertained until human selection intervened. Of course for people to be willing to buy goods which are to be ascertained later, they must regard them as fungible, that is to say as not depending for their value or utility on their qualities as individuals.

Yet another distinction is made between existing and future goods, the latter being often the expected produce of agriculture or industry. As such they are unascertained, fungible, and generic, yet they are incessantly bought and sold. Indeed it is the market in future goods that makes possible the whole existing chain of manufacture and distribution. Next year's cotton crop has already been sold, and many of its buyers will sell on: to see how much you will have to pay for a given quantity and quality, consult the commodity prices in the financial pages of the newspaper.

Of course, strictly speaking, future goods are not yet goods and a so-called 'sale' cannot make the buyer owner of them. But a seller's promise to deliver them vests in the buyer a specific claim, and the buyer's undertaking to pay the price vests a money claim in the seller. As will be explained later, such claims are often symbolized by a document and are treated as themselves objects of property to be traded in the commodity and money markets.

Some articles have a value so great and so dependent on their individual characteristics that some sure and permanent means are required of identifying them and the persons entitled to them. This often leads to the formation of registers, sometimes private such as that of racehorses, often public such as the registers of ships and of aircraft mortgages. Ships, indeed, have long been governed by special rules of law and are for some purposes treated almost as if they were floating plots of land.

INTANGIBLE ASSETS

In general

It is natural when we think of property to look first to tangible things. But in fact a great part of the world's wealth is not tangible. At the time of writing, this country owes some £325,000,000,000 borrowed by the issue of government bonds.[5] Debts, by definition, must be owed to someone, so there must be creditors (human or corporate, British, foreign, or international). Their claims are so safe that they are called 'gilt-edged' or just 'gilts', and they form part of the creditors' fortune. Even more modest savers may well hold National Savings certificates. When to all this are added the billions invested in stocks and shares, and the billions in bank accounts, it will be seen that intangibles are a very large segment of wealth. Indeed, at the beginning of this century, those who were said to be the richest people in the world were thought to be so because of the market value of their holdings, not of land and other tangible objects, but of shares in cyberspace companies—the 'dot.com millionaires'.

All this means that the category of intangibles is very disparate and is difficult to characterize in general terms. It is made up of quite different kinds of asset whose nomenclature is by no means as settled as that of the physical world of land and goods. Furthermore, the law seems always to lag behind commerce, so that the new types of asset which are developed and eagerly traded (such as financial derivatives) take on a dynamic of their own before the legal system catches up.

The most general name which the common law gives to the class of intangibles is 'things in action' or 'choses in action', using the French word for 'thing'. To the modern reader this is not a very helpful or informative designation. It is given here only because it is still used in modern legislation such as the Sale of Goods Act and the Theft Act and (in the USA) the Uniform Commercial Code. The phrase was coined to convey two notions, one positive and one negative. The word 'thing' catches the idea that, whatever it is, it is an asset; it has value, it can be inherited and traded, and can be reached by its holder's creditors. The phrase 'in action' is meant to convey the idea that this asset is not tangible and can be transformed into a tangible object only (if at all) by successfully suing someone. If someone owes you £100, your claim is certainly

[5] A somewhat greater sum is owing on non-government bonds denominated in sterling and issued by companies and supranational borrowers such as the European Investment Bank.

an asset which would pass on your death and which you could give away or sell. But to get the money you would, as a last resort, have to go to law. The older books use the phrase as one of a pair: there are 'choses in possession' which you can touch; and 'choses in action' which are yours but which you cannot take hold of.

Over the last few hundred years, as new types of intangible property interests have come into being, common lawyers have tended to shovel them into the general category of 'things in action' until it becomes so large as to be of little use. Great judges have disagreed as to whether a share in a company is a 'chose in action'. Parliament in 1945 classified patents as a chose in action and then in 1977 said that they were not.

Further complications are caused by the vocabulary of the financial markets. An official publication tells us that 'the Government finances its borrowing requirement by *selling debt* to the private sector'.[6] By this strange phrase is meant the issue of bonds whereby the government borrows money and the lenders in return get a marketable claim. Private business, also, has its own jargon. This is particularly so in one of the most common of commercial relationships: if L, a lender, lends money to B, a borrower, we have a word to describe the borrower's position: B is in *debt*. L is in credit, but what do we call L's claim? We can say that the lender *owns* and the borrower B *owes* the debt, but the use of the same noun to describe both ends of the relation may well cause confusion. The international bond markets nowadays tend to use the word 'credits' to denote the assets held as a result of a loan. Business, on the other hand, uses a different word to describe L's chose in action: a *receivable*. Suppose a firm has sold goods or supplied services to its customers and is owed money by them. Instead of chasing each account it may, in exchange for cash, transfer its claims against its customers to a firm (called a 'factor'), which specializes in collecting payment. The standard contract document between the firm and its factor provides that 'the ownership of each Receivable shall vest in the Factor'.

Another difficulty in explaining this general category is the role of documents. Some widespread obligations are commonly embodied in a document; the obligation may be to deliver goods (such as a bill of lading issued by a carrier) or to pay money (such as a promissory note). The claim to performance of the obligation is enshrined in the document; it passes with delivery of the document (with intent to transfer and with indorsement if necessary); the debtor need pay the money (or deliver

[6] *Britain 2001*, 405, col.2 (Office of National Statistics, Stationery Office, 2001).

the goods) only on production of the document, and discharges the obligation by doing so whether or not the person who produced the document was actually entitled to it.

Other types of intangible are commonly, but not necessarily, evidenced by written documents. This is the case, for instance, with company shares; or rather it was the case before the computerization and 'dematerialization' of many securities.

A third category is the intangible which may or may not be accompanied by a document (such as arises from an ordinary loan of money), but whose validity and enforceability are in no way dependent on the document.

1. DOCUMENTARY INTANGIBLES: COMMERCIAL PAPER

There are excellent works on commercial law where the reader can find detailed information on this topic.[7] We need give only an outline here, emphasizing the part played by the paper itself in the law of property.

Certain types of written undertakings to pay money or deliver goods have become so standardized and accepted by the world of commerce that the paper represents almost completely the money or the goods. On a commercial contract for the sale of goods, one that is not to be performed for some time, each party has the benefit of the other's promise. This benefit is an asset which each owns and can transfer, but in itself it is merely a claim by which the buyer can require the seller to deliver the goods and the seller can require the buyer to pay the price agreed. If, however, each party's obligation is embodied in a certain written form, the documents themselves can be traded almost as if they were the money or the goods. For instance, the seller can take to the bank the instrument containing the buyer's obligation to pay the price at a certain time in the future (say, a post-dated cheque).[8] The bank will pay for it (i.e. credit his account) in a sum which represents the present value of the future payment by the buyer. The actual process of 'discounting' is explained later. Thus the obligation of each party can be traded by the other, and there are global commodity and money markets where this happens constantly.

Monetary obligations: negotiable instruments. Normally if you transfer something you cannot pass a better title than the one you have. But certain species of documentary intangible are not merely tradable but

[7] See above all Sir Roy Goode, *Commercial Law* (2nd edn., Penguin, 1995).

[8] Since the Cheques Act 1992, a cheque crossed a/c payee is not even transferable, let alone negotiable.

negotiable, in the sense that any 'holder in due course' (i.e. one who takes in good faith an instrument for which value has been given) obtains a good title despite any defect in the title of the transferor.[9] Thus if, in good faith, you buy books or a car from someone who has stolen them, you must return them to their owner and are left, for what it is worth, with an action against the thief. But a thief can pass to an innocent purchaser a good title to a negotiable instrument. Such a purchaser owns, and can trade, the instrument itself and is entitled to payment on presentation at the due time. The best-known negotiable instruments are the bill of exchange, the promissory note, and the cheque. For the law of property the essential feature of a bill of exchange is that it represents in documentary form a debt which is owed. Its holder can deal with this asset just as if it were a physical thing like a book or a motor car. Indeed a negotiable instrument is even more suitable to commerce than either of these things. Being an entitlement to money, it has an abstract value which is detached from, but can be exchanged for, any particular physical object.

Goods obligations: documents of title. The obligations of sellers, carriers, and custodians of goods are often—above all in international trade—embodied in standard documents. Sellers issue a contract of sale, for instance 'f.o.b.', which means 'free on board' and contains the seller's undertaking to get the goods on a nominated vessel, at which point they belong to the buyer. The carrier, for its part, gives the seller two copies of a document called a 'bill of lading' which functions as a receipt for the goods and an undertaking to deliver them to the person who is the then holder of the bill of lading. The seller sends a copy to the buyer who can then sell the goods before they arrive by indorsing and delivering the bill of lading. The ultimate holder can call for delivery on surrendering the bill, and the carrier's obligation is discharged by delivery to such a person. To that extent the bill of lading represents the goods; but the document is not quite so powerful as a negotiable instrument because, although the carrier must deliver to the person who presents the bill, if it has been lost by or stolen from anyone properly entitled to it, that person can recover the goods from the person who has taken delivery, or indeed from anyone who has acquired them since. The same rules apply to other documents of title unless in some way, by custom or otherwise (especially in the USA), they have been made fully negotiable.

[9] Cash is the most obvious example of this, but money deserves a section to itself.

2. INVESTMENT SECURITIES: STOCKS, SHARES, BONDS ETC.

The word 'security' is ambiguous. In one usage it covers the devices developed to ensure payment of a debt: a watch, left with a pawnbroker, is the lender's 'security', since return of the watch is conditional on repayment of the loan. In this section, however, the word means investments such as bonds and shares. Their description as 'documented' and not 'documentary', conveys the notion that, while documents such as share certificates are (or were) common, they are merely evidence of, and are not essential to, entitlement to the security. Transfer of a share certificate may entitle the transferee to be registered as owner of the share, but does not itself transfer ownership.[10] And nowadays, for many companies, share certificates have given way to entries in a computer database.

Bonds is the general name for instruments which acknowledge the loans made to central government, other public authorities, and commercial entities—we have already seen that at the time of writing, investors hold UK government bonds to the tune of about £325 billion. They bear interest at a fixed rate on their nominal value, and may provide that the capital is redeemable, or irredeemable. After their issue, they are assets which are traded in the bond market at prices which may be less or more than their nominal value.

As to shares issued by companies, one can begin by saying that each represents a stake in the net capital of the company proportionate to the sum contributed on its issue—for companies are not allowed to give their shares away for nothing. Now a person may have shares, for the time being undivided, in other things such as land, or a collection of pictures, or a heap of coal, and in all such cases a majority may insist on having the property divided and so convert the shares in the whole into sole ownership of a specific part or quantity. But a company shareholder cannot force a division of the company's assets, nor sue the company for the value of the share. True, a share confers membership of the company together—though not necessarily—with voting rights and thus with some power to participate in the corporate governance. So a majority of shareholders' votes can bring the company to an end by 'winding-up'. We can say in general terms that a company share gives its holder, apart from the right to participate in the governance of the company, the right to income—if the company makes a profit and its directors decide to 'divide'

[10] That is the general position in English (unlike US) law.

it—hence the word 'dividends'. Each share also embodies the entitlement to a proportionate amount of the capital fund represented by the company's (ever-changing) assets, minus the amount owing on its (ever-changing) obligations. The current value of that entitlement, as compared with other possible investments, is determined by the market price of a share. Of course if a company is wound up when its liabilities exceed its assets, its creditors have the first claim, and the shareholders may get nothing. But that latent uncertainty is one of the common marks of 'ownership'. It applies to our own belongings, for, if we are insolvent, our creditors can take them from us (except for necessaries such as our clothes and bedding). So shares represent a kind of deferred residual right to a fund of property. Meanwhile, during the life of the company, a share is an asset of its holder which can be bought and sold, will pass on death, and may be reached by its holder's creditors.

Uncertificated units. Traditionally, shareholding was denoted by entry of the holder's name in the company's register of shareholders, while the investor received a certificate evidencing her title. To alienate her share she would sign a transfer (usually printed on the back of the certificate) and hand it to the transferee who would forward it to the company, which was then obliged to amend the register accordingly and issue a new certificate to the new holder. This is a labour-intensive process which, towards the end of the last century, threatened to bury itself under mountains of paperwork.

The solution which developed bears the daunting name of 'dematerialization'. This means that the securities of many public companies are nowadays held and dealt in, not by documents, but by a computer system. Legislation and regulations are in place to achieve two aims: first of all to enable title to securities to be evidenced otherwise than by a certificate and to be transferred otherwise than by a written document; and secondly to ensure that the holders' property rights remain secure, although they have no piece of paper and the object of their entitlement is no longer particular shares but the requisite number of uncertificated units denoted by some entry on a database.

Intermediation. This second novel name is given to the modern method of indirect holding of investments (which themselves may or may not be dematerialized). In the traditional system, each investor usually holds directly from the company, with his or her name on the register of shareholders. On transfer of the share the register is altered so that the new holder's name replaces that of the old. The new system—developed by the market, not the lawyers—interposes between the investor and the company a number of intermediaries. Securities such as shares and bonds of any given company are issued to a custodian or depositary, which is the holder of record in the books or database of the issuer: the securities themselves are said to be 'immobilized'. The depositary holds them for the benefit of other financial institutions such as banks and registered brokers who, in turn, hold for their clients. At each level the books (or database) maintained by the higher of the two indicate that the appropriate investment asset has been credited to the account of the lower. For instance, the register of shareholders of Widgets plc may show that 90 per cent of its securities are held by the Custodian Trust Company. The latter's books will break down this figure and indicate, for instance, that it holds in equal shares for the accounts of nine brokers. Each broker's records will show the clients for whom the firm holds its Widgets asset. This eliminates the need for the brokers to hand share certificates back and forth as they buy and sell for their clients. Furthermore the number of entries made in each broker's account with the Custodian Trust Company is greatly reduced by the process known as 'netting'. Thus if, on a given day, a broker's customer A sells his entitlement to 100 shares of Widgets plc and another customer B buys an entitlement equivalent to 100 shares in the same company, the broker's account with the depositary does not change at all. Similar procedures higher up the chain ensure that the company's register of shareholders needs few amendments. Nowadays virtually all institutional investors such as pension funds hold their investment securities through arrangements with banks which act as intermediaries.

Under this new system, then, investors have no share certificates and are not named in the company's register. Yet they paid good money for a stake in the company and so it is important that their entitlement be a property interest which gives them all the rights and risks of ownership. Here, English law uses (in addition to financial services regulations) concepts developed in the law of trusts to ensure that each client's entitlement in the asset held by the intermediary is freely alienable by the investor, and that it cannot be reached by the creditors of the intermediary. Intermediaries must always hold enough of the relevant assets to meet their clients' claims. In this they resemble trustees who must conserve the trust fund, and they differ from banks, who are not required to keep enough cash in their vaults to meet the claims of all their customers. Thus the investor's entitlement comprises both personal, contractual, claims against the intermediary broker, and a property interest consisting of a pro rata claim (in common with other investors) to the pool of fungible security assets held by the broker. This pattern is repeated at each level of holding. One might add that the chain of property relations from the company to the main depositary down through intermediate custodians to the banks and brokers and ultimately to the investor looks rather like the system of feudal tenure, applied here, not to land, but to investment securities.[11]

3. UNDOCUMENTED INTANGIBLES

This description is used to cover property interests which, although they may be recorded in writing, have never needed documentary embodiment. It is a large and rather imprecise category, which may roughly be divided into those which are directly about money and those which are not. As explained earlier, the first class is nowadays often called 'receivables'.

Receivables. To take a very simple example: a lender (L) makes an unsecured loan of a £100 note to a borrower (B), repayable on demand (this is the essential structure of a current bank account which is in credit). The loan may be recorded in writing, but this is not necessary. The effect of the loan is that B owns the banknote and owes £100. If L calls for repayment and then has to sue, L will win; but of course the action can be brought only against B—no one else owes L that £100. For this reason L's claim is often called personal, to denote that the right is good against only one person. But in fact he can do nothing to B's *person*. The judgment will not be enforced by imprisoning B, or by forcing B to work for L. It will be enforced, if at all, only against B's *property*, which public officers will take and sell. If B has other debts which are due, and if their total exceeds the value of his assets, then B is insolvent, and may be made bankrupt (or 'liquidated' if B is a company). In those proceedings L is entitled, in competition with other unsecured creditors, to repayment in whatever proportion B's assets are to B's debts.

This situation is often summed up by saying that L has only a personal right—a money claim—against B, and has no property right over any specific object, which might be enforced against an indefinite number of people. This is an accurate description of the relation between L and B (although it does not quite capture the fact that the 'personal' claim is enforceable only against B's property overall). But there is more to be said

[11] It resembles the system of subinfeudation forbidden for land by a statute, *Quia Emptores*, of 1290, with fees replacing the feudal services. The trust concept is explained in Chapter 5. In the USA the revised Title 8 of the Uniform Commercial Code sets out a flexible legislative framework for this system.

about L's rights to the receivable. One simple way of doing so is to say that L owns the receivable, just as he owned the £100 note before handing it to B; that amount of cash in his assets has been replaced by a claim for the same sum. L owns this claim because it has value and because he can do anything he likes with it, and the law provides formalities to help him. He can give it to charity, sell it, mortgage it, declare himself a trustee of it, or leave it by his will. If, say, he does the first, and B goes bankrupt, then the charity will have only the same personal claim against B that L had. But if B stays solvent and *L goes bankrupt*, then the charity can take out of his assets the full claim: they can say to L's other creditors, you cannot use our property (the claim against B) to pay your debts.

The treatment of the receivable as an object of property in the hands of L does not depend at all on the fact that the loan is repayable on demand. If it were repayable in, say, one year, the lender's claim would at once have a present value. The figure would, of course, be less than £100, but not much less: it would be that sum which, at current interest rates, will amount to £100 in a year (at a rate of 5 per cent, that is £95.20). And as the date for repayment grows nearer, so the value of the claim rises until, on that date, it amounts to £100.[12]

To sum up: between the creditor and debtor, the receivable is a right to be paid, not an interest in any specific asset of the debtor: all that the creditor can do is compete with others for a rateable share in the body of assets belonging to the debtor. But as between the creditor and the creditor's assignees, the receivable is an asset, the subject of property rights. And if the creditor is insolvent, that receivable may belong to his assignee and thus not be within the reach of the creditor's creditors.

Contracts as assets. The point we have been trying to make in the preceding paragraphs can be generalized by saying that a right arising out of an obligation is the property of the person to whom it is due and may be transferred as such. Admittedly, this goes too far—it does not apply to family obligations, nor to others which bind the obligor to some personal service. But in many cases *non-monetary* obligations arise out of a commercial contract and involve no personal element: so if you buy a ticket to the theatre you can give it to a friend, i.e. you treat the right to see the show as your property, to be disposed of as you choose. On a much larger scale, a company which has entered into a contract to have a ship built, or a shopping mall, can, in principle, transfer the benefit of the builder's obligations.

[12] See below Capital and income.

Furthermore the claim to performance of a non-monetary obligation may be protected against interference by outsiders. A theatre manager engages a popular musician to appear for a season, but a rival manager tries to lure the artist elsewhere. The original manager could, of course, sue the artist for breach of contract. But he may well secure an injunction (backed by the threat of jail for contempt) against the rival to prevent this form of poaching. The manager cannot compel performance of the contract by the musician but can ensure its protection from unjustified interference. Furthermore, as far as the manager is concerned the protection is against all the world—that is to say against all the world that matters—that of show-business rivals. It is interesting to note that entrepreneurs in the popular music industry use the language, not of contract, but of property. They do not say 'I have signed a contract with such-and-such a singer' but 'I have a piece of that boy'.

4. INTELLECTUAL PROPERTY

We turn now to a very important category of intangible property. The receivables described above give their holder the right to require someone to do something—usually, but not necessarily, to pay money. Intellectual property is different: it confers the right to require everyone *not* to do something, and to make him or her pay compensation if they do. In that way, intellectual property rights are similar to the rights of a landowner against trespassers. But of course they are very dissimilar in that there need be no tangible object: they protect the products, not of nature but of the human mind.

The national statutes dealing with intellectual property apply to the whole of the UK, and it is also subject to an important body of EU law and international conventions. The oldest and best-known types are patents, copyright, trademarks, and trade names, although other varieties (e.g. design rights and plant breeder rights) are also recognized. They are really monopolies, protected by the law for a limited, and in some cases for an unlimited, time. The law governing them has become complex with the advent of developments such as computers, the Internet, and biotechnology. Therefore all that will be attempted here is an elementary account of their nature and purpose.

Patents and copyright. The main temporary monopolies are patents and copyright. Both are governed by statute, and both deal with specific human creations, patents with inventions, copyright with literary, dramatic, musical, and artistic works. The law does not usually require the inventor or author to make, use, publish, or sell the product. It simply forbids others to do so without consent. Again, in this respect it is like the law of property in tangible things, which does not require you to cultivate, or even to visit, your own garden, but which stops others from doing either without your permission. There is an interesting exception, however, because your neglect of your garden does not stop others from tending theirs. But a failure to make use of one's patent may be considered an abuse of the *monopoly* right involved—imagine a deliberate refusal to exploit a cancer cure which, if patented, prevents everyone else from making use of it. The Patent Office may grant a compulsory licence to some other applicant to use the breakthrough, paying the patent owner reasonable compensation.

The reason for this grant of monopoly is to induce the investment of mental time and skill in the production of something new. But on the whole monopolies tend to stifle competition, and that is why the grant is not permanent. Yet during their lifetime, patents and copyrights are treated as assets, and are described by Parliament as being personal property. They are bought and sold; their use is licensed; they may be charged to secure the performance of an obligation; on the breakdown of a marriage they may be available to their holder's spouse; they descend on death; and they may be taken to pay their holder's debts.

Beyond this, the two systems diverge. Patents must be applied for in a Patent Office, such as the European or UK office, and are granted only if on examination they reveal a new and unobvious invention. The patent is then registered so that details of the invention or process are disclosed to the public. In return, their holder has a twenty-year period from the date the application was filed, during which, without consent, no one may use the invention or process even if they thought it up themselves without ever knowing of the registered patent. After the period everyone is free to act as if the monopoly had never existed.

In this country there is no general register of copyright, as there is of patents. Copyright is a statutory property right to prevent anyone, without the author's consent, from making copies, adapting into other formats or other media, translating, or performing the author's work. The work need not be especially creative—the writer of an everyday family letter owns the copyright, although the recipient will own the piece of paper. That is why, if this book is yours, you may do anything you like with it *except copy it*. You own the copy, you do not own the right to copy; you may be given the right to set it to music, but the result must not then be given public performance without the copyright holder's authority. In most cases copyright vests in the author or his or her employer automatically when the work is created, and lasts for the author's lifetime plus seventy years. So in contrast to patents, which belong to only a few, copyright is an indiscriminate, unregistered, long-lived, and manifold asset bestowed on all of us as soon as we learn to hold a pencil.

In addition to these commercial rights, copyright confers 'moral rights' which cannot be traded. The moral rights of the author or creator, as distinct from those of whoever owns the copyright, include the right to be identified as author, and to object to derogatory treatment or false attribution of the work. The rights can be waived but are not property and cannot be alienated; indeed the right to be identified as author must be expressly asserted (and will be found at the beginning of this book). Under the influence of EU law, artists have also been given the *droit de suite*, the right, for a certain period, to claim a percentage of the price for which their work is resold.[13]

The law of intellectual property is territorial: that is to say it forbids unauthorized acts only within the borders of, or imports into, the State concerned. This leads to two problems. Firstly, patents and copyright would have a very limited efficacy if they gave protection only within the United Kingdom. Hence every attempt is made to extend their effect to foreign countries.[14] For instance, for patents there is machinery whereby a single application to the European Patents Office in Munich may give the applicants a bundle of national patents for each of the participating countries designated. But for well over a century, international conventions have striven to make copyright genuinely international so that any work published in a member country will enjoy protection in all States parties to the convention.

The second problem with the territorial ambit of intellectual property is that different jurisdictions may have different notions as to what can be patented or given copyright protection. Recent developments in biotechnology have led to the patenting in the USA of genes, and of a cancerous mouse. Equally rapid innovations in cybernetics have led to attempts to patent 'one-click shopping', and to the extension of copyright protection to computer programs, and of a similar protection for databases.

Much standardization has occurred under the aegis of the World Intellectual Property Organization (an arm of the UN) and the World

[13] This right comes into effect throughout the EU in 2006 for living artists and in 2012 for artists who died in the preceding 70 years.

[14] There is an international Patents Co-operation Treaty of 1970 and a European Patents Convention of 1973.

Trade Organization, and through EU Directives and Regulations. Pressure continues for the recognition of new rights, e.g. over traditional or indigenous knowledge which is said to be sometimes exploited by the developed world at the expense of poorer countries. The World Trade Organization is working on a standardization of the trade-related aspects of intellectual property, but details have no place in an introductory general book such as this.

Trademarks. Trademarks and trade names are perpetual monopolies. That is why, for instance, so many lifts still bear the name 'Otis', even though the patent for the process which made possible the safe elevator (and hence the skyscraper) granted to Elisha Graves Otis in 1852 has long since expired. Essentially, trade names and marks are a way of identifying one's business and its products and services, and so building up customer loyalty and goodwill generally. Indeed in the late twentieth century customers were persuaded to buy and wear garments displaying a trade name in big letters.

The exclusive right to one's trade name is protected at common law by 'passing-off' actions in which the plaintiff must prove that the public may be misled by the similarity between the plaintiff's name and that of the defendant, and that this confusion has caused or is likely to cause injury to the plaintiff's goodwill. Much more important, however, is the statutory safeguard of registration, now the subject of both UK and EU law.

A trademark is some sign, symbol, shape, or the like which is capable of being represented graphically and is used to indicate a connection in the course of trade between the provision of specified goods or services and the person entitled to use the mark. If registered, it gives protection free from the difficulties of proof which sometimes face a plaintiff in a common-law action for 'passing-off'. Registration is in the first instance for ten years, but it may be renewed indefinitely for successive periods of ten years. Like other forms of intellectual property a registered mark is territorial. It is personal property which can be transferred outright, or licensed, for instance as part of a franchise operation or of a character merchandizing project. Unlike other objects of property, however, the exclusive right to use it may be lost if the mark is not used for five years, or if the product is so successful that its name becomes generic: aspirin, thermos, vaseline.

There are two main reasons why the law grants an exclusive right to a particular trade name or mark. One is to protect customers, for whom it is an indication of provenance, and also perhaps a reassurance that they are getting what they want. The second is to protect the owner's investment of time, skill, funds, and so on in building up a brand which is known and preferred. This is particularly important where the item in question is just another variety of some commonplace product, such as a soft drink or a pair of jeans. Of late, however, some internationally known names and marks seem to have acquired a life of their own. They no longer exist merely to protect the goodwill of a particular manufacturer or supplier, but have become desirable in themselves.

Fame. This seems an appropriate place to mention briefly a type of property which is essentially the exclusive right to profit from one's celebrity. It is just beginning to develop in English law, but other systems point the way. It originates in an attempt by the law to protect *privacy* by putting limits on the extent to which our name, likeness, lifestyle, and so on can be brought to public attention. But there are people whose livelihood depends on being in the public eye. Their business is *show*-business, and what they want is the *exclusive* right to profit from their own celebrity. They want a monopoly of their own fame, but their name cannot be protected by the UK law of copyright. It could be registered as a trademark, but there are then problems with its connection with particular goods or services.

At the moment, English law does not make it easy for a celebrity to turn his or her personality into property. But other common-law jurisdictions may point the way—for instance Tennessee, which has no little experience of the problem, since it was the home of a famous popular singer of the mid-twentieth century, Elvis Presley. In addition to recognizing (in common with several other US states) a common-law property right in a celebrity's name, Tennessee has enacted a Personal Rights Protection Act 1984, which provides that every individual has a *property* right in the use of his name, photograph, or likeness in any medium in any manner. These rights can be sold and licensed, and descend on death whether or not they were commercially exploited during the individual's lifetime. The exclusive protection lasts for the individual's lifetime and ten years, but then continues indefinitely until commercial exploitation ceases for a period of two years. After that, the name, likeness, and so on fall into the public domain. Thus in theory the exclusive monopoly could last for longer even than the seventy years after death granted by the law of copyright.

Goodwill. A more general and widespread version of the types of property just described is business goodwill. One does not have to be a celebrity to build up a business or, more precisely, *repeat* business, meaning that customers are likely to come back. They may return because of the locality of the business, because of the product or service it provides, or because of the personal qualities of its owner or staff. We may not know the precise reasons impelling customer loyalty, but it is a recognised component of a successful business, evaluated by accountants, and taxed by the State. Yet it is a peculiar kind of property, since its protection is an issue only when it is transferred. The person who takes over, for instance, a shop will pay the seller for the premises, equipment, stock, and goodwill. But if the seller opens an identical shop next door, customers of the old business may well switch to the new. Consequently, when buying the business the new owner will take from the seller a promise (usually called a 'covenant') not to compete within a reasonable area for a reasonable time. The buyer's asset is thus protected against the one person most likely to do it harm. It is not protected against any other independent competitor.

5. MONEY

Cash money consists of both coins struck by the Mint and notes issued by the Bank of England (and certain Scottish banks). English banknotes bear on their face a promise to pay the bearer a certain sum, and so still look like the promissory notes they once were. If and when the United Kingdom becomes part of the European Monetary Union, its power to issue money will pass to the European Central Bank.

At one level, then, money is a tangible, movable, and anonymous, object. In at least one respect it is like other tangible objects: if it is destroyed, its owner loses the right of property. (There may be some claim in tort against the person who deliberately or carelessly destroyed the cash, or in contract against one who had guaranteed to keep it safe, but these are personal actions which, on the defendant's insolvency, must compete with other unsecured claims.) The risk of loss by destruction is obviously true of coins. It seems to be also true of banknotes even though they appear to be promissory notes, which are usually replaceable if destroyed or lost. But the Bank of England's statutory obligation is only to exchange notes, so if your savings are destroyed in a fire, even if you have photocopies of the notes, you lose their value just as you do that of your other burnt belongings.

In many other ways, however, cash is quite different from other objects. First of all, its value is not that of the metal or paper but of the sum which it denominates. Second, it can be used as money only by being handed over. You can keep your coins and banknotes and use them as ornaments and wallpaper, but to use them as money you must give them up. Third, cash money (unlike most bank credits) can be instantly reused, and at no extra cost—you can spend your wages as soon as you open your pay packet. Fourth, money is a generic good: when used as money, and not as collectibles, coins and notes are fungible, one is as good as another. Thus debts are expressed in terms of a quantity of abstract monetary units, so many pounds and pence: any will do. Fifth, money is the thing with which everything else is bought and is not in itself the object of sale. Sixth, since it is meant to serve as a universal and trustworthy means of exchange, the law must not weaken confidence in it. This means that if, in good faith, you take money in exchange for something, the money is yours—it does not matter that the person who gave it you had stolen it. If the previous owner finds you, and is able to prove that those very notes were stolen, you can still keep them, free of all claims. Seventh, money is legal tender: in the absence of some prior agreement, a creditor can insist on payment, and a debtor can insist on paying, in money. Eighth, money seems to be the only object which entitles its owner to a fixed amount; the complete ownership (as distinct from, say, a secured loan) of anything else includes the prospect of loss or gain as the value of the thing (expressed in money) rises or falls. But we must add that, because of inflation, money may gradually lose its purchasing power. Ninth, the preceding eight propositions are true only within the jurisdiction whose currency is in issue. Foreign currency does not have these attributes of money and is bought and sold by money changers. Euronotes, by the way, may have national signs on them, but circulate freely, and of course are treated as the money of all the jurisdictions in the European Monetary Union.

Finally, it may be worth stating the obvious: the word 'money' is used to mean more than coins and notes. We often use the word to describe what we are owed, as when we speak of 'our' money in the bank. Parliament does the same, describing the debt owed to a secured lender as 'the mortgage money'.[15] And to economists anything constitutes money which is generally accepted as a medium of exchange.

6. FUNDS

The essential nature of a fund is that it preserves its identity as the object of property rights, even though its contents change. In a pension fund, for instance, employees and pensioners have certain rights which can be

[15] Land Registration Act 1925, s.32.

enforced over the fund, although the objects in which it is invested may change from day to day, or even from minute to minute. This example alerts us to the fact that, in most funds, control and management are separated from enjoyment and entitlement.

Another common example of a fund is the capital of a manufacturing company. The form taken by that capital is constantly changing, as debts due to the company are paid and others contracted, as out-of-date machinery is written off and replaced, and as stock-in-trade is sold and new goods manufactured; yet the capital is regarded as a continuing entity over which lenders may have security in the form of a floating charge and in which shareholders may have shares producing dividends.

The capital of a company is a fund of a specialized character, for it is the property of an abstract person, the company (while the company is still in existence). The power of managing the business, and therefore of varying the composition of the capital, is vested in a board of directors who are merely officers of the company, but have very wide powers—which must not be used for their personal benefit. The shareholders, as members of the company, share in the profits produced by managing the fund, but they are not brought into immediate contact with either the objects composing the fund or the fund as an abstract entity.

However, it is by no means necessary to interpose an abstract person between human beings and a fund: it can be vested in human beings for the benefit of other human beings. In the common law this is done by means of the trust.

Property may be given to trustees for the benefit of persons or for purposes, usually charitable. Trusteeship is an office of private law, conferring on the holder powers of control and management of the property, including usually the power to sell the items composing it; the things so disposed of are replaced within the trust fund by the price (or other object) received for them. As trustees, the managers may not take anything for their personal benefit (except that it is usually agreed that they may charge for their services). A most important element of the structure of the trust is that the personal creditors of a trustee cannot reach the trust fund. The fund is held for the benefit of others, whose creditors can ultimately, through court proceedings, reach the assets comprised in it. Thus, since a key criterion of entitlement to property is its availability to its owner's creditors, the fund belongs to the beneficiaries, although it is controlled and managed by trustees. Another indication of this feature is the fact that if the fund is lost or destroyed through no one's fault, it is the beneficiaries, and not the trustees, who bear the loss. In addition to their property rights, beneficiaries have personal rights against trustees guilty of breach of trust enforceable if necessary by execution on the private property of the trustees.

So far we have looked at funds in which control is separate from enjoyment. If we look at our own property, for a moment, it may appear at first that there is no need for the notion of a fund, since we alone both control and enjoy our own possessions. Yet the idea that everyone has a fund is widespread in many legal systems, which speak of a person's *patrimony*. This is a term of Scots law, but it helpfully expresses a number of important legal propositions, all of which are true for English law.

First, all that we can really call our own is our false teeth (if any), our clothing, bedding, and the tools of our trade. Everything else, the law will, if necessary, take away from us to pay our creditors. In other words, our property—our patrimony—is our net worth. Secondly, we need draw no distinction between ourselves and our patrimony *only while we are sane, solvent, and alive*. If we lose our mind, control of our assets (after the appropriate precautions and formalities) goes to someone else: our property is still in our name, and we benefit from it, but its management—including the power to sell particular items and the duty to pay our debts—will fall to our guardian. If we are bankrupt, our property vests in our trustee in bankruptcy who controls and manages it, not for our benefit but for that of our creditors. And when we die, our property—called our 'estate'—vests in our personal representatives who pay our debts and distribute what is left according to the law of succession.

7. CAPITAL AND INCOME

Some things bring forth other things. Fruits grow naturally, animals have young, cows give milk, fields can be cultivated to produce crops. In normal circumstances, the arrival of these new things causes little diminution of the old. Apart from such natural events, things like land, machines, motor cars can be the source of income by the interposition of a contract between their owner and the person who leases or hires them: in return for possession and use of the object, a rent is paid. In all the above cases the person with the first right to the income is generally the person who owns the object producing the income.[16]

Interest on loans is technically different, since a lender does not own the money that he or she lent. We may, on first impression, think of the interest as payment for 'the use of' the money, but money cannot be used

[16] For the situation where the income-producing object is leased, see below Chapter 3.

in the same way that a car is used. The hirer of a car does not need to own the vehicle, merely to have lawful possession of it. But money is the ultimate consumable, for it can be used only by handing it to others, so a loan of money must pass ownership of that money. The borrower is gaining (and the lender relinquishing) the instant purchasing power inherent in that sum of money, and may have to pay for this in interest (though this is not inevitable, a loan could be interest-free).

Despite this technical point, we may say that for practical purposes income includes the fruits of agriculture, the rent of land or machinery, the dividends on shares, royalties on patents and copyright, and interest on money lent.

Though the line may sometimes be difficult to draw, the distinction between capital and income is prevalent in the law—first of all because income tax is not a tax on capital. But it is also important because entitlement to income can be, and often is, exchanged for, or separated from, entitlement to capital. If you subscribe for shares in a company, you part with capital in return for the hope of income in the shape of dividends. If you take out an insurance policy on your house, you pay income in the form of premiums in order, if your house is burned down, to receive the capital to rebuild. If you take out an annuity, you pay over capital in return for an annual income. Furthermore, as we shall see later, if, say, a testator wishes to provide for children and grandchildren, this can be done by dividing the capital at once among them. But it can also be done by a scheme which invests the capital, gives the children the right to only the income produced thereby, and provides that later on the grandchildren will take the capital.

A final, important, point needs to be explained in this section: the right to a future income stream has a present *capital* value. This may not be immediately obvious, but it must be grasped since it lies at the heart of both traditional property law and the operation of all asset markets.[17] We start with the obvious: a sum of money today is worth more than the same sum to be received a year from now. Given a choice between a gift of £100 today and a gift of the same sum in one year, we would prefer the first. This is so even if there is no risk that we will not get the gift next year, and even if we do not plan to spend the money this year. The reason we would take the money today is that it can at once be invested at a positive rate of return (say by putting it in a bank deposit account) and in one year's time

[17] See Jonathan R. Macey, *Introduction to Modern Financial Theory* (2nd edn., American College of Estates and Trust Counsel Foundation, Los Angeles, Ca., 1998).

will have grown to some amount greater than £100. How much it will grow depends on the rate of interest. If that is 5 per cent then, on the day we would receive £100 had we chosen to wait for our gift, we shall instead have £105.

A similar calculation can be done in reverse to give us the present value of a future payment. To keep the arithmetic simple, take as an example a government bond for £105 which matures in one year's time. There is no risk that the government will not keep its promise, so we are certain that in one year it will pay the bondholder £105. How much is that worth today—i.e. what price should we pay for the bond? Well, there is another way to obtain the present certainty of getting £105 a year from now—by depositing in the bank the sum that, with interest, would reach £105 in a year. If current rates are 5 per cent; we need to deposit £100 today, so we would not pay more than that amount in order to buy the bond.

We work out the greater future value of a present sum from the current *interest* rates. We work out the lesser present value of a future sum by the current *discount* rates—the same figures used for a different calculation. Of course, tables or computer programs will do our sums for us, and will work to more decimal places than those used here.

At a 5 per cent discount rate, the present value of £100 payable in a year is £95.24 (i.e. 100 divided by 1.05). If the payment of £100 is to be made in two years, rather than one, and if we assume that interest is compounded annually, then its present value is £90.70. If it is not to be made until ten years from now, its present value is £61.39; if twenty years from now it is today worth only £37.69. (Another way of understanding this last figure is to think of investing it now at 5 per cent compound interest. In twenty years it will grow to £100.)

Now suppose that we are entitled to the income produced by a given asset *every year for a number of years.* £2,000 is deposited today in a bank account paying 5 per cent interest, and the bank is told to send us the income at the end of each year for twenty years and then to close the account and pay the capital to a charity. That future income stream lasting twenty years has a present capital value, i.e. the sum total of the present values of each annual payment. Assuming an annual payment of £100 each year for twenty years at a discount rate of 5 per cent, we can find out how much we are worth today by adding together the present value of next year's payment (£95.24), of the second year's payment (£90.70), and so on down to the present value of the £100 we shall get twenty years hence (£37.69). The total of these figures gives us the present value of the twenty-year income stream—£1,256.

The charity's entitlement is what is called a 'future interest'—that is to say a present right to receive in the future an income-producing capital sum. This present right to £2,000 at the end of twenty years is today worth £744. This sum and the present capital value of the twenty-year income stream, £1,256, add up of course to £2,000, the amount that has just been deposited with the bank. Looking at it from the end of the period, we shall have received £100 x 20 = £2,000. The charity will then get £2,000. This makes a total of £4,000, made up of the capital originally deposited plus the total of the interest it has produced over the period.

In an attempt at simplicity, these examples use money and interest on money. The same principles apply, however, to other forms of capital and income—for instance to an orchard and its fruit, a farm and its crops, an office and its rent, a patent and its royalties, or a fund of varying assets and its annual return. And as we shall see later, they are a vital step in calculating the present market value of both a life interest—that is, an entitlement to income, not for a fixed term, but for a human life—and of a future interest (also called a 'reversionary interest'), being the present right to the capital, with its income, at the end of that human life. So if a wealthy testator leaves the income of his fortune to his daughter, and the capital, after her death, to her son we can begin to work out the value, at the testator's death, of each gift. Though we need to ask her how old she is.

3

The Acquisition of Property Interests

As we shall see in a later chapter, there are a number of different interests which can exist or be created in property. For the moment, however, we shall deal with the most general type of entitlement which enables us to say 'this is mine'. Most things (or at least their components) already exist and their acquisition involves some form of transfer from one person to another; the obvious exception is intellectual property such as copyright, in which the acquisition of the right occurs on creation of the work. There are a few other situations where property interests arise anew, and they will be described first.

ORIGINAL INTERESTS

First titles

New tangible objects are made by nature or by humans. If the latter, they will come within the law of property at the moment of creation and someone will be their first owner, usually the maker or his or her employer. If the former, they will come within the legal system at the moment of creation if their source is already within it: so the apple when picked and the lamb when born belong to the owner or tenant of the orchard and the sheep.[1] This simple solution conceals the fact that it answers two separate questions. The first is: who possesses the thing? the second is, who owns it? Taking first possession of the apple or lamb (even wrongfully) gives the possessor some sort of right to it: the fact that he stole it from the farmer would not entitle us to steal it from him. So any possessor, by the fact of taking possession, acquires a real right in the thing possessed, an interest which will prevail against an indefinite number of persons, and which can be alienated by its holder and reached by his creditors.

This does not, of course, mean that a thief's claim will prevail against a

[1] Earth which, by the action of river or sea, accrues to land belongs to the landowner.

person who, both ethically and legally, has a stronger right. Normally this would be the owner of the tree and the sheep. This means that in the overwhelming majority of cases, first possession and ownership will coincide since in the normal course of events apples will be picked and lambs delivered by the person entitled to the tree and the sheep, or that person's employees. It is also much easier to prove that you own a tree or a sheep than to prove that you own an apple or a stray lamb; the law saves time and money by simply presuming that if you own the source you own the product. The owner may, however, have leased the land and the flock in which case the parties intend that, when the tenant takes possession of their produce, he or she is to acquire ownership of it: it may make sense to take a lease of an orchard, but no one would take a lease of an apple. The law, of course, gives effect to the parties' intention so that the tenant becomes owner of the produce.

Wild animals belong to no one, though many species are now protected by special legislation. As to the unprotected species, the law gives the primary title to the person who first takes possession; that person will be owner so long as possession is retained. If the animal escapes and resumes its wild character, no one owns it, though the person who had it is allowed to retake it so long as he or she keeps it in sight and has the right to chase it.

Later titles

The example of wild animals in the preceding paragraph dealt with the situation where an object comes for the first time within the law of property, which says that it belongs to the first possessor. After that, later possessors of any tangible object whatever also acquire a title, one which will yield to that conferred by earlier, but prevail over that conferred by later, possession. If, without consent, B takes over the land and wheelbarrow of a neighbour, A, the mere fact of taking possession gives B an (alienable) interest which the law will protect, not of course, against A or persons claiming through A, but against everyone else. In this way B's possession—though not the first—gives rise to an entitlement. Furthermore, at the end of the limitation periods within which A can bring an action to recover the land (twelve years) and the wheelbarrow (six), A's title dies, together with any interests dependent thereon, such as a mortgage.[2]

[2] The Law Commission proposes that the periods be changed to three and ten years: Law Com No. 270, Limitation of Actions (2001). The acquisition by adverse possession of registered land is also to be changed, since if registration is conclusive as to entitlement, mere possession, however lengthy, should not confer ownership. See Land Registration Bill 2001, Part 9.

A's title is not transferred to B, who continues to hold the interest conferred by taking possession but now strengthened by the disappearance of the earlier, stronger, title. If the limitation period is not a bar (because it has not expired or is not pleaded) and if A claims and B pays damages ordered as compensation for the land and the wheelbarrow, A's title is similarly extinguished. Here again it is not transferred to B.

Finding. A common example of the importance of later possession as a root of title is that of the finder of a chattel. Taking possession gives the finder an alienable interest which will be protected by the law. If the previous owner has lost the thing, the finder is open to a claim by him or her; but if the previous holder has *abandoned* the thing, the finder ought to be safe. If the previous owner is unknown, there may be a conflict between the finder and the owner of the land on which the thing was found. If it was buried, the courts tend to hold in favour of the landowner; if lying on the surface, in favour of the finder.

Possession. What we see from the above examples is the importance attached by the law to the act of taking possession, whether first possession of something belonging to no one, or adverse possession of something already owned. In both cases it confers on the possessor a property interest which is protected, can be alienated, and can be reached by the possessor's creditors. But this is not true of treasure.

Treasure. Statute now gives a precise definition of treasure. A loose description would say that it covers old and valuable things whose owner is unknown. When found, treasure vests in the 'Crown', i.e. the State. The finder of anything that might reasonably be treasure must report to the local coroner. In deciding whether it is treasure, the coroner notifies the British Museum or National Museum of Wales, the finder, and whoever occupied the land where it was found. If held to be indeed treasure, and if the relevant minister decides that it is to go to a museum, the museum can be instructed to pay a reward to the finder. Payment of the reward is not enforceable at law.[3]

Accession and alteration

Property rights end when their object or its proceeds cease to exist as such. If B feeds his horse with A's hay, A owns neither the hay nor a share in the horse. A may have a claim against B for the value of the hay, but that is a personal claim, and unsecured. Similarly if B paints his wall with

[3] For details see Treasure Act 1996.

A's paint, although the paint (unlike the hay) can still be seen, A no longer owns it, nor any share in the wall; it belongs to B, though once again he may well owe its value to A. We may say, therefore, that once a chattel has become annexed to land, it belongs with the land, regardless of what the parties intended.

But the same does not necessarily apply when one person's goods are mixed with those of another in such a way as to lose their separate identity: A's nails are mixed with B's, A's petroleum is added to a tank containing B's. Here, if possible, the law looks to intention and consent rather than to physical form. If that enquiry fails, the default rule will hold that the parties have concurrent property interests in the mass.

DERIVATIVE INTERESTS

Most property already belongs to someone, so its lawful acquisition requires its transfer. This may be effected under the general law, as with the intestacy and bankruptcy regimes, or the confiscation of the proceeds of certain crimes. Here, however, we shall focus on the normal case, where the current holder wants to transfer and the recipient wants to get the property.

Consensual acquisition. The holder's consent can be given *inter vivos* or by will, but succession on death will be dealt with in a later chapter. This section deals, therefore, with transfer by way of gift, by way of sale, and by loan of fungibles. Furthermore—to state the obvious—for anything to be transferred it must exist and be identifiable. Although an enforceable contract can be made to transfer a non-existent object ('a copy of next Friday's *Times* newspaper') this can result in only a personal obligation until the object exists and is identified as that copy which is to be transferred.

The modes of transferring property vary with the different kinds of thing transferred. Moreover, sometimes the actual transfer is and sometimes it is not preceded by preliminaries which are almost as important as the transfer itself. Gifts rarely need preliminaries—you do not look a gift horse in the mouth. But the actual transfer of land on a sale is almost always preceded by a contract, and the contract is preceded by enquiries about the property itself and about the seller's title thereto. On the other hand, when goods are bought for cash in a shop, contract and transfer are rolled into one, there are usually no negotiations, there is nothing in writing, and there is certainly no investigation of title. The acquisition of shares and other securities lies somewhere between the two; the transfer is preceded by a contract but there is nothing like the same ritual as in the purchase of land.

Form. A final preliminary remark must be made about legal formalities. Certain common types of transaction must, to be fully effective as such, comply with statutory requirements as to form; and this is particularly the case where their subject matter is land. Contracts for the sale or other disposition of an interest in land can be made only in writing signed by or on behalf of each party. Declarations of trust respecting land must be evidenced in writing signed by the person able to declare the trust. To convey or create a legal estate in land, a deed is necessary: a deed is a document which describes itself as such and is duly signed by the person making it and attested by a witness. Where the title to land is registered—now by far the larger part of England and Wales—the transferee must be registered as proprietor to acquire the legal (i.e. formal) estate.

The requirement of writing or of a deed involves, of course, the use of paper. In the near future it is probable that dispositions of land will be effected electronically. This has the following implications. First, it applies to interests which are, or are required to be, recorded in the Land Registry. Second, the electronic form must itself comply with certain requirements as to time and date, 'electronic signature' and its certification. Third, the electronic method if correctly used will be deemed to have complied with the relevant common-law or statutory requirements as to form. Fourthly, if dematerialized conveyancing is made compulsory, use of the electronic form will be mandatory. Fifth, its effect will be that dispositions are registered at the same instant that they are made. Sixth, failure to use the correct electronic form will invalidate the entire disposition even as between the parties.[4]

Outside the case of land, it should be noted that, to be fully effective, the transfer of a debt or other chose in action must be in writing and written notice must be given to the obligor. Commercial paper can be transferred only by endorsement, unless it is payable to bearer; shares require a proper instrument of transfer to be delivered to the company and alteration of the register of shareholders, unless exempted from these formalities by compliance with those of an authorized computer-based system.[5] The transfer of patents requires writing, the signature of both parties, and entry in the Patents Register; that of copyrights requires a signed assignment by or on behalf of the assignor.

[4] Electronic Communications Act 2000; Land Registration Bill 2001, Part 8.
[5] Stock Transfer Act 1982.

The preceding paragraphs describe the main situations where, to have its full intended force, the transaction must comply with certain formal requirements. On the other hand the deed is so respected by the law that in the case of chattels (where it is not necessary) its use will operate to transfer title.

Gifts. On the whole the law relating to gifts operates to ensure that not only do the parties know that the object now belongs to the donee, but so can everyone else. For a gift to be effective, the donor must of course intend to make a present to the donee, but then the requisite formalities must be met. It is not necessary for the donee expressly to consent to the gift, but of course he or she can reject it. If the object is land, the donor must execute a deed of conveyance and the transferee must apply to be entered on the register as proprietor. A roughly similar procedure (or its electronic equivalent) must be followed in the case of shares. A debt owed to the donor can be given by assignment. To make a present of the donor's whole interest in a chattel, the object must be handed over or otherwise delivered to the donee (unnecessary if it is already in the donee's possession) or else the donor must execute a deed of gift (dangerous because if the donor keeps possession the Bills of Sale Acts may give priority to his or her creditors). If the donor wishes to give, not the whole interest but a share in a chattel—say a half share in a live horse—it is difficult to see how delivery can be effected, and the donor must use either a deed of gift or declaration of trust. In the latter case the donor declares that he or she now holds the horse in trust for the donee and himself in equal shares; strictly speaking, that is sufficient, but its informality makes it unadvisable.

In the normal gift the donor's entire interest is transferred to the donee: you give away money or a book, shares, or your estate in land. The donor may, however, wish to make a gift that is to operate over time by giving the income of property only for a period—say for the costs of a child's education. Or, in the case of a gift to charity, the donor may wish to give only the income for ever, without giving the charity the right to spend the capital. In these situations the capital will have to be conserved, invested, managed for the appropriate period and the gift can hardly be effected by an out-and-out transfer. Instead the trust is used, either by transfer of the property to trustees or by the donor's declaring himself a trustee. More will be said about this in later chapters.[6]

Promises. The law distinguishes sharply between *making* a present and

[6] See Chapters 5 and 12.

promising a present. Making a present has been described above: if the correct ritual has been observed—delivery (chattels), conveyance (land), registration (land, shares, patents)—and if the donor stays solvent (so there is no risk of a fraud on creditors or transaction at an undervalue), then the law just leaves the property with the donee. Unlike the position in many countries, the donor's heirs or family cannot claw back the gift. But the common law treats quite differently a *promise* to make a present. This will not be enforced at all unless made by deed, and even then the remedy is damages as compensation for breach of the formal promise. Equity would not compel the donor to keep the promise. The result is that neither an informal promise to make a present, nor the gift itself, is thought of as a contract in the common law, because neither gives rise to any legal obligation. The former is not enforceable at all. The latter—an out-and-out gift—is a once-and-for-all disposition which need not have been carried out and which, once made, gives rise to no legal obligations on anyone's part.[7]

Transfer on sale

The most common way to get something is, of course, to buy it. For the law of property, there is an important difference between a transaction which makes something yours and a promise to make it yours, even though the latter will normally be readily enforceable. When you telephone a bookshop and place an order for a copy of the latest bestseller, from that moment each party has rights against and obligations towards the other. But you do not yet own their book any more than the shop owns your money. It is fairly easy to see when ownership of money passes from buyer to seller—when the currency is handed over, or the cheque cashed, or the credit transfer effected.[8] It is not so easy to determine when ownership of the book passes from seller to buyer. First of all, we need to know which book, i.e. which one of the pile of copies of the bestseller is to be that particular buyer's. Second, will the copy selected become the buyer's when it is picked out; or packed; or sent off; or delivered; or finally paid for? This example shows that it is not uncommon for a seller to have for a while possession of a thing which already belongs to the buyer, or for the buyer to get the thing before owning it.

The answer to the question of when ownership passes may be important because various legal consequences then ensue. First of all,

[7] Unless the gift is effected by means of a trust, in which case the trustees incur obligations: see Chapters 5 and 12.

[8] Technically in this last case the money itself belongs to the seller's bank.

the seller's main obligation is to make the buyer owner of the thing (it is this which distinguishes buying from hiring) and that obligation is performed once and for all when ownership passes. The buyer must then pay the price and not merely damages, even though the price be higher than the market value of the thing. On the other hand the fact that the seller is no longer owner binds the seller's trustee in bankruptcy, so even if the price is lower than the market value the trustee must surrender the thing in return for the money. A further consequence is that risk normally falls on the owner, so if the thing becomes the buyer's on despatch and is destroyed in transit, the seller has performed his or her part of the contract and the buyer must do likewise, i.e. pay the price. Next, the thing itself is available only to the creditors of its owner. Finally, it is possible that a seller who has sold, but still retains possession of the thing may dispose of it to a third party; as may a buyer who has the thing but is not yet its owner.

The law on this subject is complicated by the use of varying terminology, by the living relics of the distinction between law and equity, and by differing formal requirements for the transfer of goods, land, ships, shares, intellectual property, and so on. There is also an important distinction between cases concerning only the two parties (and their creditors) and the transfer of ownership as between them; and cases where some third-party acquirer is involved and the question is as to the general effect of the apparent transfer on an indefinite number of persons.

Goods. So far we have referred to the passing of 'ownership'. Where goods are concerned 'ownership' is called 'the property in the goods' (in Britain) and 'title to goods' in the USA. Where an interest in land is concerned, both countries tend to use the old technical words like 'estate', 'fee simple', 'life estate', and so on. As to the formal mandatory requirements, there are none as regards goods; the formal transfer of interests in land requires the use of deeds and entry on the Land Register; changes in shareholding and the proprietorship of patents and trademarks must be registered; transfers of receivables should be notified to the debtor, and of interests in funds to the trustees of the funds.

If the law were easy, it would say that ownership of goods and money passes only when they themselves are handed over by their owner with the intent to transfer ownership; and that ownership of other things passes when, with the like intent, the correct register entry is effected or the appropriate person notified. It is not so easy, presumably because such simplicity would be attained at the cost of a desirable flexibility. Instead, the law says, first and obviously, that the ownership of unspecific or inexistent things cannot be transferred. A bookshop can promise to make the buyer owner of an advertised bestseller, a farmer can promise the next barley crop, but the buyer cannot become owner until it is clear exactly which copy or what barley is involved; and of course the seller cannot own the money until it is paid. Assuming that the particular thing is ascertained, the law then says that as between the contracting parties (and their creditors) ownership passes when they intend it to pass; but that as against others, the transfer must be made public in the appropriate way—by delivery of the goods, registration of the transaction, and so on.

Having stated that, as between seller and buyer, ownership passes when they intend it to pass, the law has to face the common situation where the parties never say what they intend. In other words it has to lay down a default system which will operate—and so become mandatory—unless the parties choose to set it aside by agreeing their own terms. As far as goods are concerned, the Sale of Goods Act says that the property in specific goods in a deliverable state passes to the buyer when the contract is made, even though they are still with the seller and have not been paid for.[9] So the seller's principal obligation is performed by being incurred: the promise to make the buyer owner has the effect (as between the parties) of making the buyer owner. But the buyer's promise to pay the price does not make the seller owner of the buyer's money, because of course it relates to an arithmetical amount of a generic entity—money—ownership in which can pass only when specific cash is handed over, a cheque issued and met, or some credit operation performed.

This default provision of the Sale of Goods Act, if not modified by the parties, makes the buyer owner of specific goods even before they are delivered, and so liable to pay the price and run the risk of their destruction. A buyer who does not like this result needs to stipulate in the contract for some other system. Commercial buyers can easily do this. The ordinary consumer can not, but even so the default rule no doubt works smoothly in the vast majority of cases and its existence saves the cost of individual negotiation in every purchase.

Third parties, however, may be misled: goods which are with the seller may already belong to some buyer, but there is no cheap and easy way of discovering this. Consequently the Act provides that, in this situation, a good faith third party who gets delivery of the goods is as protected as if the transfer had been authorized by the owner.

While the original buyer could of course sue the seller for breach of

[9] The Act applies also to Scotland.

contract and for converting his property, he cannot claim against the third party. In other words, as regards the rest of the world, the important thing is not who owns the goods but who has them: possession is as good as title.

Land. The law's treatment of the sale of land is, in the last analysis, not dissimilar to that applied to the sale of goods and described above. However, its historical development and vocabulary make it look quite different. We are concerned here with the sale of either of the two formal 'legal' interests in land: the freehold ('fee simple absolute in possession') and leasehold ('term of years absolute').[10] For ease of explanation we shall concentrate on the freehold sale. Furthermore the practice of 'conveyancing' has long been a routine in the hands of solicitors; most matters are dealt with in great detail by means of standard forms and conditions, but in what follows we shall deal only with basics.

To be valid the full contract of sale must be in writing signed by or on behalf of both parties. It will, of course, contain a promise by the seller to convey his interest in the specific property and by the buyer to pay the agreed price. At that stage the buyer is not formally and for all purposes the owner of the land because there has been neither deed nor registration. Yet *as between seller and buyer* this contract has an effect similar to the default status enacted for the sale of goods—the land at once belongs to the buyer, the money does not yet belong to the seller. This result is attained because historically, disputes concerning land contracts came most frequently before the Chancery which was prepared, at the request of the buyer and on tender of the price, to order the seller to carry out the formalities necessary to make the buyer owner *erga omnes*, that is to execute the appropriate deed and yield possession (sellers who refused were jailed). In effect, the court regarded the buyer as already the owner of the land and would protect that entitlement against the seller, his creditors, any donee, and any other buyer who knew or ought to know of the contract. Nowadays, after making the contract, buyers can take the precaution of registering notice thereof in the Land Register.[11] They are thus protected *against the whole world* and registration does for land what possession does for goods. If a third party were to take a transfer of the land, the buyer could recover it from him on paying the price. In the normal case, of course, the buyer does not bother to enter notice of the

[10] See Chapter 7.

[11] If the title itself is not yet registered, notice is given by an entry against the owner's name at the Land Charges Registry.

contract on the register and the seller does not transfer to some third party. Instead the seller's promise is performed by the execution of a deed of transfer which makes the buyer the formal 'legal' owner and, on payment of the price, this is handed over. The buyer then applies to the Land Registry to be entered as proprietor of the fee simple (or of the 'term of years' if a leasehold interest is transferred).

The basic principles—and complexities—of the system may be illustrated by an example. A agrees by word of mouth to sell her house to B at a price of £100,000 and the furniture for £10,000. At that moment (in the absence of any special terms) the furniture belongs to B who is obliged to pay the price for it. But the house does not belong to B nor does B have even an enforceable claim: contracts for the sale of land are void unless in signed writing.[12] A and B then record their full agreement in a duly signed contract. A is still, of course, the apparent owner; her name is on the Land Register and she is still in possession of the house and furniture. As between her and B, however, the furniture—as we have seen—already belongs to B and now so does the house, since the court would if necessary order specific performance of A's obligation to convey her estate to B. The price does not belong to A; she has only the benefit of a claim to payment by B. In breach of her contract with B, A sells and transfers the furnished house to C for £150,000 for the house and £15,000 for the furniture. C acts in good faith. A moves out and C moves in. The furniture belongs to C. B's only remedy for its loss is an action for damages against A where he will be awarded the amount by which its value exceeds the price he was to have paid. As to the house, the position is the same unless B entered a notice of the contract on the Land (or Land Charges) Register. If he did, he can compel C to effect a formal transfer of the house to him in return for payment of £100,000. He can thus obtain specific performance of a contract against someone with whom he never made a contract but who bought a house which he knew, or could have known, really belonged to B. C will have to look to A to recover the £50,000 he has lost.

Securities. Like the conveyance of land, the transfer of shares was traditionally effected by a contract followed by the registration of the buyer as shareholder. Nowadays, in the case of companies listed on the Stock Exchange the seller sells to the exchange which sells to the buyer,

[12] If, against an unwilling buyer, the seller tried to enforce the sale of the furniture but deny the sale of the flat, it would no doubt be argued that the two should stand or fall together. But perhaps the buyer would be happy not to buy the flat and yet want the furniture.

the whole process being effected by computer and through regulated intermediaries. A 'dematerialized instruction' from the system operator obliges the company to register the transfer of title to the requisite number of uncertificated shares; further details are beyond the scope of this work.

Other assets. Commercial paper is transferred by delivery (if payable to bearer) otherwise by indorsement and delivery.[13] Choses in action such as receivables or debts are subject to yet another regime. For the transferee of a receivable to be able to sue the debtor in his own name the formalities of the Law of Property Act must be fulfilled: the assignment must be in writing and written notice must be given to the debtor. If the debtor pays the assignor before receiving such notice, he cannot be made to pay again. If, after assigning the receivable, the assignor makes a second assignment to a good faith transferee who succeeds in giving notice to the debtor first, he will take priority. Notice to the debtor thus has the effect of conveying information to the person mainly concerned—the debtor—and so functions rather like a register in ensuring that necessary information is made public. Yet in spite of all this, the assignee who has not given notice to the debtor will be preferred to the trustee in bankruptcy of the assignor. In other words the transfer may be good as between the assignor and his creditors and the assignee before it is good against others.

Beneficial interests in a fund held by trustees are subject to similar rules. Between the parties and their creditors assignments may be valid, but to bind others the assignee must give notice to the trustees of the fund. Thus the trust instrument, on which notice of the transfer may be entered, acts as a kind of private register of dealings in the beneficial interests in the fund just as the public Registers do for dealings in formal legal ownership of land, shares and so on.

Loans of fungibles. In describing the transfer of ownership a final brief word should be said about those loans which have the effect of making the borrower the owner of the thing, subject to an obligation to return an equivalent. The points can be made by means of a trivial example. If you go next door and ask to borrow a cup of sugar and your neighbour takes a cup from her shelf, fills it with sugar and hands it to you, you do not own the cup, you merely possess it. But you do own the sugar and owe an obligation to return a similar quantity. The usual consequences follow. You can sell or throw away the sugar, but not the cup: if you attempt to

[13] Indorsement is also an undertaking to pay if the maker or acceptor does not; an indorsement 'without recourse' effects the transfer without incurring the obligation.

sell the cup you cannot pass ownership, and your neighbour can sue the buyer. But as you do not own the cup your creditors cannot levy execution against it, nor do you bear the risk of its destruction by a natural calamity and in that event are not liable to restore its value to your friend. Your creditors can, for what it is worth, enforce their claims against your sugar and, if the sugar is lost along with the cup, it was your sugar which perished and an equivalent quantity is still owed the lender.

This example is trivial but should remind us of two things. First of all, money: where money is lent the borrower becomes owner of that money and owes its equivalent. Thus if you open a bank account and pay in cash, the cash belongs to the bank and you are an unsecured creditor for the corresponding amount. Second, investment strategy: if you invest in tangible things, you risk their destruction; if you invest by making loans (of money or other fungibles), you are spared this hazard, but run the risk of the borrower's insolvency.

4

Protection of Property Interests

IN GENERAL

The law of property imposes no positive duties on anyone. The owner, in principle, need do nothing at all with her belongings, and neither need anyone else. What the rest of us must do is abstain: the law does not bid us act, it forbids us to act. Without the owner's consent we must not trespass on, damage, take, or in any way interfere with her property. This is a negative obligation, a duty not to act, and so can bind everyone, child or adult, sane or insane.[1]

Self-help. We are of course entitled ourselves to protect our property rights. We can resist trespass on or interference with our tangible things; if, without our consent, we are excluded from our land, or our goods are taken, we can physically recover possession. If, in doing so, we use more force than was necessary we may be subject to criminal prosecution and civil suit, but the property we have recovered will not be taken from us and handed back to our victim.

Judicial protection. If self-help does not avail us, we have to go to law, and one of the law's tasks is to protect our entitlement to and enjoyment of our property.[2] The criminal law attempts this by defining and penalizing such offences as theft and wanton damage. Other branches of law provide means to rebuff trespass, to recover our possessions, and to claim compensation by an award of damages.

In approaching this complex area, the following matters need to be considered: the type of property involved; the kind of infringement committed; who is protected; against whom; how; and for how long.

[1] There are, of course, exceptions. First, there is the State's power of eminent domain, or compulsory purchase. Second, many statutes authorize what would otherwise be acts of trespass: utility companies may be allowed to lay pipes through private land and so on. Third, the common law (like other systems) has evolved exceptions to deal with emergencies (hostilities, fire, flood, shipwreck, and the like) where the trespass would be trivial in comparison with the benefits obtained thereby.

[2] The European Convention on Human Rights, art.13 obliges the States to provide an effective remedy.

TYPE OF PROPERTY

The law's protection of interests in property varies with the nature of the asset involved. Some kinds of property can be possessed, others cannot. The former type can come into the hands of a person not the owner, and protection means the return of the thing or payment of its value together, where appropriate, with compensation for the loss sustained and income forgone by its detention. Of the other types of property, some, such as patents or copyrights, can be infringed, and protection is afforded by a suit to restrain infringement and perhaps to obtain damages or a recovery of the profits made by the infringer. The interests of beneficiaries in a trust fund are protected in various ways: for instance by ordering a defaulting trustee to restore the fund; by ordering a transferee from the trustee to return the asset or its proceeds; or by removing and replacing the trustee. Here we shall concentrate on the protection given to interests in tangible objects. The protection of security interests and servitudes is dealt with in the relevant chapters.

WHO IS PROTECTED?

The owner. Obviously the law protects someone whose belongings are taken from her. But how does she prove they are hers? In some cases this can be done by pointing to a register, of land, shipping, or shares. But there is no register of the ownership of ordinary movables, nor do we normally keep documents such as receipts relating to every item in our household. Consequently, all that the law can do is to start by assuming that if we have something in our possession then it is ours.[3] The Theft Act 1968, for instance, treats property as belonging to 'any person having possession or control of it' (s.5(1)). The law's approach seems sensible since most movables belong to the person who has them. One cannot, however, make quite the same generalization about land, ships, or aircraft, since many non-owners—tenants, lodgers, visitors in the one case, charterers in the other—may have control of them.

Where chattels are concerned, the law's approach reduces costs in the resolution of disputes by protecting possession without requiring the person so protected to prove ownership. It is up to the defendant to justify the taking or detention of the thing. The presumption also imposes a respect for possession, however it was obtained. If someone finds a ring, or a thief steals a bicycle, each is protected against anyone

[3] There are sensible exceptions for the kind of situation where employees are using their employer's things or guests their host's or lodgers their landlord's.

who takes it without consent—except, of course, the person who had prior possession and who lost the ring or had the bicycle stolen and so on.

In more technical language, we may say that there are rights to possess and rights which flow from having acquired possession. For the first phrase English (and American) law tends to use the word 'title': your title to some asset indicates your right to possess it. It is possible for there to be two or more titles to a thing, one being stronger than another. If you make a ring from your own hair, there is no doubt whatever that it is yours and that you have a better right to it than anyone else. If you lose it, you can claim it from the finder. But in the absence of any claim by you, the finder is treated as having a title good against everyone. You have a better right to possess the thing than does the finder, but the finder has a better right to possess it than does anyone else.

Furthermore the acquisition of possession confers other rights, and risks. A finder can leave the thing by will, give it away, settle it and so on; and it can be taken in execution by the finder's creditors. Of course if the 'true owner' (or person who can prove prior possession) makes a timely claim, her entitlement will prevail over any right derived from a title weaker than hers.

In general then, where the thing itself is tangible, possession is protected. But the law must also sometimes protect an owner who is not in possession. If you lend your book to a friend, the friend's rights are protected against everyone except you; you, of course, can reclaim the book. Furthermore you can reclaim it from anyone who has taken it from the borrower since, although you did not have possession of the book when they took it, you can show that you had the right to immediate possession. We can sum up by saying that the possessor of a thing is protected because he or she has possession; the owner is also protected because he or she ought to have possession.

AGAINST WHOM?

Indefinite number. It is a characteristic of proprietary (or 'real') interests that they are protected against an indefinite number of persons. Most are protected against everyone who comes by the thing without the consent of the person entitled. In the case of registered land, the State guarantees the title of the person registered as proprietor, and assumes liability to pay an indemnity to anyone who, without carelessness on his part, has been injured by the state of the register. In the same way a person who has been registered as a holder of shares in a company is a shareholder for all purposes.

The persons entitled to interests in a trust fund are protected against everyone except those who acquired trust assets for value and without notice that they were being transferred in breach of trust.

In the case of movables, their owner is, in general, protected against a wider range of persons than is the case in many legal systems. First, she is of course protected against anyone who takes it or comes by it without her consent—thieves if it is stolen, finders if it is lost. Secondly, she may claim against any transferee from such a person. Thirdly, she may claim against any person who has it with consent if that consent has been lawfully withdrawn: so if she lends a book to a friend she can ask for it back and sue if it is not returned. Fourthly, she is protected against anyone who, in good faith, bought and took delivery of the thing from someone who was not the owner but was in possession with the owner's consent. In the example just given, if the friend to whom she lent the book sold and delivered it to some innocent buyer, the buyer must return the book to the owner or pay compensation in damages: the innocent act of buying the book from someone who is not its owner is an infringement of the owner's rights. Furthermore, the innocent buyer cannot defend the owner's action by pleading her negligence in trusting her friend.

Having surrendered the book, or paid its value, to its owner, the buyer can then sue the seller for breach of the contract of sale (and perhaps also for deceit). But it was the owner who trusted the friend with the book in the first place; the buyer acted perfectly sensibly and honestly in assuming that the person in possession of the book was its owner and that he was safe in handing over money in return for delivery of the book. The common-law's approach protects ownership as against commerce and is usually justified by repeating, in Latin, that no one can transfer what they do not have (*nemo dat quod non habet*).

Exceptions. But this maxim is subject to the following exceptions which protect the innocent recipient in certain common situations.

(a) Money. The good-faith recipient of coins or notes who has given something in return for the money, can keep it: so if a thief pays for his haircut with stolen money and the barber does not know this, the victim of the theft can recover nothing from the barber. This result is mandated by the very function of money.

(b) Negotiable instruments. Commercial paper such as bills of exchange and promissory notes, once issued, are treated like currency. A holder in due course—that is to say the person who takes in good faith an

instrument for which value has at some time been given—gets a good title and the right to claim payment.[4]

(c) Dealers. Owners often employ agents to sell for them—the professional mercantile agents are often called 'factors' in the older lawbooks. Of course such a person can pass a good title in anything he is employed to sell. But he may also have goods which he is not authorized to sell—their owner may have instructed him to display the goods and report offers which the owner could then decide whether to accept. The ordinary customer would not know which the dealer could sell and which not. Consequently nineteenth-century statutes protect the good-faith buyer who buys in the ordinary course of business by providing that the transaction is as valid as if it were authorized by the owner.

(d) Sellers in possession. A similar problem arose where a person had sold goods (so that they were no longer his) but remained in possession of them. It is very difficult to know which of the goods have been sold and which are still for sale, and so statute—now the Sale of Goods Act—provides that the sale and delivery of the goods to a good-faith buyer passes a good title. A similar provision protects the person who purchases from someone who has agreed to buy the goods from their owner and has got possession of them but has not yet acquired ownership.

(e) Hire purchase of motor vehicles. The person who acquires goods on hire purchase has an option to buy them but has not agreed to do so, i.e. is not bound to buy. Consequently, although the hire-purchaser has possession of the goods, a sale by him or her during the period of hire would not fall under the Sale of Goods Act provisions described in the preceding paragraph and the buyer, however innocent, would not prevail in an action by the person or finance company which was selling the goods on hire purchase. In the case of motor cars this gave rise to frequent problems where the customer 'sold' the car as his or her own and then vanished leaving the buyer vulnerable to an action by the finance company and with little hope of successfully suing the fraudulent seller. Consequently, a statute of 1964 protects a private citizen, i.e. not a trade or finance purchaser, who buys in good faith a vehicle which the seller in fact holds on hire purchase.

The general rule recalled. But the narrowness of this exception, confined as it is in terms of object—motor vehicles—and person—consumers—illustrates the importance which the common law attaches to its general

[4] Cheques payable to order fall into this category, but the common printed cheque crossed a/c only is now not even transferable, let alone negotiable (Cheques Act 1992).

protection of ownership. Disputes over title to movables usually involve three persons, two of whom are innocent: the owner entrusts possession of her property to someone; that someone swindles an innocent citizen by pretending to be owner, sells him the goods and then disappears with the money (or is not worth suing). The owner sues the buyer. Unlike other systems, in this situation the common-law's general rule favours the owner, and judgment will be entered against the innocent buyer. Exactly what type of judgment is appropriate will be explained in the next section.

METHODS OF PROTECTION

The types of judgment which may be entered, or orders made, differ according to a number of factors. The most important question to be asked is: who now has the thing—the claimant; the defendant; a third person; no one? As to this last possibility, if the thing has perished or disappeared the court can award only a money judgment. Furthermore and in practice it will do the same where the thing is perfectly fungible like a litre of milk, otherwise the cost of compliance might well exceed the value of the interest protected. And if the thing in question is money, there is generally no way of compelling the return of that very money. All that the court will do is order payment of the same amount.

Claimant still has the thing

If the object is tangible and the infringement does not deprive the owner of possession, but consists in intrusion on or damage to the object, then the remedies are an action for compensation (an action for trespass) and a suit for an injunction to restrain likely future infringements. If the object is an immaterial monopoly right such as that bestowed by the law of patents or copyright, then the only possible infringement is some breach of the monopoly. The appropriate remedies are an injunction to restrain further infringements plus an order for damages or an account of the profits made by the breach; the court may also order the destruction of infringing articles. Where the object is a trust fund and the infringer is a trustee, the appropriate protection compels the trustee to make good the fund out of her own assets or, in the last resort, provides for the trustee's removal and replacement.

Claimant does not have the thing

A more complex picture unfolds when the claimant no longer has the object: a landowner has been evicted, or her goods have been stolen and transferred to a third party. In principle, the claimant does *not* have to show that the defendant knew or ought to have known that there was something wrong with the title to the object or with the transaction by which the defendant obtained it. So long as the claimant can show that her entitlement is the stronger, the defendant will lose, no matter how innocent, how honest, or how careful his conduct. The exceptions to this rule, such as money and commercial paper, were explained in the preceding section.

The modes of protection available here are entirely different according to whether or not the defendant still has the object (or its identifiable proceeds).

Defendant has the thing or its proceeds

If the thing is tangible the claimant can, in theory, get it back by taking it. This form of protection—'self-help'—has the advantages of speed and low cost, but in order for it to work the claimant must locate the thing, there must be no dispute as to her entitlement, and no risk of force or violence. In practice, therefore, the claimant must often go to law. In an action to recover land, the claimant can insist on its return. She can bring proceedings to recover possession (the old name for it is 'ejectment') and, if she succeeds, will obtain a judgment for the return of the land plus damages to compensate for being deprived of possession and its fruits. If the defendant refuses to comply, state officials (the sheriff) will be ordered to proceed to an eviction. The important point to notice about this procedure is that it is unaffected by the insolvency of the defendant: whatever other possessions may be claimed by his creditors, the land is safe from them. The defendant cannot pay his debts with the claimant's property.

This crucial feature is the same if the object in the defendant's possession is not land but goods. However, the legal procedure differs in that it is a matter for the discretion of the judge, who has three options: to order the return of the goods; to order payment of damages by reference to their value; or to allow the defendant to choose whether to return the goods or pay for them. If the article is unique, the judge will usually order its return without giving the defendant any choice in the matter; on the other hand, if it is not, it is thought to be more efficient to order monetary compensation with which the claimant can, if she so wishes, acquire a similar object, though this is a sort of forced sale of the claimant's property at a price fixed by the court. But even if the claimant is only to be compensated in money, the claim still takes priority over the defendant's other creditors, and is therefore a real, a proprietary, claim. The reason for this is that the claimant's title to the goods is not extinguished until the money is in her hands; until then, of course, her property cannot be used to pay the defendant's creditors.[5]

Where the object in question is trust property which has been transferred in breach of trust and the defendant has that property or its identifiable proceeds and either got it for nothing or, if he paid for it, *knew or ought to have known* of the breach of trust, the beneficiaries can claim that the property or proceeds be restored to the trust fund. As in the instances above, the property cannot be reached by the defendant's own creditors. If, however, the recipient of trust property transferred in breach of trust has paid for it without any notice of the breach, then that person is safe from any claim by the beneficiary. But by definition the recipient paid for it: and the price in the hands of the defaulting trustee is the property of the beneficiaries, and is not available to the trustee's creditors.

If the object is money, it is usually impossible to secure the return of those particular coins or notes. Instead the claim is for repayment of an equivalent sum, and, as we have seen, it will never prevail against one who took the money in good faith and for value. But if someone, without your consent (whether a thief or your trustee), gives 'your' money as a present to an innocent recipient, and if the donee still has a sum representing the original amount, you, as the true owner, ought to be protected. Thus if, for instance, the donee pays it into a bank account which is in credit, you may be given a charge on that account so as to ensure repayment ahead of other creditors. If, however, the account is or becomes overdrawn, then the object of your property entitlement has gone.

Defendant has neither the thing nor its proceeds

A defendant who no longer has the object or its identifiable proceeds will still be liable if at some stage he appropriated the claimant's property. This is so even though he acted in the utmost good faith and took every possible care. If, in all innocence, you buy a stolen car, then, as explained above, if you still have it you must return it or its value to its owner (leaving you with a personal claim against the seller). If you have sold it and the proceeds can be traced (into, for instance, your bank account), then the owner can claim those proceeds in priority to your other creditors. But if you have neither the car nor its traceable proceeds—because

[5] The rule is not new, but is now stated in the Torts (Interference with Goods) Act 1977, ss.3(2), 5(1)(b).

you have given it away, written it off, had it stolen from you—then the claimant can point to nothing in your possession which is, or which represents, her property, and can claim from you only damages by reference to the car's value, *in competition with your other unsecured creditors*.

To sum up: in an action against someone who still has her land or her goods or the traceable proceeds, the owner has a proprietary claim enabling her to take the asset (or its value) out of the defendant's patrimony. But as against a defendant who has appropriated the property but no longer has it or its identifiable proceeds, the owner must be content with a personal unsecured claim for damages.

THE PERIOD OF PROTECTION: LIMITATION OF ACTIONS AND RIGHTS

Ownership is protected for ever against a thief or fraudulent trustee. If, for instance, a work of art is stolen and is kept for hundreds of years in the thief's family home, the owner's heirs or successors can still recover it. Again, the statutory limitation periods do not protect trustees who cheat or take trust property for themselves (though equity may exercise a discretion to penalize the lazy beneficiary).

Apart from these cases, however, the period of protection has been curtailed by the Limitation Acts (currently dated 1980).[6] We have only a certain number of years in which to bring an action to recover property and if we do not sue in time, and if the defendant pleads the statute, we lose both the right to sue and our right to the object. In the case of goods the general period is six years; in the case of land it is twelve.

Several reasons are given for this type of legislation (which is found in many countries). The first is that it encourages owners to enforce their rights; the second is that, after a long time, evidentiary problems become very difficult to resolve; the third is that, in the old jargon, it 'quiets title' and enables the possessor, after a time, to rest easy. A final reason is to afford some eventual protection to others, since the person in possession of something is usually its owner. On acquiring the thing they take the benefit of any period that has run in favour of the transferor.

The existence of the limitation periods does not mean we have to sue our good friends; that is to say, time runs against us only if our property is

[6] The Law Commission has recently produced a Report and Draft Bill on Limitation of Actions: Law Com No. 270 (2001). It proposes two main periods of three and ten years, and makes other important changes. Go to http://www.lawcom.gov.uk.

being held adversely to us and we know (or could know) about it. If we lend a book to a friend, time does not start to run until we ask for it back. If the friend then says falsely that it has been stolen, time does not start to run until we find out that he still has it. Furthermore, any signed acknowledgement of our right starts time running again.

Where time does run and the period has expired, the effect of the legislation is extinctive, not acquisitive. That is to say, the expiry of that period does not transfer title to the possessor, nor does the statute confer some new title on him or her at that moment. So there is no requirement that the adverse possessor be in good faith. As to the *right to sue*, the Act says only that 'no action shall be brought' after the expiry of a certain time. As to the *right to the object*, land or chattel, the Act says only that, after the expiry of the period, the title of the person who could have sued 'shall be extinguished'.[7] The point of having both provisions is this: suppose A when visiting B finds his book which he lost seven years ago on B's table. If he sues, and B is not a thief and pleads the statute, then A will lose the case. If, instead of suing, A puts the book in his pocket, since the statute also bars his title, he must give the book back to B, and will lose in an action by B to recover possession.

A similar approach is taken in the case of land, but it runs into complications. Suppose A is the registered proprietor of a piece of land and, while he is away, B (a 'squatter') takes possession of it. At that moment B, by the fact of possession, acquires a title to the land which enables him to leave it by will or give it away, which can be reached by his creditors, and which will prevail against anyone except A or A's successors. After twelve years A's right of action is barred and his title expires, so B's title is now the best. But A still appears in the Land Register as proprietor. B can apply to have himself registered as proprietor in place of A, but until the register is amended the Land Registration Act 1925 says that A's 'estate shall not be extinguished but shall be deemed to be held by the proprietor . . . in trust for' B. Thus B's enemy is made his trustee.

This was an unhappy solution and the Land Registration Bill 2001 proposes major changes. Time will never run in favour of a squatter on land the title to which is registered. However, after ten years in adverse possession, the squatter can apply to be registered as proprietor. There are then two years during which the registered proprietor can take steps

[7] The Land Registration Act 1925, s.75(1) uses the word 'estate', not 'title'. The current Limitation Act extinguishes the title only to tangible things (except money), as does the Law Commission's draft Bill. The title to money is normally lost by mingling or by payment to a good faith recipient for value.

to object, evict the possessor, or otherwise regularize the position. A person still in adverse possession after the two years will be entitled to be registered as the new proprietor of the estate, but the onus is on the squatter to take the initiative. Doing so will extinguish the title acquired by adverse *possession* and replace it with an estate vested by *registration*. This estate will normally be free of any registered charge which affected the estate in the hands of the previous proprietor.

Part 3

Common-Law Techniques

This Part focuses on the particular features of the common law's treatment of the law of property. Chapter 5 explains the main concepts used. Chapter 6 deals with the common figures of ownership, concurrent ownership, and life interests. Chapter 7 outlines the main features of the scheme adopted by legislation for land in England and Wales.

5

Concepts and Categories

Much of the basic law described in the preceding chapters is similar to that found in other legal systems which recognize private property. But, for reasons which are largely historical, common-law countries make great use of a number of concepts, techniques, habits of thought, and simple jargon which have no counterparts elsewhere. Some have already been alluded to, but we need to give here a fuller, if still brief, description of their basic features. Their use in combination with each other will be examined in a later chapter on Wealth.

The topics to be discussed are: tenure; estate; bailment; the persistent reification of relations; the apparently ineradicable distinction between 'law' and 'equity'; the trust; and 'tracing' (or real subrogation). Some of these concepts and categories persist although the reason for them has long gone, others remain because they are still useful.

TENURE

The institution of tenure is of little practical importance today. It must be briefly mentioned, however, since it gave rise to a number of concepts and technical terms which are still in use throughout the common-law world—even in the USA, which broke with the monarchy long ago. The word itself means 'holding' (Latin *tenere*, French *tenir*) and is found in such forms as 'tenancy' and 'tenant'. The Middle Ages used these forms where nowadays we would say 'own' and 'owner'.

In relation to land, tenure is historically a product of the feudal system which reached its strongest form in England after 1066. In a society short of the precious metals and unable to pay for services in money, land was the most convenient medium with which the monarch could both reward his chief supporters and at the same time bind them to provide further services. Politically, the most important of such services were military. The king therefore granted parcels of land to men of substance or status (so-called tenants-in-chief) upon the terms that they would provide a certain number of knights to serve for forty days a year. The tenants-in-chief would procure the services of the knights by giving each a portion of the land to hold by the service of serving in the army. A knight might replicate the process by granting some of the land which he held of his lord to the Church in return for the provision of religious services. Economically, the most important services were agricultural, performed at the lower levels of society. This is only the core of what was a most complicated pyramid of landholding but it gives sufficient information to explain what is meant by tenure.

Tenure is a relation which looks two ways, to a parcel of land, and towards the lord of whom it is held: the abbot might hold the abbey farm of the local squire who held it within a larger terrain of the local duke who held the county of the king. Tenure is a relation between lord and vassal, but with regard to the land itself—the abbey farm in our example—it involves four layers of entitlement, of the abbot, the lord, the duke, and the king. As a means of organizing the economy, the system itself died out long ago, leaving a few picturesque and some profitable relics, a number of legal terms, and certain entrenched ways of thought.[1]

The student needs to be aware of the notion, for a number of reasons. First of all the Crown still holds some land—for instance, the foreshore—as sovereign, as lord paramount, by an entitlement which is at the root of property relations in land. The technical term for this Crown (i.e. State) property is 'demesne land' and its existence has awkward consequences for the Land Registry, which was set up to record only the entitlements of private landowners.[2] Secondly, something very similar to the old notion of tenure operates nowadays, not in its old terrain of freehold land but in the law of leases, where the words 'tenancy' and 'tenant' are part of ordinary English. A modern counterpart to the abbot just mentioned might be the firm which leases one office from the person who has a sub-lease of the whole floor from the company which has a lease of the whole office block whose landlord is the freeholder.

The third reason for having some grasp of the old notion of tenure is that it was not applied to movables, thus causing a sharp difference in treatment between realty and other property. Goods and cattle seem to have always been the object of direct and absolute ownership. From the earliest times they could be left by will, a privilege accorded to

[1] Lordships of the Manor are picturesque; the exclusive right to hold a market may be profitable.

[2] The word 'demesne' is pronounced 'demean' or 'demain' and is the same as 'domain', deriving via French from the Latin word '*dominium*'. Modern Australian courts use the phrase 'radical title' to denote something similar in the Crown's entitlement on their territory. The Land Registry problems are outlined in Chapter 7.

landowners only gradually after 1540. Goods could be taken to pay their owner's debts after his death as well as in his lifetime, a liability not fully imposed on realty until the nineteenth century. Until 1926 succession on intestacy to realty differed from that applied to personalty. Thus in strict terminology, it is said that the doctrines of tenure and that of estates (see below) do not apply to movables. In fact, as we shall see, very similar techniques seem to operate

THE 'ESTATE CONCEPT'

A final reason to remember tenure is that it gave rise to the habit of classifying entitlement to land in terms of the time for which it could be enjoyed. Where land was given in return for the performance of personal services, it might well be granted only for the life of the tenant, so that on his death possession reverted to his lord: the tenant's entitlement came to be called a 'life estate', the word being a version of *status*. If land is given to endow a family, it could be granted for the tenant's life and that of his children, grandchildren, and so on. Finally it could be granted so as to be inheritable by the person who was heir (not necessarily lineal heir) on the death of the current holder. Each of these latter two entitlements was called a 'fee' (from the word *feodum*) to denote that it was inheritable. If the range of permitted heirs was limited to lineal descendants, there was a 'fee tail' from the French word '*tailler*' meaning to cut (or to tailor). If the land could descend to any heir, the fee was 'simple', that is not limited in any way.

These three estates endured. The fee tail was not abolished until 1996. The life estate still flourishes, not tied to a particular piece of land, but as an interest in a fund, as explained in the chapter on Wealth. The 'fee simple' in any given land—nowadays often called simply 'the freehold'—is the basis of modern land law, and is the interest title to which is recorded in the Land Register.[3]

Thus English lawyers have always been accustomed to classifying interests in land in terms of the time for which they could endure. Leases were easily fitted into this perception, although they grew up outside the feudal system. Furthermore, the co-existence of these estates was common. Land might be let on a yearly farming lease by A who was entitled to the land for his life; on his death B or B's lineal descendants might be entitled to the land while the family line endured; and when it died out, C or his successor would be entitled. Thus four people had at the same time

[3] See Chapter 7.

an interest in the land. It is very difficult to say that any one of them *owns* the land, and the common law instead said that each holds an estate in the land (respectively a lease, a life estate, a fee tail (entail), and a fee simple). These estates coexist, but each can be treated as the object of property, since each can be sold, mortgaged, given away, reached by creditors, and so on. Indeed at the present time, where title to land is registered and guaranteed by the State, if you buy a house you will be registered as proprietor, not of the land, but of the 'fee simple absolute in possession' if it is freehold and of a 'legal term of years absolute' if it is leasehold.

The largest and most valuable estate is the fee simple absolute in possession, an entitlement that may last for ever. It has outlived feudalism and is a useful concept because it does not necessarily denote that its holder is the true owner of the land. Usually, of course, that will be the case: but the estate notion does not include the element of title in the sense of the best right to the land. If a person occupies another's land adversely, then the occupant's title is weak since she may readily be evicted. Meanwhile, however, in relation to the rest of the world it makes good sense to say that she has an estate in the land—a fee simple since it may last for ever—which she can alienate during her lifetime, which may descend on her death, and which can be reached by her creditors.[4] There is another reason why the estate concept has outgrown its feudal roots: it does not necessarily entail the notion of benefit. It is perfectly possible, and very common, for the holder of an estate (the 'tenant in fee simple') to be a trustee of it for other persons or charitable purposes. The holder may lawfully exercise only those powers of an owner which are needed to carry out the functions of the office of trustee: thus she cannot neglect the estate, nor give it away (except to a beneficiary under the terms of the trust) and it cannot be reached by her creditors.

A final warning is needed. In England and Wales, in relation to *land*, the word 'legal estate' is now used in relation to the normal fee simple, to the lease, and to certain other rights (such as mortgages and rights of way) which, if created with the requisite formality, will bind the land.[5] But the estate *concept*, which classifies assets by reference to the time for which an income stream may be enjoyed, is still very useful in the world of wealth.[6]

[4] A similar doctrine of relativity of title applies to chattels. See Chapter 3 above.
[5] Law of Property Act 1925, s.1(4); Land Registration Bill 2001, s.129(1). See Chapter 7.
[6] See Chapter 12.

BAILMENT

We are not supposed to use the estate concept in relation to movable things. Yet in the case of chattels, an analogy to the relation of landlord and tenant is to be found in the notion of bailment. Whenever a tangible movable is delivered by one person to another for a time or for a purpose and on the understanding that the object is to be returned at the end of that time or on the accomplishment of the purpose, there is a bailment. The person who hands over the thing is the bailor, the recipient the bailee.

Someone who takes a lease of a furnished flat is technically 'tenant' of the land but 'bailee' of the furniture. Just as the lessee of a flat must, at the end of the lease, give back possession of the flat, so the bailee of a chattel must in due course return it to, or deliver it as designated by, the bailor. Furthermore while the bailee has the object, he or she must take reasonable care of it (and must often comply with detailed contractual terms, as in a furnished letting, or the rental of a television set). Just as the lessee of a flat is treated as having a property interest, so the bailee is said to have a 'special property' in the chattel, while the bailor has 'the general property'.

Bailment for a period confers possession of the object on the bailee, to the exclusion of the bailor. Thus the bailee, not the bailor, can bring an action of trespass against an intruder and can alone recover the object (or its value) from a dispossessor (see the chapter on the protection of property). If the bailment is at will, as where you lend a friend something on the understanding that you can have it back when you need it, the bailee's position is the same, though it seems that the bailor also has possession with the rights it confers. So far there is little to differentiate in principle a bailment of a chattel for a period from a lease of land. Moreover, such interest as the bailee has in the chattels is derived from that of the bailor, as is shown by the rule that, just as a lessee cannot be heard to deny the lessor's title, so a bailee cannot deny that of the bailor's. Thus (although the matter is not free of controversy) bailment presents a similar sort of mingling of personal and property relations as is found in a lease of land. Indeed, in modern commerce the words 'lease' and 'rental' are commonly used in relation to a range of chattels.

REIFICATION

Unfortunately there is no simple word for this process, which in this context means treating rights as if they were things. The account of ownership given in the previous chapter began by assuming that the thing owned was a single tangible object. But a characteristic of the common-law approach is to apply, as far as possible, the same principles and the same verb to intangible assets. The technique has a long history. The great legal historian Maitland says 'any right or group of rights that is of a permanent kind can be thought of as a thing. . . . medieval law is rich with incorporeal things'.[7] This approach has persisted to this day so that it is natural to speak of the *owner* of a patent and our legislation refers to 'the *owner* of a mortgage', or an 'estate owner'. A standard form by which a business assigns to a finance house the debts due from its customers warrants, not that the borrower is the creditor of its customers, but that it is 'the legal and beneficial *owner* of the receivables'. A clear statement of this technique is to be found in California, where legislation dating from 1872 provides that 'There may be ownership of all inanimate things which are capable of appropriation or of manual delivery; of all domestic animals; of all obligations; of such products of labor and skill as the composition of an author, the good-will of a business, trademarks and signs, and of rights created or granted by statute'.[8]

LAW AND EQUITY

It is an ingrained habit of common lawyers everywhere to distinguish between rights and remedies which exist at law and those which exist or operate only in equity. This is a distinction which is hard to grasp and which has nothing to do with the popular meanings of law and of equity. As mentioned in Chapter 1, historically it is a distinction between rights recognized and remedies afforded by courts exercising different jurisdictions, on the one hand the old courts of common law, and on the other the Chancellor. The Chancellor exercised what was in effect a supplementary jurisdiction, assuming at every point the existence of the common law but making good, as far as possible, its deficiencies. In this he was greatly assisted by the fact that the parties to a dispute could themselves give him testimony on oath, by affidavit. The common-law courts, by contrast, refused to hear the parties themselves until the mid-nineteenth century. But equity remained a supplementary system, though it may fairly be said that common law and equity taken together make up a coherent, if complex, system. This is

[7] Pollock and Maitland, *History of English Law*, ii, 3–4, 124–49 (2nd edn., CUP, 1968).
[8] California Civil Code, s.655.

more evident now in that both are administered in the same courts and both common law and equitable remedies can be obtained in the same proceedings.

Equity is in no way synonymous with natural law or natural justice though, like all good law, it aims at justice. It is now a body of technical rules and principles based, like the common law, on precedent and in places re-stated or modified by statute. Most of it deals in one way or the other with the law of property, but only the most important principles and characteristics need to be discussed in an elementary work. They are the following.

Curing informality. Before the common law will enforce rights it often insists that they be created by some particular formality. To this day, a transfer of land or a lease of it exceeding three years, must be effected by deed before it will be 'legal' in the sense of being recognized by the common law (even after the parties have acted on it). But equity was, and is, prepared to enforce informal transactions such as a contract to transfer land or an unsealed long lease of land, provided that the claimant has given value and that it would be unconscionable of the defendant not to give effect to the transaction. The frequently cited maxim is that 'Equity looks on that as done which ought to be done.'

If the common law recognizes a property right or transaction, then it is enforced against everyone, whether they know about it or not.[9] This is still the law, and a simple example is an easement such as a right of way over one piece of land for the benefit of the land next door. If the right has been formally granted by a deed executed by the owner of the burdened land, then it binds everyone who takes that land. It does not matter that they were not told, and could see no traces of it.[10] A property right (such as a right of way) which is recognized 'at law' will also be accepted, and enforced by injunction if necessary, 'in equity'.

Equity, however, is wider in its acknowledgement of property rights but narrower in their enforcement. On the one hand it will not refuse to recognize transactions simply because they do not comply with strict formality. But on the other hand it will not enforce such rights against a blameless defendant who has paid for their property, complied with all formalities, acted prudently, and yet has no knowledge of the adverse

[9] Exceptions, such as money, were explained in Chapter 4.

[10] Though this might give them a personal claim against their vendor for compensation for breach of the covenant implied in the conveyance: see now the Law of Property (Miscellaneous Provisions) Act 1994, s.3(1).

right.[11] Such a person's conscience is clear and equity has no jurisdiction over them. In the technical jargon which developed it is said that an equitable right will bind only those who paid nothing for the property, and those who paid but had notice of the equitable claim. Nowadays such notice is usually provided by registration of one sort or another, as explained in a later chapter.[12]

Specific performance of contract obligations. The common law readily compels performance of the most common type of contractual obligation: the obligation to pay a specific sum of money. If you promise £100 to anyone who uses your medicine and yet catches influenza, then, in an action by someone who meets those conditions, the common law will ensure that you (or your assets) keep that promise. But the common law does not compel performance of other obligations. The reason for this difference of treatment is presumably that it is much easier to compel performance of a monetary obligation, by seizing and selling the defendant's goods, than it is to make the defendant perform some other promise. Equity, however, would if necessary compel performance of other obligations by ordering the defendant to perform and threatening imprisonment for contempt of court if he refused to obey. The courts are still prepared to imprison people for failure to obey injunctions, even though they have not been and could not be charged with, let alone convicted of, any crime at all.

The importance of all this for the law of property lies in the fact that an obligation to convey or make a lease of land can be enforced in this way—the promisor can be ordered to carry out the necessary formalities and to deliver possession. And since these obligations can be enforced, equity acts as if they have been: equity treats as already done that which ought to be done. So once a promise to convey property has come into existence that a court of equity will enforce specifically (and above all, this means a promise to sell and convey land), then in the eyes of equity the buyer is the owner and the seller is not, although, for purposes of the common law, formal (or 'legal') ownership does not pass until the deed of conveyance (and registration of the buyer as proprietor).[13] The practical importance

[11] Between two blameless persons each of whom has an informal, and so 'equitable' claim, the first has priority, though this may be modified by registration or the giving of notice, depending on the type of interest involved.

[12] And a number of valuable interests are called 'equitable' although they do not bind a purchaser who knows all about them, because they are shifted to the price paid and any investment thereof: see Chapter 7.

[13] Equity thus treats contracts to sell land in the same way that the common law treats contracts for the sale of specific goods in a deliverable state.

of equity's attitude becomes evident if, between contract and conveyance, the value of the property changes and one of the parties becomes insolvent. If, for instance, the value goes up and the seller is insolvent, then the buyer can insist that the land is his and is not available for distribution among the seller's creditors. What they get is the price which, *ex hypothesi*, is of lower value. The buyer is also protected if, between contract and formal conveyance, the seller sells to someone else. If the new buyer has notice of the prior contract (which nowadays means that it was protected by entry on a register), then he can be compelled to convey the property to the original promisee who pays him the price due to the original seller.

Specific performance will be decreed only if three conditions are satisfied. The first is that money would not be an adequate remedy: thus, in the area of sales, only contracts for the transfer of unique objects will be enforced, since, if the subject matter is not unique, the buyer can take the damages awarded and, if he choose, buy an equivalent elsewhere. Land is almost always treated as unique for, even if the particular house is identical to many others, the neighbours are different. The second condition is that the obligation sought to be enforced is not one for personal services, since to force one person to work for another would be too near slavery. The third condition is that the claimant must have given value for the promise: an informal promise to make a present is enforceable neither at law nor in equity.

Dealing with unconscionable conduct. The equitable jurisdiction arose in order to deal with situations where, in purely formal terms, a person's conduct might be unimpeachable, but in the given situation before the court, reliance on it would offend conscience. To this day the courts will, in such situations, protect certain interests that do not fit the standard pattern. Since they have no names of their own they are called 'an equity' or even 'a mere equity'.[14] By the nature of the case they arise in uncommon situations, and details have no place in a work such as this.

We may sum up by saying that the equitable remedies have had profound effects on English law and on those systems to which it gave birth. For they have been extended to protect claimants against increasing classes of persons, as is shown in the example above of the person who signs a contract to buy land and enters notice of this in the appropriate register. Thus rights which begin as claims against one person, the seller, become effective against an indefinite class of people, and a personal right

[14] See for instance Land Registration Bill 2001, cl.108(4); 114.

grows into a real right. But it must be repeated that this operates first, only in favour of a person who has given consideration, that is to say money or money's worth, or has been treated unconscionably by the defendant; and secondly, they will not prevail against a person who has given consideration and acquired the property without notice of the other's right. Finally, the property affected must be identifiable and specific; but a trust fund and a particular bank account are identifiable and specific enough.

Of all the various interests protected by these equitable remedies the most permanent is that enjoyed by the beneficiary of a trust fund.

THE TRUST

The trust is equity's greatest contribution to the law of property. Originating in the England of the early fifteenth century, the institution has now spread to many countries, not only of the common law, but also of other legal traditions. Indeed in the last decade of the twentieth century a dozen tax havens enthusiastically enacted their own Trusts Acts.[15]

By the institution of trust one or more persons (called trustees) hold property for the benefit of someone else, or for charity. As we have said—but it bears repetition—the trustees always hold jointly, so that when one dies he or she simply drops out and the survivors hold the property. Any kind of property can form the subject matter of a trust—land, chattels, shares, receivables, patents, and so on. The property is vested in the trustees by whatever formalities are appropriate to its particular type. Thus if it is land they will be registered as 'proprietors', if chattels they will have possession, if shares they will be registered as the shareholders, a bank account will be in their name, and so on.

By an unfortunate historical convention, trustees are often called the 'legal owners'. The adjective is not meant to indicate that they are not illegal; it is used to mean that they hold the property by the kind of formal title that would be recognized by the common law. To call the trustees 'legal owners' is both inaccurate and misleading. The adjective is wrong since any property interest (however 'equitable') can be held on trust. The word 'owners' indicates that very often they will have the powers of sale and management that go with ownership. But they are not really owners because they cannot treat the property as their own. They

[15] Perhaps it should be said at once that the American 'anti-trust' has nothing whatever to do with trusts—they are not like matter and anti-matter. 'Anti-trust' comes from nineteenth-century US business history and refers to the law against cartels and agreements in restraint of trade.

cannot even neglect, let alone destroy, it. They cannot give it away for nothing (except to a beneficiary and in compliance with the terms of the trust). They cannot leave it to their family on their death. And, most important of all, *their own creditors cannot reach the trust property*. If the trustees hold for the benefit of other persons, it is the latter who are rich; it is their creditors who can reach the assets. So it is probably best to think of trusteeship as an office, created by private law.[16]

Very often a trust is established by a person (the 'settlor') who transfers property to the trustees, observing the formalities of transfer requisite for the particular asset involved, but making it clear that this is not a present, nor even a loan, to them. They are to hold and manage the property for the benefit of others. It is not a present to the trustees but to the beneficiaries, though it is to be managed by the trustees. As such it is particularly suited for a gift that will take effect over a period of time. The trustees might, for instance, be told to invest and manage the trust property, pay the income to A until she dies, and then divide the capital among her children. The mechanics of this are explained in the chapter on Wealth. Meanwhile it is enough to emphasize that this is not a *promise* for the benefit of A and her children, it is a *present*, given to them behind a trust. In fact perhaps the best way to understand the peculiar nature of the trust is to look at what it is not.

A trust is not a legal person. It is not like a company. The trust itself cannot hold property or make contracts.[17] This must be done by the trustee. The advantage of this is that, not being a legal person, the trust (unlike a company) needs no approval by the State, and need not register or file accounts.[18]

The trustee is not the agent of the settlor. In principle the settlor cannot remove the trustee, nor revoke the trust, nor need it end when the settlor dies, though these can be altered by express provisions in the trust instrument. Nor is the trustee an agent for the beneficiaries. If a trustee contracts in a way authorized by the trust (say by insuring a building which is one of the trust assets), neither the settlor nor the beneficiaries are liable for the premiums. That liability falls only on the trustee, though he or she can claim an indemnity from the trust property.

[16] That most perceptive outsider Max Weber called trusteeship 'ein Surrogat des Amtsbegriffs'—a substitute for officialdom. See his *Rechtssoziologie*, 162 (ed. J. Winkelmann, Luchterhand, 1967).

[17] There are statutory exceptions such as the National Trust.

[18] Many trusts for charitable purposes are subject to a form of registration with and supervision by the Charity Commissioners.

A trust is not the same thing as a contract, although it may involve agreement between the settlor and the trustee, since the trustee can always decline the office. Furthermore if the trustee is a professional, such as a bank or a Trust Company, they will insist on contractual terms of remuneration, restrictions on their liability, and the like. But the trust need not involve a contract. It may be created by will. It may be created unilaterally *inter vivos* if the owner of property declares himself a trustee for certain beneficiaries or for charity. And even where there is a contract between the settlor and professional trustees, the settlor cannot sue for breach of contract unless he is also a beneficiary and has suffered loss (in which case he sues as beneficiary). Furthermore the court may remove a bad trustee and appoint another, but no court could remove and replace your co-contractor. So, as it is not essentially a contract at all, it is not a contract for the benefit of third parties, i.e. the beneficiaries.

The relationship between the trustee and the beneficiaries is not that of debtor and creditors. For one thing, they never make a contract. For another, the trustee's obligation is only to do his or her best. If, through no fault of the trustee, all the trust property is lost, the beneficiaries' interests come to an end. There is no property in which their rights subsist, and the trustee has performed his obligation by doing his best. If, however, the trustee's fault causes loss to the trust property, then the beneficiaries have an unsecured claim against the trustee's private assets.

TRACING

When you buy something you part with money and acquire the object. Among your possessions, you no longer have the cash but you have the thing you bought. It is possible to see the object as a replacement of, or substitute for, the money. If the money was yours to spend, the object is yours to keep. If the money was mine, the thing should be mine. This is obviously so if I gave you the money to buy it for me. But it ought to be so if you stole my money. I cannot get the money back from the seller (assuming she acted in good faith), but I ought to be able to get what you bought with it, not as a mere creditor—who will lose if you are insolvent—but as its owner.

That, put very simply, is the technique to which English lawyers give the name 'tracing'. It involves the following requirements. First, one thing must be exchanged for another; second, the replacement must be identifiable; third, the replacement must still exist—it will not, for instance, if a thief buys beer with the stolen money and drinks it all. If these conditions are met, then possibly (but not inevitably) certain proprietary rights to or claims over the original thing may be asserted over the substitute.[19] In the simple example just given, if my money is stolen and spent on an identifiable object still in the thief's possession, I can claim that object as my own.

This replacement and recovery technique is widely used in English law. It extends beyond tangible things: so if I can prove that the money stolen from me was paid into the thief's bank account, and if that account is in credit, then I have a proprietary claim over the account in priority to the thief's other creditors. It is employed for purposes both placid and contentious. It is the basis of the operation of a fund: particular objects in which the fund is invested will change continually but the beneficiaries' entitlements persist. It is also the basis for the operation of a type of security interest over the undertaking of a business—particular items may be freely sold in the ordinary course of business but the proceeds form part of the security, whether they are cash, a credit balance in the seller's bank, or a debt owed by the customer.[20] As to its contentious applications, it has been much litigated recently in attempts to trace and recover the proceeds of corporate fraud, often on a global scale.[21]

[19] There is a fine account in Lionel Smith, *The Law of Tracing* (OUP, 1997). Civil lawyers use the phrase 'real subrogation', to denote the case where one thing (*res*) stands in for another.

[20] See Chapter 9.

[21] Perhaps the very ancient remedy of distress for unpaid rent provides a version of the technique: the landlord has the right, in priority to other creditors of the tenant, to seize whatever goods happen to be on the premises. In modern criminal law the technique is used to confiscate the profits and proceeds of the illegal narcotics trade and the like.

6

Ownership and its Fragmentation

One of the greatest difficulties encountered by students of property law comes from the English habit of splitting what may in a general way be called ownership into its component parts and making each of them an abstract entity. The estate concept developed for realty and outlined in the last chapter is a strong and persistent example of this type of approach. But over-concentration on this somewhat abstract approach may lead to great confusion. Consequently, this chapter attempts first to give a simple and general account of ownership, before turning to its most common types of fragmentation.

OWNERSHIP

The strongest and clearest form of ownership occurs where a tangible thing belongs to, and is in the possession of, a single person, with no one else laying claim to it or to any share in it. It is how most of us own our stuff. The main features of this form of simple ownership are the following:

1. In principle, owners can do anything they like with what they own: use it, use it up, neglect it, destroy it, give it away entirely or for a time, lend it, sell or lease it, pledge it, leave it by will, and so on. Furthermore the owner is perfectly free to do nothing at all with the thing: in principle, the law of property imposes no *positive* duties on an owner. *Negative* duties may arise but, as we have seen, in England they are imposed by other branches of the law and usually fall on anyone who possesses the thing, not merely on its owner. So we must *not* deliberately or carelessly injure our neighbour, *not* cut down a listed tree, *not* cause suffering to animals. Such provisions are not limits on ownership as such: they apply if we happen to own the thing but are forbidden to everyone, and not by the law of property, but by the law of tort, criminal law, environmental law, and so on.

2. As regards the thing owned, without the consent of its owner, no one else may interfere. As we saw in Chapter 4, the owner is protected

against those who trespass on, interfere with, or take the thing owned; and in English law this protection extends to those who are putative owners.

With these two positive features goes a downside.

3. Risk: the owner bears the risk of loss, destruction of, or damage to the thing. Further, the owner bears the risk of changes in value caused by extraneous factors. If the asset is, say, a very rare postage stamp and, by some accident, all the others are destroyed, its owner will benefit from the rise in market value; and, similarly, will lose heavily if a sheet of identical stamps is found somewhere.

4. Debts: the relationship between ownership and debt is very important. The general basic principle is this: *to pay what you owe, the law will take what you own; it will not take what others own.* This means that creditors can invoke legal procedures—distraint on goods, judgment and execution, or bankruptcy or liquidation proceedings—to ensure that your belongings are sold and the proceeds distributed among them.[1] But if you hold assets for other people, your own creditors cannot reach those assets. It is in the context of insolvency that we find a good deal of modern litigation brought in order to determine exactly who owns what. For instance, a man mortgages the family home to secure payment of his business debts. He has family creditors—wife or domestic partner and children—and trade creditors—employees, suppliers, the mortgagee, and so on. So long as he is solvent and can meet their claims, it does not matter much who owns the family home. If he becomes insolvent, then, if the house is all his, the family can eventually be evicted and the house sold to pay his debts. But if it belongs to his wife or domestic partner, or if she is a co-owner, the husband's business creditors cannot reach that interest of hers.

The account of ownership just given assumed that the property was a tangible object. But a characteristic of the common-law approach is to apply, as far as possible, the same principles to intangible assets: intellectual property, securities, and so on. Statute, for instance, speaks of 'the *owner* of a legal *mortgage*', indicating thereby that the person entitled can abandon, transfer, or bequeath the claim and the mortgage which secures it, and that his or her own creditors can reach

[1] The law on this subject is technical, piecemeal, and (relatively) recent, but the principle is as stated in the text. For human beings (as opposed to companies) certain things are safe from the creditors, either because they are worth much more to the debtor than to the creditors, or to prevent the debtor from becoming a burden on State provision: examples are personal effects, the tools of the debtor's trade, and an approved pension.

it.[2] A standard form by which a business assigns to a finance house the debts due from its customers warrants that the borrower 'is the legal and beneficial *owner* of the receivables'.[3]

CO-OWNERSHIP

The features outlined above are easy to understand in the simple case of a single owner of a tangible thing. The next step is to look at the position where more than one person is owner. We are not speaking here of a conflict between two claimants, but of the situation where the same thing belongs to two or more persons. Ownership of the same thing at the same time and in the same way by a number of persons has been general from very early times. Indeed, some students of very early law think that ownership by communities such as families, tribes, or households preceded ownership by individuals. Roman law admitted common ownership and it has survived everywhere in one form or another. Everyday examples in English law are found where domestic partners together own their home, its furnishings, and the 'family car', or where commercial partners run a business. In such situations the law regulates both internal and external relations. It must handle the rights of the co-owners among themselves; and at the same time it needs to facilitate transactions so that third parties can simply and safely acquire, or lend money on the security of, the whole thing, or the rights of one of its co-owners.

In English law today there are two kinds of co-ownership, in accordance with which two or more persons enjoy what are called concurrent interests. They are respectively joint ownership and ownership in common. The reader needs to be warned, however, that for historical reasons they are often called 'joint tenancy' and 'tenancy in common'. In this context the expression has nothing to do with leases. As explained in Chapter 1, the word tenancy comes from Latin via French and means 'holding'.

Ownership in common. The difference between joint owners and owners in common is that each of the latter owns an individual asset, a separate but not separated share in the asset held in common. Traditionally it is called an 'undivided' share: this rather puzzling name means that, while the share itself is of course separate from the others, it does not entitle its owner to a particular physical part of the asset. But the 'undivided' share

[2] Land Registration Act 1925, s.34(1).
[3] See the form printed in Sir Roy Goode, *Commercial Law*, 809.

can be alienated (without needing the consent of the other co-owners) and will pass by will or on intestacy. The simplest way to grasp the idea is to think of shares in a company. The shareholders each have a separate thing which they can alienate or leave to pass on death, but none of them can go to the company's head office, point at a particular room and say 'I claim my share'.[4] So if there are two owners in common of a house each has a separate, though intangible, asset: it is the house which is not divided into separate shares. There is no need for the co-owners' shares to be equal. Although equality is the default status, other factors—such as agreement, or unequal contribution to the purchase price—may result in their having shares of unequal proportion and value.[5]

Joint ownership. Joint ownership—or joint 'tenancy' to use the common legal name—is distinguished from tenancy in common by the striking rule that 'survivor takes all'. This means that, on death, a joint owner simply drops out: no interest in the asset held jointly descends under the deceased's will or by intestacy. So if something is given as a present to A, B, and C jointly and B dies, A and C between them own the gift. If A then dies, it goes to C who is now the sole owner with, of course, power to dispose of the whole thing while alive or on death.

This right of survivorship at first sight gives such unfair results that it is difficult to see why anyone should want to hold property that way. But there are three factors that ensure the survival of the regime.

1. *Severance*. A co-owner can turn the joint entitlement into a separate, though undivided, share i.e. can become owner in common. This is done most simply by giving notice to the others; and if the joint owner becomes insolvent, the trustee in bankruptcy will certainly take this step. So, in the example above, of a present being given to A, B, and C jointly, if A gives such a notice to B and C, A then holds a one-third separate, though notional, share in the undivided asset. The remainder is held by B and C as joint owners. If B then dies, the rule of survivorship means that C now owns a two-third share which will pass on C's death. So by giving notice, A has avoided the risk of losing everything by dying first, but has also forgone the chance of taking by survivorship if one of the others dies first.

2. *Spouses/domestic partners*. English law has no special category of matrimonial or family property: the default status of its property law

[4] All the shareholders acting together would have to wind up the company—the legal person—and pay its debts before they could physically divide its assets among themselves.

[5] The expression 'commonhold' refers to an entirely different issue, namely the proposed recent statutory regime to facilitate the operation of apartment blocks.

applies to spouses the same regime that it does to strangers. So if, on getting married, the wife buys the house and the husband the car, the one is hers, the other his. But spouses and other domestic partners often wish that, on the death of one, most or all of the deceased's property will go to the survivor. This can be done, of course, by making a will, but it can also be achieved if they are joint owners of the home and other family assets. As regards the family home and similar property, including bank accounts, it is quite common for spouses or domestic partners to hold the assets jointly. Indeed, if the asset is transferred into both their names without more, the default rule will ensure that they hold jointly.

3. *Trustees*. Trustees are appointed to their office in order to hold and manage assets for the benefit of someone else. While there may be a single trustee (especially if it is a corporate body) it is common, when human beings are trustees, for there to be more than one (and usually two, three, or four). But of course these persons also have their own private assets, family, creditors, and so on. It would be extremely inconvenient if, on the death of one of them, some share of the trust property devolved on the personal representatives of the deceased and then had to be separated from the private assets. Consequently, they always hold the trust assets jointly. Any attempt to sever and turn their holding into an undivided share would not work, so a trustee who dies simply drops out. If there is only one left, another is commonly appointed so that the trust property never devolves on the death of a trustee. Indeed, by a nineteenth-century statute, a human being can be joint trustee with a company, although it is virtually certain that the latter will outlive the former.

Any property may be held by concurrent owners. Partners, for instance may well be owners in common—that is, have separate shares in—the goodwill of their business, debts due to it, patents, copyrights and the like. Tangible movables may be held in a similar way—racehorses owned by a syndicate are one example. A commercial example is to be found in the ownership of fungibles held in bulk, such as oil or grain aboard ship. By a fairly recent reform of the law on sale of goods, a buyer of goods which form part of an identified bulk owns a share in the bulk proportionate to the amount bought and paid for: so if that is 10 per cent; at the time of purchase and the ship then unloads, for other consignees, half of the bulk, the buyer's share will be 20 per cent of the remainder.

Whether holding jointly or in common, all concurrent owners are entitled to possess and use the property. If it produces an income, say by being leased, they share the rent equally or, if they hold in common, in proportion to their holdings. To alienate the property they must, in principle, all agree, and must all concur in physical division. This is fair treatment among the co-owners, but can give rise to holdout problems and to disputes whose resolution might be very costly in comparison with the value of the thing owned. Consequently, in the case of chattels, the Law of Property Act 1925 (s.188) gives the court power to overcome a deadlock and to override the wishes of a minority interest. For land it laid down a different system, since amended, and explained below.

The two categories of co-ownership outlined above are exhaustive and mutually exclusive. They are exhaustive, in that nowadays they are the only two types which remain, older varieties having been long abolished in England and Wales. They are mutually exclusive, in the sense that the same people cannot at one and the same time have both joint and common entitlements to the enjoyment of property: the rule for joint holding—that the survivors take—is entirely incompatible with the rule for holding in common—that the deceased's estate takes. Because of this, when something is transferred to co-owners, it is important to know whether they are to hold jointly or in common. In most cases, of course, the transfer will make it clear: 'to A and B in equal shares'; or 'to A and B jointly'. But where it is unclear, and the transfer says only 'to A and B', the law needs default rules which, in the absence of any other indication, can be applied to solve the problem. The main ones are as follows:

If A and B are trustees, they take jointly.
If A and B are business partners, they take in common beneficially, though they will be joint managers of the business and joint holders of its assets.
If A and B are buyers who provided the purchase money in unequal shares, they take in common in the same shares.
If A and B fall into none of these three categories, they take jointly.

The first three default rules are perfectly sensible. The fourth, residual, rule may produce unexpected disappointments to the heirs of whichever co-owner dies first, and in some common-law jurisdictions it has been altered, so that they are presumed to be owners in common. However, it is still the rule of English law; an argument in its favour is that it is relatively easy for a joint owner to become an owner in common by simply writing a letter to the others stating that he is severing his interest from theirs.

Concurrent interests in financial assets. In considering the notion of a share in property, the reader is confronted with an intangible. A share in a horse is not the horse: you cannot ride it, nor can anyone tell by looking at the animal that you own a share in it. To sell the horse you would hand over the animal itself. But some other method—typically documentary—has to be used in selling a share in the horse. Yet such intangibles are often very valuable.[6]

The concept proves very useful in the modern world of dematerialized securities. Under this system investors have no separate share certificates or bonds—indeed these do not exist—nor are shares in listed companies numbered. It is thus impossible to say that they own any specific, identified, securities. What each investor has is an account with the custodian of a pool of identical securities, denoting entitlement to a share in the financial asset constituted by the pool. This protects the investment from the custodian's creditors in the event of the custodian's insolvency.[7] Though of course if the financial asset itself becomes worthless (by collapse of the issuer of the securities or squandering by the custodian) the investor's property interest dies and he or she is left to whatever personal unsecured claim may be available.

Concurrent interests in land. A word needs to be said here about the variant of co-ownership which is mandatory in England and Wales for any situation where two or more persons are concurrently entitled to the possession of land. Above it was said that two (or more) persons cannot at the same time *enjoy* property jointly and in common. But it is perfectly possible for the same two or more persons to *manage* property jointly but *enjoy* it in common. It is not unusual to find two or more people holding joint powers of control and management in trust for themselves as owners in common. This means that, among themselves, each has a separate inheritable share as to the enjoyment of the property (its use, rents, and so on). But to the outside world they are joint owners, so a purchaser from the survivors need not concern herself with the estate of any deceased co-owner. So long as, in good faith, she pays the price to the survivors (and, in the case of land, so long as there are two of them) she takes free from any claim. The survivors hold the purchase price 'on trust' for themselves and for the deceased, whose share is fully protected against their insolvency, and largely protected against their dishonesty. This technique is obligatory if the object is land. When two or more persons are concurrently entitled to freehold or leasehold land (whether jointly or in

[6] Furthermore, a moment's thought will reveal that interests other than full ownership, such as a lease of land or hire of a car, can be held by two or more persons. And obligations are often concurrent, as in the everyday case of a joint bank account.

[7] This is a very simple account of what is in practice a much more complex series of links from issuer to first-tier global custodian, through a chain of intermediaries to their clients.

common) the title is held by them jointly as trustees with power to sell the land.

TIME

Whether enjoyed by a single person or by co-owners, ownership, in the fullest sense, is potentially eternal, or at least it can last as long as the thing itself; and if the thing is a diamond or a field, that may be a very long time indeed. But it is very common for people to have property rights that are limited in time. There are two main types: in one, the asset itself has a fixed life—for instance twenty years for a patent. In the other, to which we shall now turn, the duration of the asset is unlimited but that of the property interest itself is limited, either by reference to a human life or to a term certain (such as seven years). The two types—life interest and lease (or bailment)—have in common the fact that, since their enjoyment is limited in time, there must at the same time in the same asset exist an interest which is not so limited. In other words, there are two concurrent interests but only one confers the right to present possession. That said, it should be noted that the life interest and the lease arise from different motives and are used for quite different purposes. The first is almost always conferred by way of gift, will, or intestacy as part of a family endowment and is explained in the next section. A lease is paid for and is employed in a wide range of housing, agricultural, manufacturing, and commercial settings. It deserves a chapter to itself.

LIFE INTEREST

We shall first describe the general features of this type of property interest and then explain its use in practice.

In general. A life interest (or life estate) confers the right to enjoy property for the lifetime of a human being; the right ends with the life. Normally the life involved is that of the person entitled, but that is not necessary: property could be given to X (or X Ltd.) for the life of Y.

Life interests can be created in two ways: by statute (in certain cases of intestate succession)[8] and by private disposition, for instance a gift or a will. A private disposition must make quite clear that the donee is to take only a life interest, since the default rule for transfers is that everything passes. However created, a life interest has the following main features. First, it may be conferred over many types of property, tangible such as

[8] Administration of Estates Act 1925, s.46(1)(i)(2)(a); s.51(3) as amended.

land or intangible such as shares.[9] Second, a life interest entitles its holder to possess, use, or take the income of that property. Third, as has been said, this entitlement lasts only for the life of a particular person or persons, and comes to an end on their death. Fourth, since the property itself may be expected to survive the life, there will be someone else to take it on the death of the relevant life. Fifth, that person may be a minor, or may not even be born ('to A for life, then to her daughter'). Sixth, the coexistence of these two interests may hinder the outright sale or other disposal of any particular asset: whose name, for instance, should appear on the Land Register or in the company register of shareholders? As we shall see, English law solves this particular problem by means of the trust.

The fact that the life interest is limited in duration has important effects on the rights of its holder. Essentially the holder may use, but not use up, the property: in other words, a life interest confers the right to, not the capital, but its income or yield, understood in a wide sense: and a gift of property 'to A for life, then to B' is a gift of the yield of the property to A for life. Thus if it includes an orchard and shares, the fruits when picked and the dividends when declared belong to A absolutely. If the assets include a house, she may choose either to live in it—thereby saving the rent it would cost to live elsewhere—or to lease it and keep the rent. It follows that the holder of the life interest must meet expenses which are properly attributable to income, such as income tax, the maintenance and insurance of the house, or the interest payments on any loan secured on the property. But expenses properly chargeable to capital, such as capital gains tax, rebuilding, or the repayment of a mortgage, do not fall on the life interest. We have explained already that an entitlement to a future net income stream can be discounted to give the present value of the life interest.

Since only the yield belongs to the holder of the life interest, she cannot give away any capital asset, or sell it and keep the money. And yet she is probably the best person to know the price at which the assets should be sold since it is that price, once invested, which will provide an income for her. So, as we shall see, it is perfectly possible, and may be prudent, for the law to give her the power of alienation to be exercised,

[9] As explained in Chapter 12, this is effected by means of a trust. Consumables, such as milk, would hardly be given to a person for life, but could be so given with an obligation to restore an equal quantity. This, however, would seem, without more, to create an obligation rather than a property relation, i.e. on the death of the holder of the life interest, the claimant would be an unsecured creditor of his estate with a claim amounting to the value of the consumable.

not for her sole benefit, but as trustee for herself and those with the right to take possession on her death.

Life interests end: at the end of the relevant life; on the entire destruction or disappearance of the property in which they subsist; and by being merged with all other entitlements—if, say, the holder of the life interests takes by will all the property of the person entitled absolutely.

Family endowment

As a means of providing for the generations of a family—children, then grandchildren for instance—many legal systems find it necessary to allow one person to be given property for a limited time and for a second person to be assured during that time that he or his successors will then take. A simple example is a grant of property to a child A for her life and then to B (her son) absolutely. Its important features are the following:

1. The first thing to note is the obvious: A's interest ends on her death and B's interest does not end on his death. As far as A is concerned, this means that when A dies no rights to that property descend to her successors; and if, during her life, she has transferred her interest to C, C's rights end on A's death. But as to B, the property was not given him for his life only; it was given absolutely. So if he dies before A, his interest can pass under his will or on his intestacy. And if, during A's lifetime, he gives away or sells his interest, the transferee will take the property on A's death.

2. The second thing to note is that, on A's death, there must be something left for B or his successors. So the effect of this gift is to limit A to the possession and use of the property, so that it is still there when she dies. If the property is barren—say a diamond necklace—then all she can do is wear it, and keep it safe. But if the property produces fruits or an income, then that belongs to her absolutely and she may do whatever she likes with it. Almost invariably this type of property regime is set up with income-producing assets, so that the capital must be held for B but the income goes to A.

3. The third thing to note is that, since B's right to the property itself is postponed until A's death, in the meantime the assets will need to be managed with some care, and with an even hand between the entitlements of A and B. In the past, English law imposed a particular and highly detailed framework for the management of land, while leaving other assets to a more flexible and freely chosen regime. Nowadays the system is much simplified. At this stage it will suffice to say two things. First, that

while A is alive, management of the assets is done by the machinery of the trust. Second, that the older law has left an enduring technical vocabulary, which is still used because it is still useful.

Its main terms are the following. The regime set up when property is given to A for life then to B absolutely is called a 'settlement'. The person who sets it up is the 'settlor'; A is the 'tenant for life' or 'life tenant'; B is the 'remainderman'. A's entitlement is the 'life interest' or (in the older law) 'life estate'; B's interest is the 'remainder'. Since A is the only person presently entitled to use or take the income of the property her interest is said to be 'vested in possession'. B's entitlement is 'vested in remainder'. This last word is the most confusing, because it seems to mean whatever is left over. But originally the name was used to express the idea that, on A's death, the property does not revert to, but *remains away*, from the settlor. In strict technical terminology, 'remainder' is distinguished from 'reversion', the name given to the interest of a person to whom possession will revert on the ending of the particular limited estate: for example the settlor who has given away only a life estate, or the landlord of a lease.

4. Concurrent entitlements. So far we have assumed that there is only one life tenant and one remainderman. But a life interest or a remainder can be held by two or more persons. This may arise from the initial settlement—as where property is given for life to the settlor's two children—or it may be the result of some later disposition. So if, in the example above, A gives her life interest to C1 and C2, they are concurrently entitled to the enjoyment of the property for A's life. Between themselves they may hold jointly or in common. If C1 dies first and is holding jointly, then C2 is entitled to the whole interest until A dies. If they were holding in common, C1's successors would share with C2 the entitlement to the property during A's life.

5. A will die. This is certain, and when it happens the life interest will end. But B's interest will not end on B's death. His interest—the 'remainder'—was given him absolutely; it is not dependent on his outliving A. This means that, during A's life, B's interest is potentially eternal, or will at least last for the life of the asset: A's rights are bound to end but not so B's. It follows that the value of each interest can be calculated, at least at a general statistical level. An earlier chapter explained how the certainty of acquiring property in the future has a present value. The calculations themselves are the business of accountants and actuaries. But it is very much lawyer's business to understand the related property concepts; they are treated in a later chapter on Wealth.

7

Land Legislation for England and Wales 1925–2001

Although this book aims to cover the law of property generally, it may be useful to devote a brief chapter specifically to the basic principles of the present law governing the normal holding and transfer of land in England and Wales. It has been the subject of major legislation which is still on-going.

Freehold and leasehold

Virtually every parcel of land in the country is occupied and controlled by some specific legal entity, whether an organ of the State such as the Ministry of Defence, a public institution like the Church of England, local government, a business corporation, or private citizens. In relation to that land these entities are either freeholders or leaseholders. The former hold the land for an unlimited and potentially eternal period and can convey this entitlement to any transferee.[1] The latter hold the land for a period which is certain or capable, by notice to quit, of being made certain, and is a form of landholding which entails the following consequences. First of all, the existence of a lease denotes the existence of a freehold. Every lessee has a landlord: if you are entitled to hold land for only a limited period, someone must have the present right to resume possession at the end of that period. Secondly, as time does not stand still, the lessee's right to possession is always dwindling, while the landlord's is approaching. Thirdly, in practice the lessee will be paying the landlord who has traded occupation for rent. Fourthly, there can be more than two coexisting entitlements to the same piece of land, for instance, sub-lease, head-lease, and freehold. Finally, lessees can transfer only what they have, that is to say the right to possession for the unexpired period of the lease.

[1] Crown (i.e. State) land held 'in demesne' is technically not held in fee simple, although the Crown can of course grant a fee simple to anyone else, whether a government department or a private citizen. The ordinary modern use of 'freehold' is a simple way of saying fee simple absolute in possession. In the older law, the word was also applied to other entitlements whose duration, though limited, was uncertain, such as a life interest.

English law treats these two interests—freehold and leasehold—as the key elements in the system covering the holding and transfer of land. The machinery is contained in legislation of 1925 with its amendments, especially the Law of Property Act (LPA) and the Land Registration Act 1925 (LRA).[2] These were part of a package of statutes which took several decades to prepare, met with much opposition both political and practical, and cover a large number of highly technical topics.[3] The legislative approach, and above all its terminology, were determined by the needs of the time and nowadays may seem somewhat obscure; what follows is an attempt to explain the crucial points as simply as possible.

The LPA begins by using technical terms for the two key interests, freehold and leasehold. The first is called 'fee simple absolute in possession'. The purpose of this phrase is to make clear that the interest may last for ever (fee simple), is not subject to some condition which might curtail it (absolute), and includes the right to present possession (as distinct from the present right to future possession). This last point is somewhat complicated by the fact that the Act defines possession as including the right to receive rent, but the point of this is to ensure that the freeholder who leases still holds the 'fee simple absolute in possession'.

The key leasehold interest is described as a 'term of years absolute'. This definition is blurred by the provision that 'years' includes periods of less than a year, or a fraction of a year, but the point of the statute is to cover the ordinary lease, whether for a week, a month, a year, or a number of years.

The first section of the Act lays down the rule that these are the only two estates in land 'capable of subsisting or of being conveyed or created at law' and that all other estates 'take effect as equitable interests'. At first sight this is a somewhat enigmatic provision, harking back as it does to a distinction in jurisdictions abolished in 1873. But the next section makes things somewhat clearer. It says, in effect, that other entitlements such as a life interest, or a reversionary interest ('to A for life, remainder to B') can be overreached on a sale of the legal estate and shifted to the price in the hands of the sellers and any investment of that price. In other words, those property interests which entitle their holder to possession, or the

[2] At the time of writing the twentieth-century Land Registration statutes are still in force but should soon be repealed and replaced by the 2001 Act. See Law Commission and HM Land Registry, *Land Registration for the Twenty-First Century: A Conveyancing Revolution* (Law Com No. 271, 2001).

[3] There is an excellent account of the background in J. Stuart Anderson, *Lawyers and the Making of English Land Law 1832–1940* (OUP, 1992).

chance of possession, but which are not the standard freehold and leasehold are all treated as interests in a fund. More will be said about their acquisition and protection in the chapter on Wealth.

Meanwhile, if we return to the general picture we see that the legislation selects the two main interests which serve the purposes of those who use land for its own sake as farm, factory, office, shop, or home: they do not want merely a life interest or an entitlement in remainder, nor do they need to interpose trustees between themselves and the land, they want to have it absolutely (fee simple absolute in possession) or to take it on lease (term of years absolute). These (and only these) estates can exist 'at law', two tiny words which mean that the holder of such an interest, if granted by the appropriate formalities (usually a deed) and (in most cases) duly entered on the Land Register, has an unassailable right to the freehold or leasehold and one that cannot be shifted without the holder's consent. The Act then deals with the other common property rights such as mortgages and rights of way and provides that these too, if created in the appropriate way, will subsist 'at law', i.e. will bind everyone.[4]

The problem of concurrent ownership of land (where A and B hold jointly or have shares) is dealt with by imposing a trust under which the legal estate is vested in trustees who have power to sell the land and will then divide the proceeds among the co-owners or invest the money for their benefit. There is no objection to the same persons being trustees and beneficiaries, so in the very common case where husband and wife or domestic partners are co-owners of their house, the legal estate is vested in them jointly in trust for themselves.

Successive entitlements to land occur where one person is entitled for life and someone else thereafter. The traditional regime was known as a 'settlement'. It gave the life tenant the key management powers and vested in him or her the fee simple as trustee. This system is impossible after 1996. Instead the freehold will be held by trustees (with duties to consult beneficiaries and so on) and with power to sell it. The crucial feature of both the old and the new system is that the freehold itself can always be sold, the money paid to trustees, with the investments thereof replacing the land. Thus the life tenant will be entitled to the yield on the investments in place of possession of the land. More is said of this in the chapter on Wealth.

[4] So will restrictive covenants but, as they were invented by equity which enforced them only against those who took with notice, they nowadays need to be registered.

Land registration

For the standard case of freehold and leasehold, the Land Registration Act addresses the issue of how the holders of these interests prove their title, something which is of course vital if they wish to sell or mortgage. The older traditional method of 'unregistered conveyancing' is to produce to a prospective transferee the deed or other document under which the holder acquired the interest. If this appears to deal with the right parcel of land, to transfer the appropriate interest, and to contain nothing doubtful, it is known as a 'good root of title', and if at least fifteen years old it is acceptable (remembering that, if anything has gone wrong, the limitation period for bringing an action is only twelve years). If it is less than fifteen years old then (subject to any special term in the contract of sale) the transferor must produce the deed under which the predecessor acquired the land, and so on.

Land registration seeks to do away with this method and replace it by a register of proprietors, just as the entitlement of company shareholders is attested by the register which the company must keep. It was first introduced in 1862, made compulsory for the County of London in 1897, and greatly extended by the Land Registration Act 1925. It proved both technically and politically impossible to force registration of title on all landowners, but since 1990 all of England and Wales is subject to compulsory registration. This means that any land whose title is still not registered (about one-fifth of the whole) must, when it is transferred or mortgaged, be entered on the register.[5]

The entire system is at the moment undergoing a major revision in order both to simplify the existing law and to pave the way for the electronic creation and transfer of interests in registered land. Details of the system must be sought in the many specialist works.[6] Here we give only the basics. The Land Register is organized by property, not by the names of landowners. There is an Index Map, and each interest which is registered is allotted an identifying number. The property register describes the parcel of land and identifies its general boundaries by reference to a

[5] Of course there still exist landholdings which do not change hands for centuries (such as those of the Church, or the Oxbridge colleges). Their title could be registered voluntarily.

[6] See Law Commission and HM Land Registry, *Land Registration for the Twenty-First Century: A Conveyancing Revolution* (Law Com No. 271, 2001). The proposed system of electronic conveyancing deals with land, not money. The financial institutions will need to devise an interlocking mechanism for the electronic transfer of the price. No proprietor or mortgagee is likely to permit cancellation of their register entry without the simultaneous receipt of the money due.

map—it does not purport to give the exact line of the boundary. The proprietorship register gives particulars of the proprietor and the nature of his or her interest, freehold or leasehold. The charges section, as its name suggests, relates to burdens such as mortgages. The register is open to public inspection, though not the financial details.

On an application for first registration by a freeholder the title is investigated and, if satisfactory, the title is allotted a number, the applicant is registered as proprietor, not of the land, but of the fee simple in the land, and is sent a Land Certificate which (like a share certificate) is evidence of entitlement at the date it was issued.[7] Similar machinery applies to leases which have over a certain time still to run (currently twenty-one years, but to be reduced to seven years): the applicant is registered as proprietor of the leasehold interest. Shorter leases are perfectly valid but for administrative reasons cannot be registered. If, as is common, there is a simultaneous mortgage of the freehold or lease, the charge is noted on the register, the mortgagee gets a Charge Certificate, and the Registrar keeps (or does not make) the Land Certificate (so that the proprietor cannot readily mislead anyone).[8]

Registration as proprietor of a freehold or leasehold is, in principle, conclusive. Except for a few reasons, such as fraud, a person registered as proprietor normally has a guaranteed title to the freehold or leasehold estate and cannot be disturbed. If, however, some error has been made and the Register needs to be altered, monetary compensation may be made. This makes it possible for the Registrar not to spend unnecessary time or trouble in investigating titles which appear sufficiently sound on their face.

The Register also reveals matters which prevent or restrict the proprietor's freedom to deal with the land. These may pre-date the proprietor's acquisition (such as a restrictive covenant) or be the result of some transaction by the proprietor who may, for instance, have borrowed money on the security of the land or have contracted to sell it. Mortgages, as we have seen, are entered on the Register and the lender is entered as

[7] The requirement that even the freehold applicant be registered as proprietor, not of the land, but of a fee simple estate in the land was appropriate when the system began in the nineteenth century. Its persistence to the twenty-first century, however, meant that the Crown (i.e. the State) could not register its proprietorship of its ancient 'demesne', since technically that is held, not in fee simple, but by sovereign title. The Land Registration Bill 2001 will permit the Crown to grant itself a fee simple in its own land and then register its entitlement to that estate.

[8] Under the dematerialized title scheme of the Land Registration Bill 2001 the use of paper certificates will decrease and Charge Certificates will no longer be issued.

proprietor of the charge, so that the charge itself can be sold or otherwise transferred. If the landowner contracts to sell the freehold or leasehold of which he or she is registered proprietor, or enters into a restrictive covenant for the benefit of neighbouring land, the purchaser and the neighbour can protect themselves by entering a notice on the Register. A 'restriction' warns the world that, for instance, the proprietor is a trustee and that, although he or she will have power to sell, the purchaser must pay the price to at least two trustees or a named trust corporation.[9]

When the land is sold—technically when the 'fee simple' or 'term of years absolute' is transferred—the seller's name is deleted and the buyer's name registered as proprietor. Registration confers on the transferee the full formal 'legal' freehold or leasehold interest, good against any claimant, but subject to any burdens appearing on the Register. The usual burdens which do appear relate to things like (a) mortgages; (b) neighbours' rights such as easements and restrictive covenants; (c) restrictions, which indicate that the powers of the registered owner to effect a registered disposition are subject to some limitation: for instance she might be a trustee in which case, although she could sell, the price would have to be paid to at least two trustees or a trust corporation.[10] In principle buyers and secured lenders, who deal in good faith and for value with the registered proprietor can trust the register in two ways: what is there is true; what is not there cannot burden them.[11]

Overriding interests

But, given the complexities of land use, this last proposition cannot be entirely accurate and the system has to accommodate a number of 'overriding interests', that is to say burdens which will affect the land and will bind a transferee although there is no sign of them on the Register. The most obvious example is short leases: these are estates in land—property interests—yet they cannot be registered. However, the tenant or subtenant will almost always be there to be seen by anyone proposing to acquire the registered estate of the landlord. A second, simple, example is

[9] In practice there will often be at least two joint registered proprietors, so the same persons will both transfer the land and receive the price.

[10] This is not as complicated as may appear. By one deed a trustee-proprietor appoints a co-trustee, transfers the property, and both trustees acknowledge receipt of the purchase price. Presumably the electronic equivalent is being devised.

[11] This covers the vast majority of cases and protects those who give value (by buying the land, lending money on mortgage, and so on). Those who get the land as a present take subject to any interests binding their donor (such as the claim of someone with a valid but unregistered option to purchase the land).

that of easements burdening the land—it is quite possible that the neighbours' water pipes or electric cables will run over or under the land being transferred. These will usually be legal easements having been created by deed or by long user (prescription) but they may well not appear on the Register. They will 'override' the transfer and bind a buyer.

A third type of interest which conflicts with the Register is that of someone in adverse possession of the land (whether or not the limitation period for its recovery by the proprietor has expired[12]). Such a person—often called 'squatter'—may well not register their claim or their entitlement, but the very fact of their being in possession should be ascertainable by anyone thinking of buying from or lending money to the registered proprietor.[13] Nonetheless, the presence of a squatter poses a challenge to the system: is entitlement to depend on registration or on possession? The Land Registration Bill 2001—which is firmly in favour of registration as the only key to entitlement—proposes that the limitation period will never run against a registered proprietor but that, after ten years, a squatter may apply to be registered in his place.

Apart from short leases and squatters, however, there are other situations where possession and registration may conflict and where the interests of persons who are on the land but not on the register may prevail over a purchaser who has relied on the Register, taken a transfer, and registered himself or herself as proprietor. The category of 'overriding interest' which has caused the most dispute comprises 'the rights of every person in actual occupation of the land' except where they are asked about their rights and fail to explain them.[14]

Much of the litigation concerns dwellings, and arises in situations that in many countries would be dealt with by their law of matrimonial community property. In the absence of any such system in England, the courts have been forced to rely on the technicalities of the 1925 legislation. The problem commonly arises where there are two types of creditor of a defaulting debtor who is the sole registered proprietor of a house. The debtor's general assets are insufficient to meet all the debts, and so there is competition for the house between family 'creditors' and commercial creditors. The first class comprises the spouse, domestic partner, or some family member who has contributed to the acquisition of the house; the second is the bank or building society whose loan is secured on

[12] See Chapter 4.

[13] The relation between the dispossessed owner and the squatter is explained in Chapter 4.

[14] LRA 1925, s.70(1)(g); Land Registration Bill 2001, Sched. 3, 2(1)(b).

the house and who has made possible the acquisition or extension of the house or the launch of some business venture. The courts had first to decide what counts as 'actual occupation' by the family member, given that the proprietor will also be living in the house and the claimant may appear to be a visitor, or may be absent at the time the house is inspected. In the end the courts held that the meaning of the phrase in any given situation is a matter of fact and that residence in the premises if not fleeting will usually amount to actual occupation.[15] The second issue is what the statute means by 'the rights' of such a person. Here the courts have held that the word means 'property rights', i.e. those interests which, apart from the statute, have been recognized as capable of binding an indefinite number of persons. In practice the most common such interest is that of a co-owner. This arises where one person is the sole registered proprietor but someone else has put up part of the money needed to buy the property and has done so, not by way of gift or loan, but with a view to acquiring a property interest. In practice if the family creditor shows that, though not registered as joint proprietor, she is an informal but genuine ('equitable') co-owner with the proprietor of the freehold or lease by which the house is held, she will prevail over a subsequent buyer or lender who relied on the Register. If she cannot establish any such entitlement, then, although as against the proprietor she may have a matrimonial or domestic claim to occupy, she has no overriding interest protected against everyone merely by the fact of her occupation.

The principles of the Law of Property Act and the Land Registration Act conflict in one situation. As we have just seen, the latter seeks to protect the unregistered property interest of a person in actual occupation. Typically this interest will be co-ownership which, as its holder is not registered as one of the proprietors, must be informal hence equitable. But section 2 of the other key statute, the LPA, lays down the principle that a conveyance to a purchaser of a legal estate in land overreaches any equitable interest capable of subsisting in money, whether or not the purchaser knows of it, provided that the money is paid to the correct persons, which will be trustees (at least two) or a trust corporation. The need to do this is notified by a restriction on the proprietorship register. So a purchaser who pays the correct number of trustees and

[15] The phrase 'actual occupation' has a long statutory history. See, for instance, the Reform Act 1832, s.20 *in fine*; 2 Will. IV, Cap. 45. The Land Registration Bill 2001 preserves this category of overriding interests but makes certain amendments: cll. 11(4)(b), 12(4)(b), Sched. 1; cll. 29(2)(a)(ii), 30(2)(a)(ii), Sched. 3.

then registers himself as proprietor takes the land free of the rights of the co-owner, even though he knows all about them and even though the co-owner was living in the property: far from overriding, the interest is overreached. In theory the co-owner will not suffer because her entitlement to a share in the money takes the place of and is as good as her rights in the land. In practice this may well not be the case.

Part 4

Standard Patterns

This Part takes four types of property interest that are found in many legal systems and explains the English version of them. Chapter 8 deals with the situation where one person is allowed to use another's property for a certain time, usually in return for payment of a rent or hire charges. Chapter 9 deals with the use of property as security to ensure performance of an obligation, typically the payment of a debt. Chapter 10 is concerned with neighbours' rights over land. Chapter 11 covers the basic principles governing the devolution of property on the death of its owner.

Part 4

Stand[illegible]

8

Leases and the Like

GENERAL PRINCIPLES

We turn now to the very common situation where one person has the use of property for a period which is fixed or can be fixed by giving notice: for instance, you may rent a flat for a year or a video for a day, hire a car or a skip for a week, or charter an oil tanker for six months. The vast range of objects, periods, and purposes involved in lease transactions means that all that can be attempted in an elementary work is an account of the key features. The task is made more difficult by the fact that, as regards occupation leases of dwellings, business premises, and farms, Parliament intervenes frequently to adjust the balance of power between lessor and lessee.

Why people want to hire things is easily understood. They may not want them permanently but only for a time, and it may be inconvenient for them to buy and resell. Even if they want them for a long time, they may not have the capital to buy them outright, or may prefer to invest that money elsewhere. Sometimes they may be prepared to provide what is called the working capital (livestock, equipment, and the like) while someone else provides the fixed capital (i.e. the land). This is the key to traditional tenant-farming in England. As to residential accommodation, on the other hand, many people do not have and cannot borrow the capital needed to buy, and so must rent their home. Why people let things out is also easily understood. They have something that can be made to yield an income, and to them taking the income is preferable to using the thing themselves.

Lease and hire are normally created by a transaction under which, at the very least, one party lets the other possess and use the property for a time, and the other undertakes to pay.[1] Usually, of course, there are ancillary obligations as to quiet possession, maintenance, insurance, and so on. These may be expressly agreed by the parties or may be implied by law or

[1] For examples of somewhat artificial leases imposed by statute, see LPA 1925, ss.85(2), 149(6).

may be partly one and partly the other. Furthermore, many common categories have become standardized, with their terms contained in precedent books or printed forms. All this means that much of this topic is regulated by the law of contract. Now in principle contracts do not bind third parties, yet things that are leased—especially land—may well be transferred during the period of the lease. So the law of property steps in to ensure that the obligations run with the property transferred. If the lessee transfers the thing, the successor must pay the rent; if the owner transfers his interest, the transferee can collect the rent. In other words, as far as possible, successors in title stand towards each other in the same legal position as did the original parties. For land, the rules and a technical vocabulary were laid down long ago; for goods, both are less developed. Consequently it is best to start with land.[2]

LAND

The property lawyer looks at leases of land in a familiar way.

An estate in land. In the first place, a lease gives the lessee the right to physical possession and use of the property for a time which is fixed (say, seven years) or can be fixed by notice (say, from year to year terminable by half-a-year's notice expiring at the end of a completed year).[3] Furthermore, in principle the lessee can transfer this right to possession for the remainder of the term, or can sub-lease by conferring the right to physical possession for a period shorter than that remaining; he can also transfer the power to effect further transfers. Finally, the lessee or his successor can, during the term of the lease, recover possession of the land from anyone, including those to whom the lessor has sold or otherwise transferred it. Thus the lessee's entitlement is protected, not just by the law of contract which binds only the original lessor, but by the law of property which binds an indefinite number of persons.

The lessor has the right to recover physical possession at the end of the lease period: the land is said to 'revert', and so the lessor's interest is often called a 'reversion'. Until then the right to physical possession has been replaced by the right to the rent.[4] Like any other asset, the lessor can alienate this 'reversion' and can alienate the power to alienate it.

[2] The account will assume that there is only one person playing the part of lessor and one person being lessee, though in practice the lessor might be two or more co-owners and there could be two or more co-lessees; see the section on co-ownership, above Chapter 6.

[3] There is no limit to the period for which a lease can be granted: terms of 99 or 999 years were common in the past.

[4] Somewhat artificially, the LPA 1925 treats the 'reversion' as still an interest 'in possession' because it defines possession as including the right to receive the rent.

This splitting in time of the right to possession recalls the discussion earlier of the life interest and the remainder. To express the legal position of those involved, English law developed the concept of the 'estate' by which a right to possession now or in the future is measured by the time for which it may endure. The concept is easily applicable to leases. If land be let (say for twenty-one years) and sub-let (say for seven years) there exist simultaneously three separate estates, each with a market value: the freehold, the head lease, and the sub-lease. Their content can be expressed by means of a formula. We use p to mean physical possession, T and t to indicate the terms of the head and sub-leases (numbers will not do, since each term is diminishing daily). R and r indicate the rent reserved by the head and sub-leases respectively. We use a to indicate the power to alienate. We need a symbol to show that the freehold interest may never end, so use E to mean this indefinite period.

Fee simple: $a^{\infty}(p(E - T) + RT)$
Head lease: $a^{\infty}(p(T - t) - RT + rt)$
Sub-lease: $a^{\infty}(pt-rt)$

The reason why a is raised to infinity is because any estate owner has the power to alienate the power to alienate the power to alienate . . . that estate. And of course any or all of the three estates could be held by co-owners.

CHATTELS

The technique of the estate concept described above and summarized in the formulae just given could readily be applied to chattels, especially those which are relatively durable and which have an obvious use value, such as a crane or a television set. In fact, and as a matter of tradition, English lawyers do not do this; instead they use ownership and possession. To describe the situation where ownership is in one person and (lawful) possession in another, they use the word 'bailment'. The owner of a crane who hires it out for six months to a construction firm is the 'bailor' and the firm is the 'bailee'. The general notion was described in the chapter on common-law concepts.

Bailment is a category which covers many different situations, from the commercial example just given to the brief and gratuitous loan of a pencil to a friend. All they have in common is that the thing itself is supposed to go back to the owner. So between the bailor who hands over the thing and the bailee who receives it there is a personal relation, for the bailee is under a duty to the bailor to take care of the thing and to give it back. But a bailment for a period (as with the crane example) also confers possession on the bailee, to the exclusion of the bailor. Thus the bailee, and not the bailor, can bring an action of trespass against an intruder, and can recover possession (or the full value of the crane) from a dispossessor. And the bailee's right to the chattel for the rest of the period would be protected against the bailor's insolvency. So far there is nothing to differentiate in principle a bailment for a term from a lease of land. Moreover such interest as the bailee has in the chattel is derived from that of the bailor, as is shown by the rule that, just as a lessee cannot be heard to deny his lessor's title, so a bailee cannot be heard to deny that of the bailor. Thus a bailment presents the same sort of mingling of contractual and property relations as does the lease of land.

There may, however, be one quite important difference. The lessee of land is protected, for the whole period of the lease, against the lessor's successor—someone, for instance, who has bought out the lessor.[5] Such a person cannot evict the tenant, and if he or she does take possession the lessee can recover it. But in the case of a chattel, it is said that a buyer from the bailor could oust the bailee during the period of the bailment, leaving him to a contract claim against the bailor.[6] There is, however, little judicial and no statutory authority for this; in the case of ships, there is case law against it; it is a result which does not seem fair; applied to a lease of a furnished flat it would seem odd to hold that one who buys out the landlord cannot evict the tenant from the flat but can remove all the furniture. In any case it is an event that is unlikely to happen, since a buyer from the bailor would almost certainly know that his seller did not have the chattel and would be unlikely to risk a lawsuit with the bailee. And finally, if the bailee is unprotected by the law of bailment against a bailor's successor, the law of pledge will provide a safeguard: the bailee lends a (nominal) sum to the bailor, repayable at the end of the period of bailment, and takes a pledge of the chattel as security. It is quite certain that this confers a right to possession good against the bailor's successors. They cannot repay the loan until it is due, which is not until the end of the bailment period.

In any event, the business world does not seem to worry about the theoretical frailty, nor does it use the elderly vocabulary, of bailment: it

[5] We assume that the formal requirements for the grant (and if necessary the registration) of a lease have been met: see Chapter 8.

[6] This proposition is cogently argued by William Swadling, 'The Proprietary Effect of a Hire of Goods', in N. Palmer and E. McKendrick (eds.), *Interests in Goods*, Ch. 20, 491 ff.

uses the words lease and leasing. Furthermore the chattel lease now serves a multitude of different purposes. In one set of purposes the object is expected to outlast the period of any one lease, so that it can be handed successively to a number of persons, each taking and paying for use for the period they need it: car hire is an obvious example. Quite different is the 'finance lease'. Here the minimum period of the lease is the expected life of the chattel; there is only one lessee; and the total rent covers the sale price plus an amount to reflect the fact that it is paid, not in one sum at the outset, but over a period. It is widely used in business for a number of tax and accounting reasons.[7]

REQUIREMENTS FOR A LEASE

Leases, as we have seen, begin in contract by an agreement between the parties. They may then confer on the lessee a property interest, alienable by the lessee and protected, for the period of the lease, against both the lessor's insolvency and the lessor's successors. But to take the step from being a contract claim to being a property right the lease must comply with certain requirements both of substance and of form. The requirements are particularly stringent (and frequently litigated) in the case of land.

Substance. As we have explained, the estate concept involves rights in space (i.e. to physical possession of an object, or entitlement to its income), for a time. The first of these requires that, to count as a lease, the lessee must have exclusive possession. If land is the object involved, then occasional visits by the landlord, say to inspect or to repair, are of course not ruled out; but if an occupant (genuinely, not merely as a sham) actually shares occupation with the landlord or the landlord's nominee, then there is no lease, no matter how formal the document embodying their arrangement. In the case of residential accommodation the occupant is at best a lodger, not a lessee or tenant. Another example is the grant of 'front-of-house-rights' by which a theatre owner permits someone else to have the bar, cloakroom, and programme concessions. They are in essence sharing the use of these parts of the building, and so such a transaction, even though it is called a 'lease', is contained in a sealed document, and is to last for twenty-one years, is merely a contract between the parties: it does not create a property right binding on a new owner of the theatre.

[7] For a full and lucid account, see Sir Roy Goode, *Commercial Law*, Ch. 28 (2nd edn., Penguin, 1995).

The second factor, that of time, inherent in the estate concept means that to count as a lease the period must, from the outset, be certain or capable of being ascertained: a term of one year, or a monthly tenancy terminable by a month's notice, are both common types of lease. But a grant of exclusive possession 'until the lessor needs the land for redevelopment' does not amount to a lease. The way round this is make the maximum period certain by, say, granting a lease for 'twenty-one years or until the land is needed for redevelopment, whichever first occurs'.

Form. The law does not impose particular formalities for chattel leases (leaving aside consumer credit safeguards). But the formalities for the creation of a lease of land have long been the subject of legislation and of much intricate historical and legal learning. Nothing would be gained by explaining the details in an elementary introduction to the subject. Here it is enough to say that fairly indiscriminate use is made of two types of arrangement. The first is the lease itself, that is to say a transaction by which the lessor *grants* the interest—the exclusive right to possess and use for the term specified. The second is the agreement for a lease (often called 'tenancy agreement') by which the lessor *promises* to grant the exclusive right to possess and use for the term specified. In both of these the other party, the lessee or tenant, undertakes to pay the rent and observe any other relevant obligations (repair, insure, and so on). From the point of view of the lessor the distinction is between a transfer of the interest and a contract to transfer it.

In principle, leases of land for not more than three years at a market rent, if they are to take effect at once, require no formality at all, nor do contracts to create such a lease ('tenancy agreements'). Since this covers the common monthly and yearly tenancies, it could, in theory, save a good deal in transaction costs. In practice, however, the general principle is merely a default status, and written documents are highly advisable, for two reasons. The first is to save later argument; the second is to comply with statutory requirements imposed on landlords and designed to protect residential tenants.

Leases of land which exceed three years must be by deed if they are to bind everyone. Contracts to create such a lease must be in writing signed by both parties, and, if they are to bind the landlord's successors, their existence should be noted on the appropriate register (either the Land Register or the Land Charges Register), although if the landlord's title is registered and the tenant is in actual occupation, even an informal lease will amount to an overriding interest.

For leases of most chattels, no compulsory formalities are laid down.

Nonetheless, they are often contained in writing, indeed usually in standard forms supplied by the lessor. If the lessee is a consumer, they may therefore be subject to judicial scrutiny under the relevant consumer protection legislation or regulations.

THE RUNNING OF OBLIGATIONS

Leases, apart from conferring on the lessee possession and the right to possess for a period, also contain promises by each party to the other. These may be expressly set out or be implied (by custom, case law, or statute). An obvious example of the former is the lessee's promise to pay the rent (or hire charges) at the periods agreed. The enforcement of such promises is ensured, in the first place, by the basic law of contract. But the law of property also has a role to play, and this is for two reasons. The first is that the law of leases has developed to deal primarily with *land*—chattel leases were left largely to contract and to commerce. The second reason is that lessor and lessee may well, during the term of the lease, wish to transfer their interests, and their successors will not be in any *contractual* relationship: they will have made no promises *to each other*.

The fact that the law in this area dealt first and foremost with land has left its mark on the remedies available to enforce performance of the obligations and on the vocabulary used to describe them. The parties are called 'landlord' and 'tenant', the lease is called a 'demise', and their promises are called 'covenants', meaning an undertaking contained in a deed. We shall concentrate, then, on the enforcement and transmission of covenants in leases of land.

Enforcement. The key obligation of the tenant is, of course, to pay the rent at the times agreed. This is a monetary obligation, and therefore its performance, in the eyes of the law, can never become impossible: the tenant cannot plead that his obligation was somehow 'frustrated' by the fact that, through no fault of his own, he cannot raise the money.

The landlord can enforce this obligation in three main ways. The first is to sue in debt, like any other unsecured money creditor. The second is an ancient common-law remedy, nowadays much limited by statute: to seize and, if necessary, sell the tenant's goods found on the demised land, and to do this in priority to other creditors of the tenant. The name of this remedy is 'distress' and the landlord is said to 'distrain' on the goods. The threat of the power before its exercise does not, of course, prevent the tenant from disposing of the chattels in the ordinary course of daily life and business. In fact the landlord's right of distress somewhat resembles the 'floating charge' of the company creditor, in that it hangs over the things on the premises but does not prevent their alienation until a debt is unpaid and the goods seized (or the charge 'crystallizes').[8]

The third remedy is to cancel the lease while it is still running, a process called 'forfeiture'. This differs from the enforcement methods just discussed in two ways. First, it is not available by default but must be expressly reserved in the lease. Second, when it is included in the lease, it may be—and always is—stated to be available for breach of any obligation, not just rent. Because the sanction—losing your lease—may be out of all proportion to the gravity of the breach, there have long been judicial and statutory safeguards, which in general make the remedy exercisable only by legal proceedings and give the court power to prevent forfeiture. Even the old, strict, common law did make one concession to the tenant. The normal rule of English law is that a debtor must seek out and pay the creditor. But a landlord could not forfeit the lease for non-payment of rent unless he came to the premises to collect it between sunrise and sunset on the very day it was due.

Transmission of obligations. Leases may well be designed to last for some time such as seven, twenty-one, or ninety-nine years. During that period it is very likely that the landlord will transfer the reversion and the tenant will assign the lease. The successors take the place of their transferor as regards the relevant obligations. So the new landlord can enforce payment of the rent and performance of any other tenant's obligations (such as maintenance, decoration, and the like) but is bound to perform any landlord's obligations that might be contained in the lease (such as structural repairs, insurance). Similarly the tenant's assignee must pay the rent and perform any other tenants' obligations, but can enforce against the new landlord those undertaken by the original landlord. The original parties' contractual liability on covenants of the original parties ends when they part with their interest, as does that of each successor.[9] The rules are on the whole clear and sensible: in these longer-term leases, we may think of the role of landlord and tenant as being filled by a succession of persons, each playing the part for a while and then leaving the stage. There are always two characters on stage, landlord and tenant. The older law expressed the fact that each was bound to the other by saying that, although the successors were not the contracting parties and so were not in 'privity of contract', nonetheless, since one

[8] The law on distress is in distress, and proposals for its improvement are found in the Report produced for the Lord Chancellor by Professor J. Beatson QC (Independent Review of Bailiff Law, June 2000), available from pvarney@lcdhq.gsi.gov.uk.

[9] For details see Landlord and Tenant (Covenants) Act 1995.

was landlord of a lease and the other tenant of the same lease, they were in 'privity of estate'.

The result is entirely sensible, but one important feature needs to be stressed: if you take over the lease you have to pay the rent to the current landlord, and perhaps perform other obligations *though you never said you would.* And if you take over from a landlord you may have to do things for the current tenant (such as repair the structure), although you made no promise to that person to that effect. Certainly, you ought to know about these obligations because you could read the lease before buying it from the tenant; or, if you bought from the landlord, then you read his copy of the lease and knew that the landlord had undertaken to keep the structure in good repair. When you bought you will promise your seller that you would perform the relevant obligations. But you do not make this promise to the other party to the leasehold relationship; instead you take over the duty of performing an obligation undertaken by your predecessor. This does not square at all with the law of contract, which does not hold you to a promise that you did not make. But it fits this part of the law of property, and produces a workable system. It means that someone else can make you pay, or spend, money, not because you promised them you would, but because you acquired an interest in property—a lease or a reversion—and they have the correlative interest; they are the landlord and you the tenant, or vice versa.

We have dwelt on this, partly for its relevance to the general principles of private law, but also because it explains one of the strangest features of the English law of property in the early twenty-first century: that if you buy a flat you will almost certainly have to buy a lease of it. It will be for a term so long that it almost amounts to full 'freehold' ownership—leases of ninety-nine years are the minimum, and ten times that is not uncommon. By contrast, the rent will be so tiny as to be fictitious ('a yearly peppercorn if demanded'), while the purchase price will be the market price for the premises. The reason for this bizarre arrangement is that it is the only way to ensure that each successive occupant performs the relevant positive obligations (of maintenance, repair, insurance, and the like). Other countries have schemes that enable the outright ownership of apartments to be burdened with such obligations for the benefit of all—they are often called 'condominiums'. England and Wales are promised a similar scheme, to be called 'commonhold', but at the time of writing the courts will not permit positive obligations to run with freehold ownership, and no relevant legislation has been introduced.

SUB-LEASES

Unless the lease forbids it, a lessee is free to grant possession to another, at a rent, and for a period shorter than that of the lease. This transaction is not a transfer of the lease. The lessee remains tenant under the head lease and is now sub-lessor for the shorter period; the new occupant is sub-lessee or sub-tenant. There are three interests in the property: that of the head landlord, that of the lessee, and that of the sub-lessee. The periods of the two leases are not the same, and the rents and other obligations may be quite different. The sub-tenant owes rent only to the sub-lessor, not to the head landlord, and the same is true of any other obligation undertaken in the sub-lease. The head landlord cannot enforce against the sub-tenant the performance of positive obligations in the head lease. The reason for this is twofold: first, they are not parties to, and so in privity of, contract: second, they are not landlord and tenant of the same lease and so are not in privity of estate. So if a tenant's covenant in the head lease is infringed by an act or omission of the sub-lessee, only the head lessee can be sued. He is, so to say, responsible for his sub-lessee to the head lessor. He is also responsible for acts of the head landlord which cause a breach of the sub-lessor's obligations to the sub-lessee.

The only exception is that *restrictive* covenants in a head lease will bind the sub-lessee who has notice of them. A restrictive covenant does not cost anything to perform: it is an obligation not to do something (such as open a business). The sub-tenant ought to know about the restriction because, under the general law of conveyancing, he is entitled to see the head lease before entering into the sub-lease.[10]

CHATTEL LEASES

The system just described in relation to land has not, on the whole, been applied to leases of chattels, although if one took a lease of a furnished house one might expect that much the same legal regime would apply to both the house and the furniture. In practice (and leaving aside ships and aircraft which have rules of their own) chattel leases are hardly ever granted for long periods, and most of the problems are solved by the law of contract, coupled with the fact that the lessee has lawful possession and the right to possess for the period of the lease. Positive obligations entered into by the lessee, say to maintain and service the chattel, are of

[10] This rule is now restated in the Landlord and Tenant (Covenants) Act 1995, s.3(5). Restrictive covenants in leases are not registrable; they are so numerous that such a scheme would be impracticable. See Chapter 10.

course enforceable by the law of contract, which will at least award damages for their breach. It is theoretically more difficult to enforce such obligations against someone who takes over the chattel for the remainder of the lease, but in practice—where durable items are involved—the lessor's consent is required for any transfer. The original lessee will seek such consent in order to escape liability for later hire payments, and this will give the lessor the opportunity to make a contract with the new lessee.

INTELLECTUAL PROPERTY

The holder of a patent, copyright, or trademark can stop anyone else using the invention or mark, publishing or performing the work, and so on. But of course the holder can grant permission to someone to exploit the property for a time in return for a payment. In some ways this is similar to the leases just described but, reflecting the differences, the language used is not the same: the permission is called a 'licence' and the rent is called a 'royalty'. A further difference is obvious and important. If you own a house or a car and rent them out, the only person with the right to occupy the house or use the car is the lessee. But you can let dozens of firms exploit your invention or your creative work—there is no need to give just one of them the *exclusive* right to do so. In practice, such licences are often territorial: for instance permission to use the patent for an industrial process (together with know-how) may be given to a company in Russia, and a separate permission to one in China; and both may be forbidden to export the resulting product into the European Union. With copyright and related rights, the picture is even more complex since permission for live performance can be separated from permission to film, record, translate, and so on. A final point to remember in this field is that, while the law relating to land and chattels applies to England and Wales, that relating to intellectual property is the law of the UK and of the EU, and the main constraints on technology licensing arise from the rules on competition.

STATUTORY PROTECTION

We mentioned earlier that the law of leases in England and Wales is complicated by frequent legislation, introduced throughout the twentieth century in order to protect tenants. Only a brief sketch of essentials will be given here. First of all, the statutes deal with leases of land, not chattels. Secondly, they override any inconsistent agreement between the parties. Thirdly, they tend to fall into different categories, one group concerning residential accommodation, another with very long leases of dwellings, a third dealing with business premises, and a fourth covering farms. Fourthly, they do not restate and enact the fundamental principles of the law of leases. Instead they take these for granted, and introduce complex amendments and corrections to the basic pattern. But they are so pervasive that the reader must be warned. The freely negotiated aspects of the lease, so predominant in the general law of landlord and tenant, have now receded so much into the background that landlords and tenants look for their rights less to the terms of their leases than to the statute book and to the case law which encrusts it. In most leases the legislator waits until the parties have negotiated and concluded a lease and then overrides their agreement by imposing provisions, almost all of which are designed to protect the tenant. Thus in these very common situations the move in legal relations has been from contract to status.

Property owners have tried to escape this by casting the arrangement into some different category so that the occupant is merely a lodger and not a tenant. But the courts have been very vigilant to prevent 'sham' transactions. If the factual result of the arrangement, whatever its name and whatever its provisions, is that the occupier has exclusive possession for a fixed or periodic term and is paying rent or a premium ('key-money'), then a tenancy has been created and any relevant statute will apply.

Dwelling houses. At the beginning of the last century almost four-fifths of the population lived in privately rented accommodation and were subject to the ordinary common law: the rent was that agreed upon and, on the expiry of their lease, they had to leave. The decline in speculative building and the 1914–18 War produced a shortage of accommodation which threatened to put tenants at the mercy of landlords. Accordingly in 1914 the first Rent Act was passed which had as its purpose the fixing of rent (and mortgage interest) and also the protection of tenants against eviction at the end of their lease. Designed to be temporary, it proved the forerunner of a large number of statutes which combined to create one of the most obscure and complex areas of English land law. At the same time housing patterns changed. On the one hand, local councils provided housing. On the other hand, more and more people bought their own home with the aid of a mortgage.

The main effect of the Rent Act scheme was to limit the rent and to give the tenant a status of irremovability, a protection which passed on the tenant's death to the spouse or some family member who had lived in the home.

Towards the end of the last century the system was largely dismantled for tenancies taking effect after 1997: the default status of a dwelling tenancy will be one in which the landlord is entitled to possession as of right at the end of the term, and there are limited means of applying to have the rent redetermined by a rent assessment committee. Nonetheless, the statutes impose obligations on landlords above all to provide the tenant with written information on the terms of the tenancy. A tenant who, before moving in, is given notice in writing that the lease is a 'shorthold tenancy' cannot, without the landlord's permission, remain after the expiry of the lease.

As to repairs and maintenance, in principle, any obligation to repair must be agreed by the parties and contained in the lease: the state of, and responsibility for, repair, is supposed to be reflected in the rent payable. Statute has intervened in leases of less than seven years to impose on the landlord obligations to repair the structure and utility installations.

Long low-rent leases. In the nineteenth century a common way of funding housing developments was for the landowner to grant a long lease of the land to a builder—say for 99 years. The rent was very low, or nominal, but the lease contained strict covenants binding the lessee to build and maintain houses. This arrangement meant that the builder could use his capital to build, and could then rent out the houses at a market rent, thus repaying his outlay over time. The landowner was prepared to forgo any return for many years because, under the common law, at the end of the long lease the landowner would take back the land with the buildings which had been constructed and maintained. In theory, everyone benefited. In practice, the short leases of the houses became subject to rent control during the twentieth century and, when any such lease finally lapsed, the building would be 'sold', i.e. the new occupant would pay a capital sum for the remainder of the long lease. But as the end of that lease drew near, many occupants feared that they would lose the home for which they had paid a significant sum. Statute now gives lessees occupying houses as their home under long leases at a low rent, the right to buy out the landlord's interest.[11] The scheme has since been extended so that, under certain conditions, the tenants of flats in an apartment building can have the freehold transferred to a management company.

[11] The European Court of Human Rights held that this forced sale to the lessee was not an infringement of the lessor's right to property (now stated in the Human Rights Act 1998; see Chapter 1).

Council housing. None of the statutory protection used to cover tenants whose landlord was a local authority or other public housing authority, but by legislation of the 1980s, public sector tenants have the right to buy their homes; if they do not choose to do so, they have some security of tenure.

Business premises. Business people would often rather lease premises than buy. First of all, the place they want may be only for lease and not for sale. And then, even if they could buy it, they may prefer to spend their own, or borrowed, capital on inventory, rather than on buildings. So business leases are popular and widespread. But a successful business builds up a goodwill in the form of repeat custom which may well attach to the premises and which would be lost to the firm if it could be compelled to leave at the end of the lease. Consequently the legislature has intervened to ensure that, if leased premises are occupied for a business carried on by the tenant, the lease does not end at the term agreed but can be made to end by landlord's notice, whereupon the tenant can, if they wish, claim a new tenancy. This the court is bound to give (though no doubt at a new rent) unless the tenant has gravely broken the terms of the lease or the premises are needed for redevelopment or personal occupation by the landlord.

Agricultural tenancies. These have been the subject of statutory intervention for longer than any other type of lease. For the latter half of the last century, agricultural tenants were in effect given statutory security of tenure and rent control. But changes in the economics of agriculture, together with entry into the European Community, resulted in pressure for reform and farm business tenancies created after 1995 have little statutory security of tenure, although the rent can be referred to arbitration and the tenant is entitled to compensation for improvements.

9

Security

Used in the plural, the word securities tends nowadays to denote shares and other investments. That is *not* the subject matter of this chapter. Here the word security is used to mean an arrangement which is collateral to an obligation, and makes the creditor more sure of performance. Unlike other property rights, a security interest cannot exist without there being an obligation whose performance it is meant to ensure: once the obligation ends (by performance, set-off, release, and so on) the security interest dies.

The ordinary creditor of an obligation, say to pay money, can enforce the obligation by getting judgment in his favour and then using the machinery of justice to levy execution on the defendant's assets in order to satisfy the claim. But this process has two weaknesses: it will work only if the debtor has enough belongings to cover the judgment; and then only if other creditors do not have prior rights to the various items of property. If this is not the case, the debtor's liabilities will exceed his assets and some creditors are going to be, at least partly, unsatisfied. The point of exacting security is to avoid being one of them.

Personal security. In personal security the creditor insists on having performance of the obligation by its debtor guaranteed by another person. The creditor thus has the assets of two persons to which recourse can be had, though not in priority to their other creditors. A common commercial variant of this is used to secure due performance of substantial contracts: the 'performance bond' by which a person who has undertaken a non-monetary obligation, such as to build a factory, is required to procure from a third party—usually a bank—an undertaking to pay a sum of money to compensate for breach of that primary obligation.[1] These and related forms of personal security belong to the law of contract and will not be discussed further.

Real security. Real security is so called because there is an asset (*res*, in

[1] Somewhat similar in function, though part of public law, is the bail bond by which a sum of money is pledged to secure the appearance in court of an accused person.

Latin) by means of which the creditor is entitled to have the debt paid, no matter who holds the asset. It has these main characteristics: it follows the asset (and, if properly constituted, follows it in the hands of anyone); it entitles the holder to payment out of that asset or its proceeds in priority to other creditors; by enforcing the security the creditor may recover only the debt, interest, and costs.

GENERAL PRINCIPLES

There are many different types of real security, and it must be said that, at the edges, the law is far from tidy. Some are created by the common law, some by statute, and most by agreement. Furthermore there is no general word in English to cover the persons who grant and take security: instead we have pledgor and pledgee, mortgagor and mortgagee, chargor and chargeholder.[2] In an attempt at clarity, we first set out the general principles of real security, and then turn to the main categories, to the requisite formalities for each, and to some nuances.

The essence of real security is that an asset is encumbered to secure a claim whose creditor can look to the asset for satisfaction of the claim. The claim may be future, as when you leave share certificates with the bank to cover any possible overdraft. To simplify exposition we shall assume that the claim to be secured is for the payment of money.[3] This is by far the most common case, so it means that we can use the words creditor and debtor, or lender and borrower, to describe the parties to the obligation. The creditor will also be party to the transaction creating the security, playing the role of pledgee, mortgagee, or chargee. Usually the other party is the debtor, and it is the debtor's property which is encumbered with the security interest (pledged, mortgaged, charged).

But this is not necessary—it is perfectly possible to pawn your watch, or mortgage your house, to secure a loan made to your friend. If that happens, the result is as follows. Your friend owes the money and the lender can, by judgment and execution, reach all your friend's assets in competition with the other unsecured creditors. You do not owe the money, since you did not borrow it. So you cannot be sued for the money,

[2] This last word is the term used in the English version of the *Model Law on Secured Transactions* issued by the European Bank for Reconstruction and Development (London, 1994).

[3] It is customary to secure performance of non-monetary obligations by some monetary means. As noted above, the firm building a factory may be required to procure a 'performance bond' under which, if it builds badly, its bank has to pay a sum of money to the complainant. And in another area of law, money bail secures the obligation to appear in court when required.

and your other property, outside the watch or the house, cannot be taken to satisfy your friend's debt. But if your friend defaults on that debt, your watch or your house is liable to be sold by the creditor to pay it. If the price for which your property is sold exceeds the debt, you have a property claim against the selling creditor for the balance. If the sale price is less than the debt, you do not owe the balance. In either case, if your friend's debt has been paid out of the proceeds of sale of your property, you are an unsecured personal creditor of your friend: for the entire debt, if it has all been paid off; for less, if the sale of your property did not cover all the amount owing. Finally, to prevent the creditor from enforcing the security, you can free your property by paying off your friend's debt, redeeming the watch or the unencumbered house, and acquiring the creditor's claim against the borrower.

The objects of a security interest can be any asset, tangible or intangible: one can pawn a watch, mortgage a house, charge one's share as owner in common; in order to secure financing, a business can assign to the lender the debts due from its customers. Furthermore, a fund can be used as security: a company can create a 'floating charge' on its constantly changing stock; a remainderman can raise money on mortgage of the interest in remainder, although the actual assets themselves will be in the hands of and managed by trustees and may change as the world's stock markets move. Each different type of asset may require different formalities both to create the security and to enable others to find out that it exists.

Whatever the asset involved, any security interest is merely accessory to the claim which it secures. A lender who has taken a pledge of a watch or a mortgage of a house cannot transfer the pledge or the mortgage without a transfer of the claim, nor assign the claim without surrendering or transferring the security interest. If the claim dies, because for instance the debt is paid, or is set-off, or is released, then the security interest comes to an end (though some tidying-up may be necessary, such as a surrender of the mortgage document and/or cancellation of an entry in a register of charges).

Security is not sale. A lender who takes security over an asset is not buying it. The money paid is a loan secured on the asset, not the purchase price of that asset. Consequently, a provision is void which says that the creditor can keep the asset if the loan is late in being repaid. As long as he is repaid with interest and costs, the secured creditor is not allowed to keep the asset as a penalty for late payment. Furthermore, there is a difference between a sale with an option to buy back at the same price plus interest, and the grant, in exchange for a sum of money, of security which will end if the sum is repaid plus interest. Admittedly, it may sometimes be difficult to distinguish, but an example may help. A wants to raise £100,000. He transfers his house and some shares to B for that sum with an option to buy both back on a given day in six months time at a price of £100,000 plus interest. Is he really selling the house and the shares, or is he borrowing on mortgage? If it is a genuine sale and if A does not exercise the buy-back option according to its terms, then (a) he can never claim the house and shares; and (b) he owes B nothing, since the money he received was the purchase price for the things he sold. But if the transaction is really a loan of £100,000 secured by a mortgage of the house and shares, then A can repay the loan with interest and costs at the six-month date *or at any time thereafter* (since by definition a loan can always be repaid) and can thereby end B's mortgage—in the jargon of lawyers he is said to repay the loan and redeem the mortgage.

How are we to decide between these two quite different transactions? Of course, if both parties agree that their deal was a sale and buy-back option, or if both agree it was a secured loan, then the answers are easy. Usually, however, they will disagree. If, since the start of the transaction, house and share prices have risen, B will argue that he has bought them, while A will want to redeem them; if prices have fallen, the parties might well argue the other way round. On the whole the law leans towards finding that such a transaction was security not sale, and there are two facts which, if proved, will strongly support this conclusion. The first concerns possession: if, after the deal, A stayed in possession of the house, it does not look as if he has sold it to B with an option to buy it back. The second concerns the market value of the house and shares at the outset. If that value was just £100,000, then the transaction looks like a sale at that price. If, however, the value was £200,000, then it is very unlikely that A would have sold for half that sum; and the transaction looks much more like a loan secured by mortgage of an asset worth twice as much. What the parties call the transaction is not decisive. In fact, as we shall see, formal land mortgages used to look like sales and are nowadays occasionally disguised, somewhat improbably, as prodigiously long leases. But if the heart of the deal is a secured loan, that is how it will be treated.

If the asset used as security produces a yield of some sort—the crops of a farm, dividends on shares, rent from offices, and the like—then, until there is some default in performance of the obligation, the yield belongs absolutely to the person entitled to the asset. Normally this will be the debtor, of course, who will have mortgaged the farm, shares, or office block and will be expecting to pay the interest on the loan out of the yield of the asset. But on default in any terms of the loan, the secured creditor can appoint a receiver of the income, and thereafter it goes to the creditor who can use it to pay the interest due and, if he or she so chooses, to repay the principal in driblets.

The 'equity of redemption'. A final important general point can best be explained by assuming the simplest of all examples. If an owner creates a security interest in the thing he owns, there exist two property interests over the thing. The interest held by the creditor will bind the thing until the obligation is performed, the debt paid, and so on. But the creditor's interest in the thing is limited in value, a figure can be put on it: it is the value of performance of the obligation (repayment of the debt) plus interest and costs. The other interest is not limited in value, it is residuary: the only way to put a figure on it is to estimate the value of the thing and compare that with the amount owing to the secured creditor: the balance may be positive or negative. Normally it will be positive—there will be something left over: the creditor will take care to ensure that the value of the thing exceeds that of the debt. The central element of this entitlement is the right to repay the debt and redeem the property unencumbered by the security interest. This is called in common-law countries the 'equitable right to redeem'. It came to be called 'equitable' because, while the common law would enforce the strict terms of the deal which allowed repayment only at one specific time, the Chancellor would override the contract and force the creditor both to accept repayment after that date and to return the unencumbered title to the owner. During the life of the security interest, this equitable right to redeem is crucial, but is not the only element in the owner's entitlement. The owner also has the power, *inter vivos* or *mortis causa*, to alienate the interest (including the right to redeem the security). He can in principle sell the thing, although it is still subject to the security interest. The price will be the market value, minus the amount owing to the secured creditor. The buyer acquires the right to redeem the security by discharging the obligation for which it was given, i.e. paying off the amount owing. The owner could also use the interest as security for other advances, thus creating second and third security interests.

The sum total of the owner's interest in the asset given as security acquired the name of 'equity of redemption'. This occurred at a time when security interests were commonly granted by a transfer to the creditor of the formal title ('legal ownership'), subject to a condition for retransfer on performance of the obligation, i.e. repayment of the loan. So since the creditor has the formal title, though it was held only as security, another name was needed to describe the interest of the person who granted the security: 'equity of redemption'. This is best explained by a simple calculation:

Value of asset	£100,000
Amount secured	£60,000
'Equity of redemption'	£40,000

If the value of the asset falls below the amount secured, the creditor can collect the entire value of the asset and claim the balance (as unsecured creditor) from the debtor. In the late twentieth century the unfortunate debtor in this situation was said to have a 'negative equity':

Value of asset	£50,000
Amount secured	£60,000
'Negative equity'	£- 10,000

Although loosely called an 'equity', in fact the debtor is subject only to a personal claim against him for the balance, enforceable against his other assets in competition with general creditors.

As mentioned in the first chapter, this historical jargon has also left its mark on modern corporation law. Companies are financed in two ways: by loans and by shares. The former may be secured, but the bondholder or debenture holder is entitled only to a fixed amount—the loan plus interest. The shareholders' interest is residuary—a share in whatever is left over after the loan capital has been repaid. So the modern word for this type of investment is 'equity participation'. If a company is seriously insolvent but needs to continue trading, its creditors may be persuaded to 'swap debt for equity'; that is to give up their right to a fixed sum plus interest—a right enforceable only against the inadequate assets of the company—and to take in exchange shares, hoping that the company will trade itself into a situation where its assets exceed its liabilities, at which point their shares will acquire some positive value.

Since security is not sale, provisions are invalid which attempt to give the equity of redemption (i.e. the balance) to the creditor if the obligation is not duly performed (i.e. the loan repaid). In the first example above, if this were permitted, the creditor would get an asset worth £100,000 for an investment of £60,000. The only way in which the creditor can acquire this interest, and thus take the asset free of the right to redeem it, is by a successful application to the court to 'foreclose'. Normally, however, the court will give the person entitled to the encumbered property the time to borrow elsewhere the amount needed to pay off the foreclosing creditor. Furthermore, on the application of anyone with an interest in the property, the court can order its sale. This will invariably be done if the sale price is likely to be enough to pay off the foreclosing creditor. So, although the word 'foreclose' is often used loosely to mean any enforcement of the rights of a secured lender, the real thing rarely happens.

Multiple charges. The same asset may be used to secure performance of more than one obligation. In other words, successive security interests can be created over the same thing so that, for instance, land can be mortgaged to X to secure a loan of half its value, and then a second mortgage can be given to Y to secure a loan of a quarter. The borrower's 'equity' is thus worth one-quarter. The possibility that an asset can be subject at one and the same time to a string of security interests may easily give rise to difficult questions of priority. Some means must be found of enabling a secured creditor to warn others of his entitlement, and to make it easy for a person thinking of advancing money on security to find out if there are prior encumbrances.

There are two main ways of doing this: possession and registration. The simplest example of the first is the pledge of chattels. If you take a watch to a pawnbroker, the very fact that you have the watch makes it probable (though not certain) that it belongs to you. By taking possession of the watch, the pawnbroker is effectively warning everyone else of the existence of the security interest. Something similar can be done with certain types of document such as a share certificate, treasury bond, or life insurance policy. These are good evidence of entitlement to the asset involved and can be deposited with a creditor by way of security. It should be added that a separate security instrument is often drawn up at the same time, often by deed, as this gives the secured creditor certain remedies described below.

But in many cases it is not practicable to hand the asset over to the secured creditor. In the normal case of a house mortgage, the borrower wants to live in the house and the Building Society does not. If a factory is to be used as security, then the owner needs access in order to make the money to meet the debt. There may not be any documents of title which could be readily handed over as security—a company may wish to use as security its stock-in-trade, but this may consist of things that are being made or processed and will then be sold. The answer to the priority problem is to set up a register in which the existence of security interests can be noted; the choice between the two methods—possession or registration—is neatly illustrated by the rule for mortgages of unregistered land—they cannot be registered as land charges if the mortgagee takes the title deeds.

On registration in general in English law, three points should be made. First, there are about a dozen registers, each devoted to a particular type of asset or transaction: there are registers for land, land charges, patents, company charges, plant varieties, ships, aircraft mortgages, and bills of sale (that is transfers of chattels without transfer of possession). Second, there is no overall general law of registration; each register has its own rules of formality and priority, and some types of security interest need to be entered in more than one register.

Third, the public registers just mentioned deal with tangible objects or intellectual property. But a third type of asset is intangible: the 'receivables' of a business, i.e. the debts due from its customers; or the life interest and remainder in a fund. The investments of which the fund is composed may (or may not) be tangible, but they may change constantly. So the only way to publicize transfers of the title to such assets as receivables, or the creation of security interests in them, is to do so privately: that is, to make the priority of the interest depend on giving notice to the debtor, in the case of receivables financing, and to the trustees in the case of mortgages of interests in trust funds.

ENFORCEMENT OF SECURITY

The rights of a secured creditor are given for one purpose only—to ensure due performance of the obligation, normally repayment of the loan plus interest. Normally, and in general, the creditor seeks to enforce the security only when the obligor is in breach of the obligation. In the usual case, where security is given for repayment of a loan, this means that the loan must be due. The remedies which then become available may seem rather harsh to the modern reader, but were designed to do justice in a society where two things were true: money was readily available on mortgage so that a borrower pressed by one lender could borrow from a second and pay off the first; and the security commonly offered was frequently a business asset of the borrower. Nowadays the private investor prefers the stock market where there is a chance of the capital growth denied by a loan on mortgage, so that mortgage business has come to be concentrated in banks and building societies. The other great change is that many borrowers mortgage their home, which they would have never been able to buy in any other way.

The secured creditor has three important rights, but a fourth will be added for the sake of historical completeness.

Sale. The most practical remedy is to sell the asset, pay off the debt, interest, and costs and hand any balance to the person entitled: this will be subsequent secured creditors, if any, and then the debtor. The sale need not be by auction but must, of course, be a genuine sale, and reasonable care should be taken to get the best market price. If the instrument creating the security is a deed, the power of sale is implied by the Law of Property Act 1925. If there is no deed, but some less formal security agreement is entered into, the creditor must apply to the court for power to sell.

The power of sale arises as soon as performance of the obligation is due, i.e. on the date for repayment, or on some other date expressly agreed. This is all that the buyer needs to know: by looking at the instrument creating the security the buyer can ascertain that the power of sale has arisen. But in order to be fair to the debtor, as between him and the creditor, the power of sale must not be exercised until he has been given time to pay off the debt, if necessary by borrowing elsewhere: three months is standard. A sale in breach of this duty is perfectly valid as far as the good-faith purchaser is concerned, but may leave the selling creditor liable in damages to the borrower.

The secured creditor's power of sale permits the transfer to the buyer of the interest of the person who created the security, free of that security and any subsequent encumbrances; the seller's security interest is extinguished and the others are shifted to the price paid on the sale. So if the sole formal mortgagee of a freehold house, or a block of shares, or an airplane, or a lease, or a life interest in a fund, sells the asset, the buyer gets the house, shares, aircraft, lease, or life interest. The interests of the houseowner, shareholder, airline, lessee, life tenant *in those very things* are transferred to the buyer. But the interests do not die to their previous owners, nor do they cease to be property interests: only their *object* changes. They are shifted to the money received by the selling secured creditor. Out of this money the seller meets the costs of the sale and then pays off the loan. Any balance belongs to the person whose property has been sold. Furthermore, their right to this balance is a real right, commonly explained by saying that the seller is trustee of the balance. That means that if the selling creditor is insolvent, the balance is theirs; it is not available for distribution to his own other creditors. And they can trace their property, though its form changes: if the seller pays the balance into a credit account at the bank, or buys a yacht with it, they can claim the credit balance or the vessel. Of course if the seller drinks the balance, or pays off a debt with it, their property right dies; but all property rights die with their object. They are then left to a personal claim against the seller, enforceable against all his assets but in competition with his general creditors.

Receiver. The power of sale protects the lender's right to the return of the capital. But the lender may be quite content to leave that on loan, and yet wish to secure prompt payment of the interest. If the property is producing a yield—for example the rents of a block of offices or the royalties on copyright—then that return belongs to the person—normally the borrower—who granted the security interest. But if there is some breach in the terms of the loan—if interest is paid late or not at all—the secured creditor can, after due notice, appoint a receiver whose main duties are to collect the rent, pay the outgoings, and pay the secured lender his interest. Any balance may, if the lender chooses, be applied towards reducing the principal; otherwise it is handed to subsequent encumbrancers or, if none, the debtor.

Possession. Some security interests depend on the creditor's having possession—the pledge or pawn. In most, however, this is not the case. Nor will the secured creditor particularly want to take possession, except as a necessary prelude to a sale. If the property to be sold is a dwelling house, no one will buy from the lender with the borrower and his family still there. As a general default principle, possession is one remedy available to secured creditors. But in the case of dwellings, this principle has been curtailed by statute, permitting the court to delay an order for possession if the borrower looks as if he will be able to repay the loan or meet the instalments due. The protection is extended to the borrower's spouse, domestic partner, and minor children, but if the borrower is made bankrupt and the house has to be sold, the family have only one year's grace before being subject to eviction.

Foreclosure. The principle of this has been dealt with above. Here it will suffice to say that if the secured creditor wishes to acquire the property as his own and hold it free from the borrower's interest, there must be an application to the court for a foreclosure decree. The borrower is then given time to find the money and repay the loan. On his failure to do so the court order takes his interest from him and vests it in the lender free for ever of the borrower's rights and of those of subsequent secured creditors. In practice this remedy is rare. If the debtor has any equity in the property—that is if its value exceeds the amount due—he will either borrow elsewhere and redeem the foreclosing creditor or he will ask the court to order a sale and a division of the proceeds.

Restraints on the secured creditor

When a secured loan is negotiated, the parties may not necessarily be in a position to bargain equally. The lender can lend to anyone, while the borrower may have only one asset to offer as security. Consequently, both the courts and the legislature have tried to ensure that borrowers are informed and that lenders obtain adequate security but no more. Pawnbrokers Acts are an elderly example, and Consumer Credit Acts a modern version of statutory intervention. In addition there are 'voluntary' codes of conduct and a general oversight by the Financial Services Authority.[4]

But leaving aside such particular provisions, we can still identify certain general principles restricting the bargaining powers of the lender. We have already explained that a mortgage is not a sale and so a mortgage cannot be made irredeemable. It exists only to secure performance of an obligation—usually repayment of a loan. Loans, by definition, must be repaid, so they must be repayable; and on repayment the security interest must end. To this there is one statutory exception, where the borrower is not a human being but a company. Debentures, which are documents issued by companies to acknowledge their indebtedness and may relate to both secured and unsecured loans, may be made irredeemable.

There are two other ways in which the courts restrict the transaction to one of security. First, they will strike out a provision contained in the mortgage giving the creditor the option to buy the property; as we have seen, security is not, and cannot transform itself into, sale. Secondly, when a loan is secured on property, that property must, on repayment of the loan, return to the borrower as unencumbered as it was before. Thus if A's neighbour lends him money on condition that he be given (a) a mortgage of A's house and garden to secure repayment of the loan and (b) a right of way over A's garden for ever, then, when A repays the loan and redeems the mortgage, the right of way must end: otherwise he would, before the transaction, have had land free of a neighbour's right of way and then, after repayment of the loan, the property forming security for that repayment would still be burdened. If, however, the incumbrance affects property other than that mortgaged, it may be valid after repayment and redemption. If A, on taking the loan, mortgaged one house but gave a right of way over another, the latter would bind for ever. The right of way was part of the cost of, but ***not of the security for***, the loan.

[4] For details go to http://www.hm-treasury.gov.uk.

THE MAIN TYPES OF SECURITY INTEREST

Non-consensual security. A few security interests are created by the common law or by statute, which means that the obligor did not deliberately create the security interest. Examples include: the landlord's right to distrain on goods to secure payment of the rent; maritime liens over a ship and her cargo for salvage, seaman's wages, and compensation for damage caused by the ship. A type of security created by statute is that given to the Legal Aid Board over property recovered in proceedings whose costs were financed by the Board.

In some common situations a person who has not advanced money and who has taken possession of chattels for a reason other than security is entitled to retain the chattels until a debt is paid: this type is known as a 'possessory lien'. The lien arises when the thing is already in the possession of the creditor and secures payment of a debt which is in some way connected with the thing. For instance the garage which repairs your car can keep it until you pay the bill; the hotelier (strictly speaking, the 'common innkeeper') who gives you and your luggage accommodation can keep the luggage till you pay your bill. A lien may cover more general indebtedness giving the creditor the right to retain possession until the general balance of the account is paid: for instance the right of a solicitor to retain clients' papers until the bill is settled. Such liens do not permit the person holding the goods to sell them, unless that power is expressly given by contract or statute; nor can the lien be transferred.

In the context of sale, the unpaid seller of goods who has not agreed to give the buyer time to pay is entitled to retain possession until payment. The vendor of land has a lien on the land for the price; and if the buyer pays the price or part of it but for some reason the sale goes off, a lien on the land secures the right to recover the purchase money.

The main point of these security interests is to give the creditor a prior right to be paid out of the proceeds if the thing itself is sold. If the debtor is insolvent, the creditor can insist on having his or her claim settled by the trustee in bankruptcy up to the value of the thing on which it is secured, and is entitled to this in preference to the ordinary creditors of the debtor.

Consensual security. By far the largest and most important types of security interest are those which are deliberately created by some transaction. In the most common situation there are two parties to the transaction: the debtor confers on the creditor security over the debtor's property, and we shall assume this to be the case. The reader should remember, however, that there may be three parties, where the creditor's security is given over property which belongs, not to the debtor, but to another person.

Possessory security. A transaction very easy to understand is the pledge, or pawn, by which the creditor's security consists in taking possession of an item of property. It is the most practical low-cost way of securing a debt on tangible movables. Pledge is a form of bailment, but it is more than a contract between pledgor and pledgee. It confers on the latter two rights in relation to the object, one relating to possession, the other to ownership. These rights are 'real' in the sense of being exercisable against an indefinite number of people; and, of course, the world is warned that the pledgee has these rights because he has the thing itself. The first such right is the right to retain *possession* until repayment of the debt. If the pledgor sells the thing to a third party, the buyer cannot collect it from the pledgee until the debt which it secures is paid off. The second is the power, if the debt is not repaid, to sell the object, thereby transferring *ownership* from the pledgor (or his transferee) to the buyer; and on completion of the sale the buyer will, of course, also take possession. At that point the previous owner's right to the object is gone, but, if the sale price exceeds the amount of the debt (plus interest and costs), it is replaced by a property claim over the balance in the hands of the selling pledgee, a claim that may give priority over the pledgee's ordinary creditors.

Pawnbrokers, that is to say persons who carry on the business of lending money and take, as security, possession of goods and chattels, have long been governed by special statutes which require them to be licensed and to observe certain rules in the conduct of their business.

Proprietary security. Although pledge affords excellent security to the creditor it is awkward for the pledgor since it deprives him or her of the use of the thing. Accordingly it is not a good way of raising security on anything which the debtor needs to use, such as a home or the plant of a business, and it is impossible to give a creditor possession of something which the debtor is still manufacturing.[5] What is wanted in these cases is some arrangement whereby the debtor is left in possession and therefore free to use the object, while the creditor has the right to take possession if the debt is not paid and to sell the object, or perhaps even to keep it as owner, free from any rights which the debtor may have in it.

[5] Pledge is also impossible if the asset itself is intangible, such as the debts owed by the customers of a supplier.

It is easy for us now to think of these various powers as constituting in combination a separate institution which needs no justification for its existence except that it furnishes an excellent form of security. But originally lenders did not think this way, and they were in a position to dictate the form which their security would take. So if a lender wants to have, as security, rights over an item of property, and if he is not to be given *possession* until repayment, then he would insist on being made *owner* until then.

From this grew the *mortgage*, a transaction in which the mortgagor transfers to the secured creditor his entire title, on condition, or subject to an undertaking, that when the debt is repaid the title will be retransferred. This is a formal conveyance, or transfer, and complies with the technical rules appropriate to the particular object involved. If it is a chattel, ownership is transferred though the thing itself remains in the debtor's possession. If the property is company shares, the mortgagor executes a share transfer and the mortgagee is registered as shareholder and becomes a member of the company and entitled to the dividends, if any; but the parties also execute an instrument making it clear that this transfer is by way of security only. If the asset is a life interest, or a remainder, the entire asset is transferred with a provision that it will be retransferred on repayment of the debt (and the trustees are given notice of the transaction). If it is an insurance policy, the policy is assigned as security. If it is the debts due to a firm from its customers, the debts are assigned. If a patent, the patent is assigned.

In all these cases the creditor has title to the asset but the debtor has possession of it (or, if it is intangible, appears to be entitled to it). There must, therefore, be some way of making the situation clear to third parties, of providing publicity to the fact that two parties have real rights in the asset: the creditor has a security interest and the debtor has possession and the 'equity of redemption'. Such publicity serves both creditor and debtor: the former needs protection against the debtor's using the fact of possession (or entitlement) to pretend to unencumbered ownership. The debtor needs to warn the world that the creditor, though apparently the owner, is entitled, not to the full value of the thing, but only to the amount needed to cover the debt. The solution is to provide some machinery of registration or notice.

It must be said here and now that the present law is far from simple. The leading English authority has described it as 'profoundly unsatisfactory' and devoid of 'a rational policy'.[6] Only the bare outlines can be

[6] Sir Roy Goode, *Commercial Law*, 702–3 (2nd edn., Penguin, 1995).

given here, but it is worth reflecting on the basic problem. Assuming that a register is set up, how is it to be indexed: by the asset itself or by the name of some person? An index by asset enables anyone to search and discover the existence of any adverse interests, whether created by the present holder or someone earlier. But such an index is feasible only if the assets involved are relatively permanent and individually identifiable such as land, ships, aircraft, patents, and the like. A register organized under the names of persons entitled may be a register of holders, such as the shareholders of a company; or it may be a register of debtors, such as that used for chattel mortgages and company charges.

Chattel mortgages are governed by elderly and opaque legislation, whose repeal has long been urged. First of all, the name is strange: the Bills of Sale Acts 1878 and 1882. One might think that a bill of sale is just a document drawn up when something is sold (and indeed, that is what it means in the case of ships). But this legislation deals with the situation where a document transfers ownership of chattels, absolutely by gift or declaration of trust, or as security for a debt, but the things themselves stay with the transferor. It is intended to prevent injustice to the other creditors of the transferor who may well have trusted to his apparent ownership of the things in his possession. The Acts require such documents to be attested and registered in the Supreme Court by the creditor against the name of the transferor. If not registered, security bills are void.[7]

Mortgages of patents are protected by notice in the Patents Register. The mortgagor of shares can obtain protection by serving a 'stop notice' on the company; this will afford some protection against a sale by the mortgagee who has been registered as shareholder. If the asset mortgaged is an interest in a fund, such as a life interest or remainder, notice is given to the trustees. If it is an insurance policy, notice is of course given to the insurer. If it is a receivable, notice can be given to the person who owes the money that the entitlement to the money has been transferred. If the mortgage is by a company on its assets, fixed or circulating, registration must be effected in the Companies Registry.

Land mortgages. The mortgage developed in relation to land, which has

[7] The Acts apply only if a document is drawn up, which produces paradoxical results. If a chattel is given as a present by an *oral* declaration of trust, then, although it remains in the possession of the donor, the gift is completely valid and the donee is safe against the donor's creditors. If the declaration is written but not registered, the gift is void against the donor's trustee in bankruptcy or other judgment creditors levying execution on the present. Unregistered *written* declarations by way of security are absolutely void.

long been the most important form of property to be used as security. In the old days the mortgage was effected by a transfer of the entire interest of the mortgagor (fee simple or lease) subject to a proviso that it would be reconveyed when the debt was discharged. The first mortgagee then took the title deeds. This provided a cheap and simple way of warning anyone else thinking of buying, or lending on the security of, the land, for you would ask to see the deeds before entering into any serious transaction. You would not hand over money to someone just because they live in a house; they might be the lodger.

The old form of land mortgage worked quite well but looked very strange. In the first place it stated that the loan was to be repaid in six months' time. Normally neither party wanted this to happen; the debtor because it would have been a waste of the costs, the creditor because the mortgage was a long-term investment. The point of having so short a repayment date was to ensure that at that moment the mortgagee's powers arose, so that if things went wrong and the lender needed repayment, the loan could be called in by a notice to repay and the remedies (especially that of sale) would become available. In the second place, complications arose from the fact that the mortgagor apparently transferred his entire interest to the creditor. Yet in reality he was regarded as owning the property, and the creditor as having a security interest and no more. The drafters of the 1925 property legislation knew this perfectly well and tried to put it right. Unfortunately the method they were forced to adopt is extremely artificial.

They decided to abolish the method of granting a mortgage of land by conveying the fee simple to the lender. They did not, however, dare to reduce the lender's interest to a mere list of remedies. Mortgagees had always, as security, taken an estate in the land—as real to their lawyers as the gold watch to the pawnbroker—and the drafters feared an outcry and a freezing of the money market if lenders found themselves deprived of an estate in land. Consequently they had to give the lenders an estate in land; but here they were trapped by their own logic. Section 1 of the Law of Property Act 1925 was to say that there were only two possible legal estates: the fee simple and the lease. So if lenders were still to have an estate, but were not to have the fee, there was only one choice: they had to take a lease. The artificiality of this is apparent from the fact that it is no ordinary lease: it is for a prodigiously long period (such as 3,000 years) at no rent, and when the loan is repaid the lease ends. Under the Land Registration Bill 2001 this method will cease to be available as a form of security interest.

A second method—that of granting a security interest which is basically a list of powers and remedies—was provided by the Law of Property Act which introduced the 'charge by way of legal mortgage', and that is nowadays the form most commonly used for a formal mortgage. Its statutory definition, however, provides an even more bizarre creation: the chargee is to have the same protection, powers, and remedies as if there had been created in his favour a term of 3,000 years without impeachment of waste but subject to a proviso for cesser on redemption.

A third method is the straightforward charge of the land with repayment of the money plus interest, and is widely used for the ever-increasing amount of land whose title is registered. Such a charge when registered gives its proprietor the powers conferred by law on 'the owner of a legal mortgage'.[8] After it has been created the lender takes the Land Certificate from the borrower and sends it, with the charge, to the Registry. The Registrar enters the transaction against the particular property, so that anyone who consults the Register will see that it is mortgaged. He also keeps the Land Certificate, so that, without it, the landowner will have difficulty in deceiving anyone into thinking that the title is unencumbered. Finally, he sends the lender a Charge Certificate into which is bound a copy of the mortgage.

The charge. The form just mentioned—charge by way of legal mortgage—can be used only in relation to land and only by one who holds a legal estate in the land—a fee simple absolute in possession or term of years absolute. The registered charge is available only to proprietors whose title is registered, which means that they have the fee simple or a lease of over twenty-one (soon to be seven) years. These two forms of charge give a legal security interest, that is to say one which will bind everyone. In the case of land whose title is unregistered, the result is similar if the chargee takes the title deeds or, if not, registers the charge against the name of the landowner in the Land Charges Registry.

But the word 'charge' is also the generic name for a wide range of transactions which create a security interest by any arrangement less formal than the full mortgage. There is a variety of such devices, but in general they transfer to the creditor neither possession nor property, nor do they give the right to take possession or to foreclose the debtor's interest. They can however be enforced by sale of the object over which

[8] LRA 1925, s.34(1); LR Bill 2001, cl.52(1). Thus, for reasons of economy, the effect of the new and simple form is defined by reference to the old. With the advent of electronic conveyancing the lender will no longer obtain a paper charge certificate.

they exist. That sale may have to be by order of a court, though the power of sale may be bargained for by the creditor in the agreement by which it is created, and is implied by statute if the charge is by deed. If the charge is created by agreement, it does not attach to any property until there is an obligation whose performance is to be secured. This means in practice (and quite rationally) that there is no charge until the creditor has lent the money. A simple example would be that of a person who has overdraft facilities and deposits with the bank, by way of security, his share certificates, or his Land Certificate. In the latter case, because of the formalities imposed on dispositions of an interest in land, the transaction should be in a document signed by both parties; in practice the bank will use a deed.

The floating charge. In this example the property charged was quite specific—these shares, this land. One great advantage of the charge, however, is that when it is created the property charged need not be specific, although of course at the moment of enforcement it must belong to the chargor and must be identifiable. In other words, charges may be fixed or floating. The former burdens, from the outset, the particular property charged, whereas the latter hovers over a changing class of assets. The floating charge is particularly useful for companies which are in the business of producing and selling goods. If all goes well, such a company will always have assets whose value is constant or growing, but whose form changes: money is disbursed to buy raw materials, these are worked up into the finished product, and that is sold, often on credit, so that the company has debts owing to it.

The floating charge hangs over this mass. When created there must of course be a general description to identify the class of assets, though not each individual member. Although under the normal rule an asset subject to a security interest cannot be transferred free of that interest, the exception afforded by the floating charge enables the company to dispose freely of any particular item in the ordinary course of business: the price replaces the item in the class of things charged. The company must indeed continually buy, make, and sell if it is to earn money to pay the interest on the debt and eventually perhaps to repay the principal advanced. However, if anything goes wrong, the floating charge can crystallize and fasten on the specific articles belonging at that moment to the debtor. From that moment the company can no longer dispose of anything, even in the ordinary course of business, without leave of the creditor. In practice a receiver is appointed to manage the business, or insolvency proceedings are begun. To prevail over other creditors, the charge has to be registered in the Companies Register.

An individual (i.e. not a company) cannot create an effective floating charge because the Bills of Sale Acts require attestation and registration of every specific article in his possession over which security has been given. But the floating charge has distant echoes in other areas. One is the right of a landlord to distrain for the rent on the tenant's goods. The second is the charge over a beneficial interest in a fund. The third is more muted: it is the relationship of the ordinary unsecured creditor to the solvent debtor's entire assets. For such a creditor's claim to attach to a specific item of the debtor's property requires default, judgment, and a charging order by way of execution (or seizure by a bailiff). One can almost see the floating charge as a consensual, unofficial, and speedier version of this: it requires default, crystallization, and a receiver. In neither case can the creditor, before default, point to any specific piece of the debtor's property. Before judgment and execution no particular asset is available to the unsecured creditor, but until then the claim throws a faint shadow over the debtor's wealth. Only in contracts for personal service does a creditor have a claim to an action on the part of the debtor; most claims are claims on the fund of the debtor's property. It is only if a debtor is insolvent that the difference between an unsecured personal claim and a property claim becomes important.

Nomenclature

A final word should be said about the somewhat loose vocabulary of secured transactions. We can broadly distinguish between the 'mortgage' and the 'charge'. In the former case both parties deliberately and scrupulously comply with the formal requirements so that a property right is firmly vested in the creditor; the latter class covers common but informal transactions where the debtor undertakes to give the creditor a security interest. To take a simple example: you may create a formal security interest in your shares by transferring them to the creditor who is then registered as shareholder; or you may create an informal security by simply leaving your share certificates with the bank to secure your overdraft. These examples recall the ways of solving the problem of warning others that you have borrowed money on the strength of your shares. In the formal method your name is no longer on the register of shareholders; in the informal example, you no longer have the share certificates.

Roughly speaking, mortgage is the name given to a transaction by which the mortgagor's entire holding is transferred to the creditor by way of security. If done by formal transfer of a legal interest, it is a legal mortgage, while it is 'equitable' if effected informally—say by a contract by which the creditor advances the loan and the mortgagor undertakes to transfer his interest. A security interest by way of charge is simply one in which property is burdened with the creditor's right of enforcement.

We said 'roughly speaking' because in practice each word is used to mean the whole class of security interest. The Law of Property Act 1925, section 205(1)(xvi) defines 'mortgage' to include 'any charge or lien on property for securing money or money's worth'.

HIRE PURCHASE AND RETENTION OF TITLE

As an addendum to this chapter, mention should be made of two other common devices which provide security in function but not in form. Strictly speaking, a security interest is a right over someone else's property—the pawnbroker holds your watch, the Building Society holds the mortgage on your house, and so on. You cannot pawn your watch or mortgage your house to yourself. But you can give someone the power to acquire your property although you still remain owner until they pay you what they owe, so you are using your title to ensure that you are paid. Hire purchase is a common consumer version of this, while retention of title is a commercial version: both are used only in relation to tangible movables.

Hire purchase

Hire purchase is a somewhat complex legal figure, much affected by consumer protection laws, and in an elementary book we can give only the basic structure. The need for such a type of transaction arises from two perfectly rational desires. The first is that of ordinary citizens to acquire goods now and pay later rather than save up and find that inflation has pushed the price beyond their means. The second is the need of the supplier until the full price is paid to enjoy some security over the goods both in the hands of the customer and of any third party.

If the supplier simply sells on credit, then he parts with ownership at once, and has merely a personal, unsecured, claim against the customer and no claim at all against anyone else who acquires the goods from the buyer. At the other extreme, if he merely hires out the goods, then he retains full ownership and, when the hiring period elapses, may reclaim them wherever they may be. But he would probably not want the return of used goods and his customers would hope that some day they might be theirs.

As its name suggests, the contract of hire purchase is a mixture of two legal figures. The customer hires the goods for a period at the end of which, if all the instalments have been paid, she has an option to buy the goods for a nominal sum.[9] The supplier is bound to sell, eventually, if called upon to do so but, since the buyer does not have to exercise the option, and cannot do so until all instalments are paid, there is no sale until then. This has two consequences: first, if, in breach of contract, the customer purports to sell the goods during the period, the buyer does not get a good title to them and is vulnerable to an action by the supplier.[10] Second, as the option merely empowers but does not bind the customer, she has never agreed to buy so as to be able to pass title under the Sale of Goods Act.[11]

Retention of ownership clauses

When goods are sold, in principle the parties decide the moment at which the buyer becomes owner; in the language of the Sale of Goods Act, section 17 'property passes when it is intended to pass'. This means that a seller who gives credit can stipulate that the buyer does not become owner until all the price has been paid; or, indeed, until all debts have been settled between them. Such a provision has the economic function of giving the seller some protection in the event of the buyer's insolvency, though in formal legal terms it is not a security interest since the goods belong to the seller, not the buyer.

The device gives rise to a number of issues that can only be mentioned here. First, since the buyer has the goods then, in the absence of registration, there is no easy way that purchasers from the buyer can find out that they do not belong to him and that, strictly speaking, he cannot pass title. Second, if the goods are raw materials which become incorporated into something else, there must be a moment when the seller's ownership ends: if a supplier of hay stipulates that she is to remain owner until paid, there will come a point in the digestive tract of the buyer's horse when the seller's ownership ceases. Third, the seller does not retain ownership of the goods for their own sake, but only as security against non-payment. There is no objection to this provided that other potential creditors can be warned. The USA utilizes such a system, and the Uniform

[9] In practice the supplier often sells outright to a finance house which then sells on hire purchase: for an example of the documents involved, see Sir Roy Goode, *Commercial Law*, 769 (2nd edn., Penguin, 1995).

[10] There is an exception protecting the innocent private purchaser of a motor vehicle: see above Chapter 4. Hire Purchase Act 1964, Part III.

[11] See Chapter 4.

Commercial Code states that the retention or reservation of title by a seller of goods notwithstanding shipment or delivery to a buyer is limited in effect to a reservation of a security interest, which requires filing to be effective against others.

FINAL REFLECTIONS

A few general comments may be made on the overall law of security at the present time.

Interests in chattels. The first observations apply to both reservation of title clauses and hire-purchase agreements. From the point of view of the law of property, the most interesting feature is the mismatch of the legal concepts and the economic realities. The traditional legal analysis assumes that only two interests may subsist in chattels—ownership and possession—and that the former remains with the supplier until full payment (and, in the case of hire purchase, exercise of the option to buy). So it concludes that the buyer who has paid 99 per cent of the price has only possession, while the seller has total ownership of the goods and of almost all the money. This seems unfair. Perhaps a more realistic approach is to recognize that there are two *proprietary* interests in the goods, that of the supplier diminishing in value while that of the buyer increases. In the case of land and of funds a similar technique has been used for centuries. The estate concept has been applied with perfect ease to the dwindling lease and life estate and to the growing remainder or reversion in both land and in government stock. Acts of Parliament speak of an 'estate' in the funds or in a ship.[12] Yet fine scholars continue to insist that in the case of personalty there is only ownership and possession, although they are quite ready to recognize both co-ownership in undivided shares, and the coexistence of property interests where one is by way of security.

If you hire a television set for three months, you pay only the value of possession, plus something for depreciation. But if you hire *purchase* the same set over three months each instalment would be far greater and by the end of the second month you will have paid some two-thirds of the capital value. Although, on the traditional view, you still merely have possession for the three months with the option to become owner at the end, some part of each instalment is in fact the price of a fraction of ownership.

[12] For instance, Government Annuities Act 1695, s.6; Merchant Shipping Act 1894, s.32.

The approach just suggested has been used by English courts to deal with a very practical problem. Suppose in our example of the television set on hire purchase over three months the customer pays punctually ten weekly instalments but then, in breach of the agreement, sells the set to an innocent purchaser and disappears. In an action by the supplier against this purchaser, the traditional view is that there is only possession and ownership, that the supplier has ownership and that therefore the innocent buyer must either return the set or pay its full value. But the consequence is manifestly unjust, since the claimant has already been paid five-sixths of the price of the set. A recognition that he has merely an estate in the chattel with a present value of one-sixth of the set's worth would protect the innocent defendant and prevent over-compensation of the claimant. The traditional approach would award the claimant money for something that does not belong to him, and in modern practice the courts award the lesser sum, which the trade calls the 'buy-out price'.

Land mortgages. Since the days when the law of mortgages was worked out, a number of important changes have taken place: there are far more borrowers and far fewer lenders. As to the borrowers, most ordinary people have to pay for their home by instalments. The old way to do this is to take a lease and pay a weekly or monthly rent, so that the landlord is providing the capital in the form of a dwelling and the occupant is paying the price attributable to possession; but (in the absence of legislation) at the end of the lease the occupant will not own the home. The twentieth century saw the great rise of the domestic mortgage business. The occupants still pay instalments, but each covers interest and some part of the capital advanced by the lender, so that at the end of the mortgage period the occupant will own the home free of the mortgage. This explains the growth in the number of borrowers.

The fall in the number of lenders does not mean that less loan capital is available. It means that private lenders have ceased to play the role of the mortgagee who makes an individual advance to a borrower. Instead they put their money in a building society or a bank, which plays the role of intermediary between many lenders and many borrowers (at a ratio of about seven to one). These institutions lend money to enable us to acquire a home and stipulate for repayment of both capital and income by instalments, so that after twenty or so years the debt and the mortgage are both extinguished. The money that they lend comes to them from deposits made by many savers, so that in one sense they are merely conduit pipes. Ordinary people hand over their savings to them and receive interest on the money; and the funds thus amassed are lent to other ordinary people at interest.

Thus a mortgage looks two ways. The lender benefits the borrower by financing him or her, perhaps in the purchase of a home; the borrower benefits the lender by offering a sound and safe investment. Any problems that might arise over a lender who, because of some emergency, suddenly needs repayment of the loan, are solved by the intermediation of the Building Society or other financial institution so that both lender and borrower are relieved from the risk and anxiety of a one-to-one transaction.

Furthermore, these institutional lenders collect a pool of mortgages large enough to lessen the impact of the default of any particular borrower. The pool protects their entitlement to the interest on the loans and to eventual repayment of the capital and can itself be used as security to back the issue of shorter-term financial instruments by which the lenders borrow on the financial markets both in Britain and overseas. The process is called 'securitization' and is developing rapidly, but its details have no place in this book.

Corporate insolvency. A debtor's insolvency tests the strengths of the various devices described in this chapter so, although the field is extremely technical, a summary may be useful. The assets of the company available for distribution do not include those goods ownership of which has been retained by suppliers. Nor do they include property subject to a fixed charge or mortgage (the advance so secured will very often have provided the capital to acquire the asset in the first place). Here, the mortgagee will usually sell the asset; any balance remaining after his debt and costs have been paid (the 'equity of redemption') does form part of the fund to be distributed among other claimants. These are, in this order: the expenses of the insolvency procedure; then the State for certain tax and social security liabilities, and the employees for some back pay; then come creditors whose security is a floating charge, then the unsecured creditors, and finally the shareholders. If the assets amount to less than the debts and if the shares are not fully paid up, the shareholders must contribute the sum unpaid on their shares. It is rare nowadays for companies to issue shares that are not fully paid up, but their existence reminds us that the 'equity' holding of shareholders is ownership in that it can be reached by creditors and carries the chance of profit or loss. If the company thrives, the holdings will produce income in the form of dividends and the market price of the shares will be robust. If the company collapses, it is the shareholders who take the ultimate risk. This risk does not extend to their other property, but it can swallow up their shares.

10

Real Property: Servitudes

GENERAL OBSERVATIONS

We have now to consider the use of tangible objects. The first thing to understand is that, save for servitudes discussed below, the private law of *property* has little to say on the matter. It may tell the rest of the world not to interfere without permission, though in the common law that seems to be the function of the law of tort. As mentioned before, the law of property imposes no positive duties on an owner: since you can destroy your own belongings, you can certainly neglect them; since you can throw them away, you can give them away.

But in a crowded island the use or neglect of one piece of land may well enhance or diminish the amenity or the value of the land near by. Perhaps in a perfect world such matters would always be resolved by agreement between the neighbours. The basic proposition is that the private law of property does not intervene. If your neighbours have a beautiful garden, clearly visible from your house, this may well enhance the amenity value of your land. But the law gives you no right to this amenity. No matter how long it has been there, you cannot insist that your neighbours keep the garden, still less that they maintain it. If you care enough about it, you will have to make a contract by which you pay for the amenity.

On the other hand the law (though not the law of property) may impose restrictions on occupiers of land in favour of their neighbours, in the absence of any agreements they may have entered into. Thus they must not commit nuisances, that is to say, must not do anything that interferes to an unreasonable extent with the comfort of their neighbours or the proper use of the land. The law of nuisance is properly dealt with in books on the law of torts and criminal law, and all that need be said here is that it imposes liability on an occupier to compensate for any injury caused by excessive noise or the escape of fumes, smells, and so on, or by interfering with the neighbour's natural right to support for the land or the natural flow of water in a stream. The occupier can be restrained directly by an injunction or perhaps indirectly by a prosecution from allowing the injury to continue. Furthermore, by fairly recent legislation, the courts can order a person to give access to the neighbour in order to facilitate the carrying out of reasonably necessary repairs and the like.

On the whole, however, it has more and more fallen to Parliament to regulate by statute such fields as public health, recreation, planning, and the environment. This body of legislation operates mainly by imposing duties and conferring powers on local authorities and other public bodies.

SERVITUDES

The name servitudes is given to certain real rights which burden one piece of land and benefit another owned by someone else. They are real rights in that they bind one property and benefit the other, no matter who has them. They never impose on the person who has the burdened land a positive obligation (i.e. one whose performance will cost money). Their existence is justified by legal and economic arguments, and their source is a long chain of case law punctuated by sporadic statutes.

The legal argument is this: an owner can, in principle, do anything he or she chooses on the land and can keep out everyone else. What the servitude does is withdraw some part of this freedom and say that, for the benefit of the neighbouring property, the burdened owner cannot do certain things (such as build so as to block out the neighbour's light) or must permit the neighbour to enter for certain purposes (such as to make use of a right of way). The economic argument is that land can sometimes be used more efficiently if its owner can control in some way the use of the neighbouring land, and that the value of the benefit may outweigh the cost of the burden. A simple example is property which is landlocked, with no way out at all except along the neighbour's path.

This is the one part of the common law of property which has derived some of its ideas and vocabulary from Roman law. That explains why such rights are called 'servitudes', the benefited property is called the 'dominant' land (or 'dominant tenement'), and the other is called the 'servient' land (or 'servient tenement'). The two main categories of such servitudes are (a) easements, and (b) restrictive covenants.[1] The first have been recognized since time immemorial, in response originally to the

[1] The elderly common-law category of 'profits' comprises the right to take something from land—grass by grazing, game by killing, fish by catching, and so on. The rights may be held by someone who is not a landowner. Details will be found in the standard works on real property.

needs of farming. The second were born in 1848 and arose from urban development.

Easements

No one has yet been able to frame a completely satisfactory definition of an easement, but they can be said to comprise two classes of rights. The first are rights for the holder of the dominant land to do something on the servient land, other than taking something from it. The second are a strictly limited number of rights to stop the servient owner from doing certain specific acts on his or her own land. Thus, from the point of view of the owner of the dominant land, easements are said to be either positive—the dominant owner can do something on the neighbour's land—or negative—the owner can stop the neighbour doing something. Neither category entitles the dominant owner to require the servient owner to do anything.

Positive easements are unlimited in variety and number, but are constrained by the requirement that they benefit the dominant land—it is not enough that they please its owner. They include, for instance, rights of way, the right to park a car on neighbouring land, rights to lay gas mains or electric cables together with the ancillary rights to enter the land in order to inspect and maintain them. They do not include freedom from competition: thus a person with land adjoining a canal may be given a valid easement to put boats on it, and this will bind later owners of the canal; but an *exclusive* right to do so is a business monopoly which will not enable the grantee to stop competitors, although there may be a right of action in contract against the party who granted the right in the first place.

Negative easements, which give a right to restrain activity on the servient tenement and thus to stop the neighbours from doing things on their own land, seem to be strictly limited in number and comprise only (i) the right to light, that is to say that the light flowing to a window shall not be unreasonably obstructed; (ii) a similar right to a free flow of air through a defined aperture, such as a ventilator shaft; (iii) the support of buildings, that is to say, a right to restrain any use of the servient land or building upon it which will interfere with the support afforded by them to adjoining buildings on the dominant land; (iv) a right to restrain any interference with the continued flow of water through an artificial water-course. It is worth noting that although they are all in a sense negative, they start with some positive act by an owner of the dominant land, namely the construction of a window or a ventilator, the erection of a building, or the creation of an aqueduct.

Creation of easements. Easements can be created in two ways: consensually, and by prescription. The first method requires a grant of the easement by the servient owner to the dominant owner or, if an owner is selling part of his land, a reservation for the benefit of the land retained of an easement over the land conveyed. The instrument should be a deed, in which case the easement (if for ever or for a term of years) will bind any subsequent holder of the servient land. If not created by deed, a contract for value signed by both parties and registered will have the same effect.

Prescription requires the holder of the dominant land to exercise the prospective easement openly, without force or permission, for a good number of years. The exact number is laid down by somewhat elderly statutes, but here it will suffice to say that, in general, twenty years such user will probably, and forty years will certainly, confer an easement. It is the only example in English property law where the passage of time *creates* (as distinct from kills) a right, of 'acquisitive' as distinct from 'extinctive' prescription. During the period it is always open to the servient owner to interrupt the exercise of the prospective easement, for instance by locking a gate across a path, or by insisting on the payment of some small sum of money as an acknowledgement that the exercise is by permission only.

It may be said that the last sentence can hardly apply to the so-called negative easements, since the only way their use can be interrupted is by doing the very thing which it is going to be claimed should not be done. This means that if the neighbour opens a window overlooking your garden you have twenty years in which to build an obstruction very close to it. The legislator has responded to this by allowing a notional obstruction notice to be filed with the local authority. But in general, since these negative easements are definite and few in number, they escape the difficulty that arises when restrictions are sought to be derived from mere general and indefinite inactivity. And in the days before town planning, when much work was done by hand in houses and shops in the narrow streets of congested towns, it was very important that occupiers should not be deprived of necessary light by the building operations of their neighbours.

It is precisely the availability of prescription as a means of acquiring easements which leads the courts to limit them to so few categories: you cannot, by enjoying television signals over your neighbour's land for twenty years, prevent the building of a skyscraper which will cut them off. If you want, for the benefit of your own land, to keep the neighbouring land undeveloped you must make a deal with your neighbour: ***and pay for it***. This is the function of the restrictive covenant.

Restrictive covenants

Like easements, restrictive covenants presuppose the existence of (at least) two pieces of land, one of which benefits from the burden imposed on the other. Like negative easements, they restrict what can be done on the burdened land. Unlike positive easements, they give the dominant owner no right to enter the servient land. Their economic function is much wider than that of easements, since they serve to protect the amenity value of the dominant property, or of the neighbourhood. Their content is always negative (hence the name 'restrictive'); for instance, that, for the benefit of the dominant property, the other land may not be built on, or may not be used for a factory or a shop or any business premises, or for any purpose other than that of a private dwelling house. The obligation imposed is always strict: it does not say merely that the servient owners will do their best, or will take care, not to build a factory; it says they will not do it.

The source of restrictive covenants is always consent, never prescription. This means in economic terms that, one way or the other, the benefit is paid for. If you want to enjoy for ever the view over your neighbours' land you must persuade them to promise, for the benefit of your property, never to build. For this you will have to pay, and pay dearly, since you are effectively attaching to your land the development value of theirs. Furthermore, since you are creating a property right that will always benefit your land and always burden the land next door, there are legal requirements to be met, covering both the formalities for the transaction itself, and notice to any future owner of the burdened land. The undertaking should be by deed (hence the name 'covenant') or at the least by written contract signed by both parties. Notice is given by registration, nowadays at the Land Registry under the title number of the burdened land. This will refer any potential purchaser to the covenant itself which will reveal what must not be done on the servient land and which neighbouring land can enforce that restriction.

The preceding paragraph used a very simple example in order to explain the principles. In practice almost all restrictive covenants arise when an area of land is developed. In a new housing development, for instance, the fields are divided into plots on which dwellings are constructed. In order to preserve the residential amenity value of the whole area each buyer, for the benefit of the others, undertakes not to do certain things on the land purchased: run a business, open a shop, and so on. The existence of such restrictions is noted in the Land Register and the result is a kind of local law preserving the residential environment of the development. As the houses change hands each new occupant is bound by certain restrictions and has the benefit of those affecting the other properties.

Unlike easements, which have been recognized for many centuries, it was not until the mid-nineteenth century that the courts first began to recognize and enforce such amenity-protection covenants against the successors in title of the covenantor. In this way the negative obligation moved from being merely a matter of contract to being a servitude binding an indefinite number of persons. A person on selling part of his land would exact a promise from the purchaser not to do certain things that would reduce the value of the part of the land retained by the vendor. At first such a promise took effect only between the original contracting parties; no other person could be bound by the promise. However, it came to be thought that subsequent purchasers of the burdened land who had notice of the covenant and had therefore perhaps paid less for the land, would be acting unconscionably if they disregarded the restriction. Furthermore, the person who took the benefit of the restriction would not be satisfied with money damages for its breach, but would want an injunction forbidding breach. Until 1873 this entailed an application to the Chancery court and in 1848 an injunction was issued against someone who had bought land within Leicester Square in London with notice that his predecessor had, for the benefit of the houses round the square, covenanted not to build on it. In the years that followed restrictive covenants were subjected to the general requirement applied to other servitudes, that they must exist for the benefit of a dominant tenement. Unlike easements, however, their enforcement depended on the defendant's having notice of their existence. This requirement stems from the fact that they were the creation of equity, but it also accords with common sense. Most easements—rights of way, rights of support, and so on—can be seen by a prospective buyer, or at least by his or her surveyor. But no inspection, however scrupulous, will reveal that a piece of land is not supposed to be built on, or is to be used for only one purpose. Nowadays notice is given by registration.

Restrictive covenants imposed by a lease bind the land for the benefit of the landlord's reversion. For practical reasons—they are so numerous—they are not registrable. But anyone taking an assignment or a sub-lease is entitled to see the last lease and so will usually have notice of the restriction.

Something remains to be said about the interrelation of these servitudes and about one large gap in their operation. Suppose that a developer is building a square of houses around a central garden. Both seller and buyers will want to ensure that the garden is not built on: this can be done by a restrictive covenant which, if registered, will bind all later acquirers of the garden. They will also want to ensure that successive occupants of each house can use the garden for recreation. The law of easements will do this: the houses are the dominant tenements, the garden is the servient. But they will also want to ensure that the garden is looked after—that money is spent on it—no matter who owns it. This cannot be achieved by the law of servitudes. The law of contract will ensure that the *first* buyer of the garden can be required to look after it, but no successor is bound by that contract. The law of servitudes applies only if the burden on the servient land is negative—not to build, not to stop the neighbours strolling in the garden. At the time of writing the highest English courts still refuse to permit a positive obligation to be enforced against a successor in title, even one with full notice of its existence. The Law Commission has recommended reform and has drafted a bill, but Parliament has not acted. So developers and householders are compelled to use more elaborate and expensive legal devices in order to ensure the upkeep of the neighbourhood. One way is to form a company, vest the garden in the company, and issue shares to the householders. The second, even more complex, is to carry out the whole development by leasehold conveyancing. The burden of maintenance and repairing obligations entered into by a tenant for the benefit of the landlord, or vice versa, will run with the lease and the reversion, but their use for an entire residential development is both expensive and prone to error.

11

Succession

GENERAL

A question that can never be avoided in any system of law is: what is to happen to your property when you die? The matter is complicated by a number of factors: along with tangible belongings such as land or goods, the property of a deceased person may include debts due from others and there may well be debts owing by the deceased which need to be paid; furthermore, it may not at once be obvious who among the living is the person to collect debts due, pay debts owing, and generally deal with the balance. In its treatment of these issues, the common law uses the word 'estate' to mean either the totality of property or specific classes of property left by a deceased—the relevant legislation says, for instance, that 'where a person dies intestate, his real and personal estate shall vest in the Public Trustee until the grant of administration'.[1]

This last word—administration—indicates that it is impractical, if not undesirable, that as soon as a person dies their property should be handed out to others: some administration must precede distribution, a requirement made all the more necessary by the fact that, since the end of the nineteenth century, dying is taxed in the shape of death duties or inheritance taxes levied on the estate. It would be possible to choose one or more of the ultimate recipients of the property and impose on them the duty of administration. This is done in many countries where the 'heirs' both administer and then distribute the inheritance. It is not the plan pursued in England. Here administration is carried out by so-called personal representatives, whose duty is to get in and collect the deceased's estate, pay taxes and debts, and then divide what is left according to the last will of the deceased or, in default of a will, in accordance with rules set out by the law. To the extent that an estate is not disposed of by will there is said to be an intestacy. Personal representatives may be outsiders, professionals,

[1] Administration of Estates Act 1925, s.9.

but may also be relatives, often those to whom the deceased's property will eventually be given.

Accordingly the law of succession falls naturally into four parts: one deals with the appointment and duties of personal representatives, one with wills, and one with intestate succession; and something needs to be said about the few situations where property may pass on death outside the law of wills or intestacy. However, the law is most easily understood if one deals first with wills.

WILLS

In the law of succession the word will has two shades of meaning, covering what you want to happen after your death and what you have to do to make it happen. To make a valid will you must be in your right mind. Unless you are a sailor at sea or are in actual military service, you must be an adult and your directions must be recorded in documentary form complying with certain statutory formalities. This will has no effect until its maker dies. Until then it can be revoked or altered and, if not revoked, it 'speaks from death'—that is it applies to the property belonging to the testator at the time of death. Virtually every will deals with property, but this is not strictly necessary—it might, for instance, deal only with family matters such as the appointment of a guardian to look after the children.

The 'privileged wills' of mariners and service personnel need no formality at all, merely the expression (which can be by word of mouth) of their testamentary wishes. All others must be in writing (or typing or print) signed by the testator or signed for him in his presence. It must appear that by this signature the testator intended to give effect to the will and the signature must be attested by two witnesses, present at the same time, who then sign in the testator's presence. The fact that the will gives a benefit to a witness does not invalidate the attestation but does invalidate any gift in the will made to the witness or the witness's spouse. Thus in an indirect way the impartiality of the witnesses is as far as possible ensured. There is no need for a solicitor, nor, while the testator is alive, is the will recorded anywhere.

The will is automatically revoked by the testator's subsequent marriage, presumably because the law of intestate distribution is generous to a surviving spouse. But marriage does not revoke a will made when the testator was expecting to marry a particular person and intended that that will should not be revoked by marriage to that person.

A will may be subsequently altered, usually by adding a codicil which must itself be executed in the same way as a will. A will may be revoked entirely either by deliberately destroying the document or by making a new will which expressly revokes, or is entirely incompatible with, the old. The interpretation of wills has given rise to copious litigation and intricate commentary; neither will be discussed here. A testator need not deal with all his or her property by will; the part undisposed of will be distributed according to the intestacy rules, so that a person may die partly testate and partly intestate. However, the normal simple and sensible will does the following things: it appoints an executor or executors; it makes specific gifts; and it includes a clause leaving the 'residue' of the testator's estate to someone.

Freedom of testation

In many jurisdictions, including Scotland, a testator is not free to 'disinherit' the family entirely. The moral claims of close kin are translated into a legal entitlement to some of the testator's property and only what is left over can be dealt with by will. Once upon a time the common law of England had a version of this custom: realty could not be left by will but descended to the eldest son subject to a life estate for the surviving spouse. All this disappeared in the sixteenth and seventeenth centuries, to be replaced among the wealthy by the family settlement.

In principle today the common law treats a testator as entirely free to ignore the family and leave all his or her property to a cats' home. The harshness of this principle was recognized by New Zealand in the early twentieth century and the statutory amendments there adopted have spread throughout the Commonwealth. Their scope is shown by the title of the English legislation: Inheritance (Provision for Family and Dependants) Act 1975. The new technique does not, however, give these people any automatic right to a share; instead it adopts the more costly course of allowing them to go to court, and it authorizes judges to modify the will, or the rules of intestacy, or the combination of both and make the applicant an award out of the deceased's estate. A surviving spouse (or domestic partner) may claim such financial provision as would be reasonable; children or other dependants are limited to a claim for maintenance. Thus only the former need not prove that he or she needs the money.

INTESTACY

The law of intestate succession is very important because it provides the default rules for the distribution of property on the death of its owner. If those rules accord with the wishes of any particular individual, they save the trouble of making a will. The basic structure of distribution in force today was adopted by the Administration of Estates Act 1925. It is based on a study of actual wills and of the standard forms of wills in the books of precedents used by lawyers, so what ensues is a kind of will for the average testator.

The first point to be made is that there is complete equality between the sexes and that no preference is given to anyone on account of age. The rule of primogeniture, which favoured the eldest son, was abolished in 1925. Secondly, the only persons who can conceivably succeed on intestacy are the surviving spouse, the issue (i.e. children and granchildren and so on), and the four grandparents of the deceased and their issue. Where there is no surviving spouse but there are issue, they take the entire estate to the exclusion of any remoter relative. Failing issue of the deceased, parents can take and also brothers and sisters and their issue, grandparents and uncles and aunts and their issue. Nearer relatives exclude the more remote. That is the whole relevant family group. If the deceased leaves no such relatives, the estate goes to the Crown (i.e. the State) as ownerless property (*bona vacantia*), although out of it the Treasury Solicitor may make compassionate allowances to dependants whether kindred or not.

Thirdly, all other relatives take subject to the rights of the surviving spouse, i.e. the person to whom the deceased was married at the time of death. Ex-spouses and domestic partners have no rights under the intestacy rules.[2] In contrast to earlier times the widow or widower is now greatly favoured. He or she now always takes all the deceased's personal chattels, i.e. personal effects including the car but excluding money. The reason for this last exclusion is that the surviving spouse is also entitled to a fairly generous 'statutory legacy'. If there are no children or grandchildren, this amounts, at the time of writing, to £200,000 plus one-half of whatever is left, the other half going to parents or their issue. If there are issue of the deceased, the spouse takes £125,000 plus a life interest in (i.e. the income on) one-half of the balance; or else the spouse can elect to

[2] Though they may apply to a court under the Inheritance (Provision for Family and Dependants) Act 1975 described above.

take its discounted capital value. The issue take the other half. If there is a spouse but not issue, parents, siblings etc., the spouse takes everything. In all these situations, the spouse may insist on taking the matrimonial home instead of the statutory legacy, with any necessary financial adjustment being made.

If there is no surviving spouse but there are issue, they take everything; if there are none, the estate goes to the deceased's parents or, if they are dead, siblings and so on. In all these cases if property devolves on a class—such as siblings—one or more of whom are dead leaving issue, the latter take equally the share their parent would have taken. Furthermore, no member of the family is entitled to a vested interest until majority or marriage, whichever happens first.

ADMINISTRATION OF ESTATES

So far we have discussed the ultimate distribution of the property of a deceased. If we had followed the chronological order, we should have started by discussing the administration of the estate for, as pointed out earlier, distribution must be preceded by administration. However, we have followed the more practical course, because administration varies to some extent depending on whether or not there is a will. The manner of appointing the personal representative will be different because if the deceased made a will it will usually specify an executor to administer the estate as personal representative. If there is no will, or if it fails to name anyone, or if the person named is dead or declines to act, some other means must be found of appointing a personal representative who will, in that case, be called an administrator.

Executors derive their office and powers from the will of the testator. They are free to decline the office but, if they accept, they may at once take various steps which will bind the estate. To regularize their position they must obtain a grant of probate. This involves depositing at the probate registry the original will together with the executor's oath, i.e. an affidavit identifying and verifying the will as the last will of the deceased (whose death certificate is produced), and undertaking to administer the estate. In addition the Inland Revenue must be given particulars of the property contained in the estate. The executor is then given a grant of probate with a copy of the will and is fully authorized to deal with the deceased's property of all sorts. This, the normal procedure, is called probate in common form. It is technically an order of the court and so protects the executor even if, for instance, a later will is then found and the original grant revoked. If there is any dispute about the validity of the will, probate must be sought in solemn form which is equivalent to an action and entails a court hearing.

If there is no executor, some person interested in having the estate administered applies to the probate registry for letters of administration. On intestate succession, preference is given to the surviving spouse, then children, parents, and so on. If any likely beneficiary is a minor, administration will be granted to at least two individuals, or to a trust corporation. Once letters of administration are granted, the grantee becomes the personal representative of the deceased and entitled to act.

Personal representatives—whether executors or administrators—succeed to all those rights and obligations of the deceased that do not die with him (as is the case, for instance, with a claim for damages in defamation). They can claim property belonging to the deceased and collect debts due. They can be sued to recover property belonging to someone else which the deceased possessed and on debts or for torts which the deceased owed or committed. In all these cases they act, not for themselves, but as a representative. Their own creditors cannot reach the deceased's estate, nor can the estate's creditors go against the private assets of the representative.

In all these the office closely resembles that of a trustee—indeed the legislator says that the estate of an intestate is held 'in trust by his personal representatives with power to sell it'. On the sale of land by a personal representative the buyer takes free of any interests of the beneficiaries, which are overreached and shifted to the price.

OTHER TRANSFERS ON DEATH

For the sake of completeness, a few words should be said about two of the events whereby property can pass on death otherwise than by will or on intestacy.

Gifts in contemplation of death

Midway between a gift and a bequest is the rather unusual transaction known by its Latin name of *donatio mortis causa*. It is needed to deal with the case where a person who expects to die soon makes a gift, which is conditional on death, by parting with possession of the item, be it a chattel, a share certificate, or a mortgage or land certificate. Nowadays the courts speak of parting with 'dominion' rather than possession; they do not use the word in other contexts nor define it in this. If the donor then dies, the gift becomes absolute. If the donor revokes the gift, or recovers in health, the gift fails.

Devolution of the office of trustee or personal representative

It is perfectly possible that, during the life of a trust or the administration of an estate, a trustee or personal representative will die. If others survive, the deceased merely drops out: neither the office nor any property connected with it passes on the death. But if the last trustee or personal representative dies the law must find a successor to the office and to the property.

For personal representatives, the position is as follows. If an executor proves the will and dies having made his own will appointing an executor who proves that will, the latter is the executor of both wills with the usual rights and liabilities in respect of both estates. If an administrator dies before completing the task, fresh letters of administration must be applied for by someone with an interest in the estate. In other cases, where, for instance, an executor dies intestate, application must be made to the probate registry for a grant of letters of administration of the estate of the original testator: the grant is made in the normal way to someone interested under the will and is made 'with the will annexed and in respect of property not yet administered'.

On the death of the last trustee of an ongoing trust, the trust property devolves on the trustee's personal representatives (executors or administrators) who must not, of course, distribute it under the trustee's will or to his intestate beneficiaries. They must transfer it to new trustees, if necessary by applying to court for their appointment. In the meantime they are treated as trustees of the trust property for the appropriate beneficiaries.

Part 5

Property as Wealth

This final Part turns to the use of property as an investment, as an asset that will yield an income and keep, or increase, its capital value. As such it forms the means by which wealth can be spread over time and over generations. The mechanics of a basic endowment regime are described in Chapter 12, and the legal limits on its operation are outlined in Chapter 13. The last chapter offers some reflections on the subject as a whole.

12

Wealth

INTRODUCTION

We can treat things for themselves, or we can treat them as investments. Being mortal we must have access to, and power over, some things in order to stay alive, especially the tangible objects which give us food, clothing, and shelter. We have to use them, and we thereby use them up, quickly or slowly. But to their producers and distributors these objects are part of a business, items in its constantly changing inventory. They have invested resources and talent in the production of certain objects but, so long as it conforms to the norm, no particular item is uniquely important to them: it is simply stock-in-trade and exists only in order to be made into something else or, if it is the finished product, to be exchanged for money. Just as this part of the process ends in money, it begins with the money, or credit, needed to acquire premises, staff, raw materials, equipment, and so on. Those who provide the necessary finance are investing in the production of things or in the provision of services. The existence of the joint stock corporation means that between their money and those things and services are interposed other forms of property in the shape of shares, bonds, debentures, and so on. These then become items to be bought and sold by the billion on the stock and bond markets, whose operation in turn gives rise to other assets like derivatives and traded options.

The point of these observations is to recall that a thing may be treated for itself, and be possessed, used, and disposed of for its own qualities, however banal they be. In this case the law treats that object as specific and unique: it is this house we own and live in, this book we buy and no other. When an object is transferred from one person to another it is treated for itself, so it must be specified and the transaction must comply with any formalities required by the law for that particular type of property.

On the other hand every thing may be treated merely as the clothing (in-*vestment*) worn by a certain amount of wealth. In this case the law accords it the modest role of a member of a class, perfectly replaceable, and subject to an implacable regime whereby it can be exchanged for money or for something else.[1] It is true of course that some things are more suitable for one function than the other: unless we are in the dairy business we would hardly invest our life savings in milk, nor would we buy a National Savings certificate just to admire the printing. But many things fit both roles, and this is obviously and especially true of land.

The key concepts of the English law of property were created for and by the rich at a time when the bulk of their wealth was invested in land. Those concepts are the estate, the trust, and the fund. There was no general family property regime created by the common law or statute, and so the wealthy and their lawyers used these concepts in structures called 'settlements' to ensure that succeeding generations of the family could share control and enjoyment of its assets. The techniques now flourish as a means of handling the wealth held in stocks, shares, bonds, and the like, capital which is not just movable but *mobile*, crossing oceans at the touch of a key-pad in response to movements in the Dow Jones or the Hang Seng index.

As explained in a previous chapter, where land is treated for its own sake (as farm, factory, shop, or home) it will be held as freehold by the 'fee simple absolute in possession' or under a lease, the 'term of years absolute'. Where, however, it is treated as an investment, it may be the object of a much more elaborate structure which divides its value in terms of income and capital and distributes entitlement in fragments over time. The complexities of this structure are reconciled with the needs of the market by statutory rules which ensure that the land itself may be sold but the money takes its place, as does whatever is acquired with that money. Thus land held as investment is nothing special and may always be exchanged for something else. Similar techniques apply to other objects, some by statute, others by consent of those affected, so that if the entitlement to chattels like great paintings or rare books is divided, the objects themselves will be almost as marketable as stocks and shares. The key to understanding this whole process is the notion of the fund 'dressed up (invested) now as land and now as current coin, now as shares and now as debentures'.[2]

A fund, or portfolio, of things treated as investments needs to be held

[1] The technical term is 'real subrogation', the process by which one thing (*res*) takes the place of another; it was introduced in our discussion of tracing, above Chapter 5.

[2] F. W. Maitland in H. D. Hazeltine (ed.), *Maitland: Selected Essays* (1936), 134.

and managed by someone. If only one person is involved, managing their own property for themselves alone, there is no need to introduce the concepts of trust or fund so long as the individual is sane, solvent, and alive. The concepts usually make their appearance to handle the situation when two or more persons are entitled to share something successively or concurrently—'pay the income to my daughter, then divide the property among her children.' We shall first describe the general principles of managing the property; then the common types of entitlement to it; then the legal limits on management and entitlement.

MANAGEMENT

A fund of property is not, in the common law systems, a legal person, so the objects which comprise it must be held by someone who is: human beings or a legal entity such as a company. The property is not for that person's sole benefit (though they can be one of the beneficiaries) so, in relation to it, they hold the office of trustee. A trustee holds property and usually has the power to sell it, with the price replacing the item sold in the trust fund. The power of sale is given by statute if the item is land and, for other objects, is usually given by the instrument creating the trust. Trustees are also often empowered to use trust property to secure a loan if the money is to be spent on improving existing or acquiring new investments. It will be remembered that the trustee's private creditors have no recourse against the trust property.

Setting up the trust

There are three ways in which you can set up a trust of your property for the benefit of someone else. In all of them you must make three things clear: what you intend; what property is involved; who is to benefit. The first method is to declare oneself the trustee; the second is to transfer the property to one or more trustees; the third is to provide for this by will and die; it will not be discussed here.

Declaration of trust. This is a striking instance of a unilateral legal act which operates to transfer the beneficial ownership of property and change the status of its current holder from owner for their own benefit to trustee for the benefit of others. The owner of property simply declares that he or she now holds as trustee for the specified beneficiaries. This enriches them, even though they do not know of it, and protects them against the donor's own creditors. If the property is land, the declaration must be evidenced in writing signed by the person able to declare the trust. Otherwise, no formality is needed, no visit to a solicitor, no writing, nothing but the expression of intent. Thus a person can set up a property structure affecting millions of pounds worth of their stocks and shares by singing in the bath. In practice, of course, more formal steps are taken.[3]

Appointment of trustees. The second and more commonly used method is to appoint others to the office of trustee. Unless the owner who sets up the trust includes himself as trustee, he will then drop out of the picture. If humans are appointed, there should be at least two, both to guard against the risk of mortality and to ensure that, on the sale of land, the overreaching mechanism operates and the buyer takes free of the trust.[4] Trustees are commonly professionals and often a trust corporation is appointed, that is a company whose business is to act as trustee. All trustees are entitled to have their expenses reimbursed from the trust property. The separate matter of their remuneration is usually dealt with in the instrument of appointment. In default of such agreement, trust corporations are entitled to reasonable remuneration, as are professional trustees if the other trustees so agree in writing; lay trustees work for nothing.[5]

The trust fund. When the trust is set up each item of trust property is transferred to the trustees by the procedure appropriate to its particular type: at this stage each asset is treated for its own sake, being specified, described, and transferred correctly. For land, a conveyance plus registration of the trustees as proprietors; for shares, a transfer plus registration as shareholders, or the electronic (or intermediated) equivalents; for receivables, a written assignment plus notice to the debtor, and so on. The fact that the new holders are trustees will appear on no register, though in the case of land a restriction will warn the world that no dealing will be registered unless capital money is paid to the requisite trustees.

In addition to the various documents relating to the transfers of the different types of asset, a single trust instrument will make clear that this is not a present, nor a loan, to the new holders but that they are trustees. It will go on to spell out the beneficiaries and their entitlements under the trust. It may also give the trustees powers of investment and management which differ from those conferred by statute, and may exclude their

[3] If the trust property includes chattels possession of which is to be retained, then a written declaration of trust must comply with the Bills of Sale Acts to be safe from the declarant's creditors, and may well be liable for stamp duty: so the best course may be to effect an oral declaration followed by a written acknowledgement that this has been done.

[4] See above Chapter 7.

[5] For details see Trustee Act 2000, Part V.

liability for breach of their duty of care.[6] It may name the person entitled to appoint new trustees and, especially for offshore trusts, may provide for the office of 'protector of the trust', that is someone who is not a beneficiary but is given powers to remove a trustee, to appoint new trustees, and generally to enforce the trust.

STRUCTURE

Broadly speaking the beneficial interests in trust property fall into two kinds, depending on whether the holders are concurrently or successively entitled to possession. 'Possession' in this context may mean the occupation and use of tangible trust property, but it also covers the right to the income or capital of the trust assets. Beneficiaries entitled to hold concurrently may take as joint holders, so that the survivor takes all, or each may have a distinct but undivided share. A further, very common, refinement is to give the trustees power to determine at their discretion whether a particular class of beneficiaries are to get anything at all, and if so how much. Concurrent interests may entitle their holders to enjoyment for ever—in which case they amount to absolute, if shared, ownership of the wealth invested in the trust assets—or they may be limited in time. Similar limited interests may be given to one person alone. Whenever a limited interest is conferred (whether on one person or on two or more together), someone must have the right to the assets when the limited interests cease. That person's identity will usually be spelled out in the trust instrument; in default of any such indication, since the trustees cannot take the property for themselves, it must go back to the settlor.

Example. Here is a simple example. Sarah is the settlor, T1 and T2 are the trustees, Ann is Sarah's only daughter. Sarah is rich and wishes to set up a trust to ensure that her daughter receives an income and that Ann's children eventually succeed to their grandmother's fortune. By a trust instrument she appoints the trustees and 'declares the trusts', that is she spells out exactly for whom they are trustees: T1 and T2 will be told that they are going to hold the trust property 'to pay the income to Ann for her life and then to divide the capital equally among Ann's children.' The instrument will be in writing signed by Sarah (though this is strictly necessary only if land is involved) and will, in practice, be signed by the trustees to indicate acceptance of the office, and contain details of their remuneration and so on.

[6] See Trustee Act 2000, s.1 and Sched. 1, s.7.

So far, the trustees have accepted an office but are 'trustees' of nothing. Sarah must transfer to them the trust property. Suppose that this consists of land, investment securities, money, and works of art. In order to be transferred correctly each particular asset must be specified, and the transfer must comply with whatever formalities are appropriate to that particular type of property. So the settlor must execute a deed of transfer of the particular parcels of land, and sign share transfers (or set in motion their electronic (or intermediated) equivalents); the trustees then ensure that their names appear on the Land Register as proprietors, on the company registers as shareholders, or on the books of their broker as holders of the appropriate security entitlement. If the settlor wishes to hand money over, the transfer will be effected by delivery, cheque, or credit transfer and must be paid into an account in the trustees' names which is quite separate from their own private bank accounts. Finally, each work of art must be handed to the trustees or, if it is in a bank vault or on loan to a museum, the holders must be told and must acknowledge that they now hold it for T1 and T2. When all this has been done Sarah has neither rights to nor entitlement in the transferred property and has no say in what is done with it. She has given it all away.

But no one has succeeded to the totality of rights, powers, privileges, and immunities that Sarah used to have. That totality has been divided three ways: management and control of each asset is in the trustees; use, possession, and the income of the fund belong to Ann for her life; each child on being born gets a present right to a future enjoyment of capital when her mother dies, the extent of her share being dependent on how many siblings there are; and on Ann's death the trust will end and her children can do what they like with whatever they get. If a child dies before Ann, the child's estate will succeed, since the trust did not make the children's entitlement dependent on outliving their mother.

When the life interest ends, and the capital is distributed to those entitled, the trust comes to an end as does the office of trustee. Only at this very last stage might anyone lawfully exercise the supreme rights of ownership by giving the shares to charity, neglecting the land, and burning the works of art. But until then the assets need to be looked after and Ann is expecting an income, so T1 and T2 have powers and responsibilities, the result of which is that the trust acts as both screen and pivot.

The trust-screen. Essentially the trustees have the power to sell any given asset and the purchaser need know nothing—or may know everything—about Ann and her children. As to the land, statute provides that '*for the purpose of exercising his functions as trustee*', a trustee of freehold or leasehold land has all the powers of an absolute owner in relation to the land.[7] This cannot mean that trustees have the power to neglect the land or give it to a stranger for nothing. Those are certainly among the powers of an absolute owner, but their exercise would be inimical to the functions of a trustee. The key provision, however, is the power of sale, given by statute for land and by the trust instrument for other things. This means that in the vast majority of cases sale is always authorized, it is not a breach of trust. The purchaser need not ask whether the seller of land or shares or painting really owns the object or is 'just' a trustee of it. The only mandatory safeguard is that, in the case of land, the buyer must pay the price to the trustees, of whom there must be at least two, or a trust corporation. The Land Register which attests the trustees' title as proprietors of the land also contains a restriction warning of this requirement.

The trust-pivot. When a particular asset is sold, its place within the trust fund is taken by the price. However, since this will almost always be paid not in cash but by some form of credit transfer, the actual object which replaces the land in the hands of the trustees is the 'chose in action' of their claim against the debtor bank. That credit balance may then be used to acquire other assets—freehold or leasehold land, shares, bonds, and so on. Trustees now have general powers to invest, prudently, in a wide range of assets and to appoint and pay agents, brokers, and the like. This power of sale means that, from the point of view of those involved, no particular object is unique, nothing need be held for its own sake, everything is an investment. What matters is the wealth, the total trust fund, abstracted from any particular object. Ann's entitlement is to the income derived from this fund, while each of her children receives on birth a vested right to a share in the capital and to the income that that share will produce when their mother dies.

Protection of beneficiaries

If, in breach of trust, T1 and T2 give any trust property away for nothing, the beneficiaries are protected in two ways. First, they can sue the trustees in a personal action to make them restore the trust fund out of their own private wealth, though in this the beneficiaries are merely unsecured creditors. Secondly, if they can locate the donee they can bring a proprietary action to recover the trust property or its proceeds in priority to any other creditor of the donee. If the trust forbids the transfer of some

[7] Trustee Act 2000, s.8 in relation to land acquired under that section; see also Trusts of Land and Appointment of Trustees Act 1996, s.6(1).

particular asset and, in breach of trust, T1 and T2 sell it to someone who knows or ought to know of the breach, the beneficiaries are protected in three ways. They can sue the trustees in a personal action; they can claim the property from the buyer by a proprietary action; and the price which the trustees received for the asset is part of the trust fund and can be recovered wherever it can be traced. The only limit to the enforcement of their interests is that they have no claim against a person who in good faith acquired and paid for trust property without notice that it was being sold (or charged) to him in breach of trust. But *by definition* such a person has handed the trustees something (usually money) in exchange, and that something will be treated as trust property.

It may be worth emphasizing these points. Normally it is the trustees' duty (now codified by statute) to review the particular items of trust property and to decide whether to sell particular things.[8] In the general law of trusts there are two functions of the technique whereby one piece of property replaces another ('real subrogation'). The first is peaceful and by far the more common: on an authorized sale by honest trustees, the price replaces the thing sold. The second function is found in a more hostile context. Where an asset is alienated in breach of trust, the price may still replace the thing sold in the sense that the beneficiaries can, *if they wish*, treat as their own anything acquired in exchange; alternatively they may treat it as an asset over which they hold a charge securing their claims. But they may also bring a personal action against the trustees, and even a proprietary claim against the recipient of the asset unless he or she paid for the asset and acted in good faith without knowing of the breach of trust.

If, in breach of trust, the trustees sell to a good-faith buyer who has no notice of the breach, and if the trustees then squander the money, the beneficiaries become merely unsecured creditors with a personal action against them. There is nothing left to replace the perished property, and all real rights end with the destruction of the object—the fund—in which they subsist. In the final analysis the result here is much the same as if you had wrongly eaten my loaf of bread. While it existed it was mine, the bread or its value being recoverable by me and safe against your creditors. Once it has been eaten I cannot own it and have only a personal claim against you for its value. A judgment for that amount may be executed on your assets, but only in competition with all your other creditors.

[8] See generally Trustee Act 2000, Part II.

THE INTERESTS OF THE BENEFICIARIES

We shall now assume that the trust property is being honestly and efficiently managed by the trustees and that they are doing so for the benefit of the persons specified: Ann is to take the income for her life and her children will then take the capital in equal shares. Their interests are well described in the old jargon of the land law. Ann has a vested life estate (nowadays called life interest), and each child obtains on birth a vested fee simple absolute in remainder in the fund in common with the other children, if any. It is a *fee simple* because the children are not entitled merely for their own life; if they die (whether before or after their mother) their entitlement will pass under their will or by the rules of intestate succession. It is a fee simple *absolute* because there is no provision which might deprive a child, once born, of his or her entitlement. The interest is a fee simple absolute *in remainder* because while their mother is alive no child is entitled to the income produced by the property, yet on birth each acquires a vested right to a future slice of it. It is held *in common*, meaning that the children are to have shares.

As a matter of the precise statutory vocabulary applied to land, the beneficial interests in this example are called 'equitable interests', because, although they have been created according to the correct formalities, neither of them amounts to a fee simple absolute in possession or a term of years absolute.[9] What is much more important, however, is to understand that the beneficiaries' rights relate directly to no specific object: as has been explained, they are interests in and entitlements to the fund in general, not to any particular item in which it may be invested. Yet Ann and her children own all the wealth comprised in the fund. It is managed for them by others, but only they and no one else can decide to neglect, abandon, or give away their assets, and the creditors of each can reach their debtor's entitlement. Furthermore, each beneficiary can dispose of her interest by sale or charge. Ann can sell her life interest or charge it as security for an advance. On attaining majority, each child can do the same with his or her 'fee simple absolute in remainder'.

Proving entitlement

But how could they prove their title to a potential buyer or lender? And how would their interests be valued? Title to each specific object in the trust fund is held by the trustees: T1 and T2 are the registered

[9] See Chapter 7 on the 1925 legislation.

proprietors of any land, registered shareholders (or the electronic or intermediated equivalents) of any shares, account-holders with the bank. The beneficiaries have no title deeds or certificates, and their names appear on no register. The answer is as follows. T1 and T2 are trustees and must provide an up-to-date and accurate statement of account of the fund and its holdings. The accounts deal with the assets and do not reveal the identities or interests of the beneficiaries, but this information is in the trust instrument. The trustees must produce it on request and let Ann and her children have copies.

Armed with this information Ann can show (a) the present state, capital value, and income yield of the trust property; (b) that the trust instrument gave her the right to all that income for her life.

Valuing the entitlements

This right to income for the remainder of her life has a present capital value. In Chapter 2 we explained the discounting mechanism used to ascertain the value of present rights to future income which will be paid every year over a number of years. We need to know two things: the amount of income and the period over which it will be received. To keep the arithmetic simple, let us suppose that the trust fund has a capital value of £2,000,000 which is bringing in a net return of 5 per cent, so A can look forward to £100,000 a year for the rest of her life. We do not know, of course, exactly how long she will live. But if we know her age, there are experts—actuaries—who will consult their tables and give us her life expectancy as a matter of statistical probability. Of course she might die tomorrow or live much longer than predicted, but these risks can be covered by insurance.[10]

Valuing the life interest

Let us suppose that A is 55 and, statistically speaking, can expect to live to the age of 75. This means that her interest in the trust fund will yield £100,000 a year for the next twenty years. This adds up to £2m. but A is *not* a double millionaire today. Her interest is dwindling in value—a 'wasting asset'—rather like a goldmine that will produce a profit of £100,000 every year but at the end of twenty years will be worked out and worthless. No one will pay £2m. for A's life interest or for the mine; for if, instead, they keep the money and invest it at 5 per cent, not only will

[10] For a similar operation on intestacy, where a surviving spouse elects to capitalize the life interest, see Administration of Estates Act 1925, s.47A, (3A) and 3(B); Intestate Succession (Interest and Capitalization) Order 1977, SI 1977/1491.

they get the same income as if they had bought, but at the end of twenty years will still have capital worth £2m. So to find the present value of the life interest we must discount over time. One way to do this is to ask how much you would need to buy an annuity of that amount for that time. Another way is to work out what sum invested at 5 per cent and left alone for twenty years would add up to £2m. A third way is to assume an annual payment of £100k at the end of each year, work out the present value of the payment due next year, add it to the present value of the payment due the year after, and so on. The total is some £1,256,000. This is the best estimate of the present value of the life interest. It is the figure around which negotiations for its purchase would circle, and it must be remembered that with every day that passes the value of the life interest decreases and that of the subsequent interest grows.

Protection by notice

We now know the present capital value of the life interest and we know that this interest was given to A by the trust instrument. What we do not know is whether she still owns it, free of any burdens. She might already have given it to Oxfam, or sold it, or charged it as security for a loan, or her judgment creditors might have their teeth in it. We can ask her, of course, but she never had any title deeds so we need not go looking for them. Furthermore there is no public register on which she appeared as owner of the life interest or on which any secured lender might register a charge. What is done, then, is to set up a kind of private register held by the trustees (or a nominated trust corporation). In other words any transfer of, or dealings in, the beneficial interests can be protected by giving written notice of the transaction to the trustees and thereby obtaining priority over any competing claimant. So while negotiating to buy A's life interest a prospective purchaser will, as we have seen, study the trust accounts and the trust instrument, but will also enquire whether the trustees have received notice of any prior dealings. If A has already given her life interest to Oxfam, then it is the charity and not her which is entitled to the income for her life. Oxfam should have notified the trustees who will, in turn, reveal that disposition to any person with a legitimate interest. If Oxfam has not written to the trustees, a later good-faith buyer from A will obtain priority and, on notifying the trustees, will get the income for A's life, leaving Oxfam to whatever frail claim it might have against Ann. Any later disposition of the interest during Ann's lifetime will also be notified to the trustees, since it is they who are sending out the income payments. Thus in practice the trustees keep a kind of register of dealings in the interests of the trust fund which, behind the screen of the trust, serves a function similar to the public registers of dealings in land, shares, and so on.

Dealings in the remainder. Ann is not the sole owner of the trust fund. She is entitled to the income only for her life. Her children are then to take so, if she dies childless, the property must revert to Sarah, unless there is some different provision in the trust instrument. Let us assume, however, that Ann has two children. On birth each acquires an unconditional right to a share in the capital of the trust fund. While their mother is alive they are not entitled to the income produced by that capital, as that must be paid to her or her assignee. But she is certain to die and it does not matter if a child dies first, since the child's interest is not a mere life estate: it will form part of the inheritance and go under the child's will or intestacy. The civil-law systems call this interest 'bare ownership' to indicate that it will endure but, during the mother's lifetime, is not clothed (vested) with the income.

The previous section used the example of a fund of £2m. with a 5 per cent net yield, and a life estate with a current expectation of another twenty years, hence a present value of £1,256,000. This leaves £744,000 which is the present value of what common lawyers call 'the interest in remainder' and civil lawyers call 'bare ownership', i.e. an interest which includes the vested right to receive £2m. of income-producing capital in twenty years and the current power to do anything you like with both the present right to the future capital and the power of disposition of that right. Furthermore, it is an interest whose value increases daily as that of the life interest dwindles to death.

On the example given, this interest is divided among the two children but may be reduced in value if others are born since birth gives an equal share. Consequently the exact value of each child's share cannot be known, though precision sharpens as time passes, so that if the mother is 55 there are unlikely to be more children. We could then fairly safely estimate the value today of each child's interest at £372,000. Each of the two shares is a property interest which belongs to the child, and whose object of inherence is the trust fund, not any specific investment thereof. If the child has attained majority, he or she can deal with it as their own, give it away, sell it, charge it as security for a loan, and so on. The dealings are carried out in the same way as that described above. The total fund can be valued, that of the life interest deducted, and the remainder divided to reach the present value of the child's share. The trust instrument attests the child's entitlement at the time it was executed. Enquiry of the trustees will be made to ascertain if notice has been received of any assignment of the child's interest. Finally, a donee or buyer of the child's interest will give notice of the transaction to the trustees and so be sure that, when the life interest ends, they will receive half of the capital.

The market in beneficial interests

One question may well have occurred to the reader. To say that A and her children are each worth a great deal of money today implies that each now owns an asset which can be immediately put on the market. But who, it may be asked, would be prepared to buy? The likeliest purchaser from A would be her children when they grow up. This is because (apart from tax reasons) if they buy her out they are then entitled to both the income and the capital of the trust fund: they and they alone own the wealth invested in the various assets. They can get together and break the trust by telling the trustees to transfer all the investments to them or at their direction and then to relinquish the office of trustee. But if A is not bought out and does not want to buy her children's interests, who might do so? The likeliest buyers would be an insurance company or the trustees of a pension fund. Both are in a business which receives annual income payments—premiums and pension contributions—and in return undertakes to provide capital sums to policy-holders or pensioners in the future. So it may be a good investment for them to balance their risks by buying from the children in a transaction which involves their parting with capital now (capital which, if retained, could be used to produce an income) against the certainty of acquiring a larger amount of free capital when the children's interest falls into possession, on A's death. There is in fact a small but professional market in what the dealers in them call 'reversionary interests'.

Sub-trusts. It should be added that the owners of these interests in the fund, whether the life interest or those in remainder, can, instead of selling or giving away their interest, set up a trust of it by declaring themselves a trustee or by transferring it to selected trustees and, in either case, by spelling out the trusts. This must be done in writing and be signed by or on behalf of the person constituting the trust. The children, if they retain their interest until their death, can also set up a trust of it by will. These are all 'sub-trusts' within the framework of the main trust: the trustees are different, as are the settlor, the property, and the sub-beneficiaries. The asset held by the sub-trustees is not the investments in the main trust portfolio but the right to the income flowing from the life interest or the (ever-growing) capital value of the remainder.

The estate concept. In dealing with interests in property treated as wealth, the above pages make it clear how important is the element of time and the passing of time. Historically speaking, the common-law concept of the 'estate' captures that element precisely. Nowadays, in English law, we need to distinguish: on the one hand, the word is used in relation to land treated as such, as a specific object; on the other, the concept serves to evaluate interests in land treated as investment, and indeed can be applied to interests in a fund, regardless of whether or not the portfolio includes landholding. In the first situation land is the specific object in view and if you have a farm, factory, shop, or home either you have the freehold estate or the leasehold estate. It is described as a 'legal' estate, meaning that, if the correct formalities have been observed, it will prevail against everyone.[11]

In dealing with funds, however, instead of overworking the word 'interest' to describe the various entitlements, we can call on a precise, if elderly, vocabulary of life estate, fee simple absolute in remainder or reversion, and contingent or determinable varieties of these.[12] These concepts have the advantage of indicating the elements of each entitlement without at the same time asserting that their holder is the person with the very best title in the world and without necessarily implying that he or she holds for their own benefit and not as trustee.

The elements which matter are four: the right to the income value of an asset; the time for which that right can be enjoyed; the power to alienate the right to the income value for that time; and the power to alienate the power to alienate. By 'income value' we mean the right to occupy or use the thing, or the right to take the rent, royalties, dividends, interest payments, and so on produced by some thing or some loan. The concepts can then be formulated as follows. We use i to indicate the income value of anything and a to signify the power of alienation. Some symbols must then be found for the element of time, so E stands for eternity, or at least a time without limit, and l for a human life.

Fee simple absolute in possession = $a^{\infty}(iE)$.
Life estate = $a^{\infty}(il)$.
Fee simple absolute in remainder = $a^{\infty}(i(E - l))$.

[11] The LPA 1925, s.1(1)(4) extends the phrase 'legal estate' to cover other rights which bind the land itself, such as easements and mortgages. Certain other elderly entitlements may also be so described, such as a protected right to hold a market, or certain fishing and gaming rights: Land Registration Bill 2001, cl.3.

[12] The fee tail, or entail, was abolished in England and Wales in 1996; it never caught on in other parts of the common-law world.

In each case *a* is raised to infinity because the power to alienate includes the power to alienate the power to alienate the power to alienate and so on.

13

The Control of Endowment

There are few limits to the kinds of interests that can be created in funds. In other words, the enjoyment of the income from a fund may be made to pass from one person to another on the happening of any kind of event, or fulfilment of any kind of condition whatever, so long of course as it is not against public policy, or specifically prohibited. An example of the first would be a gift of the income 'to Jack until he dies or marries'—the last two words would be crossed out, by a court if necessary. An example of a recent specific prohibition is that concerning a very ancient type of property interest, the entail. Dating from the thirteenth century, this was an endowment designed to keep capital and its income within the line of descent of a particular family, so that each generation was to take the income, being succeeded by their children and their children's children and so on. Originally limited to land, its application could be avoided and the entail broken by means first devised by the courts and then spelled out by statute. Since 1996, however, an attempt to grant someone an entailed interest in a fund does not work: instead it operates as a declaration that that someone is absolutely entitled.

Two particular types of legal control must be briefly described: they are designed to cover different problems, one relating to unspent income, the other to unowned capital.[1]

Unspent income: the rule against accumulation

The use of a fund of investments to spread wealth over time may lead to the accumulation of unspent income. A simple example would occur where the beneficiary is a baby. In this and similar situations the trustees are given statutory powers to spend the income on the upbringing and education of the beneficiary and to accumulate and invest any which is not disbursed. But more serious problems arise if they are *forbidden* to spend

[1] In 1998 the Law Commission produced a Report and draft Bill (Law Com No. 251) recommending changes in the system of control. They can be found at http://www.lawcom.gov.uk.

the income but are told to reinvest it each year for a long period at compound interest. Suppose, for instance, that by a will trustees are given assets worth £1m. and are told to add the income to the capital until the first of the testator's granddaughters reaches her majority and then to hand the entire sum to her. If, at the date the will takes effect, the testator's children are tiny, it could be several decades before any of them has a daughter, and almost twenty years more until she reaches majority. This has two effects: it seeks to ensure a potentially enormous sum for the fortunate person who has yet to be born; and it does so at the expense of the living, that is the testator's children, who are to see not a penny of the income.

The will of Peter Thellusson who died in 1797 directed that the income of his considerable property be tied up in this way for, as events turned out, fifty-nine years, thereby depriving his widow and children of any benefit from his wealth. Parliament intervened in 1800 and the rules are now contained in modern statutes.[2] Their basic effect is to permit accumulation of income only for certain periods. The first, applying to inter vivos trusts, is the life of the settlor—who could anyway, if she wished, keep all her wealth on deposit all her life. The other periods are either twenty-one years or the life of some child alive at the date of the disposition. If attempts are made to order accumulation beyond these periods, they fail. Thus if a will directs that the income be accumulated during the life of the settlor's children, it is permitted for only twenty-one years. Thereafter the income of the accumulated fund must be paid out to the appropriate beneficiary.

In actual practice directions to accumulate income for long periods are nowadays uncommon. The Law Commission recommends abolition of the statutory controls, except over accumulation by charities.[3]

It is important to remember, however, that, even without any current statutory control, if a settlor gives property absolutely to an adult beneficiary and at the same time orders that its income be accumulated, the donee may, whereupon the trustees must, disregard the direction to accumulate. The point is basic: if property or an interest in property is all yours and you are grown up, your wishes are decisive.

Unowned capital: the rule against perpetuities

A more difficult problem arises when we know there is wealth but we do not yet know whose it is. In the example used above we assumed that T1

[2] At the time of writing, LPA 1925, ss.164–6, Perpetuities and Accumulations Act 1964, ss.13–14.

[3] Law Com No. 251 (1998).

and T2 are holding and managing a portfolio of property worth altogether £2m. and yielding an income of £100,000 a year. This income is being paid over to Ann (or her assignee) and is statistically likely to be so paid for twenty years, so the present, though dwindling, capital value of the life interest is £1,256,000. Deducted from the £2m., this leaves an asset worth £744,000 (and growing) which does not belong to the holder of the life interest. To whom does it belong? If Ann has a child, it will belong to the child; if she has children, they will share it. But suppose at the moment she has none: the asset certainly does not belong to the trustees, nor to the holder of the life interest. If Ann dies without having had a child, the trust ends and the entire property will have to go back to Sarah or her estate. But until Ann either has a child or dies childless no one owns the ultimate capital. Someone will acquire ownership. If a child is born, the baby will become 'bare owner' with a vested irremovable right to capital, the income of which is going to its mother. If Ann dies without children, Sarah (or her estate) will become full owner, entitled to the £2m. and its income. But at the moment we just do not know which.

It should be repeated, at this stage, that this uncertainty in no way hinders dealings in the specific objects in which the wealth is invested. If, for instance, one (or all) of those objects is freehold or leasehold land, legal title to the particular property is held by the trustees who have statutory power to sell it. The purchaser need know nothing about the state of Ann's family, though it is of no importance if he does know—the price when paid to the selling trustees simply replaces the land within the trust fund. The uncertainty we are concerned with here is about who owns the wealth, not about who can handle any particular investment of that wealth.

The law's response to this uncertainty is known by the historical title of the Rule against Perpetuities, which applies to interests in any kind of property treated as wealth; in other words it applies to all interests in funds. The Rule says that this uncertainty as to the ultimate ownership of any interest is perfectly tolerable provided that the uncertainty does not last too long. The permitted time-frame *at common law* underlies the operation of the Rule in most common-law jurisdictions, though to it have been added individual variations. The basic common-law rule states that uncertainty as to the ultimate ownership of an interest in property is tolerable provided that it is certain to be resolved, one way or the other, within the lifetime of someone alive at the start of the period plus twenty-one years. Thus in the above example there is no problem. Two interests are conferred. First, the right to the income for life is given at once to

Ann, so it is hers from the start and she can do what she likes with it. Second, the right to the capital is given to Ann's children: when born they get the right to the capital, with 'full ownership' including the right to the income on it coming to them on their mother's death. If, when this trust is set up, Ann already has a child, that child instantly benefits by being given the present (alienable) right to the capital, though not, at the moment, to its income. If when the trust is set up Ann has no child, we do not know if she will have a child or not but we know that we will know one way or the other at the latest when she dies. So our uncertainty cannot last longer than the lifetime of someone alive at the start of the trust. That someone is Ann because only she can have her own children. If she does, they take; if not, the assets go back to Sarah.

If the terms of the trust give the income to Ann for life and the capital to such of her children as reached majority, then two events have to occur: a child has to be born and has to survive to the age of 18. Once again, we do not know whether this will happen. But we do know that if it happens it must do so within the permitted period. Ann is alive; Ann's children must, if born at all, be born during her lifetime; and if they reach 18 must do so within twenty-one years of their mother's death. If they do, they take; if not, the assets go back to Sarah.

But if the terms of the trust give the income to Ann and the capital to such of her children as marry, and if at the start of the period Ann has no married child, we cannot say now that our uncertainty must be resolved, one way or the other, within the permitted period. It is perfectly possible that a child of Ann may marry within Ann's lifetime and twenty-one years. But it is also perfectly possible that the first child of Ann to satisfy the condition is one born after the trust began who marries more than twenty-one years after his or her mother's death.

Before the Rule against Perpetuities was amended in 1964 (for England and Wales) this prolonged possible uncertainty was instantly fatal to the gift to such of Ann's children who marry. The entire gift to them was simply crossed out and the trustees thus found themselves holding on trust for Ann for life, with the remaining interest (presently worth, remember, £744,000 and growing) going back to Sarah: in technical jargon it is said to 'result', i.e. 'jump back'. Since 1964, however, the trustees must wait and see if a child of Ann marries within the lifetime of someone alive at the start of the trust and a period of twenty-one years. This does not mean that they can search the world for the longest life. The relevant lives, spelled out in the statute, are essentially those of the family, so they wait, first, for Ann's life: if she dies childless, that is that. If not, the trustees wait and see if a child marries within the next twenty-one years. If this happens, the child takes the interest on marriage. If, at the end of the twenty-one years no child is married, they lose their chance. The gift to them is crossed out and the property reverts to Sarah or her estate.

The Act also introduces some practical presumptions as to the ability to beget or bear children, especially that which assumes that a woman over 55 is sterile, and it also permits evidence of (male or female) sterility to be given where relevant. So, in our example of a gift to Ann for life and then to her children who marry, if A is unable to have children, then, if there are none, the gift to them fails at once and the interest goes back to Sarah; if there are children but they are not married, then there will be no more, so the only ones who might marry must be alive now and must marry, if at all, within their own lifetime, so the gift is valid.

Finally, to save all this calculation the Act allows the use of a specific number of years up to eighty. Thus a gift to Ann for life then to her children who marry within the next eighty years is perfectly valid and the trustees must wait out that period. If at any point it becomes clear that the event cannot happen—if, without having children, Ann reaches 55 or dies before then, the remainder interest results back to Sarah. If, however, children are born they must, to take under the terms of the trust, marry within the period set.

The reforms proposed by the Law Commission in 1998 would abolish all reference to lives in being and simply substitute a perpetuity period of 125 years from the date of the trust instrument. If the event on which entitlement depends (usually things like birth or marriage) occurs within that period, the gift takes effect. If by the end of the period the relevant event has not happened, the gift fails. So under the proposed regime, if property is transferred to trustees on trust to pay the income to Ann for her life, and then to divide the income among her children for their lives, and then to divide the capital among those of her grandchildren who marry, the trustees (and their successors) can wait to see what happens. If Ann dies childless, they must look to the trust instrument to see what to do and, if it fails to tell them, they hold on trust for Sarah (or her successors). If Ann has a child or children, they get the income of the fund after their mother's death. If her children die childless, there can be no grandchildren and, once again, the trustees must, if all else fails, return the capital to Sarah or her estate. If grandchildren are born, however, the trustees wait to see if they marry. If at the end of 125 years from the creation of the trust none is married, their chance of taking the property dies and the trustees wait no longer. They must deal with the capital as provided by the trust instrument and, in default, return it to Sarah's estate.

Charities. The law permits certain forms of charity, which it regards as beneficial to the community, to be the objects of permanent endowment: that is to say an amount of wealth may be tied up for ever with only the income going to the charity. Any gift to a charity is subject to the Rule against Perpetuities in that it must get to the charity within the permitted period. On the other hand a gift over from one charity to another is valid even if it is to occur at some remote time in the future. It is said that all charity is regarded as one single object and the change in recipient is merely a matter of internal arrangement. But that is merely a way of restating the exception to the Rule (which is preserved by the Law Commission's latest scheme). Probably the true explanation is that the law regards the endowment of charity as taking property permanently out of commerce, but has to admit that a particular charitable object may become obsolete. It is not permitted to set up a perpetual endowment for an impersonal but non-charitable purpose because that would, for private purposes, take capital for ever out of commerce.

Rationale for the Rule

Let us now try to see why, throughout the common-law world, there is, in one form or another, a version of the Rule against Perpetuities. By way of preparation, two points must be recalled.

First, although the Rule does not overtly strike at restrictions on alienation but only at the remote vesting of uncertain interests in property, it has very much the former effect. For as soon as a beneficial interest vests in an ascertained individual—which must occur within the perpetuity period—the interest becomes easy to value and to market. Moreover once all the beneficial interests are in the hands of living persons of full age and capacity, they can make the trustees wind up the trust and distribute the assets.[4]

Secondly, the original purpose of the rule has long since disappeared. It was devised in the seventeenth century when land was the main investment of the wealthy, and had some effect (along with other devices) in preventing land from being kept for too long out of the market. Since legislation of 1882, however, much more rigorous means have been devised to ensure that land is freely alienable. Indeed, there is no longer a danger of freezing any particular asset, since in almost every case any

[4] Statute allows the court to give its consent on behalf of those who are not *sui juris*.

specific item of property in which the fund, or part of it, may be invested can be sold at any moment by the trustees. The price, of course, replaces the asset within the fund.

It would seem, therefore, that the Rule against Perpetuities can no longer have any relation to the markets in so far as they deal in specific land, goods, shares, bonds, and so on. It relates only to contingent rights to receive income from a fund and to their capitalized value. Accordingly, some writers regard the Rule as effecting a compromise between the living and the dead. If we had no such rule, a person might, by trust or testament, be able to fix for all time to come the interests that his or her unborn descendants are to take. On the other hand, it would be too great a restriction on our freedom to say that we can give interests in property only to the living. There is no particular virtue in our Rule as it stands. Civil-law countries have different rules which are not obviously worse. But from a comparison of those rules with our own, there does seem to be a consensus of opinion that people should be allowed to give property to a person unborn at the time of the gift but that this power should be limited so as to return to the hands of the living within a reasonable time full control, not merely of the specific investments but of the beneficial interests in the wealth they represent.

Such a rationale sees the Rule more as a restriction on legal personality. During a person's lifetime he or she may do anything or nothing with their property. Further, for some time after death, the will (in both senses) of the dead can control the fortunes of the living. But there comes a time when even the dead must die; and the effect of the Rule is to fix the latest date for this at the time when our grandchildren grow up.

Other writers prefer a different but not incompatible explanation. They say the Rule still has some application even to the specific objects or investments comprised in a settlement because they are held by persons who, being trustees for others, must act prudently. In general, although trustees may make any kind of investment that they could make if they were absolutely entitled to the assets of the trust, it is still only a power of *investment*, exercisable with prudence, if not caution. Wherever the kind of interest exists which calls for the application of the Rule against Perpetuities, then it will be an interest in a trust fund. Trust capital and venture capital are very different. There are many risks that owners can take, but not trustees, who may not in principle make an unsecured loan, even though providing the financial backing for a latter-day Leonardo da Vinci might lead to enormous returns through the development of new technology. And since economic progress demands bold speculation, it is a matter of public concern to preserve a proper balance between trust capital and venture capital.

Where entitlement to the income of a fund is spread over time but the interests of the beneficiaries are vested, each adult beneficiary can realize his or her asset and use the proceeds to take what risks they please. In our example above, if we assume that A's children are adults and that, as she is 55, there will be only two of them then all three have presently marketable interests, Ann's being worth about £1,256,000 and each of the children's being worth about £372,000. They can sell out and spend the money as they please. But if the children's interest were contingent on their marrying it would be much more difficult to assess present market value. The effect of the old rule would be to strike them out and to give back to Sarah the present (instantly marketable) right to the capital on Ann's death. Under the Rule as amended in 1964, the trust cannot last longer than the three lives. If the children marry, they take a vested alienable interest consisting of the present right to the future income when their mother dies. If not, on their death the interest goes back to Sarah (or her estate) and the person entitled will own the marketable asset of the present right to the future income when Ann dies. If she has predeceased her children, that is the immediate right to the £2m. and its income for ever.

All these justifications for the rule have had to be made up. The law in the hands of legislators or judges gives no such reasons; it simply applies the rule, often to the testaments of ordinary people and to dispositions that are in fact quite harmless. It also operates without regard to the advances in medical science, which may make it possible for the dead to become parents. The costs of learning, debating, and litigating it may well outweigh any benefits which are in practice obtained. In 1983 the entire Rule was repealed in Manitoba, and since then in the offshore trust laws of several other jurisdictions.

14

Conclusion

The law of property remains very complicated and not entirely free from confusion. Too many kinds of people have had a hand in producing it to admit of a simple orderly system, consistent in all its parts. Its vocabulary veers between precise technicality ('fee simple', 'term of years absolute') and extreme ambiguity ('owner', 'property', 'interest'). Merchants have built up the law governing goods and services, the financiers have moulded the law of stocks and shares, the managers of popular musicians and the bioscientists have both developed the law of intellectual property, and the desire of ordinary people for security in their home has prompted much legislative intervention. Machinery has replaced horse power in the means of production and our attitude to animals has changed, so that they are no longer the typical chattels of property relations, and the law intervenes more and more to protect them from us.

The traditional heart of English property law was that of realty, which treated land as an investment of the wealthy and an endowment of their family line, with their 'strict settlements' forming a kind of dynastic property regime within a structure built by their lawyers. During the last two centuries, however, much wealth has become invested in other forms of property or in a fund which might be land one day and shares the next. At the same time those of more modest means have aspired, often successfully, to own the freehold of their homes, offices, and shops. The attractions of the 'strict settlement' had so diminished that its abolition from 1996 raised few objections.

Where many people start from different points and pursue different paths they do not always meet. So there is a lack of coordination in property law. Moreover, so vast is the field covered by it that no mind has hitherto been capacious enough to master it all and at the same time familiar enough with the details to make their opinions acceptable outside a part only of what is a most technical branch of the law. The best academic writing is almost forced to operate in separate compartments, so that a recent excellent publication of over 1,500 pages describes itself as a work on the *elements* of *land* law.[1]

If property law had been codified after the Continental fashion, the codifiers would have introduced more order into it and in particular would have asked whether certain techniques accepted for one kind of property might not also be applied to others. A case-law system like ours naturally deals with problems as and not before they occur in practice; and some problems arise for some kinds of property and have not yet occurred for others. Furthermore, some parts of the law of property, especially those protecting entitlements to tangible objects, have grown up around the common-law actions of tort, while in the law of trusts the trail of the Chancery is everywhere evident.

As we have seen in the preceding chapters, the entitlements protected by the law of property are those which relate to some object or some asset, can be asserted against an indefinite number of persons, prevail against their insolvency, and can almost always be alienated by their holder and be reached by their holder's creditors. It would be clear and convenient if we could assert with confidence that there is a closed list of things which can be the object of such entitlements. We know the obvious things—land and goods—because we can touch and, in some cases, move them. We know the main types of intangible assets: some of them, such as cheques, are embodied in documents, some evidenced by certificates or National Savings books, some, such as patents, are registered. But at the edges there are a number of items whose status is uncertain or evanescent. In the financial world this may be the case for some of the derivatives. In the field of intellectual property, problems are posed by developments in medical science, in computer technology, and in show-business.

At the edges, not only are the objects of property law uncertain but so are the interests which it permits and protects. Certainly most of the field is covered by standard interests. Three of them confer the right to possession of the object or to enjoyment of the income or other yield of the asset or fund of assets: they are ownership, life interest, and lease. A separate category is that of the title to, and powers of disposition of, property conferred on a trustee by statute or consent in order to carry out the functions of trustee; it should be recalled that a trustee cannot personally enjoy the property nor may it be reached by his or her creditors.

The other standard types of proprietary interests confer rights over

[1] Kevin Gray and Susan Francis Gray, *Elements of Land Law* (3rd edn., Butterworths, 2001).

other persons' property and are not impaired by their insolvency: they are the security interests such as mortgages, and charges whether fixed or floating; and the servitudes such as rights of way and restrictive covenants.[2] Two or more persons may hold all of these interests concurrently.

Most other rights over things do not count as property rights and may be enforced, if at all, only under the law of obligations, typically those arising from contract or kinship; they are thus at the mercy of the defendant's insolvency. Thus the right to enter a cinema is enforceable only against the other party to the contract evidenced by the ticket. If that party does not have possession of the building (because it never had it or because it has sold the cinema), the right to enter cannot be enforced against the occupier. The ticket does not give its holder ownership, a life interest, or a lease of the building, nor a mortgage, nor a right of way. Similarly a lodger, who shares the accommodation, has rights only against the other party to the contract, not against an indefinite number of persons and certainly not against one who has newly bought or taken a security interest in the premises. A spouse or domestic partner may well be in a somewhat similar position.

The real rights summarized above cover most of the field, and it is tempting to conclude that they cover it all, and that there exists only a closed list of interests in property that will bind an indefinite number of persons. We would then have a clear system in which property interests would be *exclusive*, because a right could not at one and the same time be of more than one type, and *exhaustive* in that a claim which did not fall within one of the recognized categories would be merely personal. Certainly the law will not be bound by the name the parties choose to call their relationship. If you give someone else exclusive possession of your house for six months at a rent, you have granted a lease, even though both of you called the transaction a licence and the occupant a lodger. Conversely, if you grant a concession in your store to a firm selling perfumes, this is not a lease, whatever name be given it. Outside the land law, if you sell your watch or your shares to someone with an option to buy the thing back at the same price plus interest, the deal looks like pledge or charge, whatever you both call it.

In practice it is not so simple. Interests arise which ought to confer real rights but are difficult to fit into the standard patterns—one example is the time-share in holiday accommodation. There we can readily

[2] There are a few other customary and ecclesiastical real rights, not mentioned here.

identify the object—the apartment, seaside cottage, or whatever—and the holiday-maker's rights can be defined in the contract. But the traditional patterns of property law do not help us decide whether the arrangement confers a real right which will prevail against the grantor's successors or on his or her insolvency, so specific legislation, or recourse to company law, is desirable. Another awkward example is the tenacious rule that, to bind freehold successors in title, obligations must be negative, they must not cost money. This permits the enforcement of *restrictive* covenants, but means that the performance of positive obligations by successors can be ensured only by the use of some largely fictitious figure such as the lease or the rent-charge.

In relation to housing, and in the absence of a system of family property, the courts are sometimes faced with situations where it would be unconscionable not to provide a remedy for someone who deserves protection but who cannot lay claim to one of the standard property interests. At one extreme a court may order the defendant to convey the freehold to the claimant; at the other they have ordered a monetary payment to be made secured on the defendant's land. In between there is a variety of remedies tempered to the individuals and the conduct involved. Since these remedies do not fit the standard patterns, and for lack of a better name, the claims they enforce are called 'an inchoate equity' or 'a mere equity'. To varying extents these 'equities' are recognized as proprietary rights, a status confirmed by the Land Registration Bill 2001.[3] In an introductory book it is impossible to be more precise, since such interests arise more by discovery than by definition.

We have referred earlier to the inveterate habit of the common law in dividing land law from the law of property in other things. This is still found in many areas. For instance, the Law Commission's draft bill on Limitation of Actions, published in 2001, treats the two types quite differently. A civil claim to recover land *may not be made* after ten years from the accrual of the right of action, whereas in other claims the expiry of the limitation period is merely a defence. This seems to suggest that, where land is at stake, the court must take judicial notice of the limitation period, whereas for other claims, if the defence chooses not to plead limitation, the court will not raise the issue.[4]

The intellectual gulf in our treatment of the two types of property goes deeper—at least in England and Wales—by insisting that we do not own

[3] Land Registration Bill 2001, cl.114.
[4] Draft Limitation Bill, cl.1, 16 (Law Com No. 270).

our land, we own the freehold or leasehold estate in it; but that we cannot use these two concepts to describe our entitlement to any other sort of tangible property—for that we must speak of ownership and/or possession. Complete harmony in the law is probably undesirable and certainly unattainable at any reasonable cost. Nonetheless, writers on the principles of property law might profitably enquire whether some uniform doctrine could not cover all limited interests in physical objects and whether, for instance, the solutions found for leases could not be applied to bailments. They might find that the doctrines common to all kinds of property are more numerous than is at present apparent; and where there is doubt, the courts might be persuaded to apply to one kind of property by analogy doctrines developed for other kinds. In that way, for instance, it might become possible to devise straightforward and consistent principles for the law governing the lease of a furnished flat.

The universalizing tendency of the trust has produced much more uniformity in the treatment of beneficial interests, whatever the physical object or other investment on which their value depends. Trustees almost always have the power to sell any particular asset and the beneficiaries may well not know the current composition of the portfolio in which the trust fund is invested. Their interests, whether concurrent, successive, or both, can be defined, alienated, protected, and reached by their creditors, without much regard to the specific rules relating to particular types of property.

Looking at the system as a whole, however, it seems that one broad distinction now outweighs all others, namely that between objects regarded as things to be used, enjoyed, or treated for themselves, and objects which may in the broadest sense be called investments, of which the money value alone is relevant. It may be expressed summarily as the distinction between things and wealth. It is not a distinction between different kinds of things: the same object may be treated for its own sake or as an investment. We may live in a house or rent it out, read a book or keep it in unopened mint condition. To the hungry customer food and drink are things to be consumed; to their producer they are things to be sold. Of course some things are likely to be thought of primarily in terms of their value—savings bonds for instance—while others are more likely to be used and used up. If funds, such as trust or pension funds, can be regarded as composite things, they of course are wealth and nothing else.

The matter is complicated by the fact that, since all human beings need food, clothing, and shelter, we cannot treat all our belongings as investments. Furthermore, there is a potential for conflict when the same object is a necessity to one person but an investment to another. In the latter half of the last century, housing was the focus of such conflicts. For its occupants the house is their home; but their mortgagee can truthfully say that they would never have been able to buy it without the loan. Furthermore, the lender is almost always a building society or bank using the savings of their depositors. Problems are multiplied by the absence of any legislative regime of family property, so that the respective property rights of spouses or domestic partners or children are worked out as if they were all strangers: for instance a co-owner of the family home can sell his or her share to whomever he chooses without asking permission of the other owners, or even informing them. It should be added that some sort of solution to the housing problem has to be provided by public law, which imposes on local authorities the obligation to house the homeless.

The law is bound to be influenced, and the balance of its parts in large measure determined, by the ways in which the various groups constituting a nation think of property and by the balance existing between them from time to time. If the dominant groups think of things mainly as investments, the law will tend to disregard the desire of a person to keep and enjoy a thing in specie and will see no great harm in forcing sale and switching the owner's interest to the money obtained. Still less regard will it pay to one person's expectation of succeeding to specific objects. It will in principle give no effect to attempts to tie up land itself. For all property it will ensure that, on the death of its owner, the personal representatives have power to sell any and every thing. If, on the other hand, the groups predominate which attach particular value to the possession of physical objects themselves, the law will be much less inclined to force an acceptance of money compensation or to allow limited interests to be overreached.

In the last quarter of the nineteenth and the first years of the twentieth centuries it was pretty clear that the law generally took a commercial view of property, in that it favoured the circulation of land as well as of other assets, and declined to create, for instance, any serious general system of family property. It was bound to secure tenants in their holdings and mortgagees in their security, but only to the extent that they had bargained for their rights. Such interests had from the beginning been looked on as essentially commercial in character, so their protection formed no exception to the policy of the law.

However, the Rent Acts marked a decided swing away from the treatment of all objects as merely the investment of wealth. Dwellings were different, and it was accepted that the relation between a person and their home was worthy of protection irrespective of the contract with the landlord. The legislature was forced to pay special attention to the holding of specific physical objects and to refuse to allow landlords to buy tenants off with money as the price of eviction. The essential thing was to secure to a person a roof over their head, and rent restriction was introduced less for its own sake than in order to prevent eviction by forcing tenants to pay a higher rent than they could afford. The family dimension was reflected in the fact that, on the death of the tenant, the co-resident family members remained protected. Here was a direct denial of the general commercial thesis that every physical thing can be adequately replaced by its price in money. Introduced as a temporary measure in 1914, the Rent Act system lasted for most of the twentieth century, though it affected ever fewer dwellings. One reason for its dwindling scope was the great rise in owner-occupation of dwelling houses whose acquisition was almost always financed with the aid of a mortgage advance repayable by instalments over a number of years. Once again the law was forced to step in, here to protect home-owners in arrears whose mortgagee wished to evict them and sell the house with vacant possession. First the courts took, and then the legislator confirmed, powers to postpone the date for delivery of possession to give the owners time to catch up with the payments and thereby keep their home.

Two other reforms of the twentieth century show the law's recognition of the strength of the desire to own one's home. Where a house is held of a private landlord on a long lease at a low rent, the house is a home for the occupier but an investment for the landlord. And in the case of public housing owned by local authorities the house is clearly a home to the 'tenant' but for the council it is a means of discharging statutory duties. In both situations—the long lease and the council house—legislation allows the occupier to buy out the owner by paying a sum which is well below the vacant possession market price. It should be recalled, however, that these methods of protecting claims to one's home are the exception, and are almost entirely the work of the legislator, not of the judiciary.

It is worth emphasizing that the student must be prepared at every turn to ask what it is that the law of property is really talking about. Is it dealing with physical objects such as things to be acquired, used, and enjoyed for their own sakes, or is it merely talking about wealth? Sometimes it is only by putting this question that any sense can be made of the law. For instance, the continued operation of the Rule against Perpetuities can be reconciled with the policy enshrined in the first two sections of the

Law of Property Act 1925 only if it is realized that the Rule deals with wealth and the statute with land.

Generally speaking the distinction between wealth and the things that it will buy introduces order and system into the law. It explains, for instance, why a floating charge hovers over the mass of assets of the corporate debtor but that when the charge has to be enforced by seizure and sale it is the particular and specific things which are dealt with. It explains why trustees of a portfolio pay close attention to each investment and sell or buy in strict compliance with the formalities appropriate to the particular object involved, whether it be a shop, a share, or a racehorse. Meanwhile, however, their beneficiaries are concerned with the overall fund and the value of their interests therein.

For over a century attacks have been made here and in other countries on what is called conceptualism. It may be described roughly as a tendency not to give a direct answer on the merits of a practical question but to interpose between the question and the answer one or more abstract concepts, to work out a number of legal rules and principles entailed in those concepts and then to see whether the concepts may be made to apply to the situation in respect of which the question arises. Take for instance the simple question: if you find, on someone else's land, something which has been lost, can you keep it? There is a tendency to answer this question by asking whether the person on whose land you found it had 'possession' of the thing, thereby introducing an abstract and far from easy concept into the discussion. 'Property', in the sense, not of things but of rights, is another abstract and difficult concept, yet it features in the solution of practical questions in the sale of goods.

The whole conceptual structure of mortgages has become little more than a nuisance. All that the mortgagee needs, and all that he really gets, is a bundle of powers over the mortgaged property, namely, to apply to the court for a foreclosure decree, to appoint a receiver, and above all to sell and pay off the loan. All of these are governed by practical rules suggested by experience. The borrower in effect remains owner of the property subject to these powers and has a right to repay the loan and thereby free it from the burden. Yet other practical rules decide to what extent the right to repay and redeem can be restricted and how far the lender can bargain for other, collateral, advantages by making the loan. Nothing would be lost if the notion that the mortgagee has an interest in the mortgaged property were entirely given up and the existence of the equity of redemption entirely disregarded. The essence of the mortgage, like other forms of charge, is that it ensures the secured creditor repayment out of certain property in preference to other creditors. A final example, now fortunately abolished, was the mandatory imposition of a trust *for sale* on all cases of co-ownership so that when a young couple bought their home together they held it *on trust* to sell it.

What these examples have in common is that they illustrate the use of artificial concepts in situations where property is being treated for its own sake as a specific object. It is this particular object you found or bought, this land you mortgaged. Where, however, we are dealing with things as wealth, abstract concepts can be more helpful. The doctrine of estates creates an abstract entity comprising a right to income over time and the power to alienate that right and that power. This is certainly artificial but it serves practical purposes and has been extremely useful. In dealing with land as such, we need only freehold and leasehold. But in dealing with a fund we can, and do, make use of a much wider variety of interests in which the entitlement to income is spread over time: the life interest, the life interest determinable on bankruptcy, the remainder conditional on birth or marriage or attaining a particular age, the interest subject to the discretion of the trustees.

In the world of commerce, the various commercial documents such as negotiable instruments, documents of title, letters of credit, trust receipts, and so on have reached a high degree of standardization and are as artificial as could well be. Were they not so, they could not be used as units in a form of commercial mathematics, by bankers and the like. Moreover, the trust fund made up of ever-changing investments is an artificial concept if ever there was one. But it is not merely the plaything of the lawyers—modern finance could not dispense with it. Similarly the components of a private trust fund may comprise all manner of financial and legal abstractions, culminating in the 'uncertificated unit' in a 'Fund of Funds'.

It would seem, therefore, that speaking generally and somewhat crudely, artificiality and conceptualism are on the whole out of place in that dimension of property law which deals with things as objects treated for their own sake. Such techniques are, however, useful and perhaps essential to that dimension of the law which deals with wealth. In any case, what is more abstract—and mysterious—than money itself?

Index

图书在版编目(CIP)数据

英国财产法导论/(英)劳森,(英)冉得著;曹培译.—北京:法律出版社,2008.12
ISBN 978-7-5036-9006-8

Ⅰ.英… Ⅱ.①劳…②冉…③曹… Ⅲ.民法—所有权—基本知识—英国 Ⅳ.D956.13

中国版本图书馆CIP数据核字(2008)第178002号

责任编辑/卫蓓蓓 **装帧设计**/李 瞻

出版/法律出版社 **编辑统筹**/对外合作出版分社
总发行/中国法律图书有限公司 **经销**/新华书店
印刷/永恒印刷有限公司 **责任印制**/吕亚莉

开本/A5 **印张**/14.75 **字数**/355千
版本/2009年1月第1版 **印次**/2009年1月第1次印刷

法律出版社/北京市丰台区莲花池西里7号(100073)
电子邮件/info@lawpress.com.cn **销售热线**/010-63939792/9779
网址/www.lawpress.com.cn **咨询电话**/010-63939796

中国法律图书有限公司/北京市丰台区莲花池西里7号(100073)
全国各地中法图分、子公司电话:
第一法律书店/010-63939781/9782 **西安分公司**/029-85388843 **重庆公司**/023-65382816/2908
上海公司/021-62071010/1636 **北京分公司**/010-62534456 **深圳公司**/0755-83072995

书号:ISBN 978-7-5036-9006-8 **定价**:34.00元
(如有缺页或倒装,中国法律图书有限公司负责退换)